NomosBibliothek

Die Lehrbuchreihe bietet Studierenden der Sozial- und Geisteswissenschaften ausgezeichnete Einführungen in die jeweilige Fachdisziplin. Klar strukturiert und in verständlicher Sprache vermitteln die Bände grundlegende Fachinhalte und fundiertes Expertenwissen. Sie sind ideal geeignet zum Einstieg in das Studium und zur sicheren Prüfungsvorbereitung – ein unentbehrliches Handwerkszeug für alle angehenden Sozial- und Geisteswissenschaftler:innen.

Sven Güldenpfennig

Sportphilosophie

Einführung

Onlineversion
Nomos eLibrary

Die Deutsche Nationalbibliothek verzeichnet diese Publikation in der Deutschen Nationalbibliografie; detaillierte bibliografische Daten sind im Internet über http://dnb.d-nb.de abrufbar.

ISBN 978-3-7560-0341-9 (Print)
ISBN 978-3-7489-3641-1 (ePDF)

1. Auflage 2023
© Nomos Verlagsgesellschaft, Baden-Baden 2023. Gesamtverantwortung für Druck und Herstellung bei der Nomos Verlagsgesellschaft mbH & Co. KG. Alle Rechte, auch die des Nachdrucks von Auszügen, der fotomechanischen Wiedergabe und der Übersetzung, vorbehalten. Gedruckt auf alterungsbeständigem Papier.

Inhaltsverzeichnis

A Einleitung 7

Kapitel 1 Wie Philosophie Zugänge zum Verstehen des Sports eröffnen kann 7

Kapitel 2 Zum allgemeinsten Umfeld, in dem und von dem der Sport lebt 19

Kapitel 3 Geläufige philosophische Deutungsmuster des Sports 23

Kapitel 4 Sport als Feld der Sinnstiftung 31

B Hauptteil 39

Kapitel 5 Zur Stellung der Sportphilosophie in der Struktur der Sportwissenschaft 39

1. Beziehungen zwischen Sport und Gesellschaft als Kreisprozess 40
2. Sport in der modernen, funktional differenzierten Gesellschaft. Zum Verhältnis von Sozial- und Sinnsystem als Deutungsrahmen 42
3. Die besondere Struktur der Sportwissenschaft als Integrationswissenschaft 48
4. Sportgeschichte ist Geschichte des Sports 56

Kapitel 6 Kulturphilosophische Deutung des Sports 63

1. Genese oder Geltung? Sowie: Kulturgut und Sozialgut – der Sport ist zwei 63
2. Begriff und Einheit des Sports im engen Sinne 67
3. Begriff und Vielfalt des Sports im weiten Sinne 75
4. Das Verhältnis zwischen Invarianz und Varianz des Sportbegriffs 82
5. Die Stellung des Siegs in der Sinnstruktur des Sports 86
6. Sport und die Selbstverständlichkeit des Außergewöhnlichen 89
7. Wettkampf als eine Wette, um die gekämpft wird 94
8. Es geht beim Sport um Nichts und um Alles 96
9. Medaillingitis, eine Pandemie oder: „Liefern" und „Medaillen holen" 101
10. Mythologische Deutungen des Sports 113
11. „Verschwinden des Körpers" oder: das Corpus absconditum im Sport 116
12. Fairness: Die dreistellige Moral im sportlichen Handeln 118
13. Sport als ein „Un"-Ding, aber ein erwünschtes 123
14. Die Sportidee spricht durch Sportarten zu uns 125
15. Sportlicher Wettkampf – keine Arena für Heroismus 138
16. Profane Heiligkeit von Kulturgütern – und das Verhältnis des Sports zum religiösen Glauben 144

17. Wo kommt das Böse her?	152
18. Homo technologicus sportivus?	158
19. Missverständnisse. An welchem Menschenbild orientiert sich der Sport?	164
20. Sport als spezifischer Umgang mit Grenzen	171
21. Warum Doping im Sport überhaupt ein Problem ist	172
22. Gendoping ante portas?	175
23. Sport als Kultur: eine, die achte – oder gar keine Kunst?	182
24. Was die Gemeinsamkeit der Künste als Kunst ausmacht	186
25. Sport-Großereignisse als additive Gesamtkunstwerke – und Sport als das ordinäre Extraordinäre	198
26. Neubegründung der Olympischen Idee	202
27. Wettbewerb in Sport und Wirtschaft	208

Kapitel 7   Sozial- und politikphilosophische Deutung des Sports   213

1. Wie der Sport politisch wird	213
2. Sportpolitik ist Politik für den Sport. Ein Plädoyer gegen das Irgendwie	216
3. Politische Autonomie und Neutralität des Sports	224
4. Das Problem missbräuchlicher Instrumentalisierung des Sports	227
5. Parteilichkeit als gefeierter und ungesühnter Verrat an der Sportidee	232
6. Sport braucht, aber bringt keinen Frieden	240
7. Typen des Boykotts und ihre unterschiedliche Legitimität	245
8. Begründen – Rühmen – Kritisieren – Verantworten: Der Aufklärungs-Vierkampf des Sports	251
9. Sportjournalismus zwischen sportbezogener Aufklärung, Infotainment und sportpolitischer Missionierung	260

C   Schluss   267

Kapitel 8   Lob der Torheit eines gedanklichen Purismus   267

Kapitel 9   Fazit   271

Literatur   281

Abkürzungen für Presseorgane   288

A Einleitung

> „Der Philosoph, der tritt herein
> Und beweist Euch, es müßt so sein:
> Das Erst wär so, das Zweite so
> Und drum das Dritt und Vierte so;
> Und wenn das Erst und Zweit nicht wär,
> Das Dritt und Viert wär nimmermehr."
>
> (Mephistopheles in Goethes *Faust*)

Das Zitat im Motto des Buches ist natürlich ein Anti-Motto: Mephisto, der Erz-Ironiker der Weltliteratur, macht sich einen Spaß daraus, den ahnungslosen Studiosus vollends zu verwirren. Freilich tritt die Philosophie nicht selten so auf, als wollte sie in einen Wettbewerb mit Mephistos Verrätselungs-Kunst eintreten. Dieses Buch soll zwar in ein Feld der Philosophie einführen, aber dabei nicht diesen Stil seines eigenen Gegenstandes imitieren und sich an dem genannten Wettkampf beteiligen. Sie strebt vielmehr an, mehr Licht in die geistigen Grundlagen des Sports zu bringen, zum Nachdenken und Streit darüber anzuregen.

Kapitel 1 Wie Philosophie Zugänge zum Verstehen des Sports eröffnen kann

Der Sportphilosoph Gunter Gebauer hat einst den Sport und seine Protagonisten, die Athleten, als „Mythen-Maschine" bezeichnet[1]. Gemeint war ein massenmedialer Prozess, in dem unter Bezug auf bestimmte Verhaltenstypen unter (meist männlichen) Sportlern permanent neue Helden und Schurken erfunden und als aufmerksamkeitsheischende sprichwörtliche „Säue durchs Dorf getrieben" werden. Die Beurteilung dieser Erscheinung mag in dieser Einführung als Kuriosum oder öffentliches Ärgernis dem Ressort Medienkritik überlassen bleiben.

Von Interesse ist der von Gebauer gewählte Ausdruck gleichwohl auch bei ihr. Denn nicht nur ihr Beobachtungsgegenstand, sondern sie selbst gebärdet sich vielfach als eine solche „Mythen-Maschine", die zwar keine *Helden- oder Schurkenfiguren* des Sports erfindet, aber alle möglichen irreführenden *Denkfiguren* über deren Tätigkeitsfeld. Viele Versuche, sich ihrem realen Gegenstand anzunähern, dienen mehr einer Legenden-Bildung denn einer wirklichen Aufklärung darüber, womit wir es beim Sport tatsächlich zu tun haben.

---

1 GEBAUER, Gunter (1996): Athleten: Die Mythen-Maschine. In: DS vom 25.8.1996

A Einleitung

Einer *Einführung in die Sportphilosophie* ist damit die Aufgabe gestellt, wohlbegründete Aussagen über das, was Sport ist und leisten kann, abzugrenzen gegen eine Vielzahl von unbegründeten Spekulationen, die in Alltagsgerede, Sportwissenschaft und sogar Sportphilosophie herumgeistern und ihrem Gegenstand alles Mögliche zuschreiben, was er mutmaßlich sein und wozu er deshalb in der Lage sein soll, was sich jedoch bei einer genaueren Erfassung der Grenzen des von ihm beherrschten Sinn- und Handlungsraums als Illusion erweist. Eine solche Abgrenzung stellt nicht nur eine wichtige *Erkenntnis*-Aufgabe dar, sondern zudem eine nicht minder wichtige *Praxis*-Aufgabe, insofern sie den sportpraktisch und sportpolitisch Handelnden über die Berechtigung bzw. Abwegigkeit ihrer Entscheidungen beratend zur Seite stehen kann.

Sportphilosophie ist ein *Mixtum compositum* aus kultur-, moral-, sozial- und politikphilosophischen Elementen. Sie sind zentriert um einen elaborierten Begriff von Sport, der jenen Mitwirkenden ihren Platz am Tisch zuweist und sie danach fragt, was sie zum Gelingen des Menus beizutragen haben.

Ein Philosophieprofessor, im Nebenberuf ein Langlauf-Freak, wird kurz vor Erreichen der Halbzeit bei einem in zwei Runden ausgetragenen Marathonlauf von den Eigenarten seines Hauptberufs überfallen. Er kommt – nicht gerade leistungsfördernd, aber handlungsbestimmend – ins philosophierende Grübeln über das, was er da gerade tut. Und ob er es nicht besser lassen sollte. So entsteht ein Lehrstück über den möglichen Ertrag, den ein philosophischer Zugang zum Sport für beide beteiligte Seiten erbringen kann: für die Philosophie und für den Sport. Mark Rowlands erzählt, welches dramatische Kopfkino das Erreichen der Halbzeit ausgelöst hat im Kampf zwischen Weitermachen und Aufhören:

> „Alle Gründe, die ich habe, um mit dem Laufen aufzuhören, haben keine Macht über mich, weil sie nicht Teil von mir sind. Sie sind nicht Teil von mir, weil sie mir bewusst sind. Weil sie mir bewusst sind, haben sie an sich keinen Bezug: Ihre Bedeutung wohnt ihnen nicht inne, ist nicht intrinsisch. Was für eine Bedeutung sie auch haben mögen, ich muss sie ihnen erst zuweisen. Und diese Zuweisung ist meine Wahl. Das ist die Kernthese von *Das Sein und das Nichts*, Sartres monumentales Frühwerk (SARTRE 1993). Als etwas, das mir bewusst ist, kann ein Grund alles Mögliche bedeuten. Um aber etwas ganz Bestimmtes und nicht etwas anderes zu bedeuten, muss ich ihn interpretieren. Und das bedeutet, dass kein Grund mich je dazu zwingen könnte, etwas Bestimmtes zu tun und nicht etwas anderes. Welche Konsequenzen der Grund für mein Handeln hat, hängt davon ab, was der Grund bedeutet. Und da der Grund etwas ist, das mir bewusst ist, muss seine Bedeutung von mir kommen.
>
> Deshalb wird es immer eine Kluft geben zwischen den Gründen, die ich habe, und den Dingen, die ich tue, und in den Gründen selbst ist nichts, das diese Kluft überwinden könnte. Freiheit besteht in dieser Kluft. (...) Mit jedem Schritt, den ich während der restlichen Dauer des Laufs mache, treffe ich eine Wahl. Eine Wahl kann auf der Basis von Gründen getroffen werden, aber ich verstehe nun, dass kein Grund eine

Wahl erzwingen kann. Das Einzige, was ich nicht wählen kann, ist, ob ich diese Wahl treffe oder nicht. (...) In Freiheit weiterzulaufen, weiterzulaufen in der Kluft zwischen den Gründen und den Handlungen, ist eine der intrinsisch wertvollen Erfahrungen des Seins in dieser Welt." (Rowlands 2021, 89–94) Diesseits dieser Grenze, also noch im Land der Gründe, hat die Läuferin die Freiheit, trotz der Schmerzen und der Versuchung zum Aufhören weiterzumachen oder mit dem Ziel ihrer Vermeidung aufzugeben. Überschreitet sie jedoch diese Grenze, betritt sie das Land der Ursachen, die sie dem Zwang zum Aufgeben unterwerfen, indem ihr Körper schlicht den Dienst verweigert. Diese Grenze soweit wie möglich zu respektieren, ist, wie wir später sehen werden, ein in der Sinn- und Regelstruktur des Sports angelegter Imperativ. Wohlbegründeter Sport spielt weder mit willkürlicher Gewalt noch mit dem Todesrisiko.

Philosophieren und Sporttreiben haben dreierlei gemeinsam: (1) Beide sind anstrengend. (2) Bei beiden fragen sich Außenstehende nicht selten etwas ratlos, wozu das Ganze gut sein soll. Wozu der Aufwand? Ist es mehr als brotlose Kunst? Kann es irgendetwas zum Besseren verändern? Löst es irgendein reales Problem? (3) Sie können einander etwas geben. Philosophie ist ein Erkenntnismittel, das leerläuft, wenn es nichts – egal, was, und warum dann nicht Sport – als Gegenstand hat, mit dem es sich auseinandersetzen kann. Und Sport ist ein Gegenstand, der mehr als andere natürliche oder soziale Gegenstände, die sich gleichsam von selbst verstehen, auf Deutung, also auch auf philosophische Annäherung angewiesen ist, weil er sich alles andere als von selbst versteht.

Rowlands' spontane Gedankenfetzen haben uns schon manches Aufschlussreiche über den Sport und über eine philosophische Haltung ihm gegenüber erzählt: Er *ist* nicht einfach Sport. Er *geschieht* nicht einfach. Er wird es erst durch *Gründe* und *Deutungen*, die einem bestimmten Handeln unterlegt werden. Es unterliegt *komplexen Voraussetzungen*, dass er überhaupt stattfinden und als solcher verstanden werden kann. Diejenigen, die sich in seine Sinnsphäre hineinbegeben und ihn „einfach" praktizieren, auch diejenigen, die ihn von außen beobachten, sind sich dieser vielfältigen Prämissen in der Regel gar nicht bewusst. Sie müssen es auch nicht unbedingt, es sei denn sie betreiben oder beobachten ihn wie unser Stichwortgeber als philosophischer Selbstbeobachter. Aber unabhängig davon stehen alle, die sich auf diesem Feld betätigen, in der *Freiheit* und damit in der *Verantwortung*, eine *Wahl* treffen zu müssen: darüber, ob ihr subjektives Interesse am Weitermachen hinreicht oder nicht; sowie darüber, ob im Fall des Weitermachens ihr Interesse hinreicht oder nicht, dabei die objektiven Anforderungen eines sinngerechten Sporttreibens zu erfüllen. Schließlich ist jede Klärung dessen, worin diese objektiven Anforderungen bestehen, angewiesen auf genaue empirische Beobachtung dessen, was praktisch geschieht, und auf deren philosophische Beurteilung, Selektion und Systematisierung.

A Einleitung

Auch diejenigen, die sich diese Prämissen nicht bewusst machen und nach dem Einstieg einfach mitmachen bei dem, was die anderen hier tun, unterliegen derselben Notwendigkeit, Wahlen zu treffen. Ihnen stehen jedoch im Fall der Gefährdung durch Krisen oder Konflikte über die Frage, was hier richtig und falsch ist, keine verlässlichen Kontroll- und Korrekturmaßstäbe zur Verfügung, die ihnen sinngerechte Entscheidungen zur Gefahrenabwehr ermöglichen. Philosophische Reflexion des sportlichen Geschehens, die wie in Rowlands' Beispiel spontan wie eine abwegige Grübelei, wie ein esoterisches Glasperlenspiel oder gar wie eine narzisstische Wichtigtuerei anmuten mag, bildet in Wirklichkeit eine äußerst pragmatische, ja eine unverzichtbare Art von Versicherung gegen mögliche Irrtümer und Fehlentscheidungen im faktischen Handeln, mit denen entweder subjektive persönliche Ziele oder der objektive Status des Sports als legitimer gesellschaftlicher Faktor gefährdet werden können.

Damit muss selbstverständlich nicht jeder Mensch, der sich den Anforderungen sinngerechten Sporttreibens oder -beobachtens aussetzt, sein Handeln im Lichte elaborierten Wissens über die Geschichte philosophischen Denkens beschreiben und beurteilen können. Aber man muss in der Lage und bereit sein, sein Handeln auch in diesem Feld unter jene elementare Fähigkeit zu einer Art von „Alltags- und Laienphilosophie" zu stellen, mit der jeder Mensch gleichsam von Natur aus ausgestattet ist. Und man sollte dabei auf Unterstützung von philosophischen Fachleuten einer Art von „Profiphilosophie" zählen dürfen, die durch ihre stellvertretende Arbeit an der Systematik von das Handeln rechtfertigenden und steuernden objektiven Gründen und Argumenten Beihilfe leisten beim Sortieren der je subjektiven Umgangsmöglichkeiten mit dem Sport.

Rowlands' philosophierende Sportreportage bietet Anregungen für mögliche Antworten auch auf jene zuvor angesprochenen skeptischen Fragen. Eine philosophische Haltung kann offenbar Zugänge zum Sport eröffnen, die weit über das hinausreichen, was der alltägliche und auch der durchaus etwas elaboriertere bis wissenschaftliche Sportdiskurs uns oft an nicht mehr als in Stereotype und Klischees gestanzten Plattitüden und Vorurteilen anzubieten hat.

Der Sport – das äußerlich ablaufende Geschehen auf dem Platz, die sichtbare Leistung bzw. der Erfolg über die Konkurrent*innen – sieht oft einfach aus. Überhaupt nicht einfach hingegen ist die Sinngebung, die hinter dem Gesamtgeschehen steht. Sie geht weder auf in dem äußerlich *Sichtbaren* noch in einem für Anderes als für den Sport selbst *Nutzbaren*. Im Gegensatz zur scheinbaren Evidenz des Sichtbaren und zu der ihr von vielen Seiten zugeschriebenen Bedeutung und Nützlichkeit ist die dahinter stehende Sinngebung keineswegs evident. Sie ist deshalb anfällig für sinnverdeckende oder sinnverschiebende Fehldeutungen sowie für sinnverletzende Fehlhandlungen. Diese Einführung ist ein Versuch, das Erkenntnispotential aufzuzeigen, das sich aus einer philosophischen Haltung dem Sport gegenüber ergibt. Der Versuch ist verbunden mit der Erwartung, dass mit dessen Hilfe solche Fehldeutungen und Fehlhandlungen zu identifizieren sind und ihnen so weit wie möglich entgegengetreten werden kann.

Neben dieser *positiven Inhaltsbestimmung* dessen, was eine Sportphilosophie zu leisten hätte, ist ferner eine *negative Abgrenzung* zu dem erforderlich, was ihr *nicht* abzufordern ist. Sie kann kein Beitrag sein zu einer „allgemeinen Philosophie aus dem Geiste des Sports". Sie bereichert die *generelle* Philosophie, indem sie ihr die philosophische Auseinandersetzung mit einem weiteren *partikularen* Gegenstandsfeld hinzufügt. Aber sie vermag ihr nicht in deren allgemeinen Aufgaben und Zubringerdiensten zu assistieren, die sie gegenüber *allen* Gegenstandsfeldern als Vorleistung für *deren* Selbstergründung zu erbringen hätte.

Diese Rangordnung wird schon an der Art von „hoheitlicher Souveränität" ablesbar, mit der die unten aufgeführte *Enzyklopädie* zwar Stichworte zu Partikular-, zu angewandten Philosophien der Biologie, Mathematik, Physik und Musik kennt, aber keine des Sports – ja dass dessen Sinn- und Handlungsfeld an keiner Stelle der Erwähnung für wert befunden wird, obwohl mit Volker Schürmann ein Sportphilosoph Mitglied des Herausgeberstabes ist. Die allgemeine Philosophie hält sich offenbar nicht für „zuständig". Deshalb muss die spezielle, die angewandte Philosophie des Sports ihre Arbeit selbst machen.

Ist das nicht sowieso der richtige Weg? Diese Einführung jedenfalls soll ihn gehen. Genauer: Sie geht *einen* Weg. Andere sind aufgerufen, *alternative* Wege zu suchen und ihre bessere Gangbarkeit nachzuweisen. Die nur angewandte Philosophie über eine periphere Erscheinung wie den Sport, die sich folgerichtig nur auf einer Nebenbühne abspielen kann, hebt die reale wie die geistige Welt, die auf der Hauptbühne ihre Auftritte haben, nicht aus den Angeln.

Sie wird weder wie ein Nikolaus Kopernikus, Francis Bacon oder Immanuel Kant das *Denken* der Menschen, noch die *gesellschaftlichen Verhältnisse*, wo sie nicht menschengerecht eingerichtet sind, zum Tanzen bringen und umstürzen können wie ein Karl Marx, eine Hannah Arendt oder Greta Thunberg. Sie kann auch nicht die erforderlichen Bremskräfte freisetzen, um die zerstörerische Macht eines allzu optimistischen und sich alternativlos gebenden Fortschrittsdenkens unter dem *Prinzip Hoffnung* (Ernst Bloch) einzuhegen, dem Hans Jonas das *Prinzip Verantwortung* entgegengesetzt hat. Auch unter dieser Bereitschaft zum Verzicht auf unbegründete Ansprüche aber büßt die angewandte Philosophie des Sports nicht ihre Bedeutung ein und hat ihre eigene Arbeit zu verrichten. Die vorliegende Einführung versteht sich dabei, wie gesagt, nicht als *die* letztgültige, sondern als ein Impuls zur Fortsetzung dieser Arbeit.

A Einleitung

Abzulesen ist jene unterscheidende Grenzziehung zwischen allgemeiner und angewandter Ausrichtung an jeder fundierten Übersicht über die Geschichte und die Sachgegenstände der Philosophie[2], sowie an den dort vorgestellten *generellen* Problemen, mit denen sich die Philosophie auseinandersetzt, also Fragen

- der menschlichen Erkenntnismöglichkeiten im Zusammenspiel zwischen sinnlich-empirischer Wahrnehmung und geistig-theoretischer Verarbeitung bis hin zur experimentellen Überprüfung;
- der dort angewandten Logik, der Abhängigkeit von Erkenntnisaussagen von ihrer sprachlichen Fassung, der Stellung des Menschen in der kosmischen und irdischen Welt und gegenüber möglichen überirdischen Mächten;
- des Verhältnisses zwischen materiellen und ideellen Faktoren der gesellschaftlichen Entwicklung;
- der Freiheit des Willens von Menschen und deren darauf gegründeter Verantwortung für ihr Handeln; und Fragen
- der durch das Leben des Menschen in seiner natürlichen Mitwelt sowie in einer menschlichen Gemeinschaft entstehenden Konflikte und deren Beantwortung durch moralische Ansprüche und Verpflichtungen; sowie Fragen danach
- was den Zusammenschluss von Menschen in institutionalisierten Gemeinschaften und damit die Existenz, die Verfasstheit und die Gesetzlichkeit von Staaten legitimieren kann;
- und manches andere mehr.

Die vorgenannten Übersichts-Arbeiten und Fragen verweisen auf die Weite *allgemeiner* philosophischer Grundbegriffe. *Zu* deren Problemspektrum und semantischer Bestimmung strebt diese *spezielle* Disziplin als *Sport*-Philosophie zwar *kaum einen begründeten eigenen* Beitrag an. *Mit* denen muss sie jedoch arbeiten. Die entsprechenden Artikel, ja selbst die dazugehörigen Literaturverweise umfassen oft mehrere Seiten. Sie verdeutlichen die immense Reichweite des Spektrums allgemeiner philosophischer Reflexion, in dessen

---

2 Siehe RUSSELL (1950); KENNY, Anthony (2004–2006): A New History of Western Philosophy. 4 Volumes. Oxford: Oxford University Press – dieser Text wird im folgenden zitiert nach der deutschen Ausgabe: KENNY (2014–2016); BASSHAM (2016); SANDKÜHLER (2021) – diese Enzyklopädie wurde erarbeitet in redaktioneller Zusammenarbeit mit Sandkühlers Bremer Kollegin Dagmar Borchers, Arnim Regenbogen (Osnabrück) und Volker Schürmann (Deutsche Sporthochschule Köln); und last but not least MEYER/BENNENT-VAHLE (1997) – ein Lexikon, das mit der Frage eröffnet „Gibt es überhaupt Philosophinnen?", um dann über 200 Porträts von bislang in der männer-dominierten Zunft meist „übersehene" Frauen vorzustellen. – Um den Reichtum insbesondere von Sandkühlers Enzyklopädie hier fruchtbar zu machen, wird vielen Abschnitten im Hauptteil der Hinweis auf ein entsprechendes allgemeines Stichwort vorangestellt, mit dessen Hilfe die dort jeweils vorgetragene Argumentation fortgeführt und weiter vertieft werden könnte.

Umgebung sich auch eine spezielle Philosophie bewegen und sich von ihr anregen lassen muss. Es ist evident, dass es nicht der Anspruch dieser speziellen Sportphilosophie sein kann, aus sich heraus das Verständnis dieser allgemeinen Begriffe weiterzuentwickeln. Aber diese Begriffe stehen damit selbstverständlich nicht vollständig außerhalb oder neben ihr. Viele von ihnen und zumindest Teilaspekte ihrer Semantik bilden eine immanente Voraussetzung auch für die hier vorgetragene Argumentation. Ihre „universalsprachlich" verfassten Vorleistungen müssen auch von einer Einführung in die Sportphilosophie – oft nicht explizit ausgesprochen – in die „Sprache des Sports" übersetzt und in dieser angepassten Form für die Bearbeitung ihrer eigenen Fragen fruchtbar gemacht werden.

Diese Einführung wird auch weder ihrem Autor noch seinem Publikum einen solchen Parforceritt ins Schwerverständliche zumuten, wie ihn der Philosoph Peter Sloterdijk bei seinem Versuch unternommen hat, dem Denken seines Vorgängers Martin Heidegger vor einem Jahrhundert auf die Spur zu kommen: Dessen neue Einführung in die Philosophie sah sich „dazu verurteilt, einen strategischen Umweg zu wählen, um dem Menschen erst einmal das Organ für die metaphysische Grundstimmung zurückzugeben – was nicht geschehen kann, ohne ihn auf eine Vorschule des Unheimlichen zu schicken" (SLOTERDIJK 2016d, 222). Die vorliegende Einführung ist – bei aller notwendigen Bereitschaft zum Einschlagen von dem Alltagsdenken ungewohnt erscheinenden weit ausholenden Denkwegen – bemüht, den Raum des auch für das Alltagsdenken Erreichbaren und Nachvollziehbaren nicht gänzlich in Richtung Esoterik zu verlassen. Und zwar auch auf das Risiko hin, damit manche schwer ergründbare Tiefendimension des Sports und seiner Umwelt zu übersehen und zu verfehlen. Dieses Risiko einzugehen, kann begründet werden mit dem bewussten Verzicht auf den einst von Theodor W. Adorno exemplarisch bei Heidegger identifizierten und mit guten Gründen gegeißelten „Jargon der Eigentlichkeit" (ADORNO 1964), der als kulturkritische Hintergrundstrahlung auch in Sloterdijks zitiertes Ringen mit dem „Fall Heidegger" und dessen politischen Verstrickungen hineinscheint.

Über die *Namen* derjenigen Denker (und nur wenigen Denkerinnen), die den Fortgang der Geschichte der *allgemeinen* Philosophie am nachhaltigsten geprägt haben, ist sich die Philosophiegeschichtsschreibung weitgehend einig, wie an den zitierten Übersichten abzulesen ist.[3] Es würde zu weit führen, hier den Kreis der bis zu 200 Namen aufzuführen, die gleichsam die „Erste Liga" der Vorreiter in der Geschichte menschlichen Grundlagendenkens bilden. Es sind freilich zugleich diejenigen, die, von wenigen Seitenblicken abgesehen, so gut wie keine *direkten* Beiträge zu einer *speziellen* Sportphilosophie eingebracht haben. Wenige Ausnahmen wie Hans Lenk, Wolfgang

---

3 Eine andere, persönlichen Vorlieben folgende Auswahl trifft POLLER (2007). Eine Konzentration auf deutlich weniger Namen aus dem gleichen Kreis findet sich bei JASPERS (1957).

A Einleitung

Welsch (siehe WELSCH 2004), Peter Sloterdijk, Volker Gerhardt oder der zitierte Mark Rowlands – und mit Guillaume Martin gar ein professioneller Kollege des Hobby-Radsportlers Sloterdijk (siehe MARTIN 2021 und 2022) bestätigen diese Regel. Sie haben zumindest einen Seitenblick auf das vermeintlich philosophisch abseitige Feld geworfen.

Innerhalb des Zwei-Ebenen-Modells von *allgemeiner* und *spezieller* bzw. *angewandter* Philosophie muss sich die Sportphilosophie als eines von zahlreichen Feldern der Letzteren zwar innerhalb des Bedingungsgefüges der innerhalb der Ersteren bearbeiteten und (unterschiedlich) beantworteten generellen philosophischen Gegenstandsfelder bewegen und sich dort nach für ihre Fragen geeigneter Beratung umsehen. Sie teilt mit der generellen Philosophie deren allem vorausgehende Grundfrage, die auch heute noch erst die dauerhafte Legitimation und Existenz als eigenständige Erkenntnisdisziplin rechtfertigt, nachdem sich die Wissenschaften ursprünglich erst einmal aus der Vorherrschaft von Theologie und Philosophie hatten emanzipieren müssen, inzwischen aber selbst eine scheinbar erdrückende Übermacht errungen haben. Diese Grundfrage lautet:

Im *Unterschied zu den Wissenschaften*, die sie hierin ungeachtet aller seit der Renaissance erreichten Fortschritte und trotz mancher wortstarken Gegenrede nicht glaubhaft beerben können, fragt die Philosophie nicht nach der *Faktizität* natürlicher oder menschengemachter Sachverhalte und spürt denen nicht mittels empirischer Untersuchungsmethoden nach. Vielmehr fragt sie nach der *Begründung* und *Geltung* von Bildern und Deutungen über die außermenschliche und menschliche Welt sowie von Regeln für die Haltung ihnen gegenüber. Sie kann ferner akzeptieren – ebenfalls im Unterschied zu den Wissenschaften, die in ihrem Verantwortungsbereich dabei ehrgeiziger sind –, dass unterschiedliche jener Bilder, Deutungen und Regeln miteinander in Konflikt liegen und nebeneinander bestehen können, ohne dass er ohne weiteres auflösbar wäre.

In diesem Sinne kann man auch *nicht* wie in den Wissenschaften von einem dort wenngleich diskontinuierlichen, aber doch dauerhaften Prozess unaufhaltsamen *Fortschreitens* sprechen, wie ihn der Wissenschaftshistoriker Thomas S. Kuhn in sein Bild von der *Struktur wissenschaftlicher Revolutionen* (KUHN 1967) gefasst hat. Die Geltung ideengeschichtlich hergebrachter Bilder, Deutungen und Regeln wird zwar im Laufe historischer Erfahrung ebenfalls modifiziert und relativiert, punktuell sogar vollständig revidiert und negiert. Auch kann sich philosophisches Denken nicht den Erkenntnisfortschritten der Wissenschaften entziehen, ohne in Dogmatismus oder Irrelevanz zu verfallen. Aber ihre Grundeinsichten verbleiben doch meist dauerhaft im „Lostopf" der Möglichkeiten, aus dem geltende Begründungen für die Beantwortung auch je aktueller philosophischer Fragen gezogen werden können. Das heißt: Auf diesem Feld ist mit einem grundstürzenden

Paradigmenwechsel, wie er sich nach entsprechenden Retardierungsfristen in den Wissenschaften vollziehen kann, nicht zu rechnen.

Das Gleiche gilt für die soziale *Inklusivität oder Exklusivität* beim Zugang zum Tätigkeitsfeld namens Philosophieren. Die Begrifflichkeit und Diktion philosophischer Texte scheinen zwar oft eine andere Sprache zu sprechen. Aber das ändert nichts daran, dass *jeder Mensch* teilhat an diesem Tätigkeitsfeld. Dies gilt mit mehr Recht, als Joseph Beuys mit seinem Spruch „Jeder ist ein Künstler" dies für die Sphäre der Kunst postuliert hat, und mit mehr Recht gegenüber der der Philosophie eng verwandten Sphäre der Wissenschaft. Sie ist durch extrem hohe Qualifikations-Hürden vor einer Teilhabe für jedermann abgesetzt.

Über diese strukturelle Gemeinsamkeit mit der Allgemeinphilosophie hinaus jedoch kann die Sportphilosophie nur auf jenem universalen Fundament aufbauen. Sie muss sich mit der Rolle eines Juniorpartners bescheiden, der lediglich ein partikulares Feld zu beackern hat. Man kann von einem Zwei-Ebenen-Modell sprechen. In ihm wirken die Vorgaben aus dem basalen, gleichsam dem Erdgeschoss in die darauf aufbauende obere Etage hinein und grenzen deren Spielräume ein, ohne zugleich Vorgaben für deren inhaltliche Ausgestaltung festzulegen. Auch die Arbeit auf dieser zweiten, sekundären Ebene freilich wird durch diese Hierarchie keineswegs degradiert oder marginalisiert. Sie bleibt eine keineswegs zu unterschätzende herausfordernde Aufgabe. Denn sie erfordert zwar, jenen „Stand" des allgemeinen philosophischen Diskurses wenigstens in seinen Kernaussagen zu kennen. Dann aber muss sie aus diesem Kanon die für die Beantwortung der hier sich spezifisch stellenden Fragen geeigneten bzw. ergiebigen Ansätze herausfiltern, in die „Sprache" des Sports übersetzen, auf seine Probleme anwenden und auf diese Weise in ihrem für dessen spezifische Fragen aufschlussreichen Potential auszuschöpfen versuchen.

Wenig fruchtbar hingegen wäre eine Methode, die sich damit begnügen wollte, *allgemeine* philosophische Lehrsätze der *sportbezogenen* philosophischen Reflexion wie eine Präambel vorauszuschicken, ohne sie an die Erkenntnisanforderungen zu adaptieren, wie sie ein spezifischer Erkenntnisgegenstand wie der Sport stellt. Das Ergebnis könnte kaum mehr sein als eine Art von „Begriffsgeklapper", mit dem allgemeinphilosophische Einsichten nur nachgebetet und nicht wirklich für ein genaueres Verständnis des Sports fruchtbar gemacht würden. Ebensowenig muss sich eine Sportphilosophie aufgefordert wähnen, eine eigene Position in bisweilen sophistisch oder scholastisch anmutenden Streitigkeiten zu beziehen, wie sie immer wieder in der Geschichte der allgemeinen Philosophie ausgetragen worden sind. Um der Unfruchtbarkeit solcher Dispute zu entgehen, kann die Orientierung an einer Empfehlung helfen, die Ludwig Wittgenstein in seinem *Tractatus logico-philosophicus* gegeben hat: „Wovon man nicht sprechen kann, davon muss man

A Einleitung

schweigen." Oder, wie ein nach dem *Trost der Philosophie* des spätantiken Denkers Boëthius gebildeter Sinnspruch meint: „Si tacuisses, philosophus mansissest."

Eine solche Selbstbescheidung bedeutet weder Verzicht noch Verlust. Sie eröffnet im Gegenteil eine erst eigentlich fruchtbare philosophische Annäherung an den Sport als einen Erkenntnisgegenstand, der in seinem Kern keinem anderen gleicht und in der Anerkennung seiner Bedeutung innerhalb der menschlichen Welt deshalb keiner vermeintlichen Aufwertung durch Anlehnung an andere vermeintlich wichtigere gesellschaftliche Bereiche bedarf. Umso entschiedener sollten folglich solche Deutungs- und Erkenntnisinstrumente zur Anwendung gebracht und Wege beschritten werden, die einen fruchtbaren Zugang zum gedanklichen Verstehen sowie zur entsprechend begründeten praktischen und verantwortlichen Behandlung des Sports zu eröffnen versprechen.

Dies ist die maßgebliche Maxime, an der diese Einführung in die Sportphilosophie ihre Leser*innen zu orientieren empfiehlt. Sie steht für die Haltung, anspruchsvoll gegenüber dem Gegenstand ihres Philosophierens zu sein, zugleich aber dem französischen Philosophen Michel de Montaigne in seiner Erwartung zu folgen, „in seinem Leser ein angemessenes Maß intellektueller Demut zu wecken" (KENNY 2016, Band 3, 26). Als Leitplanke zum Schutz vor der Gefahr, vom Tugendpfad vernünftigen Argumentierens abzukommen, kann ferner ein ironischer Ausspruch des römischen Philosophen und Politikers Cicero dienen: „Es ist unmöglich etwas so Absurdes zu behaupten, dass es nicht zuvor bereits von dem einen oder anderen Philosophen behauptet worden wäre." (Ebd.) Das Trio von lebensklugen Erkenntnis-Wegweisern sei abgeschlossen mit einem Hinweis auf den englischen Denker Francis Bacon. Als einer der Begründer des neuzeitlichen Denkens hat er eine Dreiteilung der Erkenntniswege vorgeschlagen, die der Philosophie einen Platz neben zwei Verwandten zuweist: Er adressiert „die drei Teile des menschlichen Verstandes, der der Sitz des Wissens ist: Die Geschichte bezieht sich auf sein Gedächtnis, die Dichtung auf seine Einbildungskraft und die Philosophie auf seine Vernunft." (Ebd., 37)

Gedächtnis, Einbildungskraft, Vernunft sind maßgebliche Mitträger des Erkenntnisprozesses. Da wir es hier mit der Einführung in ein Feld der Philosophie zu tun haben, kommt dabei der Vernunft bzw. *Rationalität* als Argumentieren und Handeln unter Gründen eine führende Rolle zu (siehe GOSEPATH 1992). Der Philosoph Martin Seel präzisiert: „Vernunft ist nicht die Kraft der Versöhnung, sondern – die Kunst der Entzweiung. (...) ‚Rationalität' bedeutet Begründ*bar*keit, nicht durchweg Begründ*et*heit." (SEEL 1997, 9 und 12) Gleichwohl kommen auch dem Gedächtnis als Sachwalter der *Geschichtlichkeit* des Menschen sowie der Einbildungskraft als Motor des Sports als einem *ästhetischen Phäno*men mittragende Rollen zu. Alle drei aber bleiben, um ihre Wirkungskraft entfalten zu können, angewiesen auf eine *Haltung*, die jeden validen Erkenntnisschritt grundieren muss und deren Erarbeitung und Aufrechterhaltung eine originäre Leistung der Philosophie darstellen.

Diese Haltung umfasst (1) das *Staunen* darüber, „dass überhaupt etwas und nicht nichts ist". Ein solches Staunen wird zwar von Theologen oft für den Beginn der Religion in Anspruch genommen. Es ist aber gleichermaßen Ausgangspunkt und Antrieb zum rationalen Erkennen, die etwa Martin Heidegger in den Mittelpunkt seiner berühmten Schrift *Sein und Zeit* gestellt hat (die er dort aber, ähnlich wie es in nicht wenigen anderen Philosophien zu erfahren ist, mit seiner Wortakrobatik weithin mehr verrätselte als nachvollziehbar aufklärte).

(2) Philosophieren umfasst eine spezifische Grundhaltung: „Die Geschichte der europäischen Moderne erzählt nicht zuletzt vom Triumph der *Skepsis*" (Roeck 2018, 422). Diese Grundhaltung zieht jede hergebrachte Gewissheit in Zweifel als Ausgangspunkt dafür, nach Indizien und Gründen entweder zur weiteren Absicherung des angenommenen Wissens oder zu dessen Korrektur zu suchen. Diese Skepsis findet ihren systematischen Ausdruck im *Fallibilismus* sowie in dessen moderner Ausformulierung in dem von dem Kritischen Rationalisten Karl Raimund Popper vertretenen *Falsifikationismus*. Demnach können wir stets nur zu vorläufiger Erkenntnis gelangen, die jederzeit durch neue Forschungsergebnisse modifiziert oder gar revolutioniert werden kann.

(3) Die philosophische Haltung lebt von einem *Optimismus*, der auf die rationale *Erkennbarkeit* der Welt und auf eine pragmatische *Veränderbarkeit* von nicht menschengerechten Gegebenheiten setzt. Er steht in nur scheinbarem Gegensatz zur Skepsis, aber in tatsächlichem Gegensatz zum Pessimismus. Denn der behauptet in der Nachfolge des spätantiken Theologen Augustinus eine durch den biblischen Sündenfall ausgelöste dauerhafte Verderbtheit des Menschen. Diese Ansicht jedoch kann aufgrund ihrer partikularen Herleitung aus einem religiösen Dogma keine generelle Geltung für sich reklamieren.[4]

Dieser Optimismus kann sich stützen auf ein Menschenbild, mit dem der dänische Publizist Tor Nørretranders dem Menschen ungeachtet allfälliger Verfehlungen primär die Eigenschaft der Generosität zuspricht (siehe Nørretranders 2004). Der niederländische Historiker Rutger Bregman

---

4 Kenny demonstriert das Weiterwirken dieses augustinischen pessimistischen Menschenbildes am Beispiel des frühneuzeitlichen Denkers Blaise Pascal: In Übereinstimmung mit der entsprechenden „Abwertung der Kräfte der gefallenen Natur des Menschen stand Pascal der Leistungsfähigkeit der Philosophie skeptisch gegenüber (...). ‚Die wahre Art zu philosophieren', schrieb er einmal, ‚besteht darin, für die Philosophie nichts übrig zu haben'." (Kenny 2016, Band 3, 66)

A Einleitung

liest der Geschichte die Erkenntnis ab, dass der Mensch „im Grunde gut" und damit trotz aller destruktiven Tendenzen in der Lage sei, Probleme und Konflikte in den gesellschaftlichen Verhältnissen menschengerecht zu bewältigen und zu gestalten. (Siehe BREGMAN 2020) Der Schotte Adam Smith, oft zu Unrecht auf seine führende Rolle bei der Begründung der neuzeitlichen Marktwirtschaft und damit des kapitalistischen Konkurrenz-Strebens reduziert, argumentiert ähnlich, indem er mit seiner *Theorie der ethischen Gefühle* von 1759 eine wegweisende Begründung für Gerechtigkeit und Wohltätigkeit vorgelegt hat: „Daher ist Nützlichkeit, obwohl sie in der Ökonomie an erster Stelle steht, in der Moral nicht das letztgültige Kriterium. Die Nützlichkeit einer Gesinnung ist selten der Hauptgrund dafür, dass wir sie gutheißen, und das Gefühl der Anerkennung enthält stets einen Sinn für die Anständigkeit der Gesinnung, die von der Wahrnehmung ihrer Nützlichkeit recht verschieden ist." (Zitiert bei KENNY 2016, Band 3, 98)

Mit diesem Marschgepäck an Orientierungshilfen aus dem Arsenal *allgemeiner* philosophischer Navigationsinstrumente gewappnet für die Suche nach eigenen Erkenntniszielen, kann sich eine *angewandte* oder *Partikular*-Philosophie wie die des Sports auf den Weg machen. Offenkundig kann dies nur ein *eigener*, nicht bereits durch in anderen Sinnzusammenhängen bekannter, vorgebahnter und erprobter Weg sein. Denn auf dem müssten die Besonderheiten des sportlichen Eigensinns verfehlt, missverstanden und verkannt werden.

Der weitere Fortgang dieser Einführung wird zeigen, dass sich die in einer wohlbegründeten *Sportphilosophie* zu behandelnden Fragen allenfalls punktuell – nämlich nur dort, wo es „sportsinn-gerecht" ist, und auch dort nicht „ungebrochen" durch einfache Übernahme – mit der Vielzahl von Themen berühren, die in den Überblicksdarstellungen zur *Allgemeinphilosophie* im Mittelpunkt stehen.

Kapitel 2 Zum allgemeinsten Umfeld, in dem und von dem der Sport lebt

Lebten wir tatsächlich in einem Zeitalter des Posthumanismus und nicht im Anthropozän, brauchten wir uns über ein Phänomen wie den Sport keine Gedanken zu machen. Er wäre nämlich nur eine von den zahllosen menschlichen Irrtümern, welche die Ordnung der Welt aus der Balance gebracht haben und damit zusammen mit ihrem Urheber, der Gattung Mensch, aus ebendieser Welt wieder zu verschwinden hätten. *Beide* Weltdeutungen finden zwar Resonanz im philosophischen Diskurs der Moderne. Sie sind jedoch gleichermaßen, wenn auch auf unterschiedliche Weise untauglich dafür, eine wohlbegründete Basis für einen gehaltvollen philosophischen Diskurs über den Sport zu schaffen.

„*Posthumanismus*"[1]? Hier handelt es sich um eine nicht einflusslose weltanschauliche Gegenwarts-Strömung, welche die durch die Gattung Mensch verursachten Störungen des ökologischen Gleichgewichts auf dem von ihr bewohnten und ausgebeuteten Planeten Erde als Grund für ihre Forderung heranzieht, diese Gattung habe ihr Existenzrecht auf diesem Planeten verwirkt und sollte deshalb baldmöglichst verschwinden, damit die Natur wieder ihren von narzisstisch-zerstörerischen menschlichen Eingriffen ungestörten Entwicklungsgang nehmen könne. Diese Denkrichtung spricht zwar faktisch gegebene Probleme an, begründet jedoch ihre Schlussfolgerung aus einem durch selektive Wahrnehmung allein der *destruktiven* Seiten in der Stellung des Menschen in der Welt einseitig verkürzten Bild der Realität.

Diese einseitige Zeichnung verfehlt eine plausible Begründung ihres Anliegens. (1) Sie blendet die *konstruktiv-schöpferischen* Seiten des menschlichen Handelns gänzlich aus. (2) Sie kann und will – von der religiösen Vorstellung einer über allem waltenden, aber den menschlichen Verstand unendlich weit übersteigenden Gottheit abgesehen – keinen naturgegebenen Akteur außer dem Menschen benennen, der in der Lage wäre, dem Geschehen in der Natur einen über dessen schieres spontanes und gänzlich sinnfreies Stattfinden hinausreichenden Sinn zuzuschreiben und unter entgegenkommenden Bedingungen sogar Vorkehrungen zum Schutz der natürlichen Mitwelt des Menschen zu schaffen. Bei realistischer Betrachtung ist es der Natur buchstäblich gleich-gültig, was ihr durch menschliche oder nicht-menschliche Mächte „angetan" wird. Aus ihrer „Sicht" – sie „sieht" ja deshalb nichts von sich selbst, weil sie nach unserem bisherigen Erkenntnisstand außer dem Menschen keine weiteren urteilsfähigen Beobachter hervorgebracht hat – geschieht schlicht das, was geschieht, ohne dass ein darüber hinausreichender

---

1 Eine kritische Annäherung an dieses Denkmodell findet sich bei Neumann, Peter (2022): Den Menschen am besten schnell abschaffen, der geschundenen Erde zuliebe: Das fordern weltweit die neuen Denker des Posthumanismus. Ein Zwischenruf zu einer gefährlich reizvollen Idee. In: DZ vom 18.8.2022

außermenschlicher Beurteilungsmaßstab erkennbar wäre, den das menschliche Handeln zu berücksichtigen hätte.

Dies gibt die Rechtfertigung dafür, den erforderlichen Respekt für die unbestreitbaren „Eigenrechte" der Natur gleichwohl allein *anthropozentrisch* zu begründen, nämlich durch die Notwendigkeit, die für die Überlebensfähigkeit der menschlichen Gattung selbst – die ja ein durch die „Generosität" der natürlichen Evolution im Zusammenspiel mit menschlicher Eigenleistung ermöglichtes „Geschenk" darstellt, das wir nicht „undankbar" und überheblich ausschlagen sollten – erforderlichen Naturräume offenzuhalten bzw. dort wiederherzustellen, wo sie bereits durch unser kurzsichtig-egoistisches Wirken geschädigt sind. Selbst bei einer „nur" strikt anthropo-ego-zentrischen Begründung stellt dies ja, wie wir in Zeiten der Klima- und Artenschutz-Krise inzwischen mühselig lernen, bereits eine gewaltige Herausforderung dar.

Und *„Anthropozän"*[2]? Ist die Deutung des Zeitalters, innerhalb dessen eine menschliche Schöpfung wie der Sport seinen Platz suchen muss, mit diesem Schlüsselbegriff überzeugender als mit dessen Konkurrenten? Man könnte ironisch mit einem „klaren Jein" antworten. *Ja* deshalb, weil mit dem so benannten Denkmuster zumindest innerhalb des engeren terrestrischen Umfelds ohne die bei dem anderen Denkmuster implizierte einseitig negative Wertung neutral beschrieben wird, wie sehr das menschliche Wirken insbesondere innerhalb der letzten beiden Jahrhunderte mit wachsender Tendenz zur entscheidend prägenden Größe für die Lebens- und Entwicklungsbedingungen auf dem Planeten Erde geworden sei. *Nein* deshalb, weil der Planet Erde nur ein verschwindend kleiner Teil des kosmischen Geschehens insgesamt ist und folglich die hier vom Menschen ausgelösten Prozesse aufgrund der äußerst eng begrenzten Macht des Menschen ohne jede Bedeutung für den über das direkte Umfeld der Erde hinausreichenden Kosmos ist und absehbar auch auf ewig bleiben muss.

Schon auf der Erde selbst werden der durch Technik und Organisation dramatisch gewachsenen Macht des Menschen durch die Mächte der Natur Grenzen gesetzt. Gleichwohl ist diese „Großdeutung" der Welt ergiebiger als der Konkurrent namens „Posthumanismus" für die Bestimmung des „Ortes", an dem der Sport innerhalb seiner Umwelt angesiedelt ist. Allgemein bleibt es dabei unbenommen, die wie sehr oft anregenden, von funkelnden rhetorischen Geistesblitzen durchzogenen Anmerkungen eines Peter Sloterdijk ernstzunehmen:

Die seit Crutzens Anstoß eingetretene Proliferation des Begriffs Anthropozän „dürfte vor allem darauf zurückzuführen sein, daß er im Gewande

---

[2] Zu der These, der Mensch habe im jüngsten Erdzeitalter weithin die problematische „Regie" über das Geschehen auf diesem Planeten übernommen, und es sei daher gerechtfertigt, es mit diesem Signalbegriff zu belegen, siehe CRUTZEN/MÜLLER (2019); ferner HORN/BERGTHALLER (2019); und EHLERS (2008)

wissenschaftlicher Neutralität eine Botschaft von nahezu unüberbietbarer moralisch-politischer Dringlichkeit übermittelt, eine Botschaft, die in expliziter Sprache lautet: Der Mensch ist für die Bewohnung und Geschäftsführung der Erde im ganzen verantwortlich geworden, seit seine Anwesenheit auf ihr sich nicht länger im Modus der mehr oder weniger spurlosen Integration vollzieht. (...) Wir sitzen, wenn wir ‚Anthropozän' sagen, nur dem Anschein nach in einem geo-wissenschaftlichen Seminar. In Wirklichkeit nehmen wir an einer Gerichtsverhandlung teil – genauer an einer Vorverhandlung zur Hauptverhandlung, bei welcher fürs erste die Schuldfähigkeit des Angeklagten abgeklärt werden soll" – nachdem diese allerdings mittlerweile unbezweifelbar erwiesen ist, könne die Streitsache Anthropozän „zur Hauptverhandlung zugelassen werden. (...) Den Menschen war in der Vergangenheit bei ihren Navigationen ein hohes Maß an Ignoranz zugestanden, da das System auf die Duldung hoher Grade menschlicher Desorientierung ausgelegt war." (SLOTERDIJK 2016a, 7–8, 11, 20 und 25) Doch damit ist es angesichts der immens gewachsenen Eingriffsmöglichkeiten des Menschen in seinen Naturhaushalt unwiderruflich vorbei.

Kapitel 3 Geläufige philosophische Deutungsmuster des Sports

Wir sind bisher mit Kant, Sartre und anderen einigen berühmten, und mit Marc Rowlands einem weiteren Philosophen begegnet, der als Hobbyläufer eine etwas unglückliche Liebe zum Sport pflegt und bei diesem Tun zu philosophischen Reflexionen angeregt wurde. Aber sie alle sind keine *Sport*-Philosophen in dem Sinne, dass sie ihr Philosophieren direkt und nachhaltig der Sache des Sports zuwenden würden. Dieser Aufgabe haben sich bislang andere gewidmet.

Unter den in Kap. 2 genannten Prämissen erscheint es angebracht, aus philosophischer Perspektive danach zu fragen, womit wir es bei der Erscheinung namens Sport zu tun haben. Offensichtlich tritt sie nicht in der ersten Reihe dessen auf, was der Mensch als Naturwesen elementar zum Leben, ja zum Überleben als Individuum und als Gattung benötigt. Kant hat vier philosophische Grundfragen zu den für das menschliche Handeln ausschlaggebenden Erkenntnisbereichen formuliert: Was kann ich wissen? (Wissenschaft), Was soll ich tun? (Ethik), Was darf ich hoffen? (Religion respektive Weltanschauung), Was ist der Mensch? (Anthropologie). Sollte die zuvor getroffene Zuordnung des Sports in allenfalls die zweite Liga des Menschenmöglichen und Menschennotwendigen Zustimmung finden, ergäbe sich daraus: Jene von Kant an den Anfang jedes aufklärerischen philosophischen Denkens gestellten vier Fragen, die in der ersten Liga des Menschlichen spielen, sollte man bereits möglichst reflektiert und einigermaßen plausibel beantwortet, sich zumindest mit ihnen befasst haben, *bevor* man sich auf ein Spiel mit dem Sport in jener zweiten Liga einlässt.

Eine der Irritationen, die den alltäglichen wie den philosophischen Diskurs des Sports begleiten und oft in die Irre führen, entsteht daraus, dass viele meinen, sie sollten die in der ersten Liga abzuhandelnden Fragen nicht *vor* Spielbeginn in der zweiten Liga, sondern mitten *in* dessen Spielverlauf diskutieren, weil man ebendort gehaltvolle Antworten auf jene dem Sport vorgeordneten Fragen erwarten könne, ja den dort als Spieler*innen Beteiligten abverlangen müsse.

Dies ist eines von zahlreichen Deutungsmustern, die im Denken, Reden und Schreiben über den Sport verbreitet sind und einem angemessenen Verständnis dessen, was im Sport geschieht oder geschehen soll und was es bedeutet, weniger einen aussichtsreichen Zugang eröffnen als ihm hinderlich im Wege stehen. Ein weiteres dieser Hindernisse sind die multiplen Versuche, *von außen* an das Sportgeschehen Erwartungen heranzutragen, die man dann seinen „Sinn" oder seine „gesellschaftlichen Funktionen" nennt. Sie aber nehmen meist wenig Rücksicht darauf, was der Sport gleichsam *von innen* heraus, also durch seine internen Abläufe und Sinnstrukturen der Gesellschaft anbietet und was ihm zugleich Grenzen für seine Nutzbarkeit für außersportliche Zwecke setzt.

Aufklärung wird in einer solchen Herangehensweise ersetzt durch die Beliebigkeit eines *Irgendwie*. Entsprechend werden immer wieder „Werte des Sports" beschworen, die insbesondere in Krisen- und Konfliktsituationen vermeintlich gefährdet seien und verteidigt werden müssten, die sich bei genauerem Hinsehen jedoch als universale gesamtgesellschaftlich geltende Werte entpuppen, deren Geltung für die Belange auf dem nur partikularen Feld des Sports eingeschränkt ist – strikt begrenzt auf den zeitlichen und räumlichen Rahmen des Sportereignisses selbst, das insofern einen legitimen „Ausnahmezustand" konstituiert und mit dem „Abpfiff" schlagartig wieder aufhebt.

Der Evolutionsbiologe Josef H. Reichholf hat dem Sport sogar eine Bedeutung als „Triebkraft in der Evolution des Menschen" (REICHHOLF 2001) zugeschrieben. Und eine tagesaktuelle Studie zu „Sinn und Zweck" des deutschen staatlich-sportpolitischen Förderungssystems hat ein Musterbeispiel dafür geboten, wie spekulativ und willkürlich solche Mutmaßungen üblicherweise ausfallen: „Die grundständige Frage nach Sinn und Zweck – und damit auch nach den gesellschaftlich wünschenswerten Funktionen der staatlichen Spitzensportförderung" fordere eine Klärung dessen ein, was damit eigentlich erreicht werden solle: die Vermittlung einer nationalen oder gesellschaftlichen Identität, von Werten wie Leistungsbereitschaft und Fairness, Vorbildwirkung für die durch breiten- und freizeitsportliche Mobilisierung erreichbare Gesundheitsförderung, Stärkung von Nationalstolz und Zusammengehörigkeitsgefühl nach innen und internationaler Reputation nach außen? Es gälte somit, „ein Maß zu finden für den gesellschaftlichen Mehrwert", den der Sport zu schaffen vermöge.[1] Solche Empfehlungen sind gespeist aus der Erwartung, dass jenes Maß nur außerhalb, nicht aber innerhalb der Sinngrenzen des Sports selbst gefunden werden könne.

Staatliche Instanzen und nicht minder ihre zu kritischer Distanz aufgerufenen professionellen Beobachter befinden sich so oder so ähnlich im Vertrauen auf Orientierungshilfe durch eine Wünschelrute auf der *Suche nach tragfähigen Rechtfertigungen* für die Förderung eines gesellschaftlichen Bereiches. Dessen durch seine unverwechselbare und unaustauschbare interne Struktur gestifteten Dreiklang aus Eigensinn, Eigenwert und Eigenrecht jedoch sind sie sichtlich nicht als ausschlaggebende Begründungsbasis zu erkennen oder anzuerkennen bereit. Als Ausweg aus diesem Dilemma greift man nach vermeintlichen Nützlichkeiten, die sich im außersportlichen Bereich als sinnvoll bewähren, um damit diesem Tun eine scheinbare Legitimation zu verschaffen: Dieses Tun jedoch kann bei genauerem Hinsehen erkennbar gerade für nichts anderes als für sein schieres eigenes Stattfin-

---

[1] REINSCH, Michael (2022): 1,2 Milliarden – wofür? Das Innenministerium bezahlt den Spitzensport großzügig, doch ein überzeugendes Ziel ist nicht zu erkennen. Das soll sich ändern. In: FAS vom 14.8.2022

den von Nutzen sein. Einer aufgeklärten und folglich vernunftgesteuerten Gesellschaft der Moderne scheint man ein Tun, das knappe gesellschaftliche Ressourcen verbraucht, ohne ihr diese Generosität durch die Gegenleistung von mess- und abrechenbarem politisch-ökonomischem Ertrag zu entgelten, nicht zumuten zu können oder zu wollen.

Nur vereinzelt fokussiert der Sportdiskurs einen im engeren Sinn *philosophischen* Blick auf den Sport. Das *Sportwissenschaftliche Lexikon* bestätigt unter dem von Hans Lenk verfassten Stichwort *Sportphilosophie*, dass deren Blick aus genau der zuvor monierten Richtung auf ihren Gegenstand gerichtet werde, nämlich von außen: Sie deute den Sport „als individuelles und soziales Phänomen sowie als pädagogischen Bereich von unterschiedlichen philosophischen Ansätzen her: Philosophische Anthropologie; Existenzphilosophie, Lebensphilosophie, Sozialphilosophie und Kulturphilosophie untersuchen im Bereich des Sports das Spiel, Freizeitverhalten, die Erholung, Hygiene, Handlung, Leistung, Erziehung, die Mannschaft, den Breitensport, die Leib-Seele-Problematik, persönlichkeitsbildende und ethische Werte sportlicher Tätigkeit, die Eigenweltlichkeit des Sports, die Frage nach Sinn und Unsinn besonders des Spitzensports und vieles mehr." (RÖTHIG/U.A. 1992, 36)

Diese lexikalische Übersicht verweist auf ein Sammelsurium, ja auf ein ziel- und bisweilen ratloses Durcheinander von Zugangsversuchen. Zu dem verrät der Lexikon-Artikel selbst keine ordnende Hand und verspricht somit kaum einen aufklärenden Mehrwert. Zumindest wird abschließend darauf verwiesen, dass seit dem Jahr 1972 eine internationale *Philosophic Society for the Study of Sport* besteht, die ein Jahrbuch namens *The Journal of the Philosophy of Sport* herausgibt und jährliche wissenschaftliche Tagungen veranstaltet.

Einige Überblicksdarstellungen datieren ebenfalls schon aus den 1990er Jahren. (Siehe CAYSA 1997; HAAG 1996) Noch weiter zurück liegt ein ambitionierterer Ansatz: Der Philosoph Hans Lenk, für den als Ruder-Olympiasieger die eigene sportliche Erfahrung einen besonderen Antrieb geboten hat, richtete seine professionelle Aufmerksamkeit auch auf dieses partikulare Feld. Zur eingrenzenden Deutung von dessen Eigensinn griff er zum einen auf antike Mythen wie Prometheus oder Narziss zurück und identifizierte ihn als eine besonders elaborierte Form individueller Eigenleistung. Der Sport könne idealerweise durch seine erklärte Präferenz der *Leistung* vor dem bloßen leistungsunabhängigen *Erfolg* zugleich eine in die moderne Leistungsgesellschaft ausstrahlende zivilisierende Auswirkung entfalten. (Siehe LENK 1972a; 1983)

Ferner wird immer wieder der Eindruck suggeriert, der Sport biete aufgrund seiner eigenen demonstrativ und exzessiv ausgelebten Wettbewerbsstruktur ein Vorbild und Lernfeld für die Behauptung der Menschen in den

Anforderungen der modernen Wettbewerbsgesellschaft. Das gleiche gelte für die herausgehobene Stellung des Fair Play für einen sinngerechten Sport, die sich als Lernfeld für einen allgemein fairen innergesellschaftlichen Umgang der Menschen miteinander anbiete. Andere Denkansätze erwarten von ihm sogar noch weiter reichende Transferleistungen für die demokratische Gesellschaft durch die besonders ausgeprägte Regelstruktur und -bindung sportlichen Handelns. Allen Guttmann, US-amerikanischer Sporthistoriker, hat versucht, sich dem Wesen des modernen Sports durch dessen Inkorporation von modernen allgemeinen säkularen Ideen wie Weltlichkeit, Gleichheit, Spezialisierung, Rationalisierung, Bürokratisierung, Quantifizierung und Suche nach Rekorden als Bausteinen seines Sinnmusters zu nähern. (Siehe GUTTMANN 1979)

Diese Einführung schätzt solche im Sportdiskurs vorherrschenden und zudem nur sporadisch und unsystematisch auftretenden Tendenzen als zu spekulativ und deshalb wenig ergiebig für ein gehaltvolles Verstehen des Sports und seiner über ihn selbst hinausreichenden Bedeutung ein. Sie problematisiert deren zumeist instrumentalistische Haltung ihm gegenüber. Dahinter scheint das Gespenst einer Art von Minderwertigkeitskomplex innerhalb seines kulturellen Umfelds auf, dem seine intellektuellen Deutungsbeauftragten dadurch begegnen zu müssen meinen, dass sie ihn mit fremden Federn schmücken, statt mit energischem argumentativem Beistand das gebotene Selbstbewusstsein von Eigensinn, Eigenwert und Eigenrecht dieses gesellschaftlichen Gutes zu begründen.

Die Einführung hält dieser Tendenz folglich einen philosophischen Deutungsversuch entgegen, der von einem empirischen Blick auf das Sportgeschehen selbst ausgeht. Von dort aus versucht er dessen faktische sowie dessen wünschenswerte Berührungsflächen mit seiner natürlichen und sozialen Umwelt zu erfassen und zu einem plausiblen Gesamtbild zusammenzusetzen. Dabei sieht er den ideellen Kern des Sports in einem unverwechselbaren Kulturgut, das seine gesellschaftliche Bedeutung am besten dann zu entfalten vermag, wenn es primär seinem Eigensinn und seiner eigenen Agenda folgt.

Diesem Deutungsansatz am nächsten kommen im bisherigen Diskurs einige wenige Arbeiten wie etwa die eines US-amerikanischen Philosophen (siehe WEISS 1969) sowie einiger deutscher Sportphilosophen (siehe FRANKE 1978, GEBAUER 1972, DREXEL 2002 sowie VOLKAMER 1984 und 1987). Zu wenig Resonanz gefunden haben die jüngeren Arbeiten der Sportphilosophin Claudia Pawlenka zu Grundfragen der Sportethik, die von der These getragen sind, dass der unkritische Transfer allgemeinethischer Begriffe oder Theorien auf den Sport scheitern müsse ebenso wie *vice versa* der Transfer sportethischer Normen auf die Lebenswelt – wobei wiederum die in ihrer Dissertation ausgearbeitete Annahme, ausgerechnet der *Utilitarismus* weise der Sportethik einen fruchtbaren Weg, diskussionsbedürftig ist. (Siehe PAWLENKA 2002 und 2004)

Allgemein lässt sich die Einführung leiten von dem von Immanuel Kant am knappsten und konzisesten ausformulierten Anspruch der *Aufklärung*: „Sapere aude! Habe Mut, dich deines eigenen Verstandes zu bedienen!"² Dessen mögliche irreführende Interpretation als Aufruf zu naiver Blauäugigkeit oder zur narzisstischen Beliebigkeit jedes Urteilens und Handelns freilich kann nur dann abgewendet werden, wenn er an den kantischen Kategorischen Imperativ angelehnt wird. Demnach hätte sich das *Sapere aude* in Denken und Handeln an das universal geltende Prinzip zu halten, dass sie zu einem allgemeinen Gesetz werden könnten. Die kantsche Philosophie bringt damit eine Denkhaltung beispielhaft auf den Punkt, die ihre nachhaltige aufklärerische Kraft aus einer philosophiegeschichtlichen Traditionslinie bezogen hat und bis heute weiter entfaltet. Deren Marksteine reichen zurück bis in die sokratische und vorsokratische Antike. Sie ist später weitergeführt worden durch den angelsächsischen *Empirismus* à la Francis Bacon über John Locke und David Hume zu John Stuart Mill, Charles Sanders Peirce und Bertrand Russell; ebenso wie durch den kontinentaleuropäischen *Rationalismus* à la René Descartes' *Abhandlung über den rechten Vernunftgebrauch* und *Abhandlung über die Methode*, über Baruch Spinozas *Abhandlung über die Verbesserung des Verstandes* und *Tractatus Theologico-Politicus* sowie die französischen philosophes der *Encyclopédie ou Dictionnaire raisonné des schiences, des arts et des métiers* des 18. Jahrhunderts bis hin zu Ernst Cassirers *Philosophie der symbolischen Formen* und Jürgen Habermas' *Theorie des kommunikativen Handelns* in der Gegenwart der Moderne.

Zu den Prämissen einer Einführung in die (Sport-)*Philosophie* zählt ferner eine noch genauere als die bereits angedeutete Abgrenzung ihres Erkenntnisinteresses von dem der *Wissenschaft*.³ Aktuellen Beobachtungen zufolge verlangsame sich zwar allmählich der wissenschaftliche Fortschritt.⁴ Aber das dieser Einführung zugrundeliegende Denkkonzept basiert im Unterschied dazu überhaupt nicht auf der die Wissenschaft antreibenden Erwartung eines solchen *nach vorn* gerichteten Erkenntnisfortschritts. Eine wissenschaftliche Denkhaltung führt stets ein aktivistisches und pragmatisches Telos mit sich, es drängt auf praktische oder technische Umsetzung und Verwertung des Erkannten.

Das hier referierte philosophische Denkkonzept hingegen ist an einem eher kontemplativen, auf Selbstvergewisserung gerichteten Telos orientiert.

---

2 Kant hat in seiner Preisschrift *Was ist Aufklärung* von 1784 den im vom antiken Denker Horaz „geerbten" Schlagwort „Sapere aude" angesprochenen „Mut zum Wissen" weiterentwickelt zum „Mut, dich deines eigenen Verstandes zu bedienen".
3 Eine allgemeine Annäherung an eine Problemgeschichte zu diesem Verhältnis zwischen Philosophie und Wissenschaft bietet z.B. SCHNÄDELBACH (2012), 17–29.
4 Siehe KRULL, Wilhelm (2023): Der Raum für Kreativität ist geschrumpft. Wissenschaft ist originell und wagemutig? Schön wäre es. Laut einer neuen Studie werden Durchbrüche immer seltener. Über die Ursachen. In: DZ vom 12.1.2023

Es gründet auf der Erwartung einer auf die Gründungsidee des Sports gerichteten *Rück*-Besinnung, die allein jedem sportbezogenen Handeln Legitimation und Handlungsdynamik zu verleihen vermag. Karl Marx ist hier eher einer Verwechslung der Philosophie mit der Wissenschaft aufgesessen, wenn er in einer seiner berühmten Feuerbach-Thesen postuliert, die Philosophen hätten die Welt nur unterschiedlich interpretiert, es käme aber vielmehr darauf an, sie zu verändern. Marx' skeptischer später Kollege Odo Marquard hat im Rahmen des gleichen Missverständnisses darauf mit der gleichwohl bedenkenswerten, durch die traumatischen Erfahrungen des 20. Jahrhunderts ernüchterten Gegenthese gekontert: „Die Geschichtsphilosophen haben die Welt nur verschieden verändert, es kömmt darauf an, sie zu verschonen." (MARQUARD 1982, 13)

In einem folgenden Abschnitt wird dargelegt werden, dass und warum eine solche rückwärts blickende Art der Abgrenzung zwischen der Philosophie von der Wissenschaft keineswegs gleichbedeutend ist mit einer *konservativen* Grundhaltung (siehe GÜLDENPFENNIG 2000, Kap. 2). Es kann vielmehr im Gegenteil sogar *revolutionär* wirken, weil es auf die durch Unvernunft verschütteten und verkannten Wurzeln von Kulturgütern zurückverweist und weil die von dort ausgehende Inspiration versperrte oder irregeleitete Wege in eine den Kulturgütern sinngerechte Zukunft (wieder-)eröffnen kann. Die Philosophie im Unterschied zu den Wissenschaften „entdeckt keine neuen Wahrheiten, und philosophische Probleme werden nicht durch die Gewinnung neuer Informationen gelöst, sondern durch die Neuordnung dessen, was wir bereits wissen. Die Funktion der Philosophie, sagte Wittgenstein einmal, bestehe darin, den Knoten in unserem Denken aufzulösen." (KENNY 2019, Band 4, 73)

So wie die Philosophie allgemein orientiert sich auch das hier vorgestellte Bild einer speziellen Sportphilosophie „am Pluralismus begründeter philosophischer Theorien und an Prinzipien der Aufklärung und Rationalität sowie an der engen Beziehung zwischen der Philosophie und den Wissenschaften. (...) Dass im Denken experimentiert wird und Wahrheiten vorläufig bleiben, ist nicht zu beklagen. Wer ,pragmatische Maximen' forschender Erkenntnis, wie sie etwa Ch. S. Peirce vorschlägt, nicht gering schätzt, wird unter ,Philosophie' also nicht die Chiffre für abholbares fertiges Wissen über eine fertige Welt verstehen, sondern einen Weg zum besseren Argumentieren, zum nachhaltigeren Begründen, zum klareren Denken. So verstanden ist Philosophie ein Unternehmen zur Förderung von Urteilsfähigkeit und Autonomie. (...) Die Philosophie verfehlt die denkmöglichen Welten, wenn sie keine Allianzen mit den anderen symbolischen Formen eingeht, deren Studium sich v.a. Ernst Cassirer gewidmet hat. Deshalb muss sie diese Nähen suchen, und die

Wissenschaften sind – neben anderen Formen[5] – ihr *alter ego.*" (SANDKÜHLER 2021, Band 1, VII-XI)

Auch die hier vorgelegte Philosophie des Sports „will nicht dekretieren, was für wahr zu halten ist. Sie ist ein Angebot, ein Denkmittel, eine Möglichkeit, sich im Wissen und durch Wissen zu orientieren" (ebd. XII). Allein schon deshalb ist sie zugleich das emphatische Plädoyer für einen zwar streitbaren, aber strikt an dem Ziel der sachdienlichen Aufklärung orientierten Stil der Auseinandersetzung. Sie stellt sich mithin einem aktuellen Trend in der *Streitkultur* entgegen, der auch im Feld der Sportpolitik verbreitet ist und den Peter Sloterdijk seinerseits polemisch so resümiert: Insbesondere in Deutschland gebe es zwar diesen Begriff, „die Sache selbst aber fehlt, weil bei uns an Stelle von Streitkultur eine Hetzkultur, eine Denunziationskultur, eine Herabsetzungskultur entstanden ist, in der die Dinge vorentschieden sind, bevor sie ihre Strittigkeit entfaltet haben" (SLOTERDIJK 2016a, 262–263).

---

5 Cassirer identifiziert als kulturprägende *symbolische Formen* in seinem 1923–1929 erstmals erschienenen dreibändigen *Opus magnum* vor allem Mythos, Religion, Sprache, Kunst, Wissenschaft und Technik; siehe CASSIRER (1964)

Kapitel 4 Sport als Feld der Sinnstiftung

Die Argumentation in dieser Einführung ist maßgeblich um den Begriff *Sinn* herum aufgebaut. Er gehört freilich zur Gattung derer, die der Philosoph Friedrich August von Hayek „Wieselwörter" genannt hat, weil sie so unbestimmt, aber gerade deshalb so vielgebraucht sind und sich einem sicheren Zugriff entziehen. Deshalb ist es angezeigt, den hier gemeinten Deutungsraum und seine Bedeutung für das Verständnis des Sports genauer einzugrenzen.

Sport als moderne Variante einer Körperkultur, die den Gang der Menschheitsgeschichte von Beginn an begleitet hat, stand besonders in den deutschen Ländern des 19. Jahrhunderts unter Rechtfertigungszwang. Diese Nötigung, ein solches selbstbezügliches und scheinbar nichtsnutziges Tun innerhalb eines sich dynamisch entwickelnden bürgerlich-kapitalistischen Umfeldes mit seinem ökonomisch dominierten Effizienzdenken legitimieren zu müssen, galt zwar auch in England als dem maßgeblichen Motor und „Exporteur" der modernen Sportidee, wo sie vor allem unter pädagogischen Erwartungen im Zusammenhang mit der imperialen Expansion Englands bzw. Großbritanniens stand. Gleichwohl beließ man in diesem „Mutterland" des modernen Sports dessen kulturellen Eigensinn mehr Spielraum und „Luft zum Atmen" als im deutschen Kontext.

Hier nämlich geriet die Rezeption dieser Idee unter einen starken Konkurrenzdruck durch das Erbe der Turnbewegung. Sie basierte auf einer weitaus instrumenteller orientierten Idee von Körperkultur, beherrschte bereits seit Beginn des Jahrhunderts die Szene als „Platzhirsch" und lieferte der Sportidee einen stark ideologisch aufgeladenen und bis ins 20. Jahrhundert andauernden Abwehrkampf. Weiterführendes zu diesen „Startbedingungen" im 19. Jahrhundert wird besonders anschaulich beschrieben bei EISENBERG (1999). Dieser „Kampf um Anerkennung"[1] bestimmt die gesellschaftliche Stellung der Sportidee und ihrer realen Ausprägungen in Ereignissen, Institutionen und Kommunikationen bis heute. Der Rechtfertigungsdruck spielt stets mit hinein in die Meinungs- und Urteilsbildung über jede Art von sportbezogenen Problemen.

Wir leben in Zeiten diffuser Suche nach irgendeinem – eben: *irgend*-einem – Sinn. Und des Scheiterns dieser Suche. Denn es ist zwar ein Grundbedürfnis, „Sinn im Leben zu empfinden"[2]. Man hat jedoch meist nicht einmal eine Ahnung davon, was das sein und woher es kommen soll. Dieses Rätsel mutet

---
1 Diese Formel ist entlehnt bei einer allgemeinen, nicht sportbezogenen sozialphilosophischen Studie, die ihren Titel wiederum bei Hegel entlehnt hat; siehe HONNETH (1992).
2 HERRMANN, Sebastian (2019a): Was soll das alles? Langeweile, Einsamkeit und Desillusionierung: Im Strudel des Alltags stellt sich rasch die Sinnfrage. In diesem Zustand öffnet sich der Geist den Verlockungen extremer Weltanschauungen. In: SZ vom 13.7.2019

bisweilen an wie eine verkehrte Welt, wie ein Rennen zwischen Hase und Igel, bei dem freilich am Ziel nicht einmal zwei tricksende Igel warten.

Man könnte auf diese existentielle Lage auch mit Verweis auf Albert Camus' *Der Mythos des Sisyphos* antworten – also mit seinem emphatischen Plädoyer dafür, *den Menschen selbst die volle Verantwortung* dafür zu geben, welchen Sinn sie ihrem Dasein auf dieser Welt zuschreiben, individuell jeder für sich und kollektiv wir für uns alle. Als Plädoyer, folglich sich nicht länger dieser Verantwortung zu entziehen, indem man auf andere, höhere, im Diesseits oder gar im Jenseits wirkende Mächte verweist und schicksalsergeben-fatalistisch auf ihre Urteile über sein Leben wartet: „Danach lebt der Mensch in einer Absurdität, die sich aus der Spannung zwischen den Rätseln der Natur, der Sinnwidrigkeit der Welt auf der einen Seite und dem ewig menschlichen Verlangen nach Klarheit und Sinn auf der anderen Seite ergibt. Der Mensch muss diese Absurdität erkennen, sie annehmen und gegen sie revoltieren. In dieser Revolte gegen das Absurde kann der Mensch sich selbst verwirklichen und seine Freiheit finden. Darin liegt für Camus die Bejahung des Lebens, sei es auch noch so hart oder widersinnig." (LESCH/KAMPHAUSEN 2018, 73; CAMUS 1959)

Seit wir in die „zweiten Zwanzigerjahre" eingetreten sind, phantasieren nicht Wenige eine Art von Kopie oder Wiederaufleben der „ersten", der 1920er Jahre herbei, um aus vermeintlichen Parallelen Impulse für Verständnis und Gestaltung der Gegenwart zu gewinnen. Das freilich ist ein abenteuerliches Ansinnen. Es lässt hinter den faszinierenden Erinnerungen das Unsägliche jener Zeit verschwinden. Der Publizist Florian Illies hat solche Phantasterei in einer Kontrastierung unserer insgesamt eher *grauen* Gegenwart mit der durch das *Grauen* des Ersten Weltkrieges freigesetzten Explosion von kultureller Aufbruchsstimmung, Neugier, Rücksichtslosigkeit, Vielfalt – und Gewaltverherrlichung! – in jener Zeit 100 Jahre zuvor zurückgewiesen oder zumindest zurechtgerückt.[3]

So könnte man es sich bei der Sinnsuche mit unserem heutigen Stand des Wissens – gerade nach dem Verlust der zwar hergebrachten, aber immer nur angemaßten „Alleinzuständigkeit" der Religion für diese Aufgabe[4] – einfach machen und sagen: Kosmos und Evolution haben die Gattung Mensch aus ihrer natürlichen Umwelt hervorgehen und weiter an ihr teilhaben lassen.

---

3 Siehe ILLIES, Florian (2020): Die Zwanzigerjahre sind da. Warum wir uns so heftig zurücksehnen in eine Zeit, die selbst keine Sehnsucht kannte. In: DZ vom 23.1.2020
4 So z.B. FLASCH (2014): „Wer fragt, ob er glauben soll oder nicht, erhält oft die Antwort, er solle an Gott glauben, denn nur dann bekomme sein Leben einen Sinn. Ich gestehe, dass ich diese Begründung nicht verstehe. (…) Es ist lebensfeindlich, jedes Leben für sinnlos zu erklären, das nicht den einzig ‚richtigen' Ausweg aus der theologischen Entweder-Oder-Zwangslage wählt. (…) Es ist anmaßend, alles nicht-christliche Leben als sinnlos darzustellen." (75–76) – Siehe ferner GERHARDT (2014).

Die kulturelle Geschichte hat zudem diese besondere Spezies und nur sie in die Lage versetzt, sich ein Bild von der Welt zu machen und dieser einen Sinn zu verleihen, indem sie sie so einrichtet, dass Mitglieder (und universal gedacht: *alle* Mitglieder!) der Gattung darin menschengerecht leben und ihre Möglichkeiten entfalten können. Das wäre grundsätzlich schon alles: *That's it, and that's all.* „Im Großen und Ganzen geben wir Menschen dem Leben Sinn, indem wir tun, was uns begeistert", so der gern auch philosophierende Bergsteiger Reinhold Messner.[5] Und gefragt, wozu sein ehemaliges Profitum im Extremklettern gut sein soll und ob es nicht für die Allgemeinheit völlig nutzlos gewesen sei: „Völlig nutzlos, ja! Es muss auch nicht nützlich sein. Ich mache es mir sinnvoll."[6]

Diese Beschreibung trifft genau auch die Sportidee. Allerdings nur bis zu diesem Punkt des Zitats – also abgesehen von dem Eingehen existentieller Risiken, das zwar zum Extremalpinismus, aber nicht zu einem begründeten Sinn von Sport gehört, was auch die Verbindung mit einem sinnvollen Helden-Begriff abschneidet: „Ich habe mir mein Leben immer wieder selbst geschenkt, habe mit jeder Tour das Leben zurückerobert. Die Kunst des Alpinismus ist, in die schwierigsten, exponiertesten, gefährlichsten Situationen hineinzusteigen – und dabei nicht umzukommen." (Ebd.)

Alles Weitere in Fragen der Sinnstiftung innerhalb der menschlichen bis hinein in die unendlichen Weiten der kosmischen Welt wäre mithin „nur" eine Sache der Verständigung zwischen den Menschen über das *Wie* – und das natürlich so gewaltfrei wie irgend möglich. Statt jedoch den Sinn dieser *Conditio humana* im Namen höherer Mutmaßungen kleinzureden oder sie gar mit Arthur Misanthropen- alias Schopenhauer larmoyant als notorische Quelle des Leids und Grund zur Weltflucht zu beklagen, spräche viel dafür, sie zu begrüßen und demütig als Geschenk anzunehmen. Als Herausforderung, für deren sinn- und menschengerechte Bewältigung die Menschen individuell und in ihren öffentlichen Institutionen alle verfügbare Phantasie und Kraft aufwenden müssen, als „Gegenleistung" aber das Gefühl der Sinnhaftigkeit ihrer Existenz zurückerhalten.

Aber diese allgemeinen Fragen um die ganz große Weltdeutung sind hier gar nicht das Thema. Das Thema namens „Sinn des Sports" setzt erst *danach* und gleichsam eine Etage *tiefer* an, ohne dass zuvor „letzte Fragen" beantwortet wären. Mit dem Philosophen Volker Gerhardt kann man von der anthropologischen Grundeinsicht ausgehen, dass der Mensch nicht nur ein sinn-*suchendes*, sondern vor allem sinn-*stiftendes* Wesen ist. Es kann nicht anders, als in jeder seiner Handlungen nach *Gründen* zu leben, die er vor

---

5 MESSNER, Reinhold (2019a): Nur Dummköpfe machen die Ortler-Nordwand. Über Besessenheit am Berg. Interview. In: SZ-Magazin vom 9.8.2019
6 MESSNER, Reinhold (2019b): Die Kunst ist, nicht zu sterben. Interview. In: DZ vom 12.9.2019

sich und seiner Umwelt rechtfertigen kann und mit denen er Sinn stiftet: Er ist und handelt als „ein Tier, das seine Gründe hat" – wobei die begriffliche Fassung seiner Existenzbedingungen als Humanität zugleich für das steht, „was der Mensch anstreben soll, weil er es anstreben kann"[7]. Genau dies ist es: Demut und Dankbarkeit gegenüber dem Geschenk der eigenen Existenz dadurch zu beweisen, dass man es annimmt und das Beste daraus macht. Das Beste, das heißt nicht für alle das Gleiche, aber das jedem Menschen und seiner Gemeinschaft Bestmögliche.

Der dieser Einführung zugrundeliegende Denk- und Deutungsansatz als Voraussetzung für die Begründung von praktischem Handeln stützt sich auf das Bild einer arbeitsteilig differenzierten Gesellschaft, die durch ein je situatives Zusammenspiel von *Sinn-* bzw. *Sozialsystemen* konstituiert wird. Ein Bild, für das Niklas Luhmann den überzeugendsten, wenn auch nicht perfekten Entwurf angeboten hat. In dem Prinzip der Unterscheidung und dem Primat, das Luhmann diesem Prinzip innerhalb seiner Systemtheorie einräumt – womit er entschieden dem Primat ganzheitlichen Denkens widerspricht –, liegt eine bedeutende aufklärerische Kraft. Aber hängt nicht tatsächlich Alles mit Allem zusammen, worauf die Befürworter eines holistischen Denkens beharren? Selbstverständlich! Gleichwohl verspricht größeren aufklärerischen Ertrag ein Vorgehen, das darauf beharrt, dass es Unterschiedliches ist, das untereinander zusammenhängt, und dass es gehaltvoller ist, bei der Beobachtung der Wirklichkeit mit der genauen Beschreibung des Unterschiedenen zu beginnen, ehe man fragt, wie diese theoretisch unterschiedenen ideellen Sinnsysteme und die von ihnen geprägten Einzelerscheinungen in der Wirklichkeit zusammenhängen und sich praktisch gegenseitig beeinflussen.

Sinnsysteme handeln nicht selbst. Sie verkörpern vielmehr *Perspektiven*, unter denen wir Menschen unsere Umwelt beobachten, sowie *Maßstäbe*, nach denen wir sie beurteilen. Zudem gilt, dass sie – als Folge der Arbeitsteilung, wiewohl wichtig genug – „nur" jeweils *partikularen* Sinn für ihr je eigenes Feld, nicht jedoch für die Gesellschaft als Ganzes zu stiften vermögen. Begründetes sinngerechtes praktisches Handeln in allen Bereichen der Gesellschaft ist am ehesten zu erwarten von einem *Zwei-Schritt-Verfahren*: Es ermittelt zunächst auf der Ebene der Sinnsysteme das für ein partikulares Sinnfeld Gemäße und Gerechtfertigte in seiner „ideell reinen" Form bzw. beurteilt ein reales Geschehen nach den entsprechenden Maßstäben. Erst in einem zweiten Schritt auf der Ebene des realen Handelns innerhalb des nun sinngemischten Sozialsystems wird das für die beteiligten Sinnsysteme Geltende aufeinander bezogen, zusammengeführt und miteinander so weit

---

[7] ZORN, Daniel-Pascal (2019): Ein Tier, das seine Gründe hat. Was ist der Mensch? Volker Gerhardt findet überzeugende Antworten auf eine alte Frage. In: SZ vom 23.7.2019. – Der Referenztext ist GERHARDT (2019).

in zugleich konkurrierenden und kompromisshaften Einklang gebracht, dass die Sinnsysteme sich gegenseitig ihre hegemonialen Machtansprüche bestreiten und so das Handeln schließlich zu menschlich vertretbaren Ergebnissen führen können.

Ein solches Zwei-Schritt-Verfahren und die Erwartung daraus entstehender humaner Entscheidungs- und Handlungschancen mögen ebenso kompliziert wie blauäugig erscheinen. Es spricht jedoch viel dafür, dass gerade diese Empfehlung ein *Ziel* vorgibt, an dem sich Richtung und Wege in eine ebenso kulturell reiche wie nachhaltig menschengerechte Zukunft orientieren können. Mit dessen Verfolgung könnte die unendliche Folge von Schäden und Opfern vermieden werden, die sich aus den bislang gewohnten, allein spontan machtbasierten Praktiken gesellschaftlichen Handelns innerhalb der Menschheitsgeschichte ergeben haben. Von zentraler Bedeutung bleibt dabei, dass das für die *abstrakte* Ebene der Sinnsysteme reklamierte „Reinheits"-Gebot *nur dort* als Erkenntnisinstrument Geltung beansprucht, nicht aber in die *reale* Ebene der sinngemischten Sozialsysteme hineingetragen wird, wo es die notorische Gefahr heraufbeschwört, das zwischenmenschliche und politische Handeln durch fundamentalistische Doktrinen, Machtansprüche und Gewalt zu vergiften – Inspirationsquelle des sprichwörtlich gewordenen „Kreuzzugs"-Denkens: „Die unstillbare Sehnsucht nach Reinheit, gefährlichste Feindin freien Denkens, ist die Obsession des Religiösen zu allen Zeiten und in allen Kulturen (...). Reinheit drängt auf Einheit. Versuche, Gesellschaften auf den einen, reinen Glauben zu verpflichten, endeten jetzt und später in Krieg, Terror, Zerspaltung." (ROECK 2018, 211–212).

Der dieser Einführung zugrundegelegte Ansatz also setzt auf ein *Primat der Unterscheidung*. Er räumt der aufklärerischen Macht der Trennung prinzipiellen Vorrang vor den mächtigen Plädoyers für Ganzheitlichkeit ein. Dieses Neudenken hätte auch Bedeutung für eine Revision der verbreiteten Erwartung, der Sport müsse seine scheinbar nachrangige gesellschaftliche Relevanz durch über seinen beschränkten Eigensinn hinausreichende „Extraleistungen" kompensieren: Die Begründung für *Verzicht auf den Verfolg außer- oder gar „über"-sportlicher Zielsetzungen*, der in Wirklichkeit ein *Gewinn* wäre, ergibt sich aus zwei Einsichten: *zum einen* aus einer *pragmatischen* Anerkennung der ernüchternden Realität, die solche Ziele weitgehend als bloße rhetorische Anmaßung ausweist, da dem Sport für die Implementierung relevanter praktischer Konsequenzen kaum geeignete Mittel zur Verfügung stehen; *zum anderen* aus einer *theoretischen* Rücksicht auf die systemischen Grenzen, die Eingriffe in die Autopoiesis und Autonomie eines Sinnsystems nur „negativ" auf der Ebene des Zusammenspiels der sinngemischten Sozialsysteme zulassen. – Nur auf diesem „defensiven" Weg gegenseitiger Rücksichtnahme können die für sich legitimen Ansprüche aller Sinnsysteme begrenzt und zu einem humanen Ausgleich, zu „friedlicher Koexistenz" und fruchtbarer Kooperation gebracht werden.

Deren jeweiliger legitimer Anspruch wird dadurch begründet, dass jeglicher gesellschaftlicher und humaner Fortschritt aus der in den Sinnsystemen gebundenen kreativen Potenz und damit auch aus der Arbeitsteilung zwischen ihnen geschöpft wird. Zugleich aber benötigt dieser für sich genommen legitime Anspruch eine Art von Ausgleich, ein Gegengewicht, eine (Ver-)Sicherung gegen die Gefahren, die von deren immanenter Tendenz zur fundamentalistischen Hypertrophie und damit zu inhumanen praktischen Konsequenzen ausgehen. Eine solche friedliche Koexistenz und ein solcher Ausgleich sind *theoretisch* möglich, sie sind *moralisch* wünschenswert, und ihr Gelingen hängt *pragmatisch* ab von der an Nachhaltigkeit orientierten Vernunft der Verantwortungsträger*innen in allen jeweils beteiligten Sinn- und Handlungsfeldern.

Gestützt auf diesen Ansatz ergeben sich zwei zwar recht abstrakt anmutende, aber konkret umso wirksamere Annahmen: Da ist (1) die Annahme, dass die Orientierung menschlichen Urteilens und Handelns je situativ maßgeblich von Imperativen bestimmt wird bzw. bestimmt sein sollte, die sich aus dem Eigensinn des jeweils eine Handlungssituation dominierenden Sinnfeldes ergeben; (2) die Annahme, dass der Aufgabe eine vorrangige Bedeutung zukommt, sich über ebenjenen Eigensinn der am Handeln beteiligten Sinnsysteme und seiner Grenzen präzise Klarheit zu verschaffen und in offener Kommunikation zu verständigen, um jeweils situativ begründet urteilen und handeln zu können.

Auch wenn die Suche nach Sinn sich also nicht in den unendlichen Weiten „des Lebens" oder „der Welt" verlieren, sondern diesen in je konkret eingrenzbaren Handlungs- und Geschehensräumen ansiedeln sollte, geht es beim Sinn des Sports nicht um ein objektiv leeres Gefäß, das je nach Erwartungen und Vorlieben von individuellen Personen oder kollektiven sozialen Gemeinschaften beliebig mit *subjektivem* Sinn gefüllt werden könnte. Gerade so jedoch wird der Sport im intellektuellen wie im öffentlichen Diskurs oft dargestellt.

Stattdessen geht es um seine innerhalb der gesellschaftlichen Arbeitsteilung zu erbringende, nicht austauschbare und *objektiv* bestimmbare Leistung. Deren Spielräume und Grenzen haben die gesellschaftlichen Akteure vorauszusetzen, und auf die haben sie sich in ihren je subjektiven Aspirationen und Handlungen einzustellen, wenn ihr Handeln sportgerecht sein soll. Die „reine" *Idee* von Sport programmiert das Sinnsystem, das den ideellen Hintergrund für das „sinngemischte" *reale* Sozialsystem Sport bildet. Das Plädoyer lautet mithin auf Anerkennung einer Art von objektivem *Primat der Sinnsysteme vor der* individuellen, subjektiven und situativ bestimmten *Handlungsentscheidung* realer Akteure. Innerhalb dieses orientierenden und begrenzenden Primats müssen solche Entscheidungen sich bewegen, wenn sie wohlbegründet sein sollen.

Sinnstiftung im bzw. durch Sport hat folglich auch nichts zu tun mit gängigen Spekulationen über einen „höheren Sinn", der Kulturgütern zukommen müsse. Nicht einmal in dem noch begrenzten Sinn der beliebten Floskel von „mehr als nur Sport", mit dem der für sich genommen zu bedeutungsarme Sport aufgewertet werden soll, indem er für die Verwirklichung von für andere Felder sinntragenden „Werten" verantwortlich erklärt wird. Stattdessen entsteht eine scheinbar paradoxe Situation: Gerade die *exklusive Einschränkung* der Teilnahmebedingung auf das Kriterium der sportlichen Qualifikation z. B. schafft die Voraussetzung für die *inklusive Öffnung* des Sportgeschehens für alle sportlich Konkurrenzfähigen unabhängig von sozial, geschlechtsmäßig, ethnisch, religiös, politisch und national beschränkenden Kriterien. Der scheinbare *Verlust* durch jene Zurückweisung der Geltungsansprüche von nicht sinngerechten sport-*externen* Referenzen und Tabus wird mehr als aufgewogen durch den tatsächlichen *Gewinn* aus der Höherbewertung sinngerechter sport-*immanenter* Referenzen.

Durch nichts – hierin den anderen Künsten eng verwandt – kann demnach der Sport so viel gewinnen wie durch selbstbewusste *Selbstreferenz*, durch den Verweis auf sich selbst und die Anerkennung der gesellschaftlichen Bedeutung seines kulturellen Eigensinns, Eigenwerts und Eigenrechts. Diese Bedeutung und das sinngerechte Stattfinden seiner Ereignisse sind die maßgebliche Leistung des Sports für die Gesellschaft. Das fordert zugleich dazu heraus, sie zu verteidigen gegen jegliche Übergriffe von innen und von außen: gegen direkte manipulative Eingriffe ins sportliche Geschehen durch Doping, Wettmanipulation oder verbale Herabsetzung und Einschüchterung des Gegners; und gegen indirekte manipulative Eingriffe ins sportliche Geschehen durch politische Instrumentalisierung, Korruption und ökonomische Fremdbestimmung oder auch durch eine öffentliche Kommunikation, welche die theoretische Idee und das praktische Geschehen des Sports „in ein schiefes Licht rückt", das heißt nicht sachgerecht und wahrheitsgetreu wiedergibt.

Ein solches Bild vom Sinn des Sports im *engen* Sinne verortet diesen nicht irgendwo und überall in anderen, nichtsportlichen Feldern der Gesellschaft, an deren je spezifischen Aufgabenbewältigungen er sich vermeintlich zu beteiligen habe, um so und nur so sein Existenzrecht zu erwerben. Nein. Dieses Bild verortet ihn so exklusiv wie möglich in der Sphäre der Kultur, genauer: im Kreis der Verwandtschaft der Künste, noch genauer: der performativen Künste. Damit partizipiert er auch an deren verfassungsmäßig garantiertem Anspruch auf Autonomie gegenüber direkten Übergriffen außerästhetisch-gesellschaftlicher Interessen – sowie ebenso am öffentlichen Streit über die Geltungsgrenzen dieser Autonomie. Also an deren Selbstzweckhaftigkeit oder Autotelie, die es rechtfertigt, im kantischen Sinne von einer „Würde des Sports" zu sprechen.

Sport als Kunst steht zwar in der Tat im Dienst der Gesellschaft. Aber nicht *direkt* für partikulare außersportliche Ziele, sondern *indirekt* für die Gesellschaft insgesamt. Nämlich im Dienst an seiner eigenen Idee als Voraussetzung dafür, die Gesellschaft durch seine Teilhabe an den Besonderheiten der Künste zusammen mit ihnen bereichern zu können. Viele vermeintliche Verheißungen, die darüber hinauszuweisen versprechen, erliegen einer Illusion und drohen aufgrund der hybriden Überdehnung seiner aus seinem Eigensinn geschöpften Möglichkeiten die Realisierung dieser Möglichkeiten zu behindern oder gänzlich zu zerstören. Sinnstiftung auf dem Feld des Sports heißt, dass alle diejenigen, die hier Verantwortung tragen, ebendiese Spannung zwischen der Ausreizung der Möglichkeiten des Sports und ihren Grenzen öffentlich kommunizieren und in ihrem praktischen Handeln berücksichtigen.

Die Auseinandersetzung um diese Thematik wird seit mehr als zwei Jahrhunderten in anderen Feldern des ästhetisch-schöpferischen Handelns, also in den anderen Künsten intensiv, engagiert und äußerst kontrovers geführt. Auch dort jedoch dominiert oft eine dem Sportdiskurs ähnliche Überdehnung der Grenzen, die der Sphäre der Kunst generell vorgegeben sind. In immer neuen Anläufen wird eine „neue Kunst" propagiert, deren Verheißungen damit erkauft werden sollen, dass gerade die sinnspezifischen Leistungen und Grenzen, mit denen diese Sinnfelder im Rahmen der Arbeitsteilung der Gesellschaft ausdifferenziert sind, für obsolet erklärt werden. Das ist ein bemerkenswert paradoxes Spiel: Man gibt auf, was man kann, unter (auto-)suggestiver Beschwörung dessen, was man nicht bzw. nur schlechter kann als andere Sinn- und Handlungsfelder. Und das mehr als rhetorische Kraftakte denn als vollendete Taten.[8]

Dieses paradoxe Spiel erinnert an Cervantes' *Don Quijote*. Das Ergebnis ist dann zwar wieder eine Form von – Kunst. Aber an einem Punkt, an dem eher rationale Aufklärung gefragt wäre. Der Sportdiskurs wäre mithin gut beraten, seine Reise auf diesem Kurs nicht blindlings fortzusetzen, sondern seinen Kompass neu zu justieren. Die Zukunftsfähigkeit des Sports und die seines gesellschaftlichen Auftrags – das heißt, der Leistung, die er verlässlich und nachhaltig für die Gesellschaft zu erbringen vermag – werden maßgeblich davon abhängen, ob es gelingen wird, überzeugendere Sinnstiftungen für den Sport und durch den Sport zu generieren, als dies bislang gelungen ist. Nur sie können den Diskurs, die Praxis sowie die öffentliche Anerkennung des Sports auf eine besser begründete und damit tragfähigere Basis stellen.

---

8 Zahlreiche Beispiele liefert die Sammlung von Kunsttheorien bei HARRISON/WOOD (1998).

B Hauptteil

Auf der Suche nach einer philosophischen Begründungsbasis für den Sport. Das Ziel: Eine eigene Stimme im sportphilosophischen Diskurs hörbar machen

Kapitel 5 Zur Stellung der Sportphilosophie in der Struktur der Sportwissenschaft

Der philosophische Diskurs zum Sport weist naturgemäß eine große Vielfalt unterschiedlicher Deutungsversuche auf. Dieser Vielfalt wird in dieser Einführung dadurch Rechnung getragen, dass eine Reihe von gehaltvollen alternativen Ansätzen entweder als Ergänzungen oder als fruchtbare Gegenbilder herangezogen, dabei möglichst fair und präzise wiedergegeben und auf ihre Aussagekraft zum Verständnis des Sportgeschehens geprüft werden. Im Kern jedoch unternimmt diese Einführung den Versuch, einen *eigenen* Anlauf zur möglichst in sich stimmigen philosophischen *Gesamtdeutung* des Sportgeschehens zu entwerfen und der Fortführung des philosophischen Diskurses anzubieten.

Die Beschreibung dessen, was hier als *diskursive Ausgangslage* zu dem jeweiligen Aspekt zusammengefasst wird, wird meist nicht mit Einzelbelegen zur Provenienz der Argumente nachgewiesen. Sie beschränkt sich darauf, mit einem eher intuitiven Zugang, aber doch in umfassender Kenntnis des vorherrschenden wissenschaftlichen wie öffentlichen Denkens über den Sport als Sinn- und Handlungssystem sowie über seine gesellschaftliche Verankerung eine Übersicht über den *State of the Art* zu geben, an dem der Entwurf eines weiterführenden Bildes von einer Sportphilosophie ansetzen kann. Diese Beschreibung könnte durchaus mit ausdrücklichen Verweisen auf Namen und Arbeiten untermauert werden. Statt damit jedoch von dieser Einführung aus eine unautorisierte und simplifizierende Fremdzuschreibung gleichsam zu diktieren, soll es den Teilhaber*innen des sportphilosophischen Diskurses überlassen bleiben, eine Selbstzuordnung innerhalb des vorgeschlagenen dualen Bildes vorzunehmen.

Die Darstellung läuft auf das Ziel hinaus, *eine begründete eigene Stimme* innerhalb des Faches hörbar zu machen. Der Aufbau der Abschnitte in den Kapiteln erfolgt nach dem Muster, dass zu einem jeweiligen Aspekt der Sportphilosophie zunächst eine *diskursive Ausgangslage* zusammengefasst wird. Auf deren kaum zu übersehende oder zu bestreitende Erkenntnis-Insuffizienzen bezieht sich der dann jeweils folgende Abschnitt als *weiterführende Antwort*.

B Hauptteil

1. Beziehungen zwischen Sport und Gesellschaft als Kreisprozess[1]

Diskursive Ausgangslage: Vorherrschend im wissenschaftlichen Sportdiskurs war lange ein ganzheitliches Denken. Es operierte mit wenig binnendifferenzierten Begriffen sowohl von Gesellschaft wie von Sport. Unter „Sport" wurden sowohl das für die Organisation dieses Kulturgutes verantwortliche Institutionengerüst wie dessen sportpraktischer Gegenstand subsumiert. Und das, was im öffentlichen wie im wissenschaftlichen Diskurs längst als „Gesellschaft" firmierte und intensiv in ihrer spannungshaltigen Komplexität diskutiert wurde, blieb aus Sicht des Sports für lange Zeit nahezu ein Un-Ort. Mit wachsender gesellschaftlicher Resonanz und Akzeptanz des Sports sowie mit dem Aufbau einer ernster zu nehmenden Sportwissenschaft und ihrer Teildisziplin Sportsoziologie gerieten die Beziehungen zwischen Sport und Gesellschaft stärker in das Blickfeld. Und es wurde über eine irgendwie geartete „Versportlichung der Gesellschaft" ebenso wie über eine „Vergesellschaftung des Sports" spekuliert.

Seither wird viel gemutmaßt über die Kontaktstellen in diesen Beziehungen. Das führte zu seither vielzitierten, aber auf ihren aufklärerischen Gehalt kaum befragten Floskeln wie: Der Sport könne nicht besser oder schlechter sein als die Gesellschaft. Er sei ein Spiegel oder eine Mimesis der Gesellschaft. Er erfülle zahlreiche gesellschaftliche Funktionen. Dabei bleibt vage, wer oder was da jeweils von beiden Seiten her miteinander in irgendeine Art von Beziehung tritt.

Um solche Annahmen plausibel zu machen, werden selektiv diese oder jene Aspekte der gesellschaftlichen Realität benannt, mit denen aufgrund ihrer scheinbaren Ähnlichkeit ebenfalls selektiv bestimmte Aspekte der Sinnstruktur des Sports korrespondieren sollen. Die auf diese Weise angestrebte Plausibilität aber bleibt aus, weil dabei ein *Gesamtbild* weder der Gesellschaft noch des Sports entworfen wird. Erst daraus aber würde genauer erfassbar, wie der Sport tatsächlich innerhalb der Gesellschaft verankert ist, vielleicht aber auch wesentlichen ihrer Teile eher als Gegenbild gegenübersteht.

Weiterführende Antwort: Im Sport stellt sich das Verhältnis zwischen Eigenständigkeit und Abhängigkeit gegenüber der gesellschaftlichen Mit- und Umwelt in grundsätzlich gleicher Weise dar wie in anderen kulturellen Bereichen. Sie alle stehen unter der Alternativfrage: Ist deren Anspruch auf den Status eines *L'art pour l'art*, einer nur ihrem kulturellen Eigensinn verantwortlichen Kunst, eine Phantasmagorie, gar eine sozialmoralisch anstößige Form von Verantwortungsverweigerung gegenüber höheren außerästhetisch-gesellschaftlichen Zielen? Oder ist dieser Anspruch umgekehrt gerade die konstitutive Voraussetzung für deren spezifische gesellschaftliche Stellung und Verantwortung?

---

1 Siehe BACH, Joscha (2021): Stichwort *Kybernetik*. In: SANDKÜHLER (2021), 1369–1373

Meist wird diese Frage mit einer *Entweder-oder-Abgrenzung* beantwortet. Zutreffender scheint, jene Bezüge in dem Bild einer *Brücke* zu erfassen. Es erfasst den *gleichermaßen gesellschafts-bezogenen* wie *-ausgrenzenden* Charakter dieser Beziehung. Eine solche Brücke wird hergestellt durch die Annahme, dass die wechselseitige Ein- und Ausgrenzung sich in einem *Kreisprozess* aus drei grundlegenden Schritten vollziehen:

In einem *ersten Schritt* beziehen Kulturbereiche wie der Sport und seine Verwandten ihr „Rohmaterial" aus der allgemeinen, alltäglichen Erfahrungswelt der Menschen: *Literatur* aus Sprache, Vorstellungen, Bildern, Mythen, menschlichen Schicksalen und sozial-historischen Erfahrungen; desgleichen *Theater*, Musiktheater und Film, aber zusätzlich im Medium des darstellenden öffentlichen Spiels auf der Bühne bzw. der Leinwand oder heute dem digitalen Display; *bildende Kunst* aus Formen, Farben, Materialien und mehr oder weniger anschaulich-„gegenständlichen" Bildern der Realität; *Kunstmusik* aus volkstümlicher Musik, alltags- und lebensweltlichen Klängen, Rhythmen und Instrumenten, Tänzen usw., „übersetzt" in künstliche klangliche Neuerfindungen; und so eben *Sport* aus agonalen Kampf- und Überbietungssituationen der alltäglichen Realität, aus körperbetonten alltagsweltlichen Bewegungsformen, Spielen, einem allgemeinen Körper- und Gesundheitsbewusstsein, Kulturtechniken wie Zeitökonomie und -messung sowie Optimierung des dafür mobilisierten materiellen und körperlichen Mittel- und Krafteinsatzes durch geeignete Trainings-, Ernährungs- und Lebensführungspraktiken.

Solche realen Gegebenheiten bilden „*Steinbrüche*", welche die jeweiligen Kulturbereiche bzw. Künste in der natürlichen und gesellschaftlichen Umwelt antreffen. Diese externen ideellen und materiellen *realen* Ressourcen werden in einem *zweiten Schritt* für ihre Unternehmungen selektiv ausgebeutet, *intern* nach ihren sinneigenen Zielen verarbeitet und in nun *fiktive* ästhetisch-kulturelle Ausdrucksformen und künstliche Gebilde umgesetzt sowie in bereichsspezifische „Sondersprachen" übersetzt. Im Sport erfolgt diese Transformation (oder sollte es) gemäß der in der Sportidee verkörperten spezifischen Handlungsimperative und mittels seines darauf ausgerichteten eigenen Regel- und Organisationsapparats sowie Ereigniskalenders.

Dies ist schöpferische Arbeit, Kulturproduktion, ein eigensinniger Imaginations- und Konstruktionsvorgang. In ihm werden mittels einer potentiell unbegrenzten Einbildungskraft Neuschöpfungen hergestellt, die nur noch indirekt, partiell und in transformierter Form mit dem realgesellschaftlichen Ausgangsmaterial zu tun haben. Sie stellen diesem gegenüber ungeachtet aller möglichen Ähnlichkeit mithin etwas grundsätzlich Anderes und Neues dar. Es entsteht eine buchstäblich *neue, eigene, nur ihren eigenen Imperativen und Regeln verpflichtete Welt*. Insofern gilt auch für den Sport und seine kulturelle Verwandtschaft: Welten werden aus Welten gemacht, „erzeugt woraus? Jedenfalls nicht aus nichts, sondern *aus anderen Welten.* Das uns bekannte Welterzeugen geht stets bereits von vorhandenen Welten aus; das Erschaffen ist ein Umschaffen." (GOODMAN 1993, 19) Insofern bestehen solche ästhetisch-kulturellen Schöpfungen aus Mischungsverhältnissen von Realem und Fiktivem.

Dieser Prozess der Neuschöpfung ist *autotelisch*, selbstzweckhaft. Er trägt seinen Sinn also zunächst einmal in sich selbst, sowohl was seinen Verlauf, die Kultur-*Produktion*, wie was sein Ergebnis, das Kultur-*Produkt* anbetrifft. Solchermaßen verändert, wird jenes ursprüngliche und nun transformierte Rohmaterial in einem *dritten Schritt* als Kulturprodukt Sport und damit als spezifische Leistung dieses Bereiches, als auf diesem Wege entstandene, unverwechselbare und durch nichts Anderes ersetzbare *Sportwerke* an die Gesellschaft „zurückgegeben", ihr zum, freilich keineswegs beliebigen, sondern möglichst sinngerechten „Gebrauch" überlassen. Diese Rückgabe an die Gesellschaft ist ein Angebot. Von einer potentiellen zu einer manifesten Leistung für die Umwelt wird es erst dadurch, dass es von – insofern mitschöpferisch tätigen – Kultur-*Rezipienten* auch tatsächlich nachgefragt und „konsumiert", dabei aber auch durch die jeweilige Art ihrer Rezeption, Interpretation und Konsumtion erst „zuendegeschaffen" wird. In allgegenwärtigen Fällen von Fehlverständnissen, Missbrauch und gewaltsamer Usurpation kann es jedoch auch deformiert, in seinem Eigensinn verraten oder ganz zerstört werden.

2. Sport in der modernen, funktional differenzierten Gesellschaft. Zum Verhältnis von Sozial- und Sinnsystem als Deutungsrahmen[2]

Diskursive Ausgangslage: Im Diskurs über die Beziehungen zwischen Sport und Gesellschaft hat vor einiger Zeit eine Strömung durch Referenz auf die luhmannsche Systemtheorie diesem Diskurs eine Wendung zu geben versucht. Sie hat zwar zutreffend das aufklärerisch-differenzierende Potential in dieser Sozialtheorie erkannt. Sie ist dabei jedoch Luhmanns Vorgaben zu undistanziert auch dort gefolgt, wo sein Ansatz schlecht begründet ist.

Das gilt insbesondere für Ungenauigkeiten in seinem Begriff des sozialen Systems sowie für seinen Irrtum über den Code „Sieg – Niederlage" als vermeintliche Leitdifferenz, die das Sportsystem gesellschaftlich ausdifferenziert. Diese sklavisch nachfolgende Fixierung auf den Lehrmeister hat versäumt, das in der systemtheoretischen Sozialphilosophie angelegte große Erkenntnispotential voll auszuschöpfen, und bisweilen mehr Verwirrung im Sportdiskurs gestiftet als zur Aufklärung beigetragen.

---

[2] Siehe DIETZ, Simone (2021): Stichwort *System/Lebenswelt*. In: SANDKÜHLER (2021), 2664–2667; sowie HORSTER, Detlef (2021): Stichwort *Systemtheorie II*. In: ebd., 2675–2677

Weiterführende Antwort: Eine differenzierende und an spezifische Fragen von Kulturphänomenen angepasste Luhmann-Lektüre erlaubt, auch den Sport als ein *autopoietisches*, sich selbst konstituierendes Sinnsystem *neben* vielen anderen prinzipiell *gleichgestellten* Systemen zu verstehen, die in ihrer Gesamtheit, ihrer Unterschiedlichkeit und ihrem konkurrierenden Zusammenspiel die Gesellschaft konstituieren. So konnte die Stellung dieses Sinnsystems genauer innerhalb der Arbeitsteilung einer funktional differenzierten Gesellschaft verortet werden.

Freilich vollzog sich dieser Aneignungsprozess begleitet von Skepsis gegenüber den beiden eben angesprochenen Desiderata: (1) Das Verhältnis zwischen Sozial- und Sinnsystem ist bei Luhmann unzureichend geklärt. Insbesondere die unplausibel erscheinende Radikalität der Grenzziehung zwischen den vermeintlich total geschlossenen Kommunikations-Systemen zog im gesellschaftswissenschaftlichen Diskurs Skepsis und Distanz nach sich. (2) Luhmann war mit seinen ohnehin nur marginalen Anmerkungen zum Sport in die Evidenz-Falle des Sieg-Niederlage-Codes getappt. Die Annahme, der Sport werde durch die Leitdifferenz dieses Codes als eigenständiges System konstituiert, wurde gleichwohl im sportwissenschaftlichen Diskurs ohne hinreichende Prüfung einfach nachgebetet. Diese Übernahme konnte Raum greifen, weil sie sich auf die schon seit jeher gegebene scheinbare Evidenz stützen konnte, der Sinn des Sports gehe allein auf in dem Streben nach dem Sieg. Entsprechende Trainer-, Funktionärs- und Mediensprüche sowie die schier unwiderstehlich suggestiven Bilder ausgelassen feiernder Sieger*innen verstärkten permanent diese vermeintliche Evidenz.

Beides bedeutete eine Aufforderung zur Revision. Zunächst zum erstgenannten Desideratum (auf das zweitgenannte wird Kap. 6 zurückkommen):

Die hier vorgetragene Argumentation erfolgt in Anlehnung an und in kritisch modifizierender Lektüre von Luhmanns Schriften. Dadurch, dass die luhmannsche Theorie das von ihr zu Recht herausgehobene Prinzip der Unterscheidung nicht konsequent zuendedenkt, bleibt eine folgenreiche Unschärfe: Es wird irrtümlich das In-eins-Fallen der *ideellen reinen Sinn*-Systeme als Erkenntnis-, Orientierungs- und Urteils-Instrumente und der *realen sinngemischten Sozial*-Systeme als Handlungs- und Macht-Instrumente suggeriert. Solche irreführende Aufhebung der strikten Unterscheidung und Grenze zwischen den beiden Systemebenen führt dazu, dass die Aufklärungs-Potentiale der zur Sphäre der „*reinen Idee*" gehörigen *Ersteren* durch die allfälligen Anfechtbarkeiten der in die „*schmuddelige Wirklichkeit*" verstrickten und entsprechend kontaminierten *Letzteren* zu Unrecht diskreditiert, für allfälliges Versagen im realen Handeln verantwortlich gemacht und als irreführend verworfen werden können.

Was genau ist gemeint? Die Reverenz an das luhmannsche Denken kann nur mit einer wichtigen Einschränkung gelten: Der durch diesen Denkansatz ermöglichte Erkenntnisfortschritt wird beeinträchtigt durch die Tatsache, dass er auf einer vom Autor selbst offenbar nicht bemerkten *Verwechslung zwischen Sinnsystemen und Sozialsystemen* aufbaut. Die von ihm propagierte strikte Unterscheidung zwischen Kommunikationssystemen gilt gerade nicht für die von ihm so genannten Sozialsysteme, sondern nur für die von ihm nicht klar davon unterschiedenen Sinnsysteme. Ferner hat Luhmann, zu Unrecht, einigen Sinnsystemen (etwa dem Moral- und dem Sportsystem) ausdrücklich ihre Fähigkeit zu autonomer Systembildung abgesprochen. Dadurch hat er vermeidbare Inkonsistenzen in seiner eigenen Argumentation erzeugt. Durch diese Desiderate wird auch die von Luhmann-Kritikern immer wieder monierte Realitätsferne und Unplausibilität seiner Behauptung von einer strikten Trennung und Kommunikationsunfähigkeit zwischen den Sozialsystemen verständlich.

Tatsächlich gilt: *Reine Sinnsysteme* – Wirtschaft, Politik, Wissenschaft, Kunst, Religion, Recht, Moral, und letztlich auch Sport – sind realitätsferne gedankliche Konstrukte. Dort gilt deshalb und *nur* deshalb die von Luhmann begründete Forderung nach operativer Schließung. *Sozialsysteme* hingegen sind *unreine* reale Mischungen von Sinnsystemen unter situativer Führung jeweils eines Sinnsystems. Beispiel: Der Idee nach, also als außerreales Sinnsystem, ist das, was man „die Wirtschaft" nennt, ausschließlich bestimmt durch die Leitdifferenz des binären Codes „ökonomisch – unökonomisch". Es ist strikt unterschieden von moralischen oder politischen Rücksichten, die anderen Sinnsystemen zugehören. In der Wirklichkeit des Handelns von Wirtschaftsunternehmen hingegen, die dadurch wie von Zauberhand zu realen Sozialsystemen mutieren, kommen solche außerökonomischen moralischen oder politischen Rücksichten ins Spiel, wenn sich Unternehmen in ihrem gesellschaftlichen Umfeld materiell und ideell behaupten wollen, dies allerdings bei Strafe des Verschwindens vom Markt nur insoweit, als die ökonomische Leitdifferenz hierbei leitend bleibt.

Gerade durch eine solche Herangehensweise erst kommen die analytische Stärke und damit das aufklärerische Potential einer strikt abgrenzenden Unterscheidung von Sinnsystemen voll zum Tragen, ohne dass damit die gemischten Realitäten von Sozialsystemen geleugnet oder in ein unplausibel puristisches Prokrustes-Bett gezwängt werden müssten. Die scharfe Frontstellung zwischen Luhmanns striktem Beharren auf *absoluter* Autonomie der Sozialsysteme auf der einen und dem ebenso strikten Beharren der Luhmann-Verächter auf allenfalls *relativer* Autonomie auf der anderen Seite ist von beiden Seiten her unfruchtbar. Ergiebiger ist es, mit Luhmann über Luhmann hinauszudenken und das, was als relative Autonomie erscheint, in die strikte *Unterscheidung zwischen Sinnsystem und Sozialsystem* zu verlegen.

Maßgebliche Referenz für die Urteilsbildung im abstrakten analytischen Kontext der separierten Sinnsysteme ist wohlbegründeter *systemischer Sinn*.

Maßgebliche Referenz für die Urteilsbildung, Entscheidungsfindung und Implementation im konkreten pragmatischen Kontext der integrierten Sozialsysteme sind *lebende individuelle Menschen und soziale Gemeinschaften*. Jede dieser beiden Ebenen bringt im Fall des sinngerechten Gelingens eigene und eigenständige Leistungen in die Gestaltung einer humanen Welt ein. Beide sind unverzichtbar. Sie gegeneinander ausspielen zu wollen, wie dies in manchen sozialtheoretischen Ansätzen geschieht, führt Denken und Handeln in die Irre.

Wichtig bleibt: Es handelt sich analytisch stets um *zwei verschiedene Schritte*: (1) Ermittlung des führenden Sinnsystems und der für dieses und *nur* für dieses System geltenden Imperative; (2) Feststellung der an dem Sozialsystem darüber hinaus mitwirkenden, intermittierenden und die je situative Mischung erzeugenden Sinnsysteme. Tut man den *zweiten* Schritt *nicht*, erklärt man nichts. Tut man aber den *zweiten vor dem ersten* Schritt, verwirrt man alles.

Letzteres ist die typische Lage vieler sporttheoretischer und sporthistorischer Ansätze. Sie heben die logische Reihenfolge und Rangfolge zwischen (1) und (2) auf und begnügen sich mit der diffusen Feststellung, dass alles irgendwie mit allem zusammenhänge und der Sport auch irgendwie alles das sei, was er nicht ist. Die Imperative der Sinnsysteme hingegen sagen, was hier jeweils gilt, wenn es sinngerecht zugehen soll. *Begründungs- und rechtfertigungspflichtig* ist nicht dies, sondern jegliche mögliche Abweichung.

Von daher ist es abwegig, das beharrliche Einklagen der Geltung dieser Imperative als realitätsfremd und blauäugig zu diskreditieren. Die Geltung dieser Imperative *ist* notwendigerweise realitätsfremd, weil sie ideale Vorgaben beinhalten. Aber sie ist gleichwohl unaufgebbar. Denn sie unterliegt der paradoxen Beziehung von „Faktizität und Geltung" (HABERMAS 1992): Die Imperative umfassen das, was jeglichen Realisierungsversuchen innerhalb der menschlichen Welt die Richtung weist. Zu seiner Realisierung muss es auf die Unterstützung durch entgegenkommende Bedingungen setzen und sich gegen widrige Bedingungen durchzusetzen versuchen. Dies kann zwar in der *Faktizität* des realen gesellschaftlichen Geschehens jederzeit scheitern. Aber damit wird nie zugleich die *Geltung* der Sinn-Imperative aufgehoben, sofern sie wohlbegründet sind.

Sinnsysteme also verfügen über eine *konstruktive* (Einbildungs-)Kraft, haben begründete theoretische Bedeutung und praktische Orientierungsfähigkeit, indem sie die heuristische und schöpferische Kraft der arbeitsteiligen Sinnrichtungen menschlichen Denkens und Handelns freisetzen. Gleichermaßen enthalten sie alle eine *destruktive* (Spreng-)Kraft, die freigesetzt wird, sobald sie im realen Handeln innerhalb von Sozialsystemen verabsolutiert, totalisiert werden. Wenn Menschen und Institutionen ihr reales Handeln also *allein* von *einer* Sinnrichtung leiten lassen. Zu einem menschengerechten

B Hauptteil

Denken und Handeln gelangt man stattdessen erst, wenn man von einem *Gesamt*-Bild des Menschen als *Homo humanus* ausgeht, in dem alle oft nicht ohne weiteres miteinander vereinbaren *Teil*-Bilder zugleich aufgehoben, aber auch durch liberale Relativierung ihrer Partialansprüche zu einem menschenverträglichen *Ausgleich* gebracht werden. Dieses Begründungsverfahren bietet ein Mittel letztlich auch zur Abwehr jeglicher destruktiver Anmaßungen und Selbstermächtigungen aller Arten von *Fundamentalismen* und *Totalitarismen* im politischen Raum.

Die Anerkennung der Fruchtbarkeit dieses theoretischen Zwei-Ebenen- und praktischen Zwei-Schritt-Verfahrens könnte zur Versachlichung und Ernüchterung des wissenschaftlichen wie des öffentlichen Diskussionsklimas beitragen. Diese sind nämlich weithin mit geprägt von *Ping-Pong-* bzw. *Schwarze-Peter-Spielen*: In ihnen herrschen unbegründete Konfrontation, fruchtlose gegenseitige Unterstellungen und Missverständnisse, die sich oft nur daraus erklären, dass man willkürlich zwischen jenen beiden Ebenen hin- und herspringt.

Die Mischung von abstrakten (und nur deshalb legitimerweise „reinen") Sinnsystemen in konkreten Handlungssituationen zu sinngemischten „unreinen" Sozialsystemen erfolgt nicht „einfach so", also voraussetzungslos. Diese Mischung ergibt sich erst als *Ergebnis von zwei Konkurrenzkämpfen*: (1) Zwischen den Sinnsystemen wird zunächst ein permanenter Kampf um den je situativen Hegemonieanspruch ausgetragen. (2) Danach folgt der Kampf zwischen diesem Hegemonie- und dem Integrationsanspruch des jeweils sich flüchtig und vorübergehend aufbauenden Sozialsystems. Die Sinnsysteme haben dabei die Priorität. Zwar nicht die bedeutungsmäßige Präferenz, aber den logisch und verlaufsmäßig ersten Zugriff. Denn sie haben das Erstgeburts- und dauerhafte Bleiberecht, das sie nicht gegen ein Linsengericht an die Sozialsysteme verkaufen dürfen, die ihnen gegenüber nur ein jeweils befristetes Asylrecht haben.

Hier gilt eine Art von *Unschuldsvermutungs-Prinzip*: Die Protagonisten eines Sinnsystems dürfen solange dessen Eigensinn folgen, wie nicht von Protagonisten anderer Sinnsysteme mit belastbaren Gründen geltend gemacht wird, dass die Verwirklichung des von ihnen vertretenen Eigensinns durch dessen Wirken nicht hinnehmbar beeinträchtigt wird. Es kann *nicht andersherum* gehen, indem also bestimmte Sinnsysteme anderen von außen Vorfestlegungen oktroyieren für das, was sie zu tun und zu lassen haben. Es kann nur um logisch negativ formulierte Unterlassungsklagen gehen, nicht um positiv formulierte Vorschriften.

Der Eigensinn eines Sinnsystems lässt sich nicht in seinem eigenen Haus entmündigen und enterben. Volkstümlich ausgedrückt: „nur über meine Leiche", also mit Gewalt. Latente oder manifeste Formen von Gewalt sind gemeint, wenn man landläufig von „*missbräuchlicher Instrumentalisierung des Sports*" spricht.

Kaum jemand so entschieden wie Niklas Luhmann plädiert sowohl für eine *Gleichrangigkeit* wie für eine wechselseitige *Autonomie-Garantie* zwischen den ausdifferenzierten *reinen Sinn* – (auch wenn er sagt: Sozial-)*Systemen*. Die Sinnsysteme sind in der heutigen „Multioptionsgesellschaft" (GROSS 1994) – idealer – und wünschenswerterweise – in ihrer Macht und Geltung nicht generell *hierarchisch* über- bzw. unter-, sondern *horizontal* nebengeordnet. Erst in einer realen Handlungssituation, in der die Menschen oder Institutionen sich in *sinngemischten Sozialsystemen* wiederfinden, übernimmt dieses oder jenes Sinnsystem eine vorübergehende hegemoniale Rolle den anderen gegenüber ein.

Dieser permanente situative Wechsel, wenn er im realen Handeln respektiert wird, kann als ein *Entmachtungsinstrument* verstanden und praktisch genutzt werden, als ein Mittel zur gegenseitigen Machtbeschränkung gesellschaftlicher Interessen. Viel spricht dafür, diesem oft bestrittenen Plädoyer ein ihm *implizit* innewohnendes gewichtigeres *gerechtigkeits-, friedens- und nachhaltigkeitsstiftenderes Potential* zuzumessen, als dies mancher Initiative beschieden ist, die *explizit*, aber ohne entsprechende Machtressourcen entsprechende Ziele ansteuert, propagiert und pragmatisch zu implementieren versucht.

Die Kulturwissenschaftlerin Aleida Assmann übrigens hat in der bis in die Antike zurückreichenden Tradition der Weisheitslehren eine der hier als „Sozialsysteme" bezeichneten Erscheinungen vergleichbare Konfiguration der Vermittlung und des Ausgleichs zwischen vermeintlich strikten Gegensätzen sowie ein ihr immanentes Friedenspotential ausgemacht: „Kriege brauchen eine Logik der Polarisierung durch Gegensätze. (...) In der Weisheit dagegen ist die binäre Logik der Gegensätze ausgehebelt. Das gilt nicht nur für polemische Gegensatzpaare, sondern auch für kulturell produktive Unterscheidungen wie ‚wahr' oder ‚falsch' in der Wissenschaft und ‚gut oder böse' in Moral und Religion."[3]

---

[3] ASSMANN, Aleida (2023): Gibt es Weisheit im Krieg? Seit Jahrtausenden gilt es als weise, Gewalt zu vermeiden. Denn der Krieg vernichtet Zukunft, auch in der Ukraine. Und doch lässt sich mit der Weisheit keine gerechte Gesellschaft begründen. In: DZ vom 9.2.2023

3. Die besondere Struktur der Sportwissenschaft als Integrationswissenschaft[4]

Diskursive Ausgangslage: Die historische Genese der wissenschaftlichen Beobachtung des Sports liest sich so, als wenn es ihren (lange Zeit fast nur männlichen) Protagonisten gleichgültig wäre, welches eigentlich der Gegenstand ihrer Beobachtung sei. Maßgebliche Selektionskriterien waren lediglich, dass er in verstärkter Ausprägung etwas mit Körper, Bewegung und Anstrengung zu tun hatte, Eigenschaften, die man zudem für fast beliebig anmutende außersportliche Zielsetzungen nutzbar machen zu können meinte. Diese erklärte man kurzerhand zu „Funktionen" des Sports, obwohl sie meist gar nicht primär als der ihm immanenten Sinnstruktur entspringende *Leistungen* gelten können, sondern exogenen Erwartungen entspringende *Zuschreibungen* darstellen.

Trotz oder gerade wegen der lange prominenten Rolle der Anthropologie bei der Konstituierung der Sportwissenschaft als eigenständiger Disziplin blieb unbemerkt, dass man mit den genannten Kriterien lediglich allgemeine anthropologische Faktoren benannt hat, die keine sporttypischen Spezifika darstellen und daher gerade *keine* Abgrenzung zu anderen Sinnfeldern und damit Erfassung des Gegenstandes einer eigenen Wissenschaft ermöglichen.

Unter diesen Prämissen wurden andere Wissenschaften gleichsam als Hilfstruppen herbeizitiert. Sie sollten das Fehlen eines eigenen originären Fachkonzepts kompensieren und die für die wissenschaftliche Beratung und Verbesserung der sportbezogenen Praxis erhofften Erkenntnisleistungen erbringen. Das Ergebnis waren unklare wissenschaftswissenschaftliche Vorstellungen: über die Grundstruktur dieser Disziplin; über ihren integrierenden Kerngegenstand; über ein fruchtbares Zusammenspiel ihrer Teildisziplinen, die stattdessen ein disparates Eigenleben führen; über eine sachlich gerechtfertigte Zuordnung des Faches in den institutionellen Fakultäts- bzw. Fachbereichsstrukturen der Hochschulen; sowie über praktische Anwendungs- und Berufsfelder der dort Ausgebildeten.

Weiterführende Antwort: Aus dieser generellen Konstellation ergibt sich auch speziell für die Sportwissenschaft und für die didaktische Vermittlung von deren „Outcomes" die Aufgabe, sich genauer und anspruchsvoller, als bislang üblich, der ihr eigenen Struktur, Erkenntnisziele und Erkenntnismittel zu vergewissern. In diesem Sinne geht es um eine Anhebung des Anspruchs dieses Faches an sich selbst. Erst im Rahmen eines solchen allgemeinen Klärungsprozesses kann auch ein begründeter Platz der Sportphilosophie als

---

4 Siehe TETENS, Holm (2021): Stichwort *Wissenschaft*. In: SANDKÜHLER (2021), 3018–3028; ferner DAHMS, Hans-Joachim (2021): Stichwort *Einheitswissenschaft*. In: ebd., 471–474

einer spezifischen Teildisziplin innerhalb des Gesamtgefüges der Sportwissenschaft benannt werden.

(1) *Die Sportwissenschaft und ihre politikwissenschaftliche Teildisziplin – eine gestörte Familienaffäre:* Die Struktur der Sportwissenschaft und ihre Stellung im Gesamtsystem der Wissenschaft sind zwar vor allem schon für sich genommen interessant. Und obwohl man deren das Fach integrierenden Gegenstand Sport heute gern den Feldern der Ökonomie oder der Politik – wahlweise auch der trivialen Unterhaltung – zuschlägt, zeigt sich bei näherer Betrachtung, dass man es bei diesem Gegenstand nach einem nachhaltigen Prozess der inneren Differenzierung mit Kultur- bzw. mit Sozialgütern zu tun hat.

Das Beispiel der Sportwissenschaft enthält darüber hinaus ein Anregungspotential für andere Fächer im Feld der Integrations- und Querschnittswissenschaften bei deren Suche nach der je spezifischen Semantik und den Grenzen ihres Fachgegenstandes. Zudem bietet ein solches Ringen neben dem wissenschaftswissenschaftlichen Interesse für die korrespondierenden Praxisfelder eine „Versicherung" gegen Irrtümer und Irrwege bei der Bestimmung und Respektierung von Geltungsimperativen und -grenzen von Normen und Grundsätzen für das individuelle, kollektive und institutionelle Handeln der dort Verantwortlichen.

Das Beispiel der Sportwissenschaft kann zwar nicht so weit reichen, dass es einen Beitrag zur „Lösung" eines Problems leisten könnte, an dem sich die Wissenschaft der Moderne bislang – mutmaßlich nicht aus akzidentiell-historischen, sondern aus prinzipiell-systematischen Gründen – vergeblich versucht hat: einen Schlüssel zur Einheit der *einen* Wissenschaft zu finden, welche die Vielzahl der Einzelwissenschaften aus dem Hintergrund konstituieren und steuern könnte. „Der Traum von der Einheit der Wissenschaft hat sich nie erfüllt. Der Erste Weltkrieg zerstörte den Traum von einer internationalen Akademie, der Aufstieg des Nationalsozialismus und der Zweite Weltkrieg zerstörten den Traum von einer internationalen Enzyklopädie der Einheitswissenschaft."[5] Kleiner dimensionierte Impulse jedoch könnte es durchaus vermitteln.

Der wenn auch nur indirekte Bezug der Teildisziplinen der Sportwissenschaft zu ihren jeweils korrespondierenden Praxisfeldern – der Trainingswissenshaft zu sportartbezogenen Trainingspraktiken, der Sportmedizin zu präventiv, therapeutisch und rehabilitativ sportbezogenen Gesundheitspraktiken, der Sportpädagogik und -didaktik zu schulischen und außerschulischen sportbezogenen Unterrichtskonzepten und -praktiken usf. – ist nicht zuletzt von großer Bedeutung für das weite Feld der *Sportpolitik*, das einen

---

5 DASTON, Lorraine (2022): Ein Traum von Einheit. Wie die Wissenschaftler der Moderne versucht haben, ihre Welt zu ordnen. In: FAZ vom 24.11.2022

großen Teil der öffentlichen Aufmerksamkeit für den Sport bindet. Gerade diesem Feld jedoch korrespondiert bislang keine inhaltlich entwickelte und institutionell verankerte politikwissenschaftliche Teildisziplin. Dem wird in Kap. 7 genauer nachzugehen sein.

Im Rahmen dieser Einführung gebührt der Frage des Platzes der *Sportphilosophie* besondere Beachtung. Ihr fehlt im Unterschied zu den meisten ihrer Geschwister unter den Teildisziplinen jene oben angesprochene direkte Referenz zu einem korrespondierenden Praxisfeld. Ihre Arbeit findet gleichsam *vor* deren Betriebsbeginn statt. Sie reflektiert allgemeine Erkenntnisvoraussetzungen, auf deren Klärung die anderen Teildisziplinen für das Gelingen ihrer je eigenen Aufgaben angewiesen sind. Insofern stellt sie eine Art von Metadisziplin vor bzw. über den anderen Mitgliedern der Familie der Sportwissenschaft dar.

(2) *Zur Lage der Sportwissenschaft:* Sie ist seit ihrer Etablierung als ein ernstzunehmendes Universitätsfach vor rund 60 Jahren auch bestimmt durch Defizite bzw. unerkannte und unzureichend bearbeitete Desiderate. Deshalb verfügt sie auch nur über ein schwaches, sogar wieder prekär werdendes Standing als eigenständig institutionalisiertes Universitätsfach – eine ganze Reihe von Instituten für Sportwissenschaft sind aufgrund eigener Defizite anderen Prioritätensetzungen von Universitäten zum Opfer gefallen. Seine Lage wäre noch fragiler, wenn es nicht weiterhin als Ausbildungsstätte für das schulische Lehrfach Sport „gebraucht" würde. Das aber kann auch zusammen mit den hinzugekommenen Ausbildungsleistungen für weitere Arbeitsfelder des Sports wie z.b. das Sportmanagement nicht hinreichen, um der Sportwissenschaft ein den anderen Wissenschaften vergleichbares Profil und Gewicht zu verleihen.

Die aber sind weder allein noch vorrangig von deren praktischem Nutzwert abhängig. Wissenschaft kommt vielmehr im Rahmen der Arbeitsteilung in funktional differenzierten Gesellschaften (siehe LUHMANN 1992) primär die Aufgabe der *Wahrheitsfindung* gegenüber allen natürlichen und gesellschaftlichen Erscheinungen zu. Aus ihr können allenfalls sekundär praktische *Anwendungsmöglichkeiten* des nach der Leitdifferenz des Codes „wahr – unwahr" ermittelten Wissens abgeleitet werden.

Aus dieser Konstellation ergibt sich für die Sportwissenschaft und für die Vermittlung von deren „Outcomes" die Aufgabe, sich genauer und anspruchsvoller der ihr eigenen Struktur, Erkenntnisziele und -mittel zu vergewissern.

Ziel der Konstituierung und Kontinuierung einer Wissenschaft ist *nicht* die Verfolgung noch so hehrer praktischer Ziele. Ihr jeweiliger Gegenstand wird auch *nicht* bestimmt durch die eingesetzten Methoden. Denn bestimmte empirische Forschungsmethoden können in unterschiedlichen Wissenschaften fruchtbar eingesetzt werden. Und in einer spezifischen Wissenschaft müssen unterschiedliche Methoden eingesetzt werden, um zu gehaltvollen Ergebnissen gelangen zu können. Ziel und ausschlaggebendes einheitsstiftendes Moment ist die im Interesse einer immer besseren Orientierung des Menschen innerhalb der natürlichen und der menschlichen Welt angestrebte, methodisch gesicherte freie, exakte und systematische Erarbeitung von Wissen zu einem je spezifischen *Gegenstand*, der durch ein deutlich von allen anderen abgrenzbares *Sachgebiet* und darauf bezogene *Fragestellungen* konstituiert und markiert wird.

Die *äußere Ausdifferenzierung* sowie die *innere Einheitsstiftung* einer Einzelwissenschaft vollziehen sich durch zwei Schritte: (1) Die Gesamtheit der Ziele und Methoden im Streben nach systematischer Erkenntnis differenziert *die Wissenschaft* (als Singular) *nach außen* gegen die Gesellschaft bzw. gegen andere gesellschaftliche Sinnsysteme aus. (2) Ein je spezifisches reales Bezugsfeld wissenschaftlichen Erkenntnisstrebens, ein Sinnfeld innerhalb der Wissenschaft differenziert *die Wissenschaften* (als Plural) *nach innen* und untereinander unter deren gleichzeitiger einheitsstiftender Integration zur jeweiligen Einzelwissenschaft und Unterscheidung von ihren Verwandten der Wissenschaftsfamilie aus.

Gegenstand der *Wissenschaft* ist die Gesamtheit der natürlichen und menschlichen *Wirklichkeit*, innerhalb derer nach systematisch ermitteltem Orientierungswissen geforscht wird. Gegenstand der *Wissenschaften* ist je ein *Wirklichkeitsausschnitt* oder eine spezifische *Perspektive* auf die Wirklichkeit. Die individuellen Wissenschaften differenzieren sich demnach zwar nicht nach innen aus durch *die* (also eine je *bestimmte*) Methode. Wohl aber differenziert sich das Sinnsystem der Wissenschaft insgesamt nach außen u.a. dadurch aus, *dass* hier die Wahrheitssuche strikter als in jedem anderen Sinnsystem auf möglichst verlässliche, also systematische methodische Erkenntnisverfahren gestützt wird.

(3) *Zur besonderen Struktur der Sportwissenschaft:* Sie ergibt sich zunächst aus dem strukturellen *Unterschied zwischen Einzel- und Querschnittswissenschaften*. Bei dem ersten der eingangs zu diesem Anschnitt angedeuteten Desiderate geht es um die besondere Struktur der Sportwissenschaft. Im Unterschied zu den klassischen Einzelwissenschaften haben wir es hier nicht mit einer bestimmten – einer physikalischen, einer soziologischen, einer historischen usf. – *Perspektive* zu tun, aus der die gesamte Realität beobachtet wird. Es ist umgekehrt der spezielle *Realitätsausschnitt* Sport, der unter allen einzelwissenschaftlichen Perspektiven beobachtet wird. Damit gehört die Sportwissenschaft in den Kreis jener multidisziplinären bzw. multiperspektivischen „Querschnittswissenschaften" wie z.B. die Arbeits- oder die Umweltwissenschaft. Sie ergänzen bereits seit längerem den Kanon der klassischen Einzelwissenschaften. Diese wissenschaftswissenschaftliche Thematik wird in der Sportwissenschaft weder gründlich bearbeitet noch in hochschuldidaktisch geeigneter Weise vermittelt.

Die Struktur der Sportwissenschaft ist bestimmt durch den besonderen *Gegenstandsbereich* ihrer Arbeit. Der Gegenstandsbereich der Einzelwissenschaften ist durch ihren *selektiven* Blick auf die *Gesamtheit der naturalen, personalen und sozialen Wirklichkeit* abgegrenzt: Die Physik betrachtet diese Wirklichkeit exklusiv im Hinblick auf ihre physikalischen, die Soziologie im Hinblick auf ihre soziologischen Aspekte usw. Im Gegensatz dazu ist der Gegenstandsbereich der Sportwissenschaft durch die Auswahl eines *selektiven Wirklichkeitsausschnitts*, nämlich der naturalen, personalen und sozialen Gegebenheiten des *Sports* abgegrenzt: Die Sportwissenschaft beobachtet diesen Wirklichkeitsausschnitt aus der Perspektive zahlreicher Einzelwissenschaften.

Diese Art der Gegenstandsabgrenzung gibt die Struktur der Sportwissenschaft als multidisziplinäre Sammel-, Kooperations-, im günstigsten und anzustrebenden Fall: *Integrationswissenschaft* vor. In ihr werden die einzelwissenschaftlichen Untersuchungsperspektiven zusammengeführt. Ihre *Fragestellungen* gewinnt sie aus der naturalen, personalen und sozialen Wirklichkeit des Sports, den *Integrationsrahmen* ihrer Erkenntnisse aus der Sportwissenschaft selbst, ihre fachwissenschaftliche Kompetenz in Gestalt des theoretischen und forschungsmethodischen *Instrumentariums* aus Anleihen bei den je nach Fragestellung zuständigen Bezugs-Einzelwissenschaften. Die Sportsoziologie ist demnach sowohl spezielle Soziologie als auch spezielle Sportwissenschaft. Das Tätigkeitsfeld und die Verantwortlichkeit der Sportwissenschaftler*innen sind folglich durch eine *zweifache Beziehung* gekennzeichnet: zur Sportwissenschaft *und* zur jeweils korrespondierenden allgemeinen Einzelwissenschaft. Die gleiche zweifache Beziehung gilt auch für die Sportphilosophie.

(4) *Gleichrangigkeit der Teildisziplinen und Zugehörigkeit zum Fachbereich Kulturwissenschaft:* In frühen Phasen der Sportwissenschaft hat es – auch dieser Diskurs freilich ist seit längerem verstummt – Kontroversen um Führungsansprüche oder Sonderstellungen einzelner Teildisziplinen gegeben. Besonders die Sportpädagogik und die Sportmedizin – einst auch die Sportgeschichte, die zunehmend aus dem akademischen Fächerkanon verdrängt wird – haben solche Ansprüche angemeldet. Bildet eine von ihnen den integrativen Kern des Fachs? Ist es vielleicht gar die Anthropologie gleichsam als Basiswissenschaft aller sportwissenschaftlichen Disziplinen, wie einst gemutmaßt wurde? Dagegen spricht allein schon, dass das Fach als *Sport-*Wissenschaft damit *unterbestimmt* würde. Denn in dem Sinne haben alle von Norbert Elias so genannten „Menschenwissenschaften" (siehe Rehberg 1996) Anthropologie als Basiswissenschaft. Hiermit ist gerade *nicht* geklärt, worin sie sich *unterscheiden*. Die Struktur der Sportwissenschaft entzieht solchen Führungsansprüchen jede Grundlage. Sie lebt vom Zusammenspiel der Einzelleistungen *aller* ihrer Teildisziplinen *gleichermaßen* sowie von der Integration ihrer Fragestellungen und Ergebnisse.

Dies hat auch Konsequenzen für eine sachgerechte *institutionelle Zuordnung der Sportwissenschaft in die Struktur der Hochschulen*: So wie die Ressortierung der Sportpolitik im Kontext von *Kulturpolitik* als geeignetste Lösung für die Zuordnung zu staatlichen Institutionen erscheint, so wäre auch für die Hochschulen eine Fachbereichs-Zuordnung der Sportwissenschaft weniger, wie bisher, zu irgendeiner der klassischen Einzelwissenschaften (welche sollte denn wohl plausibel sein?) wohlbegründet, als vielmehr die Integration und Kooperation mit der Gesamtheit der „nächsten Verwandten", nämlich der kunstbezogenen Wissenschaften in einem *Fachbereich Kulturwissenschaft*.

Statt dieses auf Sachgründe gestützten Vorschlags herrscht seit jeher – ähnlich wie bei der politisch-administrativen Ressortierung der staatlichen Zuständigkeiten für den Sport, die meist als fragwürdiges historisches Erbe den Innen- oder beliebigen anderen Ministerien zugeschlagen wird – schlichter Wildwuchs aufgrund vermeintlich pragmatischer Rücksichten. Darin kommt ein Mangel an Interesse gegenüber wissenschaftswissenschaftlicher Grundsatzdiskussion zum Ausdruck. Das führt weiter zu der Frage, was denn tatsächlich *das integrierende Moment* ist, das die untereinander ungemein disparaten Teile der hier diskutierten Integrationswissenschaft zusammenbindet. Es steckt bereits im ersten Teil des Fachnamens: im Sachgebiet *Sport*.

Sobald man sich hierauf verständigen kann, ist eine weitere Frage beantwortet: Haben wir es mit einem Singular oder einem Plural zu tun? Ignoriert man die zentrale Position jenes integrierenden Moments, zerfällt das Fach in den Plural eines diffusen Sammelsuriums von *Sportwissenschaften*. Akzeptiert man und praktiziert man sie in der wissenschaftlichen Arbeit, hat man den Singular der einen *Sportwissenschaft* vor sich.

(5) *Bei der begrifflichen Fassung des Fachgegenstandes Sport* haben wir es weithin zu tun mit einer Form von *Arbeitsverweigerung*. Das zweite eingangs zu diesem Abschnitt angedeutete Desiderat betrifft die Vernachlässigung einer ernsthaften Auseinandersetzung mit der Frage, wie ein begründeter, hinreichend präziser und differenzierter Begriff des Sports als Gegenstand, um den das Fach zentriert wäre, zu konzipieren ist. Nicht nur im öffentlichen, sondern auch im wissenschaftlichen Diskurs begnügt man sich meist mit einer scheinbar realistischen Feststellung, die in Wirklichkeit jedoch eine Bankrotterklärung ist: Man habe es beim Sport mit einem derart komplexen und vielgesichtigen, sich zudem ständig verändernden Phänomen zu tun, dass es unmöglich sei, ihn begrifflich trennscharf zu fassen. Mit dieser resignativen Haltung wird eine jener Aufgaben verweigert, die zum gemeinsamen Kerngeschäft von Wissenschaft und Philosophie gehören: das Ringen um sachadäquate Begriffe.

Sportwissenschaft bzw. ihre Teildisziplinen reden über Sport meist wie über eine *Black box*, so als sei deren Inhalt eine Selbstverständlichkeit oder umgekehrt: als könne man nicht in sie hineinschauen und dürfte deshalb nicht einmal begründete Mutmaßungen über ihren Inhalt anstellen, sei aber gerade deshalb umso mehr ermächtigt, beliebige Spekulationen über dessen Bedeutung anzustellen. Das merkt man ihnen an. Sie bezahlen ihre „Begriffsallergie" mit einem Sammelsurium von untereinander disparaten Aussagetypen über ihren Gegenstand: zwischen den Teildisziplinen und in ihnen.

Darin kommt eine befremdliche Einstellung zum Ausdruck. Gegen sie spricht eine erkenntnistheoretische Grundtatsache: Eine Rechtssoziologin kann naturgemäß nicht darüber befinden, was Recht ist, ebensowenig wie ein Rechtsökonom usw. Das Gleiche gilt auch für die Teildisziplinen der Sportwissenschaft. Beispiele: Die Sportsoziologie kann über soziale Tatsachen im Sport und in seinem Umfeld, die Sportpädagogik über pädagogische Ziele im Sport und durch ihn, die Sportgeschichte über die historische Genese des Sports erst dann fruchtbare Aussagen machen, wenn zuvor hinreichend geklärt ist, innerhalb welchen Sinn- und Handlungsfeldes sich ihre Beobachtungen abspielen.

Früher hieß es vordergründig, was Sport sei, verstehe sich *von selbst*. Heute heißt es oft pseudokritisch, man könne ein allgemein gültiges Verständnis von Sport *gar nicht mehr* näher bestimmen. Folglich erklärt man gern alles das für Sport, was irgendwie mit Körper und Bewegung zu tun hat. Alle drei Herangehensweisen sind irreführend. Am Anfang jeder Sportwissenschaft muss vielmehr das Bemühen stehen, Sport zu verstehen als Voraussetzung dafür, sowohl die wissenschaftliche Erkenntnis über ihn wie das praktische Handeln in ihm wohlbegründet verantworten zu können. Man kann das Pferd – es sei denn als Zirkusartistin – nicht von hinten aufzäumen, wenn man erfolgreich reiten will. Folglich gilt es als erstes zu klären, in welchem Sinnfeld man sich hier überhaupt bewegt, über das man soziologische, psychologische, medizinische, historische, politische, ökonomische Aussagen machen will. Welches sind seine semantischen *Gehalte*, wo liegen seine *Grenzen*?

Statt sich weiterhin auf solche Beschwichtigungsformeln zurückzuziehen, die nur eine Ausrede für Nachlässigkeit sind, soll hier gezeigt werden, dass es durchaus möglich ist, eine begriffliche Fassung des Sports zu entwerfen, mit deren Hilfe die wissenschaftliche Beobachtung dieses Realitätsfeldes auf eine solidere Grundlage gestellt wird. Auch der hier gern eingebrachte Verweis auf Wittgensteins Sophismus von der bloßen Familienähnlichkeit zwischen in Begriffe gefassten Sachverhalten hilft hier kaum weiter. Denn wie anders als durch die Referenz auf einen relativ klar benenn- und abgrenzbaren Forschungsgegenstand wohl soll man sich eine Wissenschaft vorstellen, die zu gehaltvollen Aussagen über ihr Forschungsfeld gelangen soll, aber dieses vermeintlich nur in Gestalt einer Familienähnlichkeit disparater Erscheinungen antrifft?

Bei diesem Annäherungsversuch stehen die Haltungen namens *Holismus versus Differentialismus* einander gegenüber. Die vorliegende Einführung geht dabei entschieden von einer differentialistischen Position aus: Sport ist, so wie andere Sinnfelder auch, *das, was ihn unterscheidet*. Diese Feststellung setzt sich scharf ab gegen eine im Sportdiskurs beliebte *holistische*, ganzheitliche Einstellung (siehe GLOY 1996): Demnach sei er vor allem durch solche Eigenschaften bestimmt, die ihn mit anderen Feldern seiner Umwelt *verbinden*, da er sie mit ihnen gemeinsam hat. Alles hänge irgendwie mit allem zusammen. Letzteres stimmt zwar. Aber es hilft der Erkenntnisfindung nicht, wenn man darüber die Eigenständigkeit, die Autonomie und den unaustauschbaren Eigensinn ihrer Gegenstände, ja den Anspruch auf Selbstverantwortung von Sinnfeldern sowie auf das vernachlässigt, was *sie und nur sie* als ihren eigenständigen, unersetzlichen Beitrag in die gesellschaftliche Arbeitsteilung einbringen.

Unter jener Prämisse vom Vorrang für das *Prinzip der Trennung und Unterscheidung* (siehe LUHMANN 1984) lässt sich festhalten: Das Sinnsystem Sport wird konstituiert durch die Grenzen dessen, was man Sport „*im engen Sinne*" oder einen „*elaborierten Sportbegriff*" nennen kann. Was man in diesem Sport im engen Sinn tun, sehen und „lesen" kann, ist das „Erzählen" bzw. Aufführen von frei erfundenen Geschichten. Sie entstehen so, wie die frei erfundenen Geschichten auch von anderen Künsten in die Welt gesetzt werden:

(1) als Konstruktion einer „*fiktiven Realität*". Sie stehen zwar nicht getrennt neben den (ebenfalls konstruierten) Bildern von der „realen Realität". Aber sie hängen mit ihnen nur insoweit zusammen, als dies von den Konstrukteuren der fiktiven Sportrealität gewollt und in ihrem Konstruktionsschema vorgesehen ist;

(2) als *selbstbezügliche Ereignisse*, deren Sinnstruktur und Einzelelemente nur in Bezug auf sich selbst Sinn machen. Sie sind zwar nicht, wie es oft heißt, zweckfrei, aber *selbstzweckhaft*. Und ihre gesellschaftliche Funktion erschließt sich erst, wenn man ihre Freistellung von außerästhetischen Nutzenerwartungen praxiswirksam anerkennt, in ihren äußeren Bestandsbedingungen garantiert sowie in ihren internen Strukturen verwirklicht und sie von solchen Versuchen zur Instrumentalisierung freihält, die mit ihrer Sinnstruktur nicht verträglich sind.

B Hauptteil

4. Sportgeschichte ist Geschichte des Sports[6]

Diskursive Ausgangslage: Der Titel für diesen Abschnitt klingt wie ein pleonastischer „weißer Schimmel". Tatsächlich jedoch formuliert er eine substantielle Aussage, der große Bedeutung zukommt für einen gehaltvollen Zugriff auf den Weg, der den Sport in seine heute beobachtbare Gegenwart geführt hat.

Die menschliche Welt wird in allen ihren Facetten stets bestimmt durch ein Zusammenspiel ihrer drei „Aggregatzustände" Vergangenheit, Gegenwart und Zukunft. Jedes Leben individueller Menschen und kollektiver Gemeinschaften *ist* stets diese durch und durch diesseitige „Trinität": Wir leben aus dem Erbe, das uns die Vergangenheit, die alles andere als toter, versunkener und vergessener Ballast ist, hinterlassen hat. Und wir leben unsere jeweilige flüchtige Gegenwart unter Erwartungen und Vorhaben über eine erst noch zu gestaltende und zu bewältigende Zukunft. Aus diesem spannungshaltigen Kontinuum dessen erste Stufe auszuschließen oder sie auch nur geringzuschätzen, bedeutet mithin einen kollektiven Gedächtnisverlust. Dessen Folgen gelten auf der individuellen Ebene als *Demenz* oder *Amnesie* und stellen bekanntlich nicht weniger als eine menschliche Katastrophe dar. Diese Einsicht gilt gleichermaßen wie für jeden anderen gesellschaftlichen Bereich auch für den Sport.

Dass zumindest in Deutschland die Geschichtsschreibung des Sports als Hochschulfach inzwischen weitgehend aufgegeben wurde, ist folglich ein nicht nur fachwissenschaftlicher Skandal, sondern eine Form der Selbstamputation dieses Praxisfeldes. Denn „alles Vergangene, was nicht auf diese Weise ins Bewusstsein der Lebenden gehoben wird und dadurch potentiell ihr Denken und Handeln beeinflußt, ist nicht-existent"[7]. Gleichwohl ist die Sportgeschichtsschreibung – noch – durch die oft außerakademische Initiative zahlreicher Historiker*innen nach einer früheren gewissen Blütezeit auch heute noch lebendig in Gestalt einer Vielzahl von gehaltvollen Studien, Ausstellungen und Tagungen.

Auch die Sportgeschichtsschreibung hat freilich – so wie die Sportwissenschaft insgesamt, für die sie ähnlich wie die Sportphilosophie eine Rolle als in alle Nachbargebiete hineinspielende Grundlagendisziplin einnimmt – ein doppeltes Problem. Es betrifft (1) die begriffliche Eingrenzung des *Sports* als ihres das Fach konstituierenden Gegenstandes. Es betrifft (2) die Bestimmung seines primär entweder außersportlichen Zielen *dienenden* oder seinen *sinneigenen* Beitrag zum Reichtum der Gesellschaft kultivierenden Status.

---

6 Siehe Dietzsch, Steffen/Cacciatore, Giuseppe/Lambrecht, Lars (2021): Stichwort *Geschichte/Geschichtsphilosophie.* In: Sandkühler (2021), 839–864

7 Langenfeld, Hans (1989): Theorie und Methodik der Sportgeschichte. In: Krüger/Ulfkotte (2012), 11

Hier wird meist die erstgenannte Option favorisiert. Diese fragwürdige Präferenz hat die Sportgeschichte von ihrer Konstituierungsphase mitgegeben bekommen und seither nicht abgelegt: Schon frühe Arbeiten wie Joseph Strutts *The Sports and Pastimes of the People of England* versuchte 1801 *Legitimationsargumente* zu liefern, „mit deren Hilfe es gelang, dem sportlichen Tun, das weithin als kindisch, gauklerisch, also sinn- und wertlos, abgetan wurde, in den Augen der Gebildeten Anerkennung zu verschaffen" (ebd., 10).

Ihren fachhistorischen und systematischen Ausgangspunkt hat diese Option bereits bei den *„Ursprungstheorien"* des Sports. Sie unterstellen aufgrund handlungsstruktureller Ähnlichkeiten oder funktioneller Verknüpfungen eine Herkunft des Sports in der Frühgeschichte der Menschheit aus Kontexten von Jagd, produktiver Arbeit, militärischem Kampf oder religiöser Überhöhung. Diese mutmaßliche *Genese* wird übersetzt in ein vermeintliches Weiterbestehen der *Geltung* von außersportlich-gesellschaftlichen Verpflichtungen des Sports.

Weiterführende Antwort: Der sporthistorische Diskurs unterliegt weithin einem Kategorienfehler. Er misst seinen Gegenstand an Ansprüchen, die dieser selbst nicht nahelegt und nicht einzulösen vermag. Folglich musste er sich von deren prinzipieller Unangemessenheit in einem langwierigen, noch keineswegs abgeschlossenen historischen *Emanzipationsprozess* befreien: Emanzipation des ästhetischen Denk- und Handlungsraums aus der Fremdherrschaft theologischer, naturwissenschaftlicher, politisch-ideologischer, ökonomistischer, pädagogischer oder moralischer Orthodoxien und Hegemonieansprüche.

Die Sportentwicklung steht damit in einem allgemeineren Entwicklungskontext der Moderne, den Luhmann als fortschreitende Ausdifferenzierung der Gesellschaft in arbeitsteilig und zunehmend autopoietisch, selbstreferent und autotelisch operierende Kommunikations- und Funktionssysteme beschreibt. Für die Musik als nähere Sinn-Verwandtschaft des Sports spricht der Publizist Bruno Peisendörfer bei der Rezeption von Johann Sebastian Bach im 19. Jahrhundert vom Fortschreiten ebendieses Emanzipationsprozesses: Die Frage nach einer bei Bach noch gegebenen „innig gläubigen, also nicht nur schmückenden Bindung der Kunst an Religion ist seit dem Aufkommen der romantischen Kunstreligion bedeutungslos geworden. Bachs Kirchenmusik hat sich zur Konzertmusik gewandelt, und selbst wenn sie in Gotteshäusern aufgeführt wird, steht sie nicht mehr zuerst im Dienst einer Feier des Glaubens, sondern bietet ‚Kunstgenuss' für zahlendes Publikum"; zuvor hingegen führten die Künste „kein Eigenleben, sondern waren stets auf etwas außer ihnen Liegendes bezogen: auf die Verherrlichung eines Monarchen, auf festliche Repräsentation, auf Kirchenkult und Gottesdienst, auf Erziehung der Subjekte, und zwar der Subjekte in großer Zahl. Das Erbauen und Ergötzen kamen dabei nicht zu kurz, waren jedoch nie offener Selbstzweck." (PREISENDÖRFER 2021, 14 und 18) Schon bei Bach selbst war diese Entwicklung eingeleitet. Denn wo immer zu seiner Zeit noch die fürstliche Macht auftrat, wurde, so auch noch in einer Bach-Kantate aus dynastischem sächsischem Anlass, „auf Pauken gehauen und in Trompeten geblasen", aber bereits in Bachs *2. Brandenburgischen Konzert* darf sich „die Trompete in geradezu hüpfender Heiterkeit hören lassen, ohne einschüchtern oder gar überwältigen zu müssen. Hier ist die Musik selber die Herrin." (Ebd. 52)

Der Soziologe Norbert Elias hat die Verlagerung der Musik Mozarts aus dem Kontext höfischer Promotion in den Marktkontext öffentlicher Konzertsäle zwar vor allem als *sozioökonomischen* Emanzipationsprozess des Bürgertums von der aristokratischen Hegemonie gedeutet (siehe ELIAS 1991). Nicht minder bedeutsam – ja aus der Perspektive des Eigensinns, Eigenwerts und Eigenrechts von Kulturgütern sogar vorrangig – war jedoch die damit einhergehende *kulturelle* Emanzipation der sportverwandten performativen Kunst Musik.

Sporthistorik sollte sich ebenfalls als eine emphatische Geschichte dieses Emanzipationsprozesses verstehen denn als ein akribisches Nachzeichnen jenes Diskurses, der diesen Emanzipationsprozess zu retardieren oder gänzlich zu verhindern getrachtet hat und weiter zu behindern droht. Zur Veranschaulichung seien einige markante Beispiele genannt. Sie stehen vermeintlich dafür, als Stationen auf dem Weg des Sports aus der prähistorischen Vergangenheit bis in die Gegenwart geführt zu haben. In Wirklichkeit jedoch waren sie durchweg noch stark durch außersportliche Referenzen geprägt, mussten mithin den kulturellen Eigensinn der Sportidee noch hinter deren Hegemonieansprüche zurückstellen.

Beispiele: die Olympischen Spiele der griechischen Antike, die unter der kultischen Hegemonie der „olympischen" Götterwelt standen (siehe SINN 2004)[8]; die römischen Gladiatorenkämpfe, in denen es im Gegensatz zu einer wohlbegründeten Sportidee oft um Leben und Tod gehen konnte; Ähnliches gilt für die Ritterspiele des Mittelalters und der frühen Neuzeit; der Calcio Fiorentino, der Florentiner Fußball der Renaissance, bei dem die miteinander kämpfenden Farben-Parteien unterschiedliche Adelsfraktionen repräsentierten und im Dienst des Machtkampfes im Herzogtum Florenz standen (siehe BREDEKAMP 1993); die frühneuzeitliche Form des Fußballs in England, bei dem, ohne ein sportliche Fairness und Gewaltfreiheit ga-

---

8 LANGENFELD, Hans (1981): Die Religion des Sports. In: KRÜGER/ULFKOTTE (2012), 219–225, zieht unter Verweis auf Fehlinterpretationen aufgrund ideologischer Interessen im 19. Jahrhundert diese Deutung in Zweifel und ersetzt sie durch das Bild von der Herrschaft von machtpolitischen Interessen zwischen den griechischen Poleis im antiken Olympia. Bezüglich der Fremdbestimmung durch außersportliche Referenzen ändert dieser Paradigmenwechsel freilich wenig.

rantierendes Regelwerk, ihr Dorf repräsentierende Teams das gegnerische Wohngebiet „eroberten"; nicht zuletzt das von Jahn begründete Turnen in Deutschland, das von Beginn an maßgeblich unter politischen Referenzen und mit seiner nationalen Orientierung lange Zeit in Konkurrenz stand zum Internationalismus des englischen und später globalen olympischen Sportverständnisses (siehe DEUTSCHER TURNERBUND/U.A. 2019).

Die historische Entwicklung kann mithin verstanden werden als ein (diskontinuierlicher) Prozess allmählich wachsender *Emanzipationschancen* von partikularen Sinnräumen, Individuen und sozialen Gemeinschaften. Freiheitsbewegungen, die Fortschritte in Richtung einer menschlicheren Gesellschaft erkämpft haben, erschöpfen sich nicht allein in der Abwehr manifester direkter *politischer* Unterdrückung. Sie umfassen auch ebensolche eher indirekt wirksamen *systemischen* Emanzipationsprozesse. Zwar *hat der Sport teil* an jenem universal wirksamen Emanzipationsprozess. Aber diese Teilhabe vollzieht sich kaum, wie im Sportdiskurs oft unterstellt, primär in der Rolle eines *Motors*, sondern in der Rolle eines *Indikators* und *Profiteurs* des jeweils erreichten Standes dieser allgemeinen Emanzipation. Folglich ist es weder verständlich noch begründbar, dass der Mainstream des Sportdiskurses den Sport in die abhängigen Lagen – je nachdem – entweder eines maßlos unterschätzten wehrlosen *Opfers* oder eines anmaßend überschätzten omnipotenten Verantwortungsträgers, ja *Vorreiters* allgemeiner „gesellschaftlicher Notwendigkeiten" zurückzudrängen versucht, statt seinen erreichten Stand kultureller Autonomie innerhalb des allgemeinen historischen Emanzipationsprozesses zu begrüßen und behutsam auszubauen.

Es stellt sich also die Frage: Was wissen wir, wenn wir all das wissen, was der Mainstream der Sporthistorik uns berichtet? Wir wissen einiges mehr über die Geschichte eines *Kulturbanausentums,* das kulturelle Bereiche und ihren Triumph über die Diktatur der Alltäglichkeit wieder in das Joch der alltäglichen Bedarfe zurückzwingen versucht. Selbstverständlich ist anzuerkennen, dass die Evolution des Sports sich innerhalb von außersportlich-gesellschaftlichen Kontexten abspielt. Aber deren potentielle oder manifeste Rückwirkungen auf die Sportentwicklung sollten streng selektiv nur dann und insoweit ergänzend herangezogen werden, als es aus der Perspektive des Sports zur Erklärung seiner inneren Entwicklung mit guten Gründen geboten ist. Untauglich hingegen sind sie als sportindifferent-allgemeines Präludium, nach dessen Verklingen irgendwann auch die Frage „Und wo blieb der Sport?" angehängt wird.

Die historische Genese des Sports würde mit dieser Sicht also von der Peripherie allgemeinhistorischer Entwicklungen in das Zentrum der Aufmerksamkeit wissenschaftlicher Beobachtung gerückt. Sportgeschichte als *Geschichte des Sports* sollte nicht weiterhin nachklappen hinter der politisch-ökonomischen Geschichte als deren bloßer Wurmfortsatz. Sie ist ernstzunehmen als eine *Geschichte kraft eigener kultureller Macht*. Zu deren Entfaltung ist sie zwar stets auf materielle Ressourcen angewiesen, aber gleichermaßen auf „anti"-, genauer: „apolitische und -ökonomische" Abwehrpotenzen.

Nur in dem Maße, in dem diese Emanzipation glückt, werden die wirkliche gesellschaftliche „Funktion", Aufgabe und Verpflichtung, die wirkliche historische Mission des Sports sicht- und erfüllbar: die *Hervorbringung* des überwältigend Faszinierenden einer unaustauschbaren ästhetischen Erfahrung und Leidenschaft „by playing the game and by playing it well". Für die Sportakteure selbst wie für ihre teilhabenden Beobachter, verbunden mit einer *Abwehr* aller darüber hinausgehenden instrumentellen Zumutungen, die man diesem autotelischen ästhetischen Geschehen von außen zu oktroyieren versucht.

Die vornehmste Aufgabe der Sportgeschichtsschreibung bestünde folglich darin, die zunächst überaus spärlichen und langsam, diskontinuierlich zunehmenden Spuren ausfindig zu machen, die dieser Emanzipationsprozesses im historischen Verlauf hinterlassen hat. Sie sollte ihr Interesse nicht exklusiv auf jene Momente fixieren, die den Sport in sinnfremden Herkunftsbindungen festzuhalten versuchten. Statt ein rein historistisch-berichtend verfahrendes „Inselspringen" von einer zur nächsten sportähnlich anmutenden historischen Station zu betreiben, sollte sie umschalten auf eine kritisch-prüfende Würdigung der historisch belegten Stationen im Hinblick auf ihren jeweiligen Beitrag zur Förderung oder auch Retardierung der Sportentwicklung auf dem Weg zu sich selbst.

Sporthistorischer Revisionsbedarf besteht nicht zuletzt in der Erinnerungsarbeit auf der *musealen* Ebene. Die Zunahme von Sportmuseen von der Vereinsebene bis hinauf zur Weltebene in Gestalt des Olympischen Museums in Lausanne kontrastiert mit einem unzureichend reflektierten Sammlungs- und Ausstellungskonzept. In den archivierten Stücken dominiert meist eine Fokussierung auf für besonders erinnerungswürdig gehaltene Siege, Sieger*innen, damit verbundene Pokale, Medaillen und Devotionalien in Form von Kleidungsstücken als materielle Substrate von lokal oder national herausragenden *Personen* sowie den technischen Fortschritt dokumentierende *Sportgeräte* und ähnliches. Was dabei zu Unrecht aus dem Blickfeld gerät, ist der Verlauf der bei herausragenden Sportereignissen aufgeführten *Dramen*. Erst sie sind es ja, die den wirklichen Kern des Sports ausmachen und auf die schon während ihrer Entstehung und nicht minder in der Rückschau die primäre Aufmerksamkeit zu richten wäre. Sie sind zwar wegen der dazu erforderlichen laufenden Bilder oft schwerer dokumentarisch festzuhalten als Standbilder und andere personelle und materielle Substrate. Aber in Form der Archivierung von Zeitungs- und Radioreportagen, von Video- und digitalen Aufzeichnungen ist hier vieles möglich, was stärker in den Vordergrund musealer Arbeit gestellt werden sollte. So wäre das *Kulturgut Sport* und die dahinter stehende Idee mit Vorrang vor den *sporttreibenden Menschen* zu würdigen, die ja „nur" in dessen Dienst stehen.

Der *sporthistorische Fortschritt* in jenem wissenschaftlichen Forschungsprozess besteht *nicht* in Coubertins allzu schlichten olympischen Imperativ „höher, schneller, weiter". Er besteht überhaupt nicht in einem teleologischen *Voran*-Schreiten der sportlichen Leistungspotentiale zu einem vorbestimmten Endziel hin. Er besteht in der *Rück*-Besinnung auf die jeweilige Ur-Intuition, mit der die menschengemachten Sinnsysteme Moral, Religion, Recht, Politik, Ökonomie, Wissenschaft, Bildung, Kunst und eben auch Sport gleichursprünglich mit der Menschwerdung zwar nur keimhaft, aber als dennoch unauslöschliche Entwicklungsimpulse in die Welt gesetzt wurden. Ein solches aufklärerisches Projekt ist etwas gänzlich anderes als die ideologische Parole, mit der einst der rechtsnationale Turnführer Edmund Neuendorff die deutsche Turnbewegung letztlich dem Zugriff des Nationalsozialismus ausgeliefert hat: „Zurück zu Jahn, es gibt kein beßeres Vorwärts!": „Er sah Jahn als die Alternative für Deutschland zum internationalen Olympia, zum liberalen, westlichen Sport, zum egoistischen Leistungs- und Fitnessfetisch der Sportbewegung, und nicht zuletzt zum noblen Gentlemansport der Eliten. In seiner *Geschichte der Deutschen Turnerschaft* von 1936 stellte er schließlich die Machtübernahme Adolf Hitlers als Vollendung der Ziele und Absichten der Deutschen Turnerschaft dar."[9]

In dieser Sicht ist Geschichtsschreibung ein *Archiv*, in dem das Bewahrenswerte aufbewahrt, verarbeitet, zugänglich gehalten wird als Teil des Schatzes, den die Menschheit selbst angehäuft und erworben hat, das Obsolete aber nur insoweit, als es (1) noch nicht deutlich genug als solches erkenn- und verwerfbar ist bzw. (2) die Herausforderung zu erhaltenswerten Errungenschaften geboten hat. Dieses Entwicklungsmodell der menschlichen Welt lässt unbegrenzten *Fortschritt* zu, soweit er sich abspielt innerhalb der partikularen Sinnwelten und der dort geltenden, mit anderen partikularen Sinnwelten verträglichen Imperative und Regeln. Und zwar, ohne dass die menschliche Welt der totalisierenden Annahme einer hybriden Teleologie des Immer-Neuen, Immer-Besseren und Immer-Mächtigeren unterworfen werden müsste. Denn diese Gefahr wird durch die Grenzziehungen der partikularen Sinnwelten, durch Wechselspiele von partikular möglicher Progression und partikular legitimer Retardation ausbalanciert und damit neutralisiert.

---

9 KRÜGER, Michael (2019): Die Bedeutung von Turnen und Sport in der Erinnerungskultur in Deutschland. In: DEUTSCHER TURNERBUND/U.A. (2019), 15

Kapitel 6 Kulturphilosophische Deutung des Sports
1. Genese oder Geltung? Sowie: Kulturgut und Sozialgut – der Sport ist zwei[1]

Diskursive Ausgangslage: Hier geht es nun um das, was bisher als Dreh- und Angelpunkt wissenschaftlicher Beobachtung des Sports und als Desiderat angesprochen worden ist: eine genauere Erfassung des Sportbegriffs selbst.

Bislang war der vorherrschende Tenor hierzu: Aufgrund der rasanten Entwicklung und der immer weiter gehenden inneren Ausdifferenzierung dieses Feldes könne man den Sport überhaupt nicht mehr begrifflich ein- und abgrenzen. Es gebe stattdessen eine Vielzahl von „Modellen" des Sports, die im Grunde kaum mehr etwas miteinander gemeinsam hätten. Man könne sie äußerstenfalls noch mit Wittgensteins genereller sprachphilosophischer Empfehlung zusammenhalten, Begriffe künftig nur noch nach dem Muster von „Familienähnlichkeiten", quasi nach dem Domino-Prinzip zu modellieren. Schließlich wurde sogar der diskussions-bedürftige Versuch unternommen, durch Befragung von in diesem Feld Engagierten nach ihrem Sportverständnis dem Sportbegriff eine empirische Grundlage und damit Plausibilität zu verschaffen.[2]

Das ist ein ähnlich waghalsiges Unternehmen wie die im Sportgeschichts-Denken verbreitete Erwartung, die *Geltung* des Verständnisses von Sport habe sich aus seiner historischen *Genese* ergeben. Da sich dessen Erscheinungsbild aus ursprünglichen existenzsichernden Handlungen des Menschen heraus und dann immer weiter entwickelt habe, hätten sich auch die Vorstellungen von ihm immer weiter von seinem Ursprung wegbewegt und verändert. Ebenso wie eine einzelne Sporthandlung „flüchtig" ist, weil sie mit ihrem Vollzug bereits wieder verschwindet, sei das Kulturgut Sport insgesamt ungreifbar geworden.

Man könne, so der Tenor dieser auch in der Wissenschaft verbreiteten resignativen Sichtweise, folglich überhaupt nicht länger von Sport im *Singular* sprechen. Die in der jüngeren Vergangenheit eingetretene innere Ausdifferenzierung lasse nur noch den *Plural* zu. Heute sei zu Recht die Rede von Leistungs-, Spitzen-, Profi-, Breiten-, Freizeit-, Dienst-, Betriebs-, Gesundheits-, Erholungs-, Trend-, Risiko- oder Extremsport bis hin zu den „Mixed Martial Arts", bei denen die Grenze hinüber zur manifesten Gewalt unscharf ist. Ihnen allen komme legitimerweise ihre eigene Sinngebung zu, deren Verbindung untereinander als Sport nur noch durch Familienähnlichkeit gegeben sei. Der Volksmund könnte auf diese Kapitulation vor dem Auftrag, auch

---

[1] Siehe LUMER, Christoph (2021): Stichwort *Geltung/Gültigkeit*. In: SANDKÜHLER (2021), 811–818
[2] Siehe WILLIMCZIK, Klaus (2007): Die Vielfalt des Sports. In: Sportwissenschaft, Heft 1, 2007; sowie DERS. (2008): Der Sportbegriff – zwischen Analytik und Ideologie. Antwort auf den Diskussionsbeitrag von Sven Güldenpfennig. In: Sportwissenschaft, Heft 1, 2008

einen so stark außen- und binnendifferenzierten Sport noch begrifflich zu erfassen, mit der Redensart antworten: Sie sehen den Wald vor lauter Bäumen nicht.

Weiterführende Antwort: Diese Sicht spiegelt ein heikles Verhältnis zwischen „Genese" und „Geltung" bei der theoretischen Interpretation des Sports. Das Problem, das sich unter einer *synchronischen* Perspektive, also bei der Interpretation einer *gegebenen* Sinnstruktur, stellt, ergibt sich ähnlich auch unter einer *diachronischen* Perspektive, also im Hinblick darauf, ob die Umstände der *Entstehung* einer Idee bzw. eines Handlungs- oder Ereignismusters zugleich auch die situations- und personenunabhängige *Geltung* von deren Sinnstruktur und die Legitimation für ihre dauerhafte Institutionalisierung begründen. Nach der dieser Einführung zugrundegelegten Auffassung ist dies *nicht* der Fall.

Die Sinnstruktur eines praktischen Handlungsmusters „ergibt" sich nicht einfach aus einem „Kontinuum" weder zu seinen je aktuellen sozialen Umwelten noch zu seiner Geschichte. Sie entsteht durch einen mehr oder weniger bewussten Akt der *Setzung*. Und sie ist von da ab in ihrer unverwechselbaren und unaustauschbaren Funktion und mit entsprechend definiten – und im Prinzip invariablen – Grenzen zu ihren Umwelten „in der Welt". Ebensowenig „ergeben" sich die Gültigkeit und Tauglichkeit von theoretischen Interpretationsmustern zu dieser Sinnstruktur aus einer ungewichteten bloßen „Kumulation" unterschiedlichster rhetorischer Beiträge zu dessen Deutungsgeschichte. Sie entstehen vielmehr durch einen (permanenten) Akt wissenschaftlicher Tauglichkeits- und Geltungsprüfung mit entsprechender Gewichtung, Selektion und Strukturbildung von bzw. aus vorliegenden Deutungsansätzen.

Das Plädoyer lautet daher auf *Umkehrung* der bisher herrschende Annahme, man könne von einem Blick auf die historische *Genese* des Sports auf die *Geltung* bestimmter Merkmale als Basis einer begrifflichen Abgrenzung des Sports gegenüber anderen gesellschaftlichen Erscheinungen gelangen: Zwar muss man zunächst durch Beobachtung des realen Sportgeschehens ein ungefähres Bild davon gewinnen, was dort empirisch geschieht. Dann aber sollte man durch konstruktive Setzung eines strukturierten Sets von Kriterien zu dem Vorschlag von Grenzen eines begründeten Begriffs von Sport zu gelangen versuchen. Mit diesem als „Wegweiser" könnte man dann den Weg zurück in die Geschichte antreten, um dort diesem Begriff von Sport adäquate oder zumindest mehr oder weniger ähnliche Erscheinungen aufzufinden.

Dieses Verfahren ist zwar ein Akt der Willkür aus der Position der wissenschaftlichen Beobachtung. Aber er setzt diesen Vorschlag, explizit vertreten, zugleich der Prüfung und Kritik durch die übrige Wissenschaftsgemeinde aus. Er kann so besser auf seine Bewährung zur angemesseneren Deutung und Aufklärung des mit ihm verbundenen realen Geschehens getestet werden, als dies anders aufgebaute, konkurrierende Ansätze zu leisten vermögen.

Ferner kann man sich, im Unterschied zu jener Begriffsverwirrung mit logisch auf ganz unterschiedlichen Ebenen abgegrenzten Kategorien, der Sportlandschaft am besten dadurch nähern, dass man – stark vereinfacht – *zwei ungleiche Kinder der Sportidee* annimmt. Den einst *einen* Sport gibt es längst in *zwei* disparaten Grundformen, die – entgegen des hergebrachten Bildes, er bilde *eine* sich kontinuierlich von unten her aufbauende Pyramide – sich immer weiter voneinander entfernen, indem sie ganz eigene Zielsetzungen verkörpern. Die eine Form ist der klassische Sport, der trotz aller Vielfalt von unterschiedlichsten Sportarten im Kern eine alle verbindende Grundstruktur bewahrt hat: Sport im *engen* Sinne. Die andere Form ist ein Sammelbecken von sportverwandten oder ihm nur noch entfernt ähnlichen Arten (manchmal nicht einmal mehr) körperbetonter Betätigung: Sport im *weiten* Sinne. Zwischen beiden tut sich eine semantische Kluft auf, die in wenn auch grober Vereinfachung die sonst ungeordnet aufgezählte Vielfalt von Formen des Sports deutlicher zu unterscheiden vermag und zu deren beiden Seiten sie sich relativ eindeutig zuordnen lassen.

Der Erstere ist eine der Künste. Wie die Werke der anderen Künste ist er selbstzweckhaft. Er dient somit primär keinem außerästhetischen Zweck als dem eigenen Zustandekommen als Sportwerk und setzt dabei den menschlichen Körper als Instrument zur Leistungserbringung im sportlichen Wettbewerb ein. Damit gehört er der *Kultursphäre* an.

Betätigungen im Feld des *Letzteren* erhalten ihre Inspiration und Handlungsimpulse zwar oft aus dem Feld des Ersteren, emanzipieren sich aber von dessen Regelwerk, extensiven Leistungsansprüchen und immanenter Professionalisierungstendenz. Sie stellen sich in den Dienst außersportlicher Zwecke wie alltagstaugliche Fitness, Gesundheit, ästhetisches äußeres Erscheinungsbild, außeralltägliche und naturnahe Erlebnisse, Spaß, Geselligkeit und Entspannung vom Alltagsstress usf. Dabei dient der Körper nicht als Instrument, sondern als Ziel der sportlichen Betätigung. Dieses Feld des Sports gehört der *Sozialsphäre* an.

Beide können den Anspruch auf Erhaltung und gleichrangige Förderung erheben. Zwischen beiden Grundformen bestehen weder eine Bedeutungshierarchie noch sonstige Abhängigkeiten. Sie weisen zwar eine breite Übergangszone miteinander auf, in der sie nicht eindeutig einer Seite zuzuordnen sind. Und sie können aus pragmatischen Gründen auch ohne weiteres in denselben Organisationsstrukturen wie Vereinen und Verbänden betrieben, verwaltet und finanziert werden. Aber sie sind doch gegeneinander so eigenständig, dass sie je eigene Förderungsansprüche geltend machen können. Sie sind politisch unterschiedlich zu begründen und sollten deshalb keinesfalls gegeneinander aufgerechnet werden. Aufgrund ihrer zwar sehr unterschiedlichen, aber gleichermaßen gerechtfertigten Zielsetzungen erscheint es erstrebenswert, sowohl die Eigenständigkeit ihrer jeweiligen Entwicklung weiter zu fördern, zugleich aber anzustreben, dass ihnen gleiche öffentliche Beachtung und Förderung zukommen.

Seit jeher verbinden sich mit dem Sport vielfältige Erwartungen auf über sein bloßes Stattfinden hinausreichende gesellschaftliche „Funktionen". Soweit diese sich auf den Sport im *weiten* Sinn beziehen, sind sie oft tatsächlich begründet und in der Praxis bewährt, was etwa seine gesundheitlichen, sozialpädagogischen und gemeinschaftsbildenden Möglichkeiten betrifft. Anders beim Sport im *engen* Sinn. Seine Teilhaberschaft an der *kulturellen* Sphäre ist so grundlegend anders strukturiert als seine korrespondierenden Erscheinungsformen beim Sport im weiten Sinn, bei denen als Teilhabern der allgemeinen *sozialen* Sphäre auch allgemeine außersportliche Verhaltensnormen eine stärkere Geltung beanspruchen, dass es angebracht ist, ihn mit anderen, nämlich primär seinen eigenen Maßstäben zu messen. Denn hier – selbstverständlich nur innerhalb des räumlich und zeitlich klar gegen seine Umwelt abgegrenzten, unter ein kodifiziertes Regelwerk und unter die Aufsicht eines Schiedsgerichts gestellten Sportwettkampfes – gelten Verhaltensstandards eines harten, oft unerbittlichen Leistungsvergleichs und des dabei zulässigen Mitteleinsatzes, die außerhalb im allgemeingesellschaftlichen Raum zu Recht als anstößig zurückgewiesen werden müssten. *Ebendas* gilt für alle Beteiligten, die sich durch Eintritt in diese Sphäre auf seine legitime Geltung verständigt haben.

Die *höchstentwickelte* Form des Sports entsteht erst durch die gemeinsame Beherzigung und Verwirklichung aller im folgenden Abschnitt aufgeführten 16 Kriterien, die diesen Sport im *engen* Sinn *konstituieren*, ihn als mit nichts anderem vergleichbares und durch nichts ersetzbares Kulturgut erst *erschaffen*. Bei Sport im *weiten* Sinn haben wir es mit einer beliebigen Ausdünnung oder Abschwächung der Geltung dieser Kriterien zu tun, und damit zugleich um eine Aufweichung bis Unsichtbarkeit der Grenze hinüber in andere Sozialbereiche.

Werden solche begrifflichen Differenzierungen wie üblich leichtfertig überspielt, gerät zugleich aus dem Blick, wer gleichsam als *Hauptperson* im Fokus des Sports als Faktor der Kulturentwicklung steht: Geht man vom Sportbegriff im weiten Sinn aus, stehen die individuellen Aspirationen all jener Menschen im Fokus, die mit irgendeiner Art von Sport die Erwartung an irgendeine Art von Bereicherung ihrer *Lebensführung* verbinden. Geht man vom Sportbegriff im engen Sinn aus, stehen im Fokus die begründeten inneren und äußeren Ansprüche für eine nachhaltige sinngerechte *Entwicklung des Sports*. Die praktische Tragweite dieser diametral entgegengesetzten

Blickrichtung wird im bislang herrschenden Diskurs des „Irgendwie alles Sport" völlig unterschätzt.

Bei der hier vorgeschlagenen Begriffsabgrenzung handelt es sich um ein *idealtypisches Konstrukt* (also um ein *Abstraktum*), das man „in Reinform" so nicht in der Wirklichkeit finden kann. „Sport" – im *Singular*, also begriffslogisch ähnlich wie „Kunst" – kann man folglich gar nicht sehen. Was man empirisch beobachten kann, sind Sportarten, Sportereignisse, Sportwerke und deren Akteure – im *Plural*, auch hier ähnlich wie Kunstgattungen und Kunstereignisse bzw. Kunstwerke und Kunstschaffende. Diese empirischen Erscheinungsformen sind, zumindest im Falle des Gelingens, konkrete Emanationen der Abstrakta Sport bzw. Kunst, in denen sich der ihnen immanente und sie leitende Hintergrundsinn dieser allgemeinen Sinnfelder ausdrückt.

Folgerichtig kann man mit den engsten Annäherungen an dieses Idealmodell eines elaborierten Sportbegriffs auch erst in der Gegenwart und jüngsten Vergangenheit der Sportentwicklung rechnen. Und auch dort nur in den exklusiven Ausnahmeebenen des internationalen Spitzensports. Die in diesem Zusammenhang oft gestellte Frage, ob man in der Körperkultur länger zurückliegender Epochen, so insbesondere auch in dem vermeintlichen antiken Vorbild der tausendjährigen Olympischen Spiele der griechischen und hellenistischen Zeit, sinn- und gehaltvoll von „Sport" sprechen könne, beantwortet sich aus dieser Sicht von selbst – und zwar mit einer zweigeteilten Antwort: Nein, wenn man die *Vollform* des elaborierten Sportbegriffs als Maßstab anlegt. Ja, wenn man die Rückschau anlegt als Suche nach einzelnen bereits früh auftretenden *Elementen* der Sportidee in ihrer elaboriertesten heutigen Form.

2. Begriff und Einheit des Sports im engen Sinne[3]

Diskursive Ausgangslage: Der klassische Sport im engen Sinne bestimmt zwar weiterhin die Schlagzeilen, sowohl was Topereignisse als auch was die je „eigenen" nationalen Erfolge anbetrifft. Aber diese sport-*praxis*-bezogenen positiven Schlagzeilen werden notorisch begleitet von negativen sport-*politischen* Schlagzeilen und Alarmmeldungen, die in ihrem Tenor häufig suggerieren, dass es obsolet geworden sei, an dieser Szene noch ein gutes Haar zu lassen. Der Sportdiskurs nimmt hiermit eine Sonderstellung ein gegenüber den meisten anderen Feldern der performativen Künste. Denn hier wird mit einem andernorts ungewohntem Nachdruck der Aufführung der sportlichen Dramen ein vermeintlicher Vorrang allgemeinpolitischer Rücksichten zu oktroyieren versucht. In der Sportwissenschaft wird weithin hörbar nicht selten in das gleiche Horn geblasen.

---

3 Siehe SIEGWART, Geo (2021): Stichwort *Begriff*. In: SANDKÜHLER (2021), 232–236

Diese Tendenz wird grundiert durch die Weigerung, angesichts des Tohuwabohus der herumschwirrenden Pseudo-Sportbegriffe dieses Feld überhaupt noch abgrenzen zu wollen als Basis einer wohlbegründeten Beschreibung, Urteilsbildung und Kritik. Vereinzelte Definitionsversuche liegen gleichwohl vor. Den elaboriertesten Vorschlag hat Klaus Heinemann unternommen in seiner *Soziologie des Sports* (HEINEMANN 2007). Dabei ist jedoch das Bild eines binnendifferenzierten Sports entstanden, das ein willkürlich anmutendes *Mixtum compositum* aus handlungsstrukturellen und institutionellen Komponenten darstellt. Es vermittelt keinen plausiblen Eindruck davon, was den Kern des Eigensinns dieses Kulturmusters ausmacht. Ähnliches gilt für den anders angelegten Deutungsversuch von Allen Guttmann. Er versucht *das Wesen des modernen Sports* (GUTTMANN 1979) eher von außen her, mit einer Komposition aus allgemeinen gesellschaftlichen Entwicklungstendenzen der Moderne zu erfassen und damit den Eindruck zu vermitteln, auf diese Weise könne man ein plausibles Bild von einem Kulturmuster entwerfen: Weltlichkeit, Gleichheit, Spezialisierung, Rationalisierung, Bürokratisierung, Quantifizierung, Suche nach Rekorden.

Dies alles ist nicht unzutreffend und im Feld des Sports tatsächlich wirksam. Es bleibt jedoch gerade auf das fokussiert, was den Sport mit seiner gesellschaftlichen Umwelt *verbindet*, nicht jedoch auf das, was ihn von seinem Proprium her von anderen gesellschaftlichen Feldern *unterscheidet*, was ihn mithin erst unverwechselbar und unaustauschbar macht. Der vorherrschende Blick auf den Sport ist durch das geprägt, was Hegel in seiner Phänomenologie des Geistes so ausgedrückt hat: „Das Bekannte überhaupt ist darum, weil es *bekannt* ist, nicht *erkannt*.‛ Eben weil es bekannt ist, ist es nicht erkannt, denn Vertrautheit kann als Gefühl des ‚so ist es eben' geradezu ein Erkenntnishindernis sein. Weil man nicht zu dicht daran sein darf an dem, was man erkennen will, und weil man leicht Vertrautheit mit Erkannthaben verwechselt." (KAUBE 2020, 13)

Weiterführende Antwort: Das *Unvertrautmachen* mit jenem scheinbar Bekannten, mit dem vertraut zu sein sich weite Teile des Sportdiskurses zufriedengeben, wird dieser Einführung als angemessen erscheinender Stil der philosophischen Beobachtung und Beurteilung des Sportgeschehens zugrundegelegt. Ferner gilt es auch hier, für ein angemessenes Verstehen und Behandeln des Sports das fruchtbar zu machen, was bei Hegel „*die Arbeit des Begriffs*" heißt.

Sport ist demnach, so wie andere Sinnfelder auch, primär *das, was ihn unterscheidet*. Diese Feststellung setzt sich scharf ab gegen eine im Sportdiskurs beliebte *holistische* Einstellung: Derzufolge sei er vor allem durch solche Eigenschaften bestimmt, die ihn mit anderen Feldern seiner Umwelt *verbin-*

den, da er sie mit ihnen gemeinsam hat. Unter der streitbaren Prämisse vom Vorrang des *Prinzips der Trennung und Unterscheidung* ist festzuhalten:

Der Begriff des Sports kann, entgegen jenes sportwissenschaftlichen Fatalismus, *durchaus* präzise gefasst werden. Der Vorschlag in dieser Einführung – gewonnen als ein „synthetisches Konstrukt" aus einer Kombination von Beobachtung des empirischen Sportgeschehens mit theoretischer Selektion und Systematisierung – geht in folgende Richtung: Das Sinnsystem Sport wird konstituiert durch die Grenzen dessen, was man einen *„elaborierten Sportbegriff "* nennen kann. Nach dem hier vertretenen Verständnis ist dieser Sportbegriff bestimmt durch 16 Kriterien: Sport erzeugt und erzählt Dramen, dramatische Geschichten in Gestalt von auf dem Sportplatz sichtbaren Ereignissen, in denen

1. zwei oder mehr *Parteien* sich streiten; und zwar
2. im Medium meist einer auffällig dominanten *körperlichen Bewegung*, wobei der Einsatz des Körpers als *Mittel* der Leistungserbringung die Grenzmarkierung bildet zwischen dem Sport im engen Sinne und sportähnlichen Formen eines vielgestaltigen Sports im weiten Sinne, wo die Einwirkung auf den Körper aus hygienischen, ästhetischen, psychologischen oder sonstigen Gründen *Ziel und Zweck* des Handelns ist;
3. ohne einen von außen vorgegebenen realgesellschaftlichen Grund, sondern allein aus dem Grund einer freiwilligen Verabredung zu einem ansonsten nicht notwendigen und anlasslosen Streit;
4. um das künstliche Streitobjekt Sieg, das primär keinen direkten materiellen Ertrag einbringt, sondern durch Urkunden, Medaillen oder ähnliche Auszeichnungen für die erfolgreichsten Beteiligten symbolisch und nur im Fall des professionellen Sports sekundär materiell vergütet wird;
5. unter dem primären Ziel *Selbstvervollkommnung* aller Beteiligten mit den Kontrollinstanzen a) Selbstherausforderung, -beobachtung, -anerkennung, b) Wettbewerb und c) Erfolg über die gegnerische(n) Partei(en), die jedoch vollgültigen Anteil an der kooperenten Schaffung des Sportereignisses haben und dabei primär die Rolle der Fremdherausforderung zur vollen Leistungsentfaltung auf der Gegenseite einnehmen;
6. in Gestalt einer besonderen Form von Wett-Kampf, als *Wette* der Beteiligten mit sich selbst, etwas nicht für möglich Gehaltenes dennoch erreichen zu können, und als Versprechen, um diese Wette mit allen sportlich zulässigen Mitteln *kämpfen* zu wollen;
7. durch *spezifischen Umgang mit Grenzen*: a) Anerkennung von dem Menschen generell gesetzten natürlichen Grenzen, b) Setzung von zusätzlichen künstlichen Grenzen und c) volles Ausreizen des durch diese beiden Bedingungen eingegrenzten Handlungsspielraumes;
8. mit dem ausschließlichen Einsatz von allen Beteiligten selbst praktisch auf dem Platz zu erbringender *Eigenleistungen*;

9. unter strikter Regie vereinbarter und von allen Beteiligten anerkannter *Regeln*, wobei kennzeichnend weniger ist, dass Regeln zu befolgen sind, denn dies gilt überall, sondern dass das sportliche Spiel durch mutwillig gesetzte Regeln erst entsteht und ohne Regelbefolgung sinnlos wird – Regelverletzung bedeutet hier nicht nur moralisches oder rechtliches Versagen, sondern Sinnaufhebung des Geschehens insgesamt;

10. unter der Herrschaft des durch diese Regeln begründeten Prinzips sportlicher *Fairness*, das – über die allgemeine, insbesondere ökonomische Bedeutung von Fairness als gerechten Tausch hinausreichend – von drei Geboten bestimmt ist: a) bei der Verfolgung der sportlichen Ziele nur die durch diese Regeln zugelassenen Mittel einzusetzen, b) die strikte Geltung dieser Regeln anzuerkennen und c) alle durch diese Regeln zulässigen sportlichen Mittel tatsächlich „rücksichtslos" mit vollem Einsatz auszuschöpfen nach dem Motto „Leistungszurückhaltung ist unfair";

11. unter einer *konstitutiven* Bedeutung solcher Regeln, durch deren Geltung das spezifisch sportliche Spiel überhaupt erst entsteht, während in anderen gesellschaftlichen Feldern ein schon immer stattfindendes (z.B. ökonomisches oder politisches) Handeln durch andere („regulative") Regeln „nur" deshalb besonders reguliert wird, um es menschengerechter zu gestalten;

12. bei strikter Abgrenzung des *Prinzips Sport* (Lebens- und Gesundheitsgefährdungen sowie der Einsatz nicht durch Regeln sanktionierter Gewalt bleiben so weit wie möglich ausgeschlossen) gegenüber dem *Prinzip Risiko* (bei dem solche Gefährdungen bewusst eingegangen werden);

13. unter dem maßgeblich handlungsleitenden, aus der englischen Sportidee geerbten Antrieb, *„to play the game – and to play it well"*;

14. mit dem Letztziel einer gemeinsamen Hervorbringung von Sportereignissen als ästhetischen Werken (*„Sportwerken"*) durch die beteiligten Gegner*innen: als das Erzählen von sporteigenen Geschichten, in dem das Bemühen unter den genannten Kriterien kulminiert und mit dem diese Sport- wie andere Kunstwerke unter einem Primat der Formgestaltung als maßgeblichem Kriterium der Zugehörigkeit zur Sphäre der Kunst stehen;

15. mit der Einschränkung, dass das sportliche Werk, so wie die Schöpfungen aller performativen Künste, eine *flüchtige Konsistenz* aufweist, also mit dem Abpfiff unwiederbringlich vergangen ist und nicht einmal, wie manche jener engsten Verwandten, reproduzierbare Spuren – ein nachlesbares Drehbuch, einen dramatischen Text, eine musikalische Partitur, eine notierte Choreographie oder ähnliche beständige Korrelate – hinterlässt; dies muss keineswegs nur ein Nachteil sein, weil sich damit auch die bei Werken moderner Installationskünstler bisweilen aufkommende Archivierungs- und Depot-Frage „Ist das Kunst *oder kann das weg?"* gar

nicht erst stellen kann, indem im Sport strikter als fast überall sonst gilt: „Es ist Kunst *und es ist schlagartig weg* mit dem Abpfiff!";

16. wobei das Ganze mit allen genannten aufwendigen Bedingungen zwar ein überaus komplexes Geschehen ingangsetzt, aber gleichwohl für alle Beteiligten (also für Akteure wie Beobachter) letztlich doch *einfach nachvollziehbar* anmutet. Diese scheinbare Einfachheit des vordergründigen Geschehens legt irreführende Schlussfolgerungen nahe, in denen verkannt wird, wie voraussetzungsreich der dem sportlichen Geschehen zugrundeliegende Hintergrundsinn tatsächlich ist:
Zum einen wird oft unterstellt, sportliche Ereignisse seien triviale Begebenheiten, die keinen eigenen Wert in sich trügen und einer künstlichen Aufwertung durch Zuschreibung von außersportlichen Werten bedürften, um in einer Kulturgesellschaft ernstgenommen werden zu können.
Zum anderen bedürfe es keines intellektuell anspruchsvollen Interpretationsaufwandes, so dass jedermann beliebig drauflosreden und -handeln könne ohne Rücksicht und Respekt vor den Anforderungen, die der sportliche Eigensinn trotz alledem stellt, wenn es sportgerecht zugehen soll.
Das heißt: Die vordergründige *Leichtverständlichkeit* provoziert *Leichtfertigkeit* im Verstehen, Deuten, Schlussfolgern und Urteilen über das, was den Sport und seine allein aus seinem Eigensinn gespeiste gesellschaftliche Bedeutung und die Verantwortung ihm gegenüber ausmacht.

Diese Kriterien bilden den *semantischen Gehalt* der, mit Luhmann gesprochen, sporteigenen Leitdifferenz, der als Urteilsmaßstab für den sachgerechten Umgang mit diesem Kulturgut vorauszusetzen ist. Der binäre *Code „sportlich – unsportlich"* fasst den in dem Kriterien-Set angesprochenen Bedeutungsreichtum in der knappestmöglichen Komprimierung zusammen. Im sportbezogenen Diskurs ist gebetsmühlenartig die Rede von den *zahlreichen „Funktionen"*, die der Sport zu erfüllen vermöge. Zutreffend daran ist zwar, dass man mit dem Sport, sinngerecht ausgetragen, alle möglichen, aber stets nur sekundären, Erwartungen verbinden kann. Bei Luhmann kann man jedoch lernen, dass soziale Systeme jeweils nur für *eine leitende Funktion* ausdifferenziert werden. Diese eine Funktion des Sports besteht darin, das Kommunizieren und Agieren im Medium der Unterscheidung „sportlich – unsportlich" zu ermöglichen und die Gesellschaft durch die so geschaffenen Sportwerke zu bereichern.

Natürlich ist daran zu erinnern, dass es sich bei der hier vorgeschlagenen Begriffsabgrenzung um ein *idealtypisches Konstrukt* (also um ein *Abstraktum*) handelt, das man so nicht in der Wirklichkeit finden kann. „Sport" – im *Singular*, also begriffslogisch ähnlich wie „Kunst" – kann man nicht sehen. Was man empirisch beobachten kann, sind vielmehr Sportarten und Sportereignisse bzw. Sportwerke und deren Akteure – im *Plural*, auch hier ähnlich wie Kunstgattungen und Kunstereignisse bzw. Kunstwerke und Kunstschaffende.

Diese empirischen Erscheinungsformen sind, im Falle des Gelingens, konkrete Emanationen der Abstrakta Sport bzw. Kunst, in denen sich der ihnen immanente und sie leitende Hintergrundsinn dieser allgemeinen Sinnfelder ausdrückt. Wenn man aber den Sport nicht direkt sehen kann, weil er – als Singular – nur als Idee des Sports das Geschehen der – als Plural – sichtbaren Sportarten und Wettbewerbe auf der Vorderbühne von der Hinterbühne aus steuert, ist stets ein *Interpretationsvorgang*, eine deutende Ermittlung des semantischen Gehalts jener mit dem Namen „Sport" belegten geheimnisvollen *„Hintergrundstrahlung"* erforderlich, die das *„Vordergrundgeschehen"* antreibt.

Die scharf abgrenzende Fokussierung auf den ja nur abstrakten, nichtrealen Eigensinn des *Sinnsystems* Sport mag befremdlich anmuten. Die Realität des Sports ist doch nicht so! Richtig, so ist sie nicht. In der Wirklichkeit des Sports kommt natürlich auch alles das vor, was hier ausdrücklich erst einmal ausgeschlossen wird. An dieser analytischen Strategie festzuhalten, hat gleichwohl aufklärerischen Wert. Aber die Wirklichkeit des Sports ist die eines *Sozialsystems*, in dem eine Vielzahl auch von nichtsportlichen Sinnsystemen mitwirkt und um Einfluss kämpft, allerdings, wenn man sinnvoll von „Sport" sprechen will, unter der Hegemonie des sportspezifischen Eigensinns.

Ein System wie der Sport hat den Status einer Zelle innerhalb eines Organismus: Es ist *autonom* und selbstorganisiert. Garant seiner Autonomie ist das Sinnsystem, das den Eigensinn exklusiv und scharf abgegrenzt, dieses und *nur* dieses Systems repräsentiert und gewährleistet. Aber es ist *nicht souverän und autark*. Zu seiner Lebensfähigkeit ist es auf seine Verbindungen, seine Vernetzungen in den Umwelten der übergreifenden Organismen namens Gesellschaft und Natur angewiesen. Diese Verbindungen zu seinen ideellen und materiellen Ressourcen sowie zu den Abnehmern seiner Leistungen organisiert und garantiert im gelingenden Fall das sinngemäßte Sozialsystem.

Diese Beschreibung markiert *den* Sport, den man seit zwei Jahrhunderten rund um den Globus beobachten kann. Er führt Menschen zusammen, weil er der *eine* Sport ist und nicht *viele*, auf deren Sinn, Regeln und Abläufe man sich von Fall zu Fall jeweils erst neu verständigen müsste, wenn man ihn aus unterschiedlichen kulturhistorischen Herkünften kommend in gemeinsamem Wettbewerb betreiben wollte.

Zur Konstituierung, Verteidigung und Promotion der dem Weltkulturerbe zuzurechnenden Sportidee und der von ihr getragenen Ereignisse hat der Sport seinerseits *eigene Institutionen* ausgebildet, innerhalb derer die inneren

Angelegenheiten sowie der Außenverkehr des Sports geregelt werden. Das *Mandat* dieser Institutionen zum politischen Handeln *beschränkt sich* auf jene Willensbildung, die innerhalb der durch das gemeinsame, aber gesellschaftlich partikulare Interesse an Angelegenheiten des Sports gestifteten „Sach-Gemeinschaft" erfolgt und die sich auf entsprechende Sachprobleme bezieht.

Es ist der Sport, der – bei aller Nüchternheit dieser Begriffsbestimmung – in seiner kulturellen Bedeutung und Ausstrahlung an jene Sphäre heranreicht, in der sich alle bedeutenden Kulturgüter des Menschheitserbes einschließlich der Religionen bewegen. An einer Art von *Geheimnis*, welche die Aura nicht nur des auf ein Jenseitiges verweisenden Religiösen, sondern von allen großen kulturellen Errungenschaften ausmacht und sie aus dem schlichten Nur-dahin-Leben heraushebt, kann der Sport in seinen großen Momenten teilhaben.

Diese *begrifflichen* Präzisierungen und Grenzziehungen, die prima vista mit der Realität der Sportpraxis zu kollidieren scheinen, provozieren ein genaueres Hinsehen auf dieses sportbezogene Geschehen und haben dann eine wichtige *praktische* Konsequenz: Das sportpraktische Geschehen berührt notorisch Gegebenheiten seiner gesellschaftlichen Umwelt und scheint an diesen Berührungspunkten affiziert zu sein von den dort, gleichsam jenseits der Grenze, im gesellschaftlichen Umland geltenden allgemeinen Werten, Normen und Imperativen: Frauensport berührt Gender-Forderungen, Begegnung von Aktiven unterschiedlicher ethnischer Herkunft auf dem Platz Anti-Rassismus- und Integrations-Forderungen, die egalitäre Struktur der Sportregeln Forderungen nach gesamtgesellschaftlicher Gleichberechtigung und Gerechtigkeit usf. Und fast automatisch ergibt sich daraus die Erwartung, Sport müsse sich schon aus Eigeninteresse und aus in seiner Sinnstruktur implizierter Pflicht zum Mit- oder gar Vorkämpfer für entsprechende allgemein-gesellschaftliche Ziele erheben.

Doch eine solche Erwartung beruht auf einer Über- oder gar Fehlinterpretation der entsprechenden Sinn-Korrespondenz: Auf dem Feld des Sports haben den allgemein-gesellschaftlichen *ähnliche* sportliche Prinzipien keinen *universal-prinzipiellen* und damit *über*-geordneten, sondern lediglich einen *partikular-funktionalen* und damit *nach*-geordneten Stellenwert (was nicht bedeutet, dass das Letztere dem Ersteren in direkter Abhängigkeit *unter*-geordnet sein müsste). Sie dienen dort „nur" dazu, das sportliche Spiel sinngerecht zu ermöglichen und jedermann die Teilhabe daran zu eröffnen, das heißt, allen denjenigen Zugang zu gewährleisten, die nach dem sportlichen Regelwerk qualifiziert sind. Entgegen dem vordergründigen Anschein *kann* der Sport folglich nicht legitimerweise die Rolle eines Vorreiters gesellschaftspolitischer Forderungen beanspruchen. Und er *sollte* es auch deshalb nicht tun, weil er durch solche Indienstnahme sein sachbedingtes Privileg, als gewollt luxuriöses Kulturgut von außersportlichen Verpflichtungen freigestellt zu sein, mutwillig und gegen seinen besonderen gesellschaftlichen Auftrag aufs Spiel setzen würde.

Schließlich: Jene Grenzbefestigung bewahrt auch vor für ideologische Vereinnahmung anfälligen Selbstüberschätzungen, wie sie mit dem Beginn der Moderne in Visionen vom „Neuen Menschen" und von der Katalysator-Rolle dabei für die vermeintlich allbefreiende Körperkultur postuliert wurden. Der Sport ist wichtige, weil gehaltvolle *Bereicherung*, nicht jedoch *Rettung* der menschlichen Welt, vor welchem Übel auch immer. Der *politische Skandal* liegt in der ideologischen Instrumentalisierbarkeit solcher Utopien. Der *kulturelle „Skandal"* des Sports hingegen liegt in seiner Selbstbescheidung auf die intensive Pflege und Kultivierung eines außergewöhnlichen (Körper-)Kulturmusters.

Kurz: Der Sport ist eine *Kultur-* und keine *Sozialreform*-Bewegung. Er beteiligt sich damit, wenn er seinem besonderen gesellschaftspolitischen Mandat gerecht werden soll, auch weder an der Ablehnung der modernen Gesellschaft wie die diversen einstigen Lebensreform-Bewegungen bis hin zu heutigen Ökofreaks, noch an der Moderne-Verherrlichung etwa der einstigen Futuristen bis zu den heutigen Wachstums- und Beschleunigungs-Freaks. Statt solcher aus Sicht des Sports ins Abseits führender Engagements nutzt er vielmehr „egoistisch" und nahezu „autistisch" jene Entfaltungs- (und buchstäblich: Spiel-)Räume, welche die Moderne bietet, für seine eigene Entwicklung.

Bei diesem Versuch scharfer begrifflicher Abgrenzung ist allerdings daran zu erinnern, dass hier auf der Ebene der *inhaltlichen Sinnbestimmung* der Sportidee argumentiert wird. Es geht dabei um die Ermittlung der *objektiven Sinnstruktur* sportlichen Handelns. Dabei ist weder die Ebene *subjektiver Sinnzuschreibungen* berührt noch die Ebene *institutionell-organisatorischer Verfasstheit*, innerhalb derer natürlich alles Mögliche geschehen kann und sogar wünschenswert ist, was über die engen Sinngrenzen des hier skizzierten Sportbegriffes hinausweist, bis hin zur politischen Vertretung der *Gesamt*-Interessen dessen, was innerhalb solcher Organisationen geschieht.

Niemand *muss* den hier angebotenen Überlegungen folgen. Der Gedankenaustausch in der wissenschaftlichen Forschung und Kommunikation ist frei. Aber diese Überlegungen erheben den Anspruch, eben ein *Angebot* zu sein und damit eine Runde des wirklich weiterführenden Austauschs zu eröffnen. Sie wurde bislang verhindert, indem große Teile des Fachgebietes sich hinter einem vermeintlich vor den Untersuchungsgegenstand gezogenen Schleier des Nichtwissens versteckt haben – wobei ein solcher Schleier des Nichtwissens bekanntlich von John Rawls, dem Erfinder dieses Topos, nicht als destruktiver Vorwand für Arbeitsverweigerung der Zunft, sondern als ein konstruktives Erkenntnisinstrument der Sozialphilosophie eingeführt worden ist (siehe RAWLS 1979).

Die Sportwissenschaft verweigert entsprechende Aufklärungsleistungen, so dass der öffentliche Diskurs oft dem spontanen, bereichsegoistischen und unverlässlichen „Meinen" von medialen und politischen Mächten überlassen bleibt. So in der Frage, wer begründeten Anspruch auf die *primäre Loyalität* sportlichen oder wissenschaftlichen Handelns erheben kann. Das aufklärerische Potential des gesamten Sportdiskurses wird in seiner Validität und Überzeugungskraft beeinträchtigt dadurch, dass nahezu alle Beteiligten wie selbstverständlich von einer Prämisse ausgehen, die in Wirklichkeit mit Nachdruck zu bestreiten ist: Die primäre, für nicht wenige sogar die einzige Loyalität der auf dem Feld des Sports Agierenden habe „ihrem" *Sozialverband* zu gelten, dem sie jeweils angehören oder sich verbunden fühlen, nicht jedoch den vom *Sinn- und Handlungsfeld* des Sports gesetzten Imperativen. Dieses erstaunlich verbreitete Mantra ist nicht nur wegen der von einem unreflektierten Lokalismus, Regionalismus oder Nationalismus ausgehenden politisch-moralischen Verengung problematisch. Es deformiert vor allem auch die wohlbegründeten eigensinnigen Ansprüche und Leistungen dieses die Gesellschaft durch ihre funktional arbeitsteilige Verantwortlichkeit bereichernden Sachgebietes.

3. Begriff und Vielfalt des Sports im weiten Sinne

Diskursive Ausgangslage: Die unterstellte Nicht-mehr-Fassbarkeit des Phänomens Sport aufgrund seiner inneren Ausdifferenzierung betrifft bei genauerem Hinsehen gar nicht primär den hergebrachten Sport im *engen* Sinne. Sie bezieht sich vielmehr auf die Vielfalt von sportbezogenen oder nur noch mehr oder weniger entfernt sportähnlichen Erscheinungen, die in einem Begriff namens Sport im *weiten* Sinne zusammengefasst werden können.

Dabei wird meist unterstellt, diese Formen hätten sich aus dem Sport im engen Sinne *heraus* entwickelt. Bei dieser Annahme werden vielfältige Anzeichen dafür übersehen, dass dieser Prozess sich eher einer entgegengesetzten Entwicklungsrichtung verdankt: Weitgehend unabhängig von und neben dem für die große Mehrheit der Menschen weder erreichbaren noch angestrebten Raum leistungs- und spitzensportlicher Betätigung, der wie in den anderen Bereichen der Hochkultur strukturell einer kleinen Minderheit von hierfür besonders Begabten vorbehalten ist, entstand im Zuge der sich nach dem Zweiten Weltkrieg herausbildenden Wohlstands-, Freizeit-, Spaß- und Erlebnis-Gesellschaften – unter dem Kippbild des symbiotischen Wachstums von motorisiertem Automobilismus und motorischem Autoimmobilismus – ein wachsendes Bedürfnis nach ergänzend bereichernden und kompensierenden Bewegungstätigkeiten zu den einseitigen Belastungen des Berufs- und Alltagslebens. Unter solchen Motiven haben viele Menschen sich in das gegebene Feld des Sports *hinein* bewegt.

Diese Bedürfnisse wurden aufgegriffen und mit vielfältigen Angeboten beantwortet. Zum einen entwarf der *organisierte Sport* den „Zweiten Weg des Sports" und die „Trimm-Dich"-Bewegung. Zum anderen bot der *Markt* kommerzielle Angebote wie Sportreisen, Fitnessstudios, Import und Adaption von außereuropäischen Formen der Körper- und Bewegungskultur und Förderungsprogramme der Krankenkassen. In einer eigenen Variante der heute umstritten gewordenen „kulturellen Aneignung" adoptierten und nutzten, ja gleichsam usurpierten solche Interessen und Entwicklungen für sich die seinerzeit weithin noch geltende positive Konnotation des Sportbegriffs. Sie sollte ihre eigene Attraktivität steigern, ohne den Ernst-Charakter des Sports im engen Sinne mit übernehmen zu wollen. Die Diskrepanz zwischen diesen beiden Großbereichen des Sports wird inzwischen auch bestätigt durch wissenschaftliche Studien, die der Frage nachgehen, welchen Effekt Spitzensport auf die körperliche Aktivität in der Bevölkerung hat. Demnach lasse sich nicht belegen, dass Spitzensport die breite Bevölkerung in ihrem eigenen freizeitsportlichen Verhalten beeinflusst. Beide Seiten werden durch dieses Nicht-Verhältnis freilich nicht in ihrer Bedeutung beeinträchtigt. Sie folgen „nur" unterschiedlichen und weitgehend voneinander unabhängigen Sinnrichtungen.

Eine Spitzenleistung der Camouflage unter Missbrauch des Sportbegriffs wurde mit der kuriosen Wortschöpfung *„Erholungssport"* erbracht. Der Wortteil „Sport" wurde augenscheinlich als Synonym für „Wellness" gesehen, mit der man sich von diversen Formen von Stress und Be- bis Überlastung erholen könne, während wohlverstandener Sport ohne eigene Formen von Belastung kaum vorstellbar ist. Bei einem Sport, der seinen Namen verdient, muss man sich mithin *von* der Belastung und kann sich kaum *mit* ihm erholen. Was man dem Sinn dieser Wortschöpfung allenfalls zugutehalten kann, ist der Sekundäreffekt daraus, dass man mit *jeder* Form von Sport ein Stück weit aus dem „Hamsterrad"-Stress des Alltagsbetriebs heraustritt und in der damit erreichten Muße in der Tat „ausspannen" kann, ungeachtet des Maßes an abermaliger Anstrengung, das man dabei eingeht. Dies wäre eine Variante des „Entschleunigungs"-Effekts, der mit jeder Art von Sport verbunden ist.

Weiterführende Antwort: Die *höchstentwickelte* Form des Sports entsteht erst durch die gemeinsame Beherzigung und Verwirklichung aller oben umschriebenen 16 Kriterien. Sport im *weiten* Sinne hingegen bedeutet eine beliebige Ausdünnung oder Abschwächung der Geltung jener Kriterien. Um die Grenze zwischen den beiden Sportbereichen zu veranschaulichen, bietet sich der analoge Blick auf eine andere nonverbale Kunst an: die *Musik*. Nach POWELL (2010) unterscheidet sich *Musik* von *Geräusch* dadurch, dass sie in der Natur nicht vorkommt, sondern von Menschen zu ihrer Bereicherung und Unterhaltung künstlich durch Entwurf (Komposition) und Aufführung (Interpretation) strukturiert auftritt, indem sie auf Instrumenten erzeugt und „gestimmt" wird.

Diese Konfiguration ähnelt dem Unterschied zwischen Leistungssport und Körperertüchtigung. Bei Letzterer fehlt die *Dominanz des Formgestaltungswillens*, um sinnvoll und vollgültig als Sport gelten zu können. Jede Musik ist Geräusch, aber nicht jedes Geräusch ist Musik. Jeder Sport ist auch Körperertüchtigung, aber nicht jede körperliche Ertüchtigung oder Betätigung ist Sport. Manche der heute neu eingemeindeten „Sport"-Arten (asiatische Konzentrations- und Meditationstechniken, viele Formen des Tanzes usw.) liegen sogar *gänzlich außerhalb* des sportlichen Sinnfeldes.

Das gemeinsame Merkmal des Sports im weiten Sinne besteht im Unterschied zum Sport im engen Sinne in einem *instrumentellen Anspruch*, ausgedrückt in verschiedensten Motiven und Formen von Körperertüchtigung und Selbsterfahrung. Oder genauer: Die Bereiche von fitness- oder therapieorientierter Körperertüchtigung umfassen in diesem Feld gleichsam die *aktive* Variante, die Bereiche von Körper- und Selbsterfahrung die eher *rezeptive* Variante. Wobei das Letztere u.a. die tänzerischen, wellnessartigen und konzentrations- bzw. kontemplationsartigen Handlungsfelder betrifft. Schon dieser vorsichtige und unsichere Annäherungsversuch verweist auf die semantische Vielfalt, die in dem Bereich des Sports im weiten Sinne anzutreffen und entsprechend schwer mit einem gemeinsamen politischen Konzept zu beantworten ist.

Maßgebliches Kriterium für die *Grenzmarkierung zwischen den beiden Sportfeldern* ist das unterschiedliche Verhältnis zum Körper. Bei Sport im engen Sinn ist der Körper das *Instrument* der Athlet*innen für ihren Sport, ihr Sport jedoch ist kein Mittel für etwas Außersportliches. Bei Sport im weiten Sinn bildet der menschliche Körper aus hygienischen, ästhetischen, psychologischen oder sonstigen Gründen den *Zweck*, den Grund für die sportliche oder sportähnliche Betätigung. Ziel des Handelns ist hier, dem Körper in irgendeiner Weise „etwas Gutes zu tun", das wiederum für beliebige außersportliche Ziele zur Verfügung gestellt werden kann und soll. Es geht dabei um Körperertüchtigung, um Körpergestaltung, vom *spielerischen* Ausgleich anderwärtiger einseitiger Belastungen bis hin zur Erwartung an ihre buchstäblich *todernste* Verwendung im militärischen oder polizeilichen Kampfeinsatz.

Die Ausstrahlung dieses Verständnisses von Körperkultur schlägt sich in unzähligen Varianten zweckorientierter Körperertüchtigung nieder. Diese können zwar *auch* für Sport im engen Sinne als Trainingsmittel und konditionelle Voraussetzung genutzt werden, müssen somit nicht per se sportfern sein. Oft wären sie hier allerdings direkt kontraproduktiv. Den entscheidenden Schritt der Synthese und Höherqualifizierung hin zum Ziel der *Schöpfung eigensinnig-autonomer ästhetischer Sport-Werke* hingegen hat dieser Strang der modernen Körperkultur *nicht* vollzogen. Dies spricht ihm zwar keineswegs die Legitimation als einem eigenen Weg ab. Im Gegenteil.

Allein schon die Tatsache, dass hier weitaus mehr Menschen für ebenfalls sinnvolle und erfüllende Tätigkeiten gewonnen und buchstäblich mobilisiert werden, ist für sich genommen von nachhaltigem gesellschaftlichem Wert. *Aber: Dieser Weg führt nicht zum Sport.*

Sport im weiten Sinn geht konform mit *sozialen* Werten, insofern er mitwirkt an sozialstaatlichen Programmen der Krankheits- und Gewaltprävention, Sozialarbeit, Sozialintegration von Migrantenmilieus, frühkindlicher Entwicklung und Bewegungserziehung. Damit ist er Teil der *Ernstwelt*, in der instrumentelle Ansätze zur Lösung von gesellschaftlichen Problemen gefragt sind.

So ergibt sich eine scheinbar *paradoxe Sinnverkehrung*: Das, was üblicherweise als Sphäre des reinen, von jeder Verantwortung, Mühseligkeit und Ernsthaftigkeit befreiten, nichts als lustvollen Spiels perzipiert und propagiert wird, Sport im *weiten* Sinn, wird wieder in das Gegenteil, in eine Welt des sportbezogen-instrumentellen *Ernstes* versetzt. Und das, was üblicherweise als Sphäre der arbeitsähnlichen oder die normalen Anforderungen der Arbeitswelt sogar weit überschreitenden Fron, Mühsal und weit übertreibenden Ernsthaftigkeit perzipiert wird, Sport im *engen* Sinn, wird ebenfalls in das Gegenteil, in eine Welt des von jeder Berechtigung zu sportbezogener „Dienstverpflichtung" befreiten *Spiels* versetzt.

Die Unterscheidung zwischen den beiden Sport-Sphären ist begründet durch eine *scharfe ethik-logische Differenz und Zäsur*: Die Normen unserer Alltagsmoral richten sich auf den *Ernst* des zwischenmenschlichen Verkehrs. Sie richten sich nicht auf die Welt des *Spiels*, in der eine Art von heiligem Ernst im Umgang mit gänzlich unernsten Dingen herrschen darf und soll. Dadurch werden allgemeine Normen vorübergehend, genau für die Dauer des Spiels, partiell außerkraftgesetzt, neutralisiert oder relativiert, ähnlich wie in „moralischen Auszeiten und Gegenwelten" etwa des Karnevals und anderer Feste.

Das bedeutet: Das, was im Sport im *engen* Sinne geschieht – ob ein Ball eine Linie überquert hat oder nicht, ob jemand eine hundertstel Sekunde schneller läuft als jemand anderes –, ist im Maßstab seiner gesellschaftlichen Bedeutung *nichtig*. Im Maßstab eines gelingenden *Spiels* aber wird es so bewertet und behandelt, als ob es gerechtfertigt sei, *mit heiligem Ernst* um jeden kleinsten, in außersportlicher Hinsicht lächerlich anmutenden Vorteil zu kämpfen.

Sport im weiten Sinne ist ein Feld der *Sozial*-, Sport im engen Sinne der *Kultur*-Politik. Deshalb gehört dessen *Kernbereich* an den *Anfang* eines sportpolitischen Leitbildes: das durch die Verfassung eines Kulturstaates begründete Bekenntnis zum Sport in seinen entfaltetsten Formen und zu dessen Förderung auf allen staatlichen Ebenen. Das Flaggschiff gehört an die Spitze der Flotte. Diese These berührt die spannungshaltige Frage von Elitenförderung in einer egalitär orientierten demokratischen Gesellschaft. Eine dieser Gesellschaftsform angemessene Antwort auf diese Frage kann kaum in einem Entweder – Oder, sondern nur in einem Sowohl – Als auch bestehen. Der Förderungsanspruch sachspezifischer Eliten und der Förderungsanspruch der demokratischen Allgemeinheit sind keine Gegensätze, die *gegeneinander* aufzurechnen wären. Dabei muss allerdings sichergestellt bleiben, dass der begründete Anspruch auf Förderung von sachspezifischen Eliten nicht ausgeweitet oder gar totalisiert wird in unbegründete sachbereichs-überschreitende Hegemonieansprüche.[4]

Zudem besteht ein weiterer einschneidender Unterschied. Sport im *engen* Sinn und seine politische Repräsentanz reichen von der kommunalen bis zur Weltebene, berühren sich folglich auch mit der internationalen Diplomatie und *Außenpolitik*. Sport im *weiten* Sinn ist aufgrund seiner Beschränkung auf lokale Angelegenheiten nur Teil der *Kommunalpolitik*. Viele Kommunen in Deutschland haben auf diese Herausforderung mit der Erarbeitung und Umsetzung von Stadtentwicklungs-Programmen reagiert.[5] Hier steht alles unter dem Regulativ von Sportförderungs-Gesetzen der Bundesländer, zugleich aber auch dem Haushalts-Vorbehalt, welcher der Sportförderung nur den Spielraum gibt, den ihr als „freiwilliger" Aufgabe der Kommunen deren „Pflichtaufgaben" lassen.

Diese Abläufe leben von der *Private-public-Partnership* zwischen Vereinen und kommunalen Sportämtern. Zudem stehen Kommunen aufgrund der sportinternen *Dominanz des Fußballs* auf nahezu *allen* Leistungs- und Liga-Ebenen dem notorischen Dilemma, dessen Ansprüchen auf bevorzugte Förderung nachkommen zu sollen und so entweder andere Sportbereiche zu benachteiligen oder ihre Haushalte zu überdehnen. Oder beides aufgrund einer nicht seltenen „unheimlichen Nähe von Fans, Politik und Funktionären"[6]. Denn Fußballfans sind zugleich Steuerzahler, Kommunalpolitiker sind zugleich Vereinsfunktionäre. Beide Gruppen tragen solche Konflikte gleichsam in sich selber aus und beschwören damit sehenden Auges das Risiko herauf, manche Kommune wie manche lokale Sportlandschaft an den Rand des Ruins zu führen.

Schließlich gibt es einen weiteren gravierenden Unterschied, der die Sinnhaftigkeit der logischen Trennung zwischen den beiden Sportfeldern unter-

---

4 Weiterführendes zu diesem Spannungsfeld siehe in Röhrich (1991) und in Schneider (2001).
5 Siehe die Beratungstätigkeit für eine Vielzahl von Kommunen, u.a. durch das Institut für Kooperative Planung und Sportentwicklung (ikps) in Stuttgart, einschließlich von dessen Schriftenreihe unter dem Titel *Sportentwicklungsplanung und Politikberatung*, Münster.
6 Ashelm, Michael (2016): Mitspielen um jeden Preis. Wenn der Fußball Heimat und Sinn bieten soll, wird es teuer. Kleine Vereine bauen große Stadien und leben weit über ihre Verhältnisse. Der Steuerzahler haftet. Auf der Suche nach der unheimlichen Nähe von Fans, Politik und Funktionären. In: FAZ (Wirtschaft) vom 30.10.2015

streicht: Sport im weiten Sinn hat buchstäblich *nichts* zu tun mit den Fehden der Götter auf den *Höhen des Olymp*. Er ist damit auch nicht in Gefahr, Opfer von politischer Instrumentalisierung für deren partikulare sportferne Ziele zu werden. Im Gegenzug zu dieser Art von Entlastung sind diese Felder dafür den *Mühen der Ebene* ausgesetzt, belastet mit dem Verteilungskampf in örtlichen und nachbarschaftlichen Gefilden um stets knappe Räume, Zeiten, Finanzen und vor allem um zumeist ehrenamtlich agierende „menschliche Ressourcen".

Die für den *Sport im weiten Sinne* mit seinen vielfältigen Formen von gelegentlichem *körperbetontem Spiel bis hin zum geselligen, rein unterhaltsamen Zeitvertreib* anfallenden Bedarfe öffentlicher Förderung sind durch entsprechende Gestaltung öffentlicher Räume zu decken, in denen ein Anregungsmilieu und leicht erreichbare wohnungsnahe Möglichkeiten für spontane, wenig organisierte Betätigung zu schaffen und dauerhaft offenzuhalten sind. Hier ist eine Fokussierung auf die Idee vom Sport im engen Sinne fehl am Platz. Stattdessen geht es um die Schaffung von *vielfältigen* und *offenen Formen* an *allen* denkbaren und geeigneten Orten. Hierfür auch die *a-mobilen* Schichten der Bevölkerung zu erreichen, erfordert und rechtfertigt einen *überproportionalen* Aufwand.

Zugleich aber werden solchen Förderungsvorhaben Grenzen gesetzt durch „*Trendigkeit*" (siehe Wopp 2006) und damit verbundene häufige „Mode"-Wechsel vieler solcher Ansätze, die mit dem inzwischen als vorrangig eingestuften Anspruch auf Nachhaltigkeit kollidieren können. Solche Faktoren machen diese zweitgenannte Variante zu einem wesentlich instabileren und unkalkulierbareren Bereich von Sport und damit auch zu einem politisch schwieriger zu handhabenden Gegenstand von Sportpolitik, als dies bei der erstgenannten Variante, dem Sport im engen Sinne, der Fall ist.

Das sport- wie gesellschaftspolitisch begründete Ziel, den Zugang wirklich für alle Menschen offenzuhalten und möglichst einladend zu gestalten, wird in Zweifel gezogen durch unbedachten Gebrauch des Schlagworts „*Sport für alle*". Der Slogan klingt zwar vielversprechend. Tatsächlich aber ist er untauglich für eine angemessene Verortung des Sports in der Gesellschaft. Begründbar wäre er allein als sportpolitische Selbstverpflichtung von Gesellschaft und Staat, die *Chancen* für den Zugang zu diesem Feld für jeden offenzuhalten. Als wörtlich zu verstehendes und anzustrebendes *Ziel* aber ist er kaum zu rechtfertigen.

Denn *entweder* beinhaltet er, wirklich ernstgemeint, eine unvertretbare Bevormundung, ja Nötigung für jedermann, unbedingt dieser partikularen kulturellen Praxis nachgehen zu sollen. Kein anderer Bereich ästhetischen Handelns unterwirft die Gesellschaft einem solchen Anspruch totaler Vereinnahmung. Die Schriftstellerin Juli Zeh entwirft in einem Roman, den sie mit

Corpus Delicti. Ein Prozess (ZEH 2009) betitelt, sogar das extreme, vor sich bereits abzeichnenden Tendenzen warnende Science-Fiction-Szenario einer *Gesundheitsdiktatur*, in der alle Menschen auf Einhaltung der staatlich verordneten Gesunderhaltungsregeln kontrolliert und bei Verletzung entsprechender Bürgerpflichten, zu denen wie selbstverständlich auch das regelmäßige Betreiben von Gesundheitssport gehört, vor Gericht gezogen werden. Eine empirische Studie zu den Wirkungen von Krankenkassen-Kampagnen bestätigt die *positiv* zu wertende Seite dieser Entwicklung, dass Geldanreize in der Tat zu einem nachhaltigeren breitensportlichen bzw. Körperertüchtigungs-Engagement führen können.[7]

Oder aber die Verwirklichung des Slogans wird erreicht durch inhaltliche Entleerung, um trotz allem noch irgendwie von „Sport" sprechen zu können. Keine der beiden Optionen ist erstrebenswert. Ein Umkehrungs-Beispiel für Folgen dessen, was man *„Begriffs-Doping"* nennen könnte – die *Promotion*, die der Sport dadurch erfahren soll, dass man alles Mögliche und Unmögliche, das mit Bewegung und Körper zu tun hat, in den Rang von „Sport" erhebt und ihm einverleibt, bzw. wenn man diesen Begriff auch für nicht-sportliche Freizeitbedürfnisse usurpiert – bot Mark Zwiebler, der erste zu Weltklasseniveau aufgestiegene deutsche Badminton-Spieler: Er werde, so seine Erfahrung, gern herabgezogen auf das Niveau des „Jedermann-Sports", der in Wirklichkeit ein „Kaum-Sport" ist, nach dem Motto: „Ach, du spielst auch Federball!"[8]

Das Wort „Begriffs-Doping" ist dann angemessen, wenn Breiten-, Freizeit-, Jedermann- und Fun-Sportler, hierin eben ähnlich wie der gemeine Doper im Leistungssport, zwar teilhaben wollen am Nimbus, den die elaborierte Sportidee und ihre Protagonisten genießen, ohne jedoch für die dabei anfallenden Kosten in Form herausragender Selbstherausforderung aufzukommen. Es ist somit eine Abart des *Free riding*: rhetorisches Trittbrettfahren.

Das Handeln in beiden Sportsphären ist also logisch *gegenläufig* aufgebaut und mit unterschiedlichen Werten belegt. Das bedeutet: Stellt man das Handeln in der einen Sphäre – und sei es aus einer unbedacht „gutmenschlichen", ganzheitlichen und demokratischen Grundhaltung heraus – unter die Werte der anderen und umgekehrt, stiftet man *heillose Verwirrung*. In dieses *Land of confusion* (so Phil Collins' Song mit seiner Band *Genesis*) versetzt zu werden, ist eine Dauererfahrung sehr vieler Teilnehmer des Sportdiskurses. Bei den meisten bleibt diese Konfusion unbemerkt, weil dem gesprochenen Wort im Sportdiskurs oft erstaunlich wenig ernsthafte Aufklärungsabsicht abverlangt wird. Übrigens: Die auf die genannte Weise markierte Trennlinie verläuft *nicht* zwischen *Spitzensport* und *Breitensport*, soweit die Haltung

---

7 Siehe NEUHAUS, Lisa (2009): Wer einige Wochen lang Geld erhält, damit er Sport treibt, bewegt sich auch danach mehr. In: FAS vom 19.4.2009
8 KLEMM, Thomas (2010): Ach, du spielst auch Federball? In: FAS vom 7.2.2010

der Akteure bei diesem Letzteren sich ebenfalls dem für Sport im engen Sinn genannten Set von Kriterien unterstellt. Teilhabe an dem Sinn- und Handlungsfeld dieses Sports sind keine Frage des Leistungsniveaus, sondern der Haltung.

Wenn in den folgenden Abschnitten dieser Einführung von „Sport" ohne weitere Zusätze die Rede ist, so ist stets der Sport im *engen* Sinne gemeint. Die meisten der dort vorgenommenen Charakterisierungen haben für den Großteil der Formen von Sport im weiten Sinne kaum eine Aussagekraft und Relevanz.

4. Das Verhältnis zwischen Invarianz und Varianz des Sportbegriffs

Diskursive Ausgangslage: Der Sportdiskurs ist gebannt von der Vielfalt und den schnellen Trendwechseln, die man seit Jahrzehnten im Gesamtfeld des Sports beobachten kann. Erhebliche Verstärkung und scheinbare wissenschaftliche Beglaubigung hat dieses Bild dadurch erhalten, dass die ohnehin bereits breite Begriffspalette um einen Topos namens „Trendsport" erweitert worden ist, innerhalb dessen immer neue soziale Gruppen sich für immer neue (und nicht selten schnell wieder vergessene) Betätigungsformen der öffentlichen Attraktivität des Wortes Sport und des coolen Images bedienen, das sich damit verbindet.

Die Vorherrschaft dieses Perzeptionsmusters wird begünstigt durch die Ko-Vorherrschaft des kaum binnendifferenzierten *einen* Begriffs von Sport, mit dem die offenkundige und situativ wechselnde Vielfalt der realen Erscheinungsformen von „Sport" oft erfasst wird. Beide zusammen erwecken den Eindruck, der Sport befinde sich im permanenten Fluss und sei in seiner unaufhaltsamen Varianz mit rationalen Unterscheidungskriterien nicht mehr fassbar.

Die Möglichkeit, Orientierung für das praktische Handeln und Unterlassen in diesem Feld zu vermitteln, wird durch diese einseitige Sichtweise beeinträchtigt. Einseitig ist das Bild, weil es die Spannung und permanente Ausbalancierung zwischen Varianz und Invarianz dieses Sinn- und Handlungsmusters übersieht und stattdessen ein Hohelied allein auf die Varianz singt, obwohl diese fast nur im Revier des Sports im weiten Sinne ihren Platz hat.

Weiterführende Antwort: Angesichts der diffusen Diskurslage bedarf es einer grundlegenden Klärung, in welchem Verhältnis die gefühlte Vielfalt des empirischen Sports und eine geahnte mögliche Einheit dahinter zueinander stehen.

Es scheint gerechtfertigt, von einer Gemeinsamkeit von unterschiedlichen Sportmodellen einerseits und einem gemeinsamen Sportbegriff andererseits zu sprechen. Das aber bedeutet nicht *horizontale Nebenordnung* solcher unterschiedlicher Modelle, sondern ein *vertikales, hierarchisches Verhältnis* zwischen elaboriertem Sportbegriff und defizienten Sportmodellen. Schon begriffslogisch ist dies durch eine einseitige Abhängigkeit vorgegeben: Man kann den Sportbegriff ohne weiteres ohne den Begriff Gesundheitssport denken, nicht aber den Begriff Gesundheitssport ohne den Sportbegriff.

Ein wohlbegründeter Deutungsentwurf erfordert – für den Sport wie für andere Sinnsysteme wie Recht, Politik, Wirtschaft, Wissenschaft, Kunst usw. –, eine Unterscheidung zwischen *Grundkategorien* und *Differenzbegriffen*: Die Grundkategorien grenzen den *zeit- und akteursunabhängig invarianten* (virtuellen bzw. imaginären) Sinnraum ab, innerhalb dessen sich die *zeit- und akteursabhängig variablen* Kommunikationen und Operationen der in diesem jeweiligen Sinnsystem handelnden Akteure abspielen. Sie können mit Differenzbegriffen erfasst werden und mischen sich wiederum in (realen) Sozialsystemen je situations- und ereignisspezifisch mit den Kommunikationen, Operationen, Prinzipien und Regeln anderer Sinnsysteme.

Dieser doppelte Vorgang von Unterscheidung und Wiederverknüpfung zweier prinzipiell unterschiedlicher Begriffsebenen erst ermöglicht eine angemessene Erfassung und Deutung jener evolutionären Entwicklung, die ein jeweiliges Sinnsystem nimmt. Sie spielt sich in einem permanenten Spannungsfeld zwischen Varianz und Invarianz ab. Nach diesem Muster vollziehen sich Bewegungsdynamik und Evolution in *jedem* Bereich der menschlichen Welt. Diese Unterscheidung gilt auch zwischen einerseits dem *„geschlossenen"* Sportbegriff als Umschreibung des Sinnsystems, die resistent ist gegen verändernde Eingriffsversuche von außen und innen, andererseits seiner zeitlich, individuell, situativ, sozial und ereignisbezogen variablen *„offenen"* Binnendifferenzierung.

Ohne solches striktes Beharren auf der spannungshaltigen Doppelheit von Allgemeinbegriff und Binnendifferenzierung und der ständigen Bewegung zwischen beiden bleibt das empirische Sportgeschehen unverständlich. Die sich permanent abspielenden Binnendifferenzierungen des Sports *lösen* die Geltung von dessen Allgemeinbegriff *nicht auf*, sondern *bestätigen und bekräftigen* sie in jedem individuellen Sportereignis stets aufs Neue. Deshalb auch beruht der Widerspruch, der sich scheinbar zwischen *Luhmanns Plädoyer für geschlossen operierende Systeme* und *Poppers Plädoyer für die demokratisch verfasste offene Gesellschaft* auftut, in Wirklichkeit auf einem Scheinwiderspruch, der auf ein Missverständnis bzw. eine Verwechslung zurückgeht. Offenheit und Geschlossenheit beziehen sich hierbei auf gänzlich unterschiedliche Sachverhalte und können daher gar nicht gegeneinander ausgespielt werden.

Aus diesen Gründen ist die Referenz auf Wittgensteins Plädoyer für Begriffsbildung nach dem *Prinzip der Familienähnlichkeit* für den wissenschaftlichen Kontext irreführend. Denn es begnügt sich nach den Regeln des Domino-Spiels mit jeweils nur *einem* gemeinsamen semantischen Element, um die Anschlussfähigkeit eines Ausgangsbegriffs an einen ähnlichen anderen akzeptieren und so die Kette der Ähnlichkeiten Schritt für Schritt, Dominostein für Dominostein fortsetzen zu können. Es ist aber evident, dass mit diesem „großzügigen" Verfahren die Grenzen des semantischen Kernbereichs dieses jeweiligen Begriffs schnell so weit überschritten und letztlich verlassen werden können, dass er für hinreichend eindeutige Aussagen nicht mehr zur Verfügung steht.

Einem solchen Denkansatz und das Plädoyer für die argumentative Fixierung möglichst eindeutiger Sinngrenzen auch des Sportbegriffs durch Rekonstruktion und Neubegründung seines kulturellen Eigensinns begegnet immer wieder der Einwand, eine solche Art der Fixierung von Sinngrenzen bedeute (1) einen erkenntnistheoretisch obsolet gewordenen „Essentialismus" und sei (2) „unhistorisch". Dem ist entgegenzuhalten: Jene Sinngrenzen werden (1) nicht als von einer höheren Macht vorgegeben vorgestellt und legitimieren damit keineswegs den Gedanken einer Art von geweihter Wesenheit; sie werden vielmehr vorgestellt als völlig diesseitig und konventionell, folglich allein durch menschliche Imagination und Vereinbarung in die Welt gekommen. Als „Medium" der Sportkommunikation aber werden jene Sinngrenzen (2) vorgestellt als in der Tat zeitlos invariant sowie, als Universalie, als lediglich in ihrer Binnendifferenzierung pluraler und partikularer Varianz und evolutionärem Wandel unterworfen. Dieser Ansatz bewegt sich in einem theoretischen Umfeld, das markiert ist insbesondere durch Max Webers „Wertungssphären" (siehe BIENFAIT 1999, 132–149), Nelson Goodmans „Weisen der Welterzeugung" (GOODMAN 1993), Niklas Luhmanns „Soziale Systeme" (LUHMANN 1984), Michael Walzers „Sphären der Gerechtigkeit" (WALZER 1992) sowie Rainer Forsts „Kontexte der Gerechtigkeit" (FORST 1994). Und Webers „Idealtypus" wird dabei in einer Reihe gesehen gleichsam mit mehr oder weniger engen Verwandten wie Platons „Idee", Leibniz' „Monaden" oder Luhmanns binär codierter „Leitdifferenz".

Der Sport ist nicht einfach eine soziokulturelle Erscheinung, die sich, kontinuierlich oder diskontinuierlich, permanent im historischen Verlauf weiterentwickelt. Er ist wie die anderen Systeme ein gleichursprünglich mit Entstehung der menschlichen Gattung potentiell gegebenes und sich selbst dauerhaft gleichbleibendes *Sinnmedium*. Es wirkt zugleich selektiv und förderlich wie das Sonnensystem, innerhalb dessen die Sonne *alle ihre*, aber *nur* ihre Planeten durch ihre Anziehungskraft um sich kreisen lässt. Diese können zwar nicht jener Gravitation entkommen und das Sinn-Sonnensystem einfach verlassen. Aber sie werden dadurch nicht etwa geknechtet und versklavt, ihrer Freiheit beraubt und ausgebeutet. Sie leben vielmehr von deren Wärmeenergie und können sich mit Hilfe von deren Ausstrahlung erst richtig entfalten. *Innerhalb* der Grenzen des Sinn-Sonnensystems Sport vollzieht sich eine permanente soziokulturelle Evolution, Veränderungen in allen seinen Dimensionen, also natural, personal, sozial und kultural. Erst dadurch wird das Entwicklungspotential dieses Mediums in seiner ganzen Vielfalt zur Entfaltung gebracht und permanent erweitert.

Der Sport ist heute unverkennbar geprägt durch ein in der Tat enorm weites Spektrum von Handlungsmöglichkeiten. Zur Beurteilung von deren „systematischem Ort" in der Gesamtstruktur des Sports ist jedoch davon auszugehen, dass ein gesellschaftlich anerkennungsfähiges und dauerhaft tragfähiges Sinnsystem nicht primär von seinen Rändern her legitimiert werden kann. Das Sportsystem kann folglich nicht um Freizeit-, um Alternativ- oder um Gesundheitssport herum aufgebaut werden, sondern eben doch nur und weiterhin um den inzwischen (z.T. zu Recht und aus eigenem Verschulden) vielgeschmähten „traditionellen Sport". Denn bei genauerem Hinsehen erweist sich, dass gerade er maßgeblich die kulturelle Botschaft des Sports trägt. Andere sportliche oder sportähnliche Sinnrichtungen, die inzwischen zum Angebot der Sporteinrichtungen gehören, müssen ja damit *in der Praxis* keineswegs wieder des Feldes verwiesen werden. Sie können vielmehr – um es metaphorisch mit Stichworten aus der aktuellen politischen Debatte zu umschreiben – in dieser Sinnrepublik dauerhaftes Asyl- und Bleiberecht erhalten, müssen aber im Gegenzug die hier geltende Leitkultur anerkennen und sich von Erwartungen auf deren Auflösung in der Beliebigkeit einer nivellierenden Multi-kulti-Gesellschaft verabschieden.

Dies sollte also keinesfalls zu einer *Aufhebung oder gar Verkehrung der Bedeutungs-Hierarchie zwischen Kern-, Rand- und Fremdbereichen* innerhalb des Sinnsystems Sport führen. Im Gegenteil: Eine „Sinn-Ausbürgerung" ist dort und dann angezeigt, wenn (z.B. bei Bungee-Jumping, Body-Building oder Bauchtanz) die Verwandtschaften mit anderen Sinnsystemen weitaus größer sind als die Affinität zum Eigensinn des Sports. Eine „Sinn-Einbürgerung" ist hingegen dort angezeigt, wo (wie z.B. bei Skatturnieren, Sportangeln, Snowboarding oder Spitzenleistungen im Skateboarding oder Jonglieren) es sich genau umgekehrt verhält. Es wird lediglich durch traditionelle Vorurteile sowie durch ein gewisses inszenatorisches Bedürfnis nach Lifestyle-Abgrenzung gegen den aus verschiedenen Gründen unbeliebten „etablierten Sport" verdeckt.

Begriffliche Unklarheiten an dieser Stelle aber tragen dazu bei, einen ohnehin schon im Gang befindlichen, wenngleich abwegigen innersportlichen Verteilungskampf zwischen den verschiedenen „Modellen" weiter zu befeuern und möglicherweise in einen abwegigen *Verdrängungswettbewerb* zu treiben, obwohl hier unterschiedliche Aufgaben sachfremd miteinander zusammengezwungen werden. Von der Sache her aber kann das Verhältnis der verschiedenen „Modelle" ja auch durchaus das einer überaus fruchtbaren *Komplementarität* sein: das Verhältnis einer sich gegenseitig ergänzenden und inspirierenden Zusammenarbeit auf der Grundlage von Anerkennung und gegenseitigem Respekt vor der Unterschiedlichkeit ihrer Leistungen, Selbst- und Fremdansprüche – unter dem gemeinsamen Dach des Sports oder ggf. durch „Besuch" von außen.

5. Die Stellung des Siegs in der Sinnstruktur des Sports

Diskursive Ausgangslage: Seit Erfindung der modernen Sportidee ist aus ihrer *Gesamtbotschaft,* wie sie diese Einführung skizziert, ein *Teil,* nämlich der Erfolg *eines* der am Kampf um den Sieg Beteiligten, aufgrund seiner besonderen Auffälligkeit herausseziert und zur *eigentlichen bis alleinigen* Botschaft des Sports erhoben worden. Nahezu die gesamte mediale Beobachtung und öffentliche Kommunikation über den Sport im engen Sinne erschöpfen sich in dieser Reduktion des Geschehens auf eine gedankenlose Feier von Sieg und Sieger.

Allein schon dies bedeutet eine ungerechtfertigte „Vivisektion", eine unzivilisierte Schrumpfung des sportlichen Gesamtwerks. Verstärkt wird dieser partikularisierende Schnitt noch dadurch, dass nicht einmal nur die Sieger*innen des Wettbewerbs gefeiert werden, sondern zusätzlich fast durchweg nur der Sieg der ohne Legitimation aus der Sportidee heraus zur Repräsentation einer sozialen Gruppe erhobenen Wettbewerbsbeteiligten.

Weiterführende Antwort: Der unter Berufung auf Luhmanns irrtümlichen Vorschlag vielstrapazierte Code „Sieg – Niederlage" erfasst einen zwar wichtigen, aber innerhalb einer sinngerechten sportbezogenen Hierarchie doch nur partikularen Aspekt des sportlichen Geschehens. Zwar ist die *individuell-subjektive Motivation* der am Wettkampf Beteiligten in der Tat auf das Streben nach dem Sieg gerichtet. Und das muss so sein, wenn der Wettkampf sportgerecht ablaufen soll. Aber der *kollektiv-objektive Sinn* des Geschehens bedeutet für alle Beteiligten außer dem einen Sieger ein Sich-Abfinden mit der *Niederlage.*

Ist sie nach großem Kampf auf höchstem sportlichem Niveau eingetreten, bedeutet das für alle Nicht-Sieger*innen ein durchaus *erfolgreiches* Scheitern! Denn *alle* haben zur gemeinsamen Schaffung eines großen Ereignisses, eines Sportwerkes beigetragen. Es ist folglich in erster Linie dieses *Werk,* das die größte öffentliche Würdigung verdient. *Vor* aller Feier der siegreichen Personen, die als einzige – allenfalls gemeinsam mit ihrem engsten, unmittelbar am Leistungsaufbau und an der Wettkampfeinstellung und -strategie beteiligten Betreuerstab – zum ausgelassenen Jubel über den Sieg befugt sind. Denn er verdankt sich im Zusammenspiel mit Zufallsfaktoren allein ihrer eigenen Leistung und ihrer gesamten dazu befähigenden Lebensführung. Gleichwohl ist selbst die Berechtigung dieses Jubels der Erfolgreichen noch zu relativieren. Denn er räumt dem – wie gesagt: für das Gelingen des Sportwerks unaufgebbaren, aber dennoch nur sekundären – *individuellen* Interesse am eigenen Erfolg einen nach außen demonstrierten Vorrang ein vor der *kollektiven* Verantwortung *aller* direkt Beteiligten gegenüber der Schaffung und dem Gelingen des Sportwerks.

Im Sportdiskurs mit seiner exklusiven Fixierung auf Sieg, Titel und Medaillen für je „unsere" Seite ist diese *Neben-, ja Unterordnung des Sieg-Kriteriums innerhalb des gesamten Sportsinn-Kosmos* in Vergessenheit geraten. Dieser Stil signalisiert eine beschämende Variante von Kulturbanausentum inmitten von sich selbst als Kulturstaaten verstehenden Gesellschaften. Auch leistet er Versuchungen zum Missbrauch der Sportidee Vorschub. Diese Sinnverschiebung ist zumindest eine Vorstufe zu solchem Missbrauch, Doping, Wettmanipulation, ebenso unbefugten wie extensiven außersportlichen Identifikation mit „unseren" Siegen, ökonomischen Werbezwecken und politischer Instrumentalisierung.

Die aus der Sinnstruktur der Sportidee nicht begründbare Abwertung des kollektiv geschaffenen *Werks* gegenüber dem individuellen *Sieg* (in Mannschaftssportarten ist das Team das „Individuum") ist die Folge einer optischen Täuschung, einer *scheinbaren Evidenz*: Als Erste durchs Ziel zu laufen, mehr Tore als das andere Team oder mehr Punkte als die Gegner erzielt zu haben, erzeugt die Illusion, ein solches Ergebnis spräche für sich. Es ist jedoch eine Illusion und spricht *nicht* für sich: *Das vordergründig Offensichtliche verdeckt das hintergründig Maßgebliche.* An diese *erste* Irreführung der Sport-Perzeption durch scheinbare Evidenz schließt eine *zweite* an: Wettkampf- und Duell-Struktur suggerieren, hier träten nicht künstlich geschaffene Gegnerschaften, sondern reale Sozialgemeinschaften gegeneinander an. Und durch die Benennung aufgrund ihrer soziopolitischen Herkunft als „die Schwedin", „die Kanadier" oder „der VfL Bochum" erscheinen die Aktiven als Repräsentanten ihrer Herkunfts-Nationen oder -Kommunen, die deshalb befugt seien, sich wiederum in „ihren" Athlet*innen wiederzuerkennen und sich von ihnen repräsentiert zu wähnen. Durch diese zweite scheinbare Evidenz wird verdeckt, dass alle auf dem Platz Beteiligten *in erster Linie Repräsentant*innen der Sportidee* sind.

Hier ist deshalb noch einmal zurückzukommen zur systemtheoretisch ausgrenzenden Codierung der Sportidee. Statt der untauglichen Modellierung der sportspezifischen Leitdifferenz mittels des Codes „Sieg – Niederlage" bietet sich der *Code „sportlich – unsportlich"* an. Das ist so wenig trivial wie zum Beispiel der Code „Recht – Unrecht", mit dem Luhmann das Rechtssystem ausdifferenziert sieht. Wenn man berücksichtigt, dass erst die Gemeinsamkeit mindestens aller 16 oben genannten Kriterien den Sport im engen Sinne konstituiert, dann zeigt sich an diesem Beispiel, dass die in Code-Form modellierten Leitdifferenzen der Sinnsysteme weitaus *komplexer* aufgebaut sind, als die scheinbar triviale extreme Vereinfachung in ihrer binären Formulierung vermuten lässt.

Das Konstrukt „Sieg – Niederlage" für den binären Code des Sportsystems ist zudem von seiner inneren Logik her unstimmig. Denn die zweite, die unmarkierte Seite zum Beispiel des Rechts-Codes mit „Unrecht" umschreibt nach Luhmann und seinem Inspirator George Spencer-Brown die *formal unbestimmte* bzw. die *normativ negative* Seite der Unterscheidungs-„Form". Sie markiert die Ausgangstür, mit der das Sinnsystem und die zu seiner Aufrechterhaltung erforderlichen Regeln *verlassen* werden. Die zweite Seite namens „Niederlage" im angeblichen Sport-Code bezeichnet weder das eine noch das andere. Sie ist ebenfalls *Teil der bestimmten, der positiven* Seite, also von „sportlich".

Das ist so evident, dass man sich wundern muss, dass der Irrtum selbst in der Wissenschafts-Gemeinde bislang kaum bemerkt und korrigiert wurde. Denn natürlich gehören auch alle aufgrund ihrer sportlichen Qualifikation und Regeltreue am Wettbewerb beteiligten *Unterlegenen* zum Sportsystem. Sie verlassen dies nicht mit ihrer jeweiligen Niederlage, allein schon deshalb, weil sie ja innerhalb des Sportsystems und Wettkampfkalenders verbleiben und ihre momentane Niederlage somit bereits im nächsten Wettbewerb korrigieren können.

Es geht freilich noch um mehr als nur *begriffliche* Präzisierung. Die ungenaue Verortung des Moments des Sieges als des vermeintlich ausschlaggebenden Kriteriums der Sportidee statt seiner Nebenordnung mit einer Reihe von weiteren Kriterien hat sogar fatale *pragmatische* Folgen: Sie führt zu einer extremen Vereinseitigung und Selektivität jedes beobachtenden Blicks auf das sportliche Geschehen als *Sportwerk*, als Aufführung eines Dramas im Zusammenwirken *aller* Beteiligten, die es analog zu den Werken anderer performativer Künste ist, aber auf diese Weise kaum mehr erkennbar werden lässt.

Denn die Fixierung auf den Sieg verleitet zu dem Fehlschluss, hier kämpften Vertreter*innen (sozialer) Parteien gegeneinander, denen man sich auch als externer Beobachter zuordnen müsse oder dürfe. Stattdessen ist der Kampf um den Sieg jedoch nur ein Hilfsmittel, um die Beteiligten zu ihrer Höchstleistung herauszufordern und damit ein gelingendes Sportwerk zu schaffen. Dieser Perzeptionsstil der nicht direkt am Spiel Beteiligten bedeutet unter Vorspiegelung vermeintlicher Anteilnahme in Wirklichkeit einen Ausdruck von Desinteresse und Entwürdigung des Spiels und der an seiner Aufführung beteiligten Akteure, die mit einem Kotau vor ihren Fans und deren Lautsprecher namens Medien dieses entwürdigende Spiel neben dem Spiel mitspielen, sie (die im Profisport zugleich einen Teil ihrer ökonomischen Basis darstellen) nicht zu brüskieren.

Das Streben nach dem Sieg im Sport wird auch mit dieser Argumentation nicht unwichtig. Selbstverständlich, denn andernfalls wäre es kein Sport im engen Sinne. Aber es rückt entgegen der üblichen öffentlichen Wahrnehmung in die zweite Reihe, heraus aus der Rolle des vermeintlichen *Ziels* sportlichen Handelns in die Rolle des *Dienstes* an einem sinngerecht gelingenden Werk.

Statt Einsicht in diesen Kernbereich eines der Mitträger der Kulturgesellschaft zu provozieren, lebt er wie kaum ein anderer Kulturbereich weltweit derart ausgeprägt in einem Zwiespalt mit seinem Eigensinn, vergleichbar mit einer Lage mancher Individuen, welche die Sozialpsychologie mit der Theorie von Leon Festinger als „*kognitive Dissonanz*" bezeichnet. Die Faszination weiter Teile der „Konsumentenschaft", aber ebenfalls die Motivation vieler „Produzenten" des Sports selbst entspringen weniger der *Gesamterscheinung des Sportwerks*, dessen Schaffung objektiv im Mittelpunkt des Ereignisses steht, als vielmehr dem Streben nach dem *Sieg als nur einem Aspekt*, der das Werk zusammen mit mehreren weiteren ausmacht.

Soll dieser bis heute desorientierend massenwirksame „Gendefekt" des Sportverständnisses aufgearbeitet, dadurch als Problem überhaupt erst ins Bewusstsein gehoben und schließlich in wirklichen Respekt für den kulturellen Reichtum der Sportidee und der von ihr gestifteten und von „Sportwerker*innen"[9] in die Tat überführt werden, wird man zwei Jahrhunderte in der Geschichte des modernen Sports zurückgehen müssen bis zu dem Punkt, an dem die Weichen für die Trennung des Sportverständnisses von seiner Gemeinsamkeit mit dem Verständnis der anderen Künste gestellt worden sind.

6. Sport und die Selbstverständlichkeit des Außergewöhnlichen

Diskursive Ausgangslage: Der Philosoph Martin Seel hat einen der nicht seltenen Versuche unternommen, gleichsam von außen her zur Deutung des vielfach als trivial *unterschätzten* Sportgeschehens beizutragen und ihm damit den ihm angemessenen Stellenwert in der menschlichen Welt zuzuweisen. Er hat dabei die seit Beginn des modernen Sports und seiner Emanzipation von außersportlichen Funktionalisierungsversuchen häufig anzutreffende Gegenbewegung der *Überschätzung* des Sports in Gestalt eines Hypes um sportliche

---

[9] Bruno Preisendörfer hat seiner kulturhistorischen „Zeitreise" in die Goethezeit um 1800, von der hier die Rede ist, den passenden, ansonsten ungewöhnlichen Parallelbegriff eingeführt, nämlich den des „*Kunstwerkers*": „Zum ersten Mal in ihrer Geschichte bewegte sich die Musik zwischen Mäzenatentum und Markt, zwischen dem Herrendienst des alten Handwerkskünstlertums mit seiner lakeienhaften Abhängigkeit einerseits und dem Nachfrage suchenden ästhetischen Angebot als Handelsware andererseits. Auf jeder der beiden Seiten prägte der ‚Kunstwerker' eine spezifische déformation professionelle aus", so PREISENDÖRFER (2020), 119.

Sensationen, um einen sich verselbständigenden Rekordwahn und um den Schein eines unbegrenzten Steigerungspotentials als Folie genommen, vor der er dieses Bild des Geschehens in realistische Bahnen zurückzulenken versuchte.

Dieses Unterfangen, den der Sportidee immanenten Überbietungs-Impuls ebenso wie dessen objektive Grenzmarkierung in *einer* Denkfigur zusammenzufassen, hat Seel in die paradoxe Formel vom Sport als „*Zelebration des Unvermögens*"[10] umgesetzt. „Zelebration" steht für Respekt vor der Größenordnung des in jedem ernsthaften Sportereignis auf den Platz gebrachten Anspruchs auf Überbietung des für menschenmöglich Erachteten sowie für die Feier des Pioniergeistes, der im Spitzensport-Handeln als ein Aufbruch ins Ungewisse wirksam ist. „Unvermögen" steht für das stets am Ende stehende Scheitern jeglicher Hybris gemäß der Volksweisheit, dass die Bäume nicht in den Himmel wachsen. Oder gemäß des alttestamentarischen Mythos vom Turmbau zu Babel.

Diese aus der allgemeinen Philosophie geschöpfte Anregung wurde im Sportdiskurs zustimmend, aber auch ohne weitere Befragung auf ihre Stichhaltigkeit rezipiert, um sie seither unbeachtet auf sich beruhen zu lassen nach dem für den Sportdiskurs nicht untypischen Motto: „Klingt gut für Sonntagsreden und schadet nichts, aber was kann man im Alltag schon damit anfangen!"

Weiterführende Antwort: Der Versuch ist lohnend, das in Seels Idee steckende Anregungspotential aufzugreifen, zugleich aber die von ihm eher in Richtung *Skepsis* weisende Relativierung umzukehren in Richtung *Respekt*: Der der Sportidee immanente Überbietungs-Impuls inspiriert und motiviert ja permanent zu in der Tat erstaunlichen, extraordinären Leistungen, die für den „Alltagsmenschen" schier unvorstellbar und unerreichbar anmuten. Mit ebendiesem Muster ist zugleich ein kaum überwindbarer Grenzpfahl nicht zwischen Sport und Alltag, sondern zwischen Sport im engen und im weiten Sinne markiert.

Der Sport im engen Sinne ist zwar angetrieben von dem Anspruch, nach den Sternen zu greifen, aber doch stets in Verbindung mit dem augenzwinkernden Zeichen, dass man darum weiß, dabei ganz am Boden und im begrenzten Diesseits verbleiben zu müssen. Aber die dort ähnlich wie in anderen Sinn- und Handlungsfeldern engagierten Pionier*innen suchen nach Grenzen weit jenseits jenes Horizonts, an dem die Welt der „Normalmenschen" endet.

---

10 SEEL, Martin (1996b): Die Zelebration des Unvermögens. Aspekte einer Ästhetik des Sports. In: SEEL (1996a)

Sie können verstanden werden als reale Repräsentanten jenes Topos vom „Übermenschen", dessen Weigerung, sich mit dem Normalmaß, mit dem Durchschnittlichen, mit einer selbstgenügsamen Unterforderung zufriedenzugeben, Friedrich Nietzsche seine heftig umstrittene Hommage gewidmet hat. Sie ist dann vom Faschismus in dessen üblicher Verlogenheit zur vermeintlichen Legitimation seines angemaßten „Herrenmenschentums" zurechtgebogen und entstellt worden. Das war eine zuer vermeintlich politisch gemeinten Botschaft vereinseitige Lesart von Nietzsches, freilich durch seinen provokanten Stil auch in Widersprüche mündendem Werk, die etwa die marxistische politische Theorie in ihrem allzu schlichten Bemühen um eine antifaschistische Wächterrolle einfach unkritisch übernommen und ins eindeutig Negative gewendet hat.[11]

Peter Sloterdijk hält eine tiefer bohrende Deutung dagegen: Seit Darwins Naturalisierung der menschlichen Gattungsgeschichte „wird die traditionelle pädagogische Frage, wie der Mensch zum Menschen zu bilden sei, von einem biologisch-evolutionären Drama überlagert. An die Stelle der Spannung von Unvernunft und Vernunft tritt jetzt der Antagonismus von Wildnis und Zivilisation oder, um in mythologischen Ausdrücken zu sprechen, von dionysischen und apollinischen Kräften. (…) An dieser Stelle erfolgt Nietzsches beunruhigende Intervention: Er hatte als einer der ersten begriffen, daß der Generationenprozeß im litteralen Sinn immer auch Selbstzüchtungen impliziert, und zwar, wie er meinte, üblicherweise im Sinne einer fortschreitenden Selbstverharmlosung nach dem Leitbild priesterlicher und antiaristokratischer Vorurteile. (…) Seine Sorgen jedoch sind nicht mehr die der Gegenwart. Während der Verfasser von *Also sprach Zarathustra* sich an dem Problem abarbeitete, wie man den Glanz der Wildnis vor dem totalen Sieg der kastrierenden Zivilisation schützen könne, stellt sich für uns eher die Frage, wie es gelingt, der Wiederkehr der Verwilderung auf der Höhe der Zivilisation Einhalt zu gebieten." (SLOTERDIJK 2016a, 46)

Zur genaueren Markierung des Sinnkerns des Sports kann man die von Seel vorgeschlagene Formel aufgreifen und in eine deutlich positivere, weniger skeptisch gestimmte Version wenden. Sie könnte lauten: „*Sport: Die Selbstverständlichkeit des Außergewöhnlichen*". Der Sinn sportlichen Han-

---

11 Die ansonsten gehaltvolle Studie von MASON (2021) lässt kein gutes Haar an dem vermeintlichen Wegbereiter des Faschismus. Die Nietzsche-Forschung hat sein Werk angemessener als ein „Meer von Widersprüchen" resümiert. – Die Studie von LEUSING (1987) hat als eine Art von Befreiungsschlag aus dem restriktiven Korsett einer dezidiert materialistischen Sportsoziologie einige sporadische allgemeine Gedanken von Nietzsche in den sporttheoretischen Diskurs eingeführt, ohne damit allerdings dort irgendeine direkte Resonanz zu finden.
Der Autor der vorliegenden Einführung, bei Leusing als einer der „Kronzeugen" der von ihm kritisierten Position herangezogen, hat im späteren Verlauf seiner Arbeit, freilich ohne Bezug auf Leusings begründete Monita zu nehmen, eine Neuorientierung in die von diesem bereits vorbereitete Richtung vorgenommen.

delns kulminiert in einem *Streben nach Exzellenz*, nach Erstklassigkeit, nach dem, was die wahrsagende Priesterin in Goethes *Faust II* so umreißt: „Den lieb ich, der Unmögliches begehrt." Für Sport wie für seine Verwandten unter den Künsten gilt: „Kunst machen heißt, das Begehren des Unmöglichen für vernünftig zu halten. Kunst ist Widerstand gegen die Unmöglichkeit ihrer selbst"; „Kunst erfüllt Aufgaben, die ihr keiner gestellt hat, ja ihre Ergebnisse schaffen überhaupt erst die Aufgaben, als deren Lösungen sie erscheinen." (DICKHOFF 2001, 21 und 23)

Der Vorschlag jener Formel nutzt die *Mehrdeutigkeit* des Worts „*selbstverständlich*" zur genaueren Markierung dessen, was sich in den sinngerecht gelingenden Ereignissen des Sports im engen Sinne abspielt:

(1) die *umgangssprachliche* Version von „selbstverständlich" als „normal", „*problemlos*". Sie beschreibt die verblüffende Dominanz des Gelingens, die unter scheinbarer Leichtigkeit und hoher Erfolgswahrscheinlichkeit angestrebte Zielerreichung. Die Sportler*innen gehen zwar nach *allgemeinem* Maßstab *extreme* Herausforderungen an. Aber nach ihrem *eigenen* Könnens- und Erwartungshorizont doch nur mit einem *leichten* Scheiterns-Risiko. Man baut auf dem auf, was man bereits sicher kann, unter einem kalkulierbaren Risiko-Aufschlag;

(2) die *erkenntnisbezogene* Version von „selbstverständlich". Sie legt den Akzent auf den Wortteil „verständlich" und meint eigentlich „unverständlich", weil nur für den Leistungsproduzenten *selbst* verständlich. Das Tüfteln an letzten und allerletzten Details als Voraussetzung für das Gelingen des Sport-Werks ist dem Laien ebenso unverständlich wie das Tüfteln an filigranen kompositorischen Finessen in anderen Künsten.

(3) Die Richtung weist die *rezeptionsbezogene* Version von „selbstverständlich". Trotz dieser hohen Expertenschaft in der Leistungsproduktion gibt es doch eine „*Von-selbst*-Verständlichkeit". Das öffentlich aufgeführte „Sportstück" kommt für Zuschauer im Gewande scheinbarer Leichtverständlichkeit daher;

(4) die *psychosoziale* Version von „selbstverständlich". Kluge Athlet*innen, deren Hauptinteresse nicht in narzisstischer Selbstinszenierung liegt, geben oft undramatisch-bescheidene Selbsteinschätzungen der sportlichen wie gesellschaftlichen Bedeutung ihrer Leistung als etwas, das für sie eine „Selbstverständlichkeit" ist nach dem Motto „Das ist ja mein Job" oder nach dem friederizianischen Credo „Niedriger hängen!" Sie demonstrieren ihre demütig-dankbare Haltung gegenüber der Tatsache, dass sie durch ihre sportliche Leistung das von der Natur geschenkte Talent-Glück sowie das von der Gesellschaft geschenkte Berufs-Glück, ihr Hobby zum Beruf machen, zu einem Teil abgelten können.

Es gibt ein unangemessenes Reden über vermeintliche *Gewissheiten* im Sportgeschehen (im Fußball über die Stürmerin vor dem Tor: „Den *muss* sie reinmachen!"). Sie können jedoch stets nur *Wahrscheinlichkeiten* sein. Gleichwohl kennzeichnen sie den sportlichen Wettkampf in doch bemerkenswert *hohem* Maße und unterstreichen damit jene „Selbstverständlichkeit des Außergewöhnlichen". Das Ausschlaggebende ist hier entgegen verbreiteten Annahmen nicht durch Spannung aufgrund einer *totalen Ergebnisoffenheit* markiert, sondern durch ein *erstaunlich hohes Maß an Voraussagewahrscheinlichkeit.*

Der Sport liegt damit zwischen zwei leistungsthematisch ähnlichen „Nachbarn": einerseits dem *extremen Höhenalpinismus*, bei dem der Erfolg in extremer, ja existentieller Weise von durch den Menschen nicht mehr sicher beherrschbaren Naturbedingungen diktiert ist und jederzeit zum Scheitern, das heißt zum Tod führen kann; andererseits der *Zirkusartistik*, die – selbst dort, wo sie dem Sport am nächsten ist: in ihren akrobatischen Leistungen – maßgeblich von der bloßen Reproduktion des Beherrschten lebt und sich nicht den Unwägbarkeiten des Wettkampfs mit ebenbürtigen Gegnern aussetzt.

Dieser Umstand liefert den Grund für Seel, Sport im Vergleich mit Zirkusartistik als „Zelebration des Unvermögens" zu deuten. Sportliche Athlet*innen gehen *hierüber hinaus* in den Bereich des kalkulierten Risikos hinein, bleiben aber *unterhalb* der Risikoschwelle der potentiell tödlichen Extremherausforderungen. Letzteres übrigens ist der maßgebliche Grund dafür, dass „Risikosport" zwar von manchen draufgängerisch veranlagten Menschen als Herausforderung angestrebt wird, aber begriffslogisch eine *Contradictio in adiecto* darstellt und den begründeten Sinnraum des Sports verlässt.

Selbst „normales" spitzensportliches Denken und Handeln jedoch auch im Sport bewegt sich auf der schwindelnden Höhe von Nietzsches „*Übermensch*": Mit diesem höchst umstrittenen „Zarathustra"-Topos spitzte Nietzsche den Zusammenhang von Kultur und sozialer Gerechtigkeit zu auf eine Entscheidung: ob nämlich das Wohlergehen der größtmöglichen Zahl oder das Gelingen des Lebens in einzelnen Fällen der Sinn der Kultur sei. Wer das Wohlergehen der größtmöglichen Zahl im Auge hat, denkt *moralisch*; wer die Aufgipfelung in gelungenen Gestalten zum Sinn der Kultur erklärt, denkt *ästhetisch*.

Nietzsche entschied sich für die ästhetische Variante. Heroen des Schöpferischen *verbessern* nach Lesart von Nietzsche-Biograph Rüdiger Safranski zwar nicht die Menschheit, aber sie *verkörpern deren bessere Möglichkeiten*. (Siehe SAFRANSKI 2000a[12]) Ein *Kulturstaat* ist demnach nicht zuletzt dadurch

---

12 Ferner DERS. (2000b): Um sein Leben denken – Nietzsche nach 100 Jahren. In: FAZ 26.8.2000

gerechtfertigt, dass in ihm eine solche „Elite von Kulturpionieren" mit öffentlicher Zustimmung und Unterstützung leben und schaffen kann. *Demokratische* Kulturpolitik, wie sie heute unabdingbar geboten ist, steht damit keineswegs im Widerspruch. Sie muss auch *dieses* Problem beantworten, sich vor der *Größe* dieses Problems bewähren, d.h.: Sie ist zu *ernsthaften* und nicht nur vermeintlich *„politisch korrekten"* Antworten auf diese Herausforderung aufgerufen – und wird ihr nicht selten nur sehr unzureichend gerecht.

Sportliche Höchstleistung im Rahmen des Topos von Nietzsches Übermensch zu interpretieren, bedeutet freilich eine *Gratwanderung*: die ständige Gefahr, dass die *konstruktive* Tendenz zur extensiven, ja extremen Ausreizung alles Menschenmöglichen in begrenzten kulturschöpferischen Akten überdehnt und überreizt wird in Richtung von letztlich *destruktiven* Allmachtsphantasien eines „Neuen Menschen", die Karl-Otto Hondrich als soziologisch unbegründet und ethisch inakzeptabel zurückgewiesen hat. (Siehe HONDRICH 2001)

7. Wettkampf als eine Wette, um die gekämpft wird

Diskursive Ausgangslage: Ein konstitutives Element jedes Sports im engen Sinne ist der Wettbewerb. Ein Wettkampf zwischen zwei oder mehr Parteien, eine künstliche Partei- oder Koalitionsbildung, die allein zum Zweck der Austragung dieser Auseinandersetzung verabredet und nach ebenso künstlich entworfenen Regeln ausgetragen wird. Sie trägt *ex ante* keinerlei außersportlich begründete Rechtfertigung. Sie wird ihr jedoch, und dies außerordentlich häufig, *ex post* und ohne hinreichende Begründung aus dem Eigensinn der Sportidee heraus, von nach gemeinschaftsbildender Identität suchenden Beobachtern zugeschrieben.

Die reale wie die begriffliche Genese des Sport-Wettkampfs geht auf die Praxis des bereits frühmodernen Sports vor allem in England zurück. Sportliche Wettbewerbe wurden seitens der Veranstalter ebenso wie des Publikums oft von vornherein mit dem Interesse verbunden, auf ihren Ausgang, also die möglichen Sieger gewinn- oder zumindest prestigebringend wetten zu können – eine Praxis, die sich in manchen Sportarten direkt am (z.b. Pferde-)Rennplatz, in Wettbüros („bookmakers") oder heute im Internet erhalten hat.

Sportgeschichte und Sportwissenschaft haben sich mit dieser Feststellung begnügt und nicht weiter nach dem den spezifisch sportlichen Eigensinn aufklärenden semantischen Gehalt des Begriffs Wettkampf gefragt. Der ist jedoch bei genauerem Hinsehen aussagekräftiger über das „Innenleben" des sportlichen Geschehens, als wenn man sich mit dem Verweis auf die von außen kommende und den Sport selbst nicht beschreibende Bedeutung des Wortes bescheidet.

Weiterführende Antwort: Sport in seiner entwickeltesten Form ist im Bereich des Spitzensports anzutreffen. Er ist ein *Wett-Kampf*, aber in einem anderen Sinne, als er üblicherweise verstanden wird. Er ist nicht nur und nicht primär ein *Kampf, auf dessen Ausgang gewettet werden kann*, woher er seinen Namen hat. Und er liegt auf einer grundlegend anderen Ebene als realgesellschaftliche Kämpfe um umstrittene materielle oder ideelle Güter.

Man kann ihn umgekehrt beschreiben als eine *Wette, um die gekämpft wird*: Sportler*innen *wetten* mit sich selbst sowie mit ihrer näheren oder ferneren menschlichen Mitwelt, dass sie in einer solchen Wettkampf-Situation eine für Menschen nicht für möglich gehaltene, also gänzlich außer-gewöhnliche Leistung zu erbringen vermögen. Allein aus eigener Kraft und unter Einhaltung von vorab vereinbarten einschränkenden Regeln. Und sie geben das *Versprechen*, hierum mit allen ihnen regelgerecht verfügbaren Kräften kämpfen zu wollen.

Die angebotene Wette richtet sich zunächst an das Eigeninteresse der „wettenden" Athlet*innen selbst. Sie ist zugleich ein *freiwilliges* Geschenk der Athlet*innen zur *kulturellen* Bereicherung der nachbarschaftlichen oder weltweiten Menschheit. Durch das abgegebene Versprechen aber erhält es zudem eine *moralische* Qualität durch die darin enthaltene Selbstverpflichtung, den Einsatz aller verfügbaren regelrechten Mittel auch tatsächlich zu leisten. Diese Grundkonstellation setzt ein mit jeglichem anderen gesellschaftlichen Bereich unvergleichliches Geschehen in Gang. In jedem einzelnen sportlichen Wettkampf aufs Neue. Die Verwirklichung dieser Konstellation – *sofern sie denn tatsächlich regelgerecht gelingt!* – trägt den Athlet*innen zu Recht den höchsten Respekt, Bewunderung und Begeisterung ein. Denn sie zeigt den Menschen, auch denen, die keinen eigenen Beitrag hierzu leisten können, die unvermutet und erstaunlich *weiten* Grenzen des Menschenmöglichen. Und dies als eine sinnlich erlebbare Tatsache – nicht etwa nur als Legende, als Zaubertrick, als Roman-Fiktion, als Computerspiel oder als Phantasiegeburten der *Science Fiction*.

Diese Deutung des sportlichen Geschehens beruht auf einer *Imagination*. Beides – Wette und Versprechen – sind keine empirischen Vorgänge, die real unter den Akteuren ausgetauscht werden. Sie sind eine logische Deutungshilfe für das, was sich hier abspielt: Niemand geht beim Eintritt in den Wettkampf *ausdrücklich* diese Art von Wette ein und gibt *expressis verbis* das Versprechen ab, unter Einsatz aller zulässigen Mittel darum zu kämpfen, diese Wette auch zu gewinnen. Aber viele empirische Vorkommnisse beglaubigen doch in auffälliger Form den *Realitätsgehalt* genau dieses Interpretationsmusters.

8. Es geht beim Sport um Nichts und um Alles[13]

Diskursive Ausgangslage: In der Sportberichterstattung geht es notorisch um „alles oder nichts". Ständig stehen hier – vor allem im Fußball grassiert diese überdramatisierende Rede von „ultimativen Entscheidungsspielen" –, Mannschaften vor ihrer vermeintlich finalen Herausforderung, so als wenn hier Menschen buchstäblich um ihr Existenzrecht und um ihr Überleben kämpften. Dieser Stil stellt seinerseits eine „finale" Herausforderung für eine Korrektur dar, welche Bedeutung und Wahrnehmung von Sportereignissen wieder ins Lot der Verhältnismäßigkeit bringt.

Weiterführende Antwort: Der Ruf nach „Verhältnismäßigkeit" meint die dringende Aufforderung, ungerechtfertigte Überdramatisierungen zurückzunehmen, ohne zugleich das kulturelle Drama, das im Sportereignis aufgeführt wird, seiner in der Tat oft dramatischen Faszination zu berauben.

Der Sport gehört der Großsphäre des *Spiels* an. Damit ist kein Freibrief ausgestellt für Leichtfertigkeit oder Indifferenz nach dem fröhlich-unbeschwerten Motto „ist ja nur ein Spiel". Hier geht es zwar tatsächlich nicht um *realen Ernst*, aber doch um *spielerischen Ernst*. Der Unterschied zwischen beiden ist markiert durch eine Konjunktion. Beim realen Ernst kann es tatsächlich um alles *oder* nichts gehen, beim spielerischen Ernst hingegen nur um alles *und* nichts: Man kämpft um (nach objektiven Maßstäben) ein Nichts so, als ob es um ein Alles ginge. Nicht etwa, wie man nun meinen könnte, bloße Trivialität, sondern dieser mit allem Ernst ausgetragene Kampf im Modus des *Als-Ob* ist *das* Markenzeichen des Spiels schlechthin. Dies gilt auch für den Sport als Teilhaber dieser Sphäre des Spiels. Wie man sehen wird, liegt dabei der maßgebliche Unterschied zwischen dem Sport im *engen* und dem Sport im *weiten* Sinne darin, dass der Erstere tatsächlich dem *spielerischen Ernst* verpflichtet ist, während man es beim Letzteren situativ ohne weiteres auch „locker angehen" und mit einem *spielerischen Unernst* bewenden, also sprichwörtlich „fünf geradesein" lassen kann, wenn einem nach den situativen Umständen eben gerade danach ist.

Der Sport wird gern aus einer Anthropologie des *Mangels* interpretiert und vermeintlich erklärt. Dies umfasst die Topoi von *Kompensationen* für den Menschen als „Mängelwesen" (siehe SCHMIDINGER/SEDMAK 2009) oder für Mangelerscheinungen, die sich aus der modernen Industriegesellschaft ergeben. Mehr spricht für eine Anthropologie, die den Menschen als *sinnkonstituierendes* Wesen sieht. Sie trifft genauer die Hauptsache dessen, was die Sonderstellung des Menschen in einer ansonsten buchstäblich sinn-losen Welt des natürlichen Kosmos wie auch die besondere Funktion des Sports ausmacht.

---

13 Siehe FORNET-BETANCOURT, Raúl (2021): Stichwort *Nichts*. In: SANDKÜHLER (2021), 1785–1788

Dabei gilt eine wichtige Einschränkung: Das Ganze vollzieht sich, soweit es durch den Sport symbolisiert wird, „nur" in der bedeutungsentlasteten Sphäre des *Spiels*, des Imaginären, des Fiktiven, nicht aber in jener Sphäre, wo der Ernst des Lebens spielt. Daraus entsteht beim Sport dieses eigentümliche Miteinander von heiligem Ernst und profanem Unernst, dieses unerbittliche Ringen, bei dem es scheinbar um Alles, tatsächlich aber um Nichts geht.

Genaugenommen lautet die für den Sport gültige Formel mithin „Alles *und* Nichts". Stattdessen halten sich Sportkommentare gern an die berühmte Floskel der Liverpooler Fußball-Legende Bill Shankley: „Das Fußballspiel ist keine Angelegenheit von Leben und Tod. Es ist wichtiger als das." Und wenn die Welt rundherum in Trümmer fällt, es geht um Fußball!

So etwas Triviales! Und doch hat Shankley mit seiner – hoffentlich – augenzwinkernd gemeinten Übertreibung[14] nicht vollkommen unrecht. Denn es geht beim Sport tatsächlich um Alles und um Nichts. *Allerdings beides zugleich.* So wie Dmitri Schostakowitsch mitten im Inferno der deutschen Belagerung bei der Komposition der *Leningrader Sinfonie* zwar buchstäblich um sein Leben geschrieben, aber zugleich damit etwas hinterlassen hat, das niemand hätte vermissen können, wenn er es nicht geschrieben hätte. So wie alle individuellen Kunst- und Sportwerke, die insofern ein Nichts sind, als das reale Leben auch ohne sie weiterginge, sie also nicht von strikter Lebensnotwendigkeit legitimiert sind.

Dieses Bild von einem kulturellen Alles, das ein gesellschaftliches Nichts ist, hat freilich nichts zu tun mit der allgemeinen modernen philosophischen Rede vom *Nichts*, unter dessen Label Atheisten in der Nachfolge von Nietzsches Rede vom „Tod Gottes" nach Wegen suchen, wie man auch in einer Welt *moralisch* leben kann, in der Religion und Glaube keinen Platz mehr finden. (Siehe WATSON 2016; SARTRE 1993; LÜTKEHAUS 1999; KRAUSS 2019)

Beim Sport wie bei der Kunst insgesamt geht es zwar um dieses gesellschaftliche Nichts, das dieses eigentlich nur kulturelle Alles, aber dadurch zugleich auch etwas gesellschaftlich Bedeutsames ist. Kluge Sportler*innen finden dazu die passenden Worte: „Das sind genau diese Momente, weswegen wir überhaupt spielen", sagte der Tennisprofi Patrick Rafter nach seiner Niederlage im denkwürdigen Finale von Wimbledon 2001, „es schmerzt mehr als vor einem Jahr, aber ich bin stolz, dass ich Teil dieses Spiels war." Und der Überraschungssieger Goran Ivanisevic: „Auch wenn ich nie wieder

---

14 Ihre entertainment-mäßige Unschuld verlieren solche Äußerungen, sobald man ihre rhetorische Nähe zu verwandten Äußerungen aus dem politisch-historischen Ernstbereich aufruft: Zu Beginn des maßgeblich vom Deutschen Reich mitzuverantwortenden Völkergemetzels des Ersten Weltkrieges hat Kaiser Wilhelm II. mit dem ihm vertrauten dröhnenden, militant-imperialistischen Pathos verkündet: „Nicht siegen oder sterben, sondern siegen schlechthin ist die Losung in diesem heiligen Kampfe. Gott hat unsere Waffen gesegnet" (zitiert bei HERMAND 2012, 206–207).

in meinem Leben ein Spiel gewinne – ich bin Wimbledonsieger, und das war alles, was ich in meinem Leben wollte. Das ist das Ende der Welt." Aber dann doch auch noch einmal Rafter, einer der einst Großen seiner Zunft: „Letztlich war es nur ein Tennisspiel." Das genau ist der große Sport: alles und nichts. Und der seinerzeit, also vor einem Roger Federer Allergrößte in dieser Szene, Pete Sampras, gab Rafter aufgrund ebendieser Einigkeit im Geiste des Sports diesen Abschiedsgruß mit auf den Weg in den sportlichen Ruhestand: „Pat hat immer schon das Beste aus mir herausgeholt; da ist so viel gegenseitiger Respekt im Spiel."[15] Gleichsam das Gegenbild zu solchen Mustern an „gespannter Gelassenheit" liefern Athleten wie der (jung verstorbene) spanische Radprofi José María Jiménez: „Er spielte im Sport wie im Leben – und zuletzt leider auch im Casino – immer mit hohen Einsätzen. ‚Alles oder nichts' war seine Devise. ‚Warum soll ich Vierter werden?' fragte Jiménez seine Kollegen. ‚Das bringt mir nichts; nur durch Siege steigern sich mein Selbstbewusstsein und mein Marktwert'."[16] Sein allzu frühes Scheitern war deshalb besonders tragisch, weil hier einer der meistverheißenden Repräsentanten seiner Zunft den Sinn ebendieser Zunft nicht verstanden und deshalb auch in der Praxis allzu oft verfehlt hat.

Nach dem Terroranschlag vom 11. September 2001 standen – als spontane Reaktion zu Recht – für eine kurze Zeit tiefster Betroffenheit alle Zeichen auf eine Betonung des „Nichts", im Hinblick auf den Sport wie für alle Kunst: Zahllose Aufführungs-Absagen in allen Sparten der darstellenden Künste bestimmten das Bild. „Nur mit den kleinen Sorgen ist der Mensch so frei, sich für so etwas Unwichtiges wie Sport zu begeistern. Dadurch wird das Unwichtige wichtig", so der Sportjournalist Christian Eichler.[17]

Der Filmwissenschaftler Phillip Drummond hat den Film *High Noon* auf alle Richtungen der vorliegenden Interpretationen hin abgeklopft und ist zu dem Ergebnis gelangt: „Wir schmälern die Bedeutung des Films, wenn wir seine leisen Untertöne auf Aussagen über gesellschaftliche und politische Inhalte reduzieren. Das engagierte Spiel mit der Symbolsprache des Genres kreiert einen Fundus von Charakteren und Beziehungen, der sowohl der Tradition verpflichtet als auch innovativ, in jedem Fall aber nur schwer auf ein einziges Thema zu reduzieren ist"; „die zeitgenössische Wirklichkeit geht, gebrochen durch das Genre des Western, nur in einer abstrahierten, schwer zu deutenden Form in *Zwölf Uhr mittags* ein. Im Vordergrund steht die moralische Integrität des Individuums." (DRUMMOND 2000, 112 und 111) Nur in einer abstrahierten, schwer zu deutenden Form? Dies eben gibt den

---

15 Zitiert bei HENKEL, Doris (2001): Patrick Rafters Rückzug auf Raten. In: BZ vom 5.9.2001
16 Zitiert bei HAUBRICH, Walter (2003): Am Abgrund gefahren – und gelebt. Der frühe Tod des Radprofis José María Jiménez bewegt die Spanier. In: FAZ vom 9.12.2003
17 EICHLER, Christian (2001): Die Wörter sind verbraucht. In: FAZ vom 15.9.2001

entscheidenden Fingerzeig: Indem dieser Film kunstwerk-intern auf seine inneren Kontexte und damit auf sich selbst verweist, bietet er ein Beispiel für das, was allgemein alle Kunst tut.

Genau dies aber konnte von einer wohlverstandenen Interpretation eines Films – wie jedes Kunstwerks – gar nicht anders erwartet werden. Denn in *Zwölf Uhr mittags* steht im Mittelpunkt dasselbe wie das, was man auch über den Sport feststellen kann: ein symbolisches Demonstrationsfeld für die *Conditio humana*. Dieser Sachverhalt ist sogar das, was den Sport am meisten mit den übrigen Künsten verbindet: dass er letztlich von einer anthropologischen Grundkonstellation erzählt. Genau dies ist es, was sie alle tun: nicht, wie meist angenommen, die Abbildung oder Widerspiegelung von besonderen *historisch-soziologischen*, sondern die Erzählung von allgemeinen *menschheitlichen* Gegebenheiten, in denen der Mensch sich selbst spielt, sich selbst die *Conditio humana* als Spiegel vorhält. Nur, dass dies sich nicht in der Ernst-Sphäre der *Realität* abspielt, sondern in der Sphäre des *Spiels*, die Raum lässt zu phantasiereichen Erfindungen und Steigerungen des reell Möglichen und Zulässigen.

Auch Sport als Kunst wäre demnach keine *Mimesis* der realhistorischen Gesellschaft (siehe ALKEMEYER 1997). Sie *entfernt sich* von dieser Realität *in zwei Richtungen*: ins *Anthropologisch-Allgemeine* und ins *Individuell-Besondere*. Das *Soziologisch-Normale* wird *transzendiert*, indem allgemeine Konstellationen der *Conditio humana* am zwar exemplarischen, aber künstlerisch-fiktiven Einzelfall anschaulich und für Ausführende wie Betrachtende (mit-)erlebbar gemacht werden. Die unterschiedlichen Medien, in denen dieses Erzählen von anthropologischen Gegebenheiten geschieht, unterscheiden die Kunst-*Gattungen*. Und die unterschiedlichen anthropologischen Muster sowie die je empirischen Sachverhalte der Realität, die dabei mit verarbeitet und in ästhetische Formen umgesetzt werden, unterscheiden die einzelnen Kunst-*Werke*.

Sport ist *eine* der *spezifischen* Antworten auf ein *allgemeines* Menschheitsthema: die Idee von Selbstschöpfung, -vervollkommnung und -überbietung in selbstgesetzten und anerkannten Grenzen eines individuellen (Kunst-)Werks. Sport kann, so gesehen und praktiziert, ein Beispiel sein für das Gelingen von humaner Zivilisation unter Vermeidung bzw. Beherrschung von deren destruktiven Potentialen. Nicht die schlichte Hybris totaler Machbarkeit und nicht die Beherrschung der äußeren Welt durch den Menschen, sondern die Selbstbescheidung auf die Beherrschung *seiner selbst* sowie die *Spannung* zwischen destruktiver Versuchung durch Allmachtsphantasien und deren konstruktiver Beherrschung – *das* ist Thema und humane Botschaft des modernen Sports.

Im *antiken* Griechenland waren sportliches und realpolitisch-kultisches Kämpfer- und Kriegerethos *eins*. In der *modernen* Olympischen Idee jedoch ist dieses Ethos nur im *Sport* unter strikt limitierenden Bedingungen legitim, in der *Gesellschaft* hingegen inzwischen demokratisch gezähmt und domestiziert, ja weithin moralisch sogar geächtet, so dass die unbedingte positive Beschwörung des antiken Ideals auch für die Gegenwart fragwürdig ist. Ihre verführerische Gefahr hat sie in der ideell motivierten Nähe der Denker der Konservativen Revolution zum Nationalsozialismus offenbart – nicht zuletzt in dem todesverachtenden Berserkertum, mit dem in den 1930er bis 1950er Jahren um den „deutschen Schicksalsberg" Nanga Parbat gekämpft wurde. (Siehe MÄRTIN 2002)

Was also hat es mit der Formel, gegen den Strich gelesen, auf sich, Sport sei ein *Nichts* und ein *Alles*? Die *inhaltliche* Seite des *Ziels* sportlichen Handelns, wenn es wirklich Sport sein soll, ist *in ihrer gesellschaftlichen Bedeutung ein Nichts*: Deutscher Meister, Endlaufteilnahme, 7 m statt 6,82 m im Weitsprung, das 3:2 in der Verlängerung? Vergiss es! Aber die *Verfahrens*-Seite, dieses gesellschaftliche Nichts *mit allen Mitteln*, die regelgerecht zulässig sind (by *fair* means, not by *all* means), anzustreben, *das ist genau so bedeutsam, wie das Ziel, das mit diesen Mitteln angestrebt wird, unbedeutsam ist*.

Dies ist auch der Prüfstein, der Grenzstein, an dem Sport sich vom Nicht-Sport bzw. von „unreinen oder unvollkommenen Varianten von Sport" scheidet: Sie alle verbinden auf der *Ziel*-Ebene das sportliche Handeln mit Erwartungen, die *gesellschaftlich mehr als nichts bedeuten* (nationale Repräsentanz, Frieden, materiell-ökonomischer Gewinn, Anerkennung durch Siege, Gesundheit, Wohlbefinden, außersportliche Fitness, soziales Wohlverhalten). Sie stellen zugleich auf der *Verfahrens*-Ebene die *Unbedingtheit* des Anspruchs in Frage: Es komme vermeintlich nicht so drauf an und könne doch immer noch Sport bleiben (so im Fitness- und Wellnesssport). Man bricht jederzeit ab, wenn es einem „zuviel wird". Und die Unbedingtheit des Einsatzes wird allein schon deshalb obsolet, weil man ja nicht unter dem Anspruch steht, an der Hervorbringung eines Werkes mitzuwirken. Oder man hält zwar am anderen Ende der Skala an der Unbedingtheit des Einsatzes fest, strebt ihn aber nicht nur unter Einsatz aller *regelgerechten*, sondern aller *verfügbaren* Mittel (also inklusive Doping) an.

Angemessener Umgang mit jener Spannung, der sowohl der *Ernst*-Seite wie der *Spiel*-Seite gerecht wird: Das ist auch die wirklich entscheidende *moralische* Herausforderung, vor der jedes gelingende sportliche Handeln steht. Eingehendes kognitives Verständnis und verlässlichen praktischen Respekt vor der kulturellen Bedeutung dieses Spannungsbogens zu vermitteln – das wiederum ist die wichtigste Aufgabe jeglicher sport-*pädagogischer* Bemühungen. Und schließlich: Den feinen Verästelungen dieses Spannungsgewebes nachzuspüren – das ist die mindestens ebenso verdienstvolle Leistung eines wohlverstandenen „investigativen" *Journalismus* wie das weitaus beliebtere Aufspüren von korrupten Machenschaften von Sportfunktionären – also

Sportkritik im besten Sinne, auf einem Niveau mit den gehobenen Ansprüchen von Theaterkritik, Musik-, Literatur- und Kunstkritik.

Es gibt eine große Koalition derjenigen, die das *Ende des Sports* kommen sehen. „Richtig echten Sport gibts ja überhaupt nicht mehr", kann man schon 1914 in James Joyce's Roman *Ulysses* lesen. (JOYCE 1996, 237) Hier kann widersprochen werden: Es gibt nach wie vor eine gehaltvolle Idee, einen klar abgrenzbaren Sinnraum und eine vielfach gelebte Praxis gelingenden Sports. Wie alle kulturellen Errungenschaften ist er, mit Luhmann gesprochen, *evolutionär höchst unwahrscheinlich*. Der schmale Abstand zwischen *Unwahrscheinlichkeit* und *Unmöglichkeit* markiert *die* Herausforderung an die *Conditio humana*: Sie ist der Unterschied, der einen Unterschied macht. Die Zukunftsfähigkeit des Sports steht und fällt mit der Bereitschaft vieler Menschen, seinen Sinn zu verstehen, zu erhalten, zu verteidigen – und vor allem zu leben.

Jegliches Spiel ist begleitet von der Teilnahme auch von unzivilisierten *Spielverderbern*. Die wirklichen Protagonist*innen dieser Spezies sind nicht einmal diejenigen, die bei einer absehbaren Niederlage den Spieltisch umwerfen oder einfach das Spielfeld verlassen, sondern diejenigen, die das überaus fragile, weil vollständig durch künstlich vereinbarte Regeln konstituierte Kulturgut Spiel *von vornherein* zerstören, indem sie sich entweder an der Einhaltung der strikten Geltung dieser Regeln vorbei- und so den Sieg ermogeln, oder indem sie umgekehrt deutlich signalisieren, dass ihnen der Ausgang des Spiels gleichgültig ist und sie entsprechend gar nicht um den Erfolg kämpfen. Das erste dieser beiden Sakrilege heißt in der Sportsprache Foul oder Doping, das zweite Abschenken. Beide äußern sich unterschiedlich, sind jedoch gleichermaßen sportsinn-widrig.

9. Medaillingitis, eine Pandemie oder: „Liefern" und „Medaillen holen"

Diskursive Ausgangslage: Nie zuvor, selbst zu Hochzeiten des Kalten Krieges, sind Olympische Spiele derartig exzessiv wie in Vancouver im Jahr 2010 reduziert worden auf einen Verteilungskampf um die metallurgische Ausbeute der „olympischen Edelmetall-Lagerstätten". Dabei ist die Sportwelt offenbar in eine kollektive Paralyse verfallen. Denn die Betrachtung der Einzelereignisse allein nach dem, „was hinten rauskommt", verwechselt die Bühnen, auf denen gespielt wird. Das von einem früheren deutschen Bundeskanzler populär gemachte Prinzip mag für die Hervorbringungen in Politik, Wirtschaft oder auch in der Medizin gelten. Es gilt *nicht* in der Hervorbringung von Kulturereignissen.

Gleichwohl kennt die mediale Beobachtung von großen Sportereignissen – auch aus der Wissenschaft sind kaum korrigierende Stimmen zu diesem unzivilisierten Gerede zu vernehmen – seither kaum mehr eine andere rhetorische Herangehensweise als mit Hilfe solcher gestanzten Floskeln wie, Athlet*innen hätten in ihren Auftritten „geliefert", Medaillen „geholt" und Siege „eingefahren", oder auch nicht. Sie seien nur auf dem „undankbaren" vierten Platz eingekommen, hätten sich mit der „Blech"- oder „Holz"-Medaille abfinden müssen.

Man pustet damit Sprechblasen in die Welt, die so klingen, als wenn die Athlet*innen nicht im Dienst der Sportidee stünden, sondern bei schnöden *Liefer*-Diensten à la UPS, als verführen sie nach dem *Abhol*-Modus à la Ikea oder führen eine Ernte ein wie eine Landwirtin. Die staatliche im Zusammenspiel mit der außerstaatlichen Sportpolitik, die in einer Kulturgesellschaft die Entwicklungschancen der hier tätigen Menschen zu gewährleisten hat, folgt in bemerkenswerter Kurzschlüssigkeit und Kurzsichtigkeit oft diesem sportsinn-widrigen Denken, das auf scheinbar einfach mess- und abrechenbaren Erfolg fokussiert und beschränkt ist, indem sie ihre Förderprogramme daran ausrichtet.

Mit der Hegemonie dieser Rhetorik über das Geschehen „auf dem Platz" wird es unter das Diktat einer schlichten politisch-ökonomisch kalkulierenden Sichtweise gestellt. Sein tatsächlicher kultureller Reichtum wird verkürzt und trivialisiert auf seinen vermeintlich abrechenbaren Ertrag, den die „Sportschaffenden" in die Scheuern des jeweils eigenen Landes einzubringen hätten. Im Falle des Scheiterns versagen sie eben vor dieser politisch-ökonomischen Mission und büßen „logischerweise" ihren Förderungsanspruch ein. Diese allgegenwärtige Rhetorik hat eine inzwischen dichte Nebelwand vor das Kulturgeschehen namens Sport gezogen. Sie verwehrt einen klaren Blick darauf und eine angemessene Urteilsbildung darüber, worum es hier in Wirklichkeit geht und wie es auch politisch sachgerecht zu beantworten wäre.

Weiterführende Antwort: Die Reduzierung von Wettbewerben auf die Medaillenjagd *verkehrt die Logik des Sportsinns*: Siegeslohn in Form von ideeller Anerkennung, von den Erfolg symbolisierenden Medaillen oder auch von materiellen Siegprämien wird in sportlichen Wettbewerben dem Sportsinn entsprechend nur deshalb ausgelobt, um Anreize und Herausforderungen für den vollen Einsatz der Wettbewerber auszulösen, durch den die Hervorbringung eines sportlich gehaltvollen Dramas „herauskommt". Aber es wird nicht umgekehrt dieses Drama deshalb aufgeführt, damit am Ende Medaillen „herauskommen" können. Die kollektive Eintrübung der Urteilskraft wird zusätzlich gesteigert, indem diese verkehrte Welt sportwidriger Sinnsuche in der Medaillenjagd aufsummiert wird in einem Medaillenspiegel, der das *individuelle* Leistungsstreben der Akteure potenziert und transformiert in einen *inter-nationalen* Wettbewerb.

Es geht auf eine Legende, einen irreführenden, freilich ungemein wirkungsmächtigen Mythos, ein Missverständnis zurück, dass der Sport zur Projektionsfläche für nationale Sehnsüchte werden konnte. Jahns Instrumentalisierung des Turnens für nationalpolitische Ziele, Cathy Freemans Vereinnahmung für die Sache der australischen Aborigines bei den Spielen von Sydney 2000, der patriotische Überschwang bei der Fußball-WM 2006 in Deutschland – durchweg wurde in diesen Sinnzuschreibungen *die Würde der Sportidee* nicht mit dem sinngerechten Vorrang behandelt, gewürdigt und gefeiert, sondern gekidnappt entwürdigt von außersportlichen Interessen. Die Auseinandersetzung über die schwarz-rot-goldene Ekstase 2006 in Deutschland drehte sich fast nur um die Frage, ob hier ein gut- oder ein bösartiger Tumor wucherte. Das einmütige und begründete Plädoyer lautete auf Freispruch: gutartig. Nur: Die Debatte hatte das Thema verfehlt: Bei Fußballturnieren bis zu Olympischen Spielen geht es primär um die Frage, ob gelingender Sport geboten, nicht aber, mit welchen außersportlichen Symbolisierungen dieses Geschehen befrachtet wird.

Gleichwohl hat die individuelle Goldsuche, insbesondere aber die Summierung von deren Ergebnissen in nationalen Edelmetall-Bilanzen die Lufthoheit nicht nur über den Stammtischen errungen, sondern in den Köpfen von sportpolitischen Verantwortungsträgern und von medialen Beobachtern schwere Verheerungen der sportgerechten Urteilskraft ausgelöst. Alle Welt stand in den vergangenen Jahrzehnten bis hin zum die Jahre 2020–23 paralysierenden Coronavirus im Zeichen global grassierender Seuchen. Die maßgebliche sportbezogene Pandemie aber trägt einen anderen Namen. Es handelt sich um ein medizinisch noch nicht beschriebenes Krankheitsbild: *Medaillingitis*, eine kulturelle Sonderform von Hirnhautentzündung, ausgelöst durch ein mutiertes Meningitis-Virus, das sich sportweltweit ausgebreitet hat und für dessen Bekämpfung bislang kein wirksames Gegenmittel verfügbar scheint. Es greift die Würde der Sportidee in ihrem Kern an, indem es deren kulturelle Substanz unsichtbar macht und den Blick vom eigentlichen Geschehen ablenkt auf seine Folgen „auf dem Podium" – so als wenn das Entscheidende bei der Berlinale in der abschließenden Preisverleihung bestünde und nicht in den zuvor dort aufgeführten Filmen.

Um anhand nur eines einziges Wettbewerbs zu veranschaulichen, was gemeint ist: Zum Abschluss der Langlauf-Wettbewerbe der Frauen bei den Winterspielen von Vancouver 2010 lieferten sich Marit Björgen und Justyna Kowalczyk dreißig lange Kilometer hindurch ein verbissenes Kopf-an-Kopf-Rennen, bei dem noch auf der Zielgeraden die Führung mehrfach um Fußspitzenlänge wechselte, bis dann auf der Linie die Polin wenige Zentimeter vorn lag. Nach herrschender Sprachregelung hatte Björgen „*ihr viertes Gold verloren*", Evi Sachenbacher-Stehle gar, schon Olympiasiegerin im Teamsprint, nach aufopferungsvollem Kampf knapp hinter den Medaillenrängen eingekommen, landete „*nur auf dem undankbaren vierten Platz*".

Die Abwegigkeit dieser Sprachkonvention besteht darin, dass *alle* Akteure und Zuschauer eine *Win-win-Situation* erleben: Sie haben ein großes Kulturereignis hervorgebracht.

Die rhetorische Inszenierung von Sportereignissen als sportfremder Wettbewerb zwischen den Nationen hat eine umstrittene Grundsatzfrage in den Fokus gerückt: *Darf und soll der Staat überhaupt eine aktive Rolle in der Entwicklung des nationalen Spitzensports spielen?* Die global geltende Antwort kann nur lauten: Selbstverständlich! Es liegt im Rahmen des *Verfassungsauftrags von Kulturstaaten*, dass sie allen unterschiedlichen Talenten ihrer Bürger*innen Voraussetzungen zu ihrer bestmöglichen Entfaltung bieten. Die *Grenze* des politisch und sportlich Begründbaren ist dort zu ziehen, wo solche Förderungspraxis mit einem Oktroy über die Sinnbestimmung spitzensportlichen Handelns sowie mit dirigistischen Eingriffen in die sporteigene Abläufe verknüpft wird. Legitime staatliche Sportförderung rechtfertigt keine Instrumentalisierung des Sports für außenpolitische Interessen als „Fortsetzung der Politik mit sportlichen Mitteln".

After the Goldrush heißt ein Song von Neil Young, der auf dessen drittem Soloalbum unter demselben Titel im Jahr 1970 erschienen ist. Und „Nach Golde drängt, / Am Golde hängt / Doch alles. Ach wir Armen!" klagt Gretchen in Goethes *Faust I*. Wer sich unbefangen der Berichterstattung zum Beispiel über Olympische Spiele aussetzt, erhält eine einfache Lektion über den Sinn, über die Kernbotschaft der Olympischen Idee: Sie besteht unüberhörbar in dem befremdlichen Geschäft des *Medaillenholens*. Befremdlich ist sie deshalb, weil man den Topos vom ...-Holen bislang von so traditionellen Verrichtungen wie Einholen = Einkaufen oder Luftholen = Aufnahme überlebenswichtiger Stoffe kannte. Von elementaren Tätigkeiten also, die ebenso lebensnotwendig wie trivial und jedermann zugänglich sind. Das Medaillenholen jedoch gehört, wie man leicht erkennen kann, überhaupt nicht in diese Nachbarschaft, signalisiert jedoch in irreführender Weise ebendiese Verwandtschaft. Denn Medaillen „holt" man ja nicht einfach so. Beim genauen Hinhören auf eine Schlagzeile der bekannten Zeitung mit den vier Großbuchstaben: *„Wer holt heute unser erstes Gold?"*[18] unmittelbar vor Beginn der Olympischen Spiele von London 2012 entpuppte sich als *ein Suchbild*: In einem einfachen Fragesatz aus nicht mehr als sechs Wörtern waren nicht weniger als *sieben Fehler* versteckt.

(1) Im Verb *holen*: Im medialen Sprachgebrauch erzielt die Wortverbindung „Medaillen holen" eine Trefferquote von nahezu 100 Prozent. Sie ist Ausweis rhetorischer Verwahrlosung und stellt den Sinn des Symbolträgers Medaille auf den Kopf. Man holt sie eben nicht wie die Luft zum Atmen oder wie Waren beim Einkauf. Sie wird vielmehr *ausgelobt* als Anreiz für alle

---

18 BILD vom 28.7.2012

Teilnehmer für einen sportlich gelingenden Wettbewerb. Und man bekommt sie *verliehen* als besondere Auszeichnung für die wenigen (traditionell drei) Erfolgreichsten dabei. Die Aktionsrichtung ist mithin entgegengesetzt als in dem Wort holen. Nicht der Athlet kann sie holen, sie wird ihm vielmehr verliehen durch den Veranstalter der Wettbewerbe als dem Sachwalter und Treuhänder der Sportidee.

(2) Im Substantiv *Gold* (als Stellvertreter für die drei zu vergebenden *Medaillen*): Das sinngerechte *objektive* Ziel des performativen Geschehens ist nicht die Medaillenvergabe (nach der *subjektiv* alle Beteiligten zu Recht aus ihrem individuellen Teilnahmeinteresse heraus streben), sondern eben jener gelingende Wettbewerb, zu dem *alle* Beteiligten beitragen, nicht nur die Erfolgreichsten. Hätte die Zeitung mithin auf den Sinn des Ereignisses einstimmen wollen, hätte die Schlagzeile lauten müssen: Auf welche Wettkampfereignisse und welche Beteiligten des ersten Olympiatages können wir uns einstellen und freuen?

(3) In dem Possessivpronomen *unser*: Es ist trotz aller anderslautenden Denkgewohnheiten eben *nicht* eine Sozialgemeinschaft (mein Klub, meine Stadt, meine Nation, mein Kontinent), die durch die von ihr entsandten sportlichen Kampftruppen Siege erringt und auf diese Weise materielle oder ideelle Gewinne erwirtschaftet oder erbeutet. Die Teilnehmerländer ermöglichen lediglich den Besten unter ihren sportlich aktiven Staatsbürger*innen die Mitwirkung am sportgerechten Gelingen jener Ereignisse, in dem sie sich *für sich* erfolgreich bis hin zum möglichen Medaillengewinn engagieren. Den anstößigen sozialpsychologischen Hintergrund für die Vergemeinschaftung der je individuell erkämpften Erfolge bildet eine Trittbrettfahrer-Mentalität, mit der man vom Sofa, von der Tribüne oder von den Redaktionsstuben und Regierungsbüros aus an den Leistungen der Athlet*innen zu partizipieren versucht, ohne sich zugleich an deren jahrelangem Kampf mit sich selbst zu beteiligen, ohne den der letztliche Erfolg nicht möglich wäre – und der gleichwohl stets ungemein gefährdet bleibt. *Ihre* Erfolge zu *unseren* Erfolgen umzudeuten, bedeutet nichts anderes als eine moralisch anrüchige Form von entschädigungsloser Enteignung.

(4) Die irreführende temporale adverbiale Bestimmung *heute*: Sie suggeriert die Möglichkeit, einen sportlichen Erfolg zeitlich präzise prognostizieren oder gar steuern zu können, obwohl sportliche Wettbewerbe prinzipiell kontingente Ereignisse sind und bei wachsender internationaler Konkurrenz unter entsprechend abnehmender Erfolgswahrscheinlichkeit für die einzelnen Beteiligten ablaufen. Die Formeln „*Zelebration des Unvermögens*" und „*Selbstverständlichkeit des Außergewöhnlichen*" balancieren sich dabei gegenseitig aus. Die eine Formel ist mehr auf den hohen Grad der Unberechenbarkeit aufgrund der kollektiven Wettkampf-Konstellation und damit der schnellen Aktions-Reaktions-Abfolge zwischen den Parteien fokussiert, die

andere Formel mehr auf einen höheren Grad an Berechenbarkeit aufgrund der unter Spitzenathlet*innen verbreiteten individuellen Leistungskonstanz. Ferner impliziert jene zeitliche Fixierung auch die grassierende sportwidrige Tendenz, in unbezähmbarer Ungeduld Wettbewerbserfolge bereits vor Wettbewerbsbeginn vergeben zu wollen, weil ein vermeintlich sicherer Medaillen-Lohn winke, auf den ja alles ankomme.

(5) In dem Substantiv *Gold* steckt noch eine weitere Fehlweisung: die hybride Annahme, jeweils „unsere" Athlet*innen seien in bestimmten Sportarten der globalen Konkurrenz so eindeutig überlegen, dass nur die Goldmedaille als angemessene Erfolgsprämie der Teilnahme infrage komme, während hintere Platzierungen ein demütigendes Versagen bedeuteten.

(6) Diese implizite Geringschätzung der globalen Konkurrenz verbindet sich mit dem Irrtum, der in dem Fragewort *wer* steckt: Fest stehe, *dass* „wir" heute mit dem Goldholen beginnen werden, die Frage sei nur, *wem* von Unseren es gelingen wird. An dieser Stelle ist auch der Hinweis darauf verborgen, dass der gesamte knappe Fragesatz überhaupt kein wirkliches Infragestellen bedeutet. Er ist eine lediglich rhetorische Frage, deren Antwort schon so gut wie feststehe.

(7) Nochmals hiermit verbunden ist schließlich das desorientierende Signal, das sich in dem Ordinalzahlwort *erstes* verbirgt: Es verheißt als eine Selbstverständlichkeit, das eigene Land sei mit solcher Gewissheit auf eine Vielzahl von Medaillen abonniert, dass man gar nicht früh genug damit anfangen könne. Das ist eine Verheißung, die einer *Verblendung* nahekommt: Sie lenkt den Blick auf das Sportgeschehen mit einem Heilsversprechen, das von dem *tatsächlichen Farbenreichtum dieses Geschehens selbst* weglenkt hin zu dem Surrogat des *vermeintlichen Reichtums einer dürren Ergebnisbilanz*.

Solche Klarstellungen sind keine eitle Pedanterie im Dienst von Marginalien oder gar von *nostalgisch puristischer Verklärung einer längst untergegangenen hehren, von einer weit schnöderen Wirklichkeit überrollten Sportidee*. Obwohl es Mode geworden ist, abschätzig über solche vermeintlich weltfremden Träumereien von der Sportidee im Wolkenkuckucksheim zu reden. Nein. Die Klarstellungen rühren an den trotz allgegenwärtiger pragmatischer Beschädigungen noch immer geltenden Kern des Sportprojekts. Der durch langjährige Gewöhnung eingeschliffene Topos vom „Medaillenholen" hingegen *verkehrt die Logik des Sportsinns*. Er stellt das Zweck-Mittel-Verhältnis auf den Kopf. Medaillen sind *Mittel*, um den *Zweck* des gelingenden sportlichen Werks dadurch zu unterstützen, dass allen Beteiligten mit der Medaillenvergabe – dem, was man „mit nach Hause nehmen" kann – ein besonderer zusätzlich verstärkender Anreiz gegeben wird zum vollen Einsatz bis zum Äußersten, der in der sportlichen Einstellung aller Beteiligten ohnehin schon angelegt ist.

Diese Verkehrung der Zweck-Mittel-Relation bedeutet somit eine paradoxe Form der Entwertung durch sinnwidrige (also hohle) Aufwertung. Entsprechendes inflationäres Reden und Handeln gehören zu jenen mächtigen Tendenzen, die zur Unterhöhlung bis hin zur *Zerstörung des Sports als werthaltiger Kulturfaktor* beitragen können. Mit zu den wichtigsten Folgen dieser destruktiven Tendenz zählt der Sekundäreffekt, dass der Respekt der als Aktive und Betreuer Beteiligten vor ihrer Verantwortung zur Erhaltung der kulturellen Substanz ihres Handlungsfeldes ausgezehrt und so der Einstieg in Doping- und andere sportwidrige Manipulationspraktiken erleichtert wird. Denn wenn es primär darum geht, Medaillen zu holen statt um die Verteidigung des Eigensinns der Sportidee zu kämpfen, wird man leichter und unbefangener (also skrupelloser) zu jedem „Erfolg" versprechenden Mittel greifen.

Der Sprengsatz in der entstandenen Lage besteht darin, dass diese kritisierte Sichtweise inzwischen eine nahezu totale Monopolstellung genießt und mit in einer dogmatischen Selbstverständlichkeit kommuniziert wird, als handele es sich um eine Naturgegebenheit. Man ist versucht, mit Polonius in Shakespeares *Hamlet* auszurufen: „Ist dies schon Tollheit, hat es doch Methode". Dieser Topos vom Medaillenholen ist inzwischen derart automatisch eingeschliffen in den allgemeinen Sprachgebrauch (sogar einschließlich vieler Athlet*innen), dass seine Abwegigkeit gar nicht mehr bemerkt wird. In der öffentlichen Meinungs- bzw. Urteilsbildung wird ihm folglich so gut wie keine Alternative in Gestalt einer begründeten Erinnerung an den originären Sinn sportlichen Wettbewerbs mehr entgegengestellt. Mit der fatalen Folge eines gravierenden Substanzverlusts in der allgemeinen Wahrnehmung des sportlichen Geschehens, der bis in die Infragestellung der Förderungswürdigkeit eines derart trivialisierten und „entheiligten" Kulturgutes hineinreichen kann.

Folglich ist es in aller Regel auch abwegig, Siege und Platzierungen auf den weiteren Medaillenrängen prognostizieren, der Öffentlichkeit versprechen oder den Athlet*innen als Zielvorgabe auferlegen zu wollen. Natürlich gibt es gewisse erhöhte Wahrscheinlichkeiten für den Erfolg einzelner individueller oder kollektiver Wettbewerber und Mannschaften. Solche Wahrscheinlichkeiten haben Wirtschaftswissenschaftler wie Wolfgang Maennig (zugleich Ruderolympiasieger der Spiele von Seoul 1988) für Studien genutzt, aus denen hervorgehen soll, wie relativ verlässlich „sozio-ökonomische Faktoren und olympischer Erfolg zusammenhängen"[19]. Gleichwohl ist hier vor kurzschlüssigen Annahmen zu warnen. Denn: Funktionierende Institutionen, Fachkompetenz, vielseitige Infrastruktur, Manpower, gebrochen durch kulturhistorisch und religiös unterschiedlich geprägte herrschende Mentalitäten

---

19 REINSCH, Michael (2012): Größe allein reicht nicht. Wie sozio-ökonomische Faktoren und olympischer Erfolg zusammenhängen. In: FAZ vom 16.2.2012

sowie angetrieben und zusammengehalten durch einen nachhaltig wirksamen sportpolitischen Willen – diese Motoren, Katalysatoren und Transformatoren erst, nicht jedoch einfache direkte Korrelationen, die es hier gar nicht geben kann, können demographische und sozioökonomische Faktoren in Sporterfolge ummünzen.

Ohne das energisch eingreifende Handeln solcher intermediärer Instanzen würde die in gesellschaftlichen „Faktoren" (in denen ja letztlich Menschen aus Fleisch und Blut stecken) gebundene Energie wirkungslos verpuffen oder gar nicht erst freigesetzt werden. Diesen Unterschied zwischen *Handeln* und *Bedingungen*, zwischen *Akteuren* und *Faktoren* herausarbeiten zu können, macht gerade die Stärke der Politologie gegenüber der Soziologie bzw. Ökonomie aus. Und am Schluss sind es dann immer noch die Kontingenz der je individuellen Wettkampfverläufe und -ausgänge unter meist äußerst engen Konkurrenzverhältnissen an der Spitze sowie entsprechend zufälliges Glück, die über die Vergabe von Medaillen entscheiden.

Jedenfalls kann es nur für ein dogmatisch auf die exklusive Geltung marktwirtschaftlicher Prinzipien festgelegtes Denken überraschend sein, wenn gelegentlich vermutet wird, im Sport könne *Planwirtschaft* erfolgreich sein. Erfolg ist hier vielmehr eine logische Folge sowohl jener gegebenen oder eben fehlenden Kontextbedingungen wie auch der begrenzten Größenordnung des Handlungsfeldes. In einer eng begrenzten, für einen nachhaltigen und umfassenden Einfluss auf die Gesamtgesellschaft viel zu kleinen „Sonderwirtschaftszone" wie dem Sport können selbst in einer insgesamt dominant marktwirtschaftlich verfassten Gesellschaft planwirtschaftliche Methoden wirksam zur Leistungsentwicklung eingesetzt werden. Und zwar auf dem Niveau des derzeitigen Welt-Spitzensports vielleicht *nur* sie, aber eben auch nur *dort*.

Aus den Einsichten in solche Kontextbedingungen können sich allenfalls *statistische* Aussagen über Wahrscheinlichkeiten ergeben. Keinesfalls sind daraus Erwartungen über den Verlauf *einzelner* Wettbewerbe abzuleiten. Denn im Prinzip liegt es gerade in der Eigenart des sportlichen Wettbewerbs, dass er sich erst in seinem Verlauf aus dem außerordentlich zufallsträchtigen und daher prinzipiell unberechenbaren Gegen- und Zusammenspiel aller beteiligten Akteure auf dem Platz entscheidet. Dies ist es auch, was die Faszination auslöst: die dramatische Zuspitzung nicht selten bis zur letzten Sekunde. Gerade der Fußball erlebt immer wieder solche „unmöglichen" Spielverläufe, denen alle so fassungslos gegenüberstehen, als wüssten sie nicht, auf welchem Terrain sie sich bewegen.

Der prinzipiell offene Ausgang jedes sportlichen Wettbewerbs ist nicht nur eine *empirische Tatsache*, die notgedrungen hingenommen und erlitten werden muss. Er bedeutet die *Selbsterfüllung des Sportsinns*, die immer wieder auf wunderbare Weise und in den vielfarbigsten Varianten im Ablauf des sportlichen Geschehens selbst sichtbar wird. Alle wortreich kommunizierte Enttäuschung oder Kritik, die diesen Sinnrahmen des sportlichen Geschehens verlässt, indem sie ihn durch Schüren von unbegründet hohen Erwartungen überschreitet oder durch Artikulation von unberechtigt herabsetzender Kritik unterschreitet, ist deshalb als sportlich unangebracht zurückzuweisen. Es gibt im Fußball nicht jene „hundertprozentigen Torchancen", die „kläglich vergeben" werden. Diese Richtigstellung gilt erst recht dann, wenn Erwartungen und Kritik gänzlich an der *entscheidenden* Perspektive, nämlich jener der Athlet*innen, vorbeizielen bzw. einfach über sie hinweggehen. Sie hingegen vermögen ihre jeweiligen Aussichten in der Regel selbst am angemessensten zu justieren und sich entsprechend mit ihrer *Leistung* (nicht primär dem erreichten *Platz*, da dieser meist mindestens so sehr durch die Wettbewerbskonstellation wie durch die eigene Leistung beeinflusst wird) zufrieden äußern oder eben auch nicht.

„After the goldrush" im sportbezogenen Denken wäre als ein Programm allgemeiner Ausnüchterung auf die Tagesordnung zu setzen. Gemeint ist nicht der für jeden grauen Morgen nach einem rauschenden Fest übliche Kater bei der Rückkehr in die allgemeine Alltagsnormalität, sondern die Wieder- oder Neubesinnung auf eine wertbeständigere Währung. In ihr wären die sportlichen Güter so zu handeln, dass ihnen eine nachhaltige Zukunft als Teil der Weltkultur geöffnet bleibt. Nachdem in der *Finanzpolitik* angesichts von globaler Finanz- und Verschuldungskrise die Diskussion über eine *Rückkehr zum Goldstandard* in den Jahren um 2010 herum wieder aufgekommen ist, bleibt festzuhalten: Für die *Sportpolitik* ist eine genau gegenteilige Rezeptur als Antwort auf aktuelle Krisenerscheinungen angezeigt: nämlich eine *Abwendung vom „Goldstandard"* als Förderprinzip für die Sportentwicklung in einem demokratisch verfassten Kulturstaat. Auch hier hat der Sportlerspruch zu gelten: *Maßgeblich is' auf'm Platz*. Also *nicht auf dem Tableau des Medaillenspiegels*. Kein Land, das sich selbst als Sportland versteht, kann mit guten Gründen seine Sportförderung an solche Erfolge seiner Athlet*innen binden, die sich auf einem Medaillenspiegel von sportlichen Großereignissen niederschlagen. Die Besten jedes Landes gehören nach Olympia auch dann, wenn sie keine Medaillen- oder auch nur Endkampfanwärter sind. Das ist *eine Frage des Respekts* (1) vor der Idee des Sports, (2) vor der darauf gegründeten Welt des Sports, der heute alle 204 Länder und staatenähnlichen Gemeinschaften zugehören, (3) vor den betreffenden Athlet*innen eines jeweiligen Landes, sowie (4) vor den übrigen Athlet*innen weltweit, die ebenfalls auch ohne Medaillenchance noch immer „gut genug" sind für eine Teilhaberschaft an der Schaffung von großen globalen Kulturereignissen.

Die *Buchhalter-Mentalität* hingegen, fokussiert auf die Abrechenbarkeit von Medaillenbilanzen, trübt wie ein Grauschleier das Sportgeschehen und zerstört dessen *Zauber*, der die Seele der Sportidee bildet. Dieser Zauber hat zwei verwandte Seiten: Sportwettbewerbe sind spielerische Kämpfe um symbolische Güter, die in äußerster Ernsthaftigkeit und mit aller durch das sportliche Regelwerk zugelassenen Härte ausgetragen werden. Genau aufgrund dieser paradoxen Konfiguration muten sie nicht selten an wie *Zauberei* – und können im Fall von Grenzüberschreitungen durch Doping umschlagen in faulen Zauber. Solches Grenzgängertum ohne Absturz *verzaubert* die Menschen ähnlich, wie auch Musik- und Ballettaufführungen oder andere Künste aufgrund ihrer abstrakten Ungegenständlichkeit der reinen ästhetischen Form die Menschen in ihren Bann zu schlagen vermögen. Zu diesem Zauber, zur Aura von ästhetischen Werken gehört ein Nicht-Sagbares und Unverfügbares. Der unentwegte Versuch einer eitlen, geschwätzigen Mediengesellschaft, den Protagonisten und Beobachtern des Sports Verbalisierungen dieses Geschehens abzuzwingen, vergewaltigt und trivialisiert das Auratische des Sportgeschehens – und damit sein Wichtigstes.

In der engsten Verwandtschaft solcher „abstrakten", weil nicht im Dienst außerästhetischer Gegenstandsbezüge stehenden Künste wie der Instrumentalmusik, dem reinen Ballett oder der gegenstandslosen Malerei steht auch der Sport. Deren Eigenschaften bedeuten keine Flucht aus der Wirklichkeit, keine Weltflucht, keinen illusionären *Eskapismus*, sondern deren genaues Gegenteil. Sie verkörpern die *Ergänzung und Bereicherung der menschlichen Welt* um eine weitere, durch nichts anderes ersetzbare Dimension – um eine weitere von Goodmans „Weisen der Welterzeugung", in unserem Fall um die Eigenwelt sportlich-ästhetischen Schaffens. Wenn Wassili Kandinsky sagt, „dass man beim Betrachten eines abstrakten Bildes in eine andere Welt eindringe" (SCHWEBEL 2002, 128), so gilt dies sinngemäß gleichermaßen bei der Produktion wie Rezeption sportlicher Werke. Man *betritt* nicht nur eine andere als die alltägliche innerhalb des Gesamtkosmos der menschlichen Welt. Man erzeugt, man *erweckt* sie überhaupt erst für die begrenzte Dauer des sportlichen Ereignisses, nach der sie wieder erlischt, bis sie mit dem nächsten sportlichen Ereignis erneut auflebt.

Diejenigen aber, welche die Athlet*innen in das Joch des Medaillenholens oder in andere, nicht aus dem Sportsinn selbst hervorgehende Zwecke spannen wollen, fordern die *Quadratur des Kreises*: das Aufgehen in der ästhetischen Spielwelt des Sports und gleichzeitig das Aufgehen im Dienst an Zwecken der außersportlichen Alltagswelt. So wird dem autotelischen, der „materiellen", außerästhetischen Nützlichkeit entzogenen Sportwerk, an dessen Schöpfung sie mitgewirkt haben und das durch das kantische „interesselose Wohlgefallen" ausgezeichnet ist, durch die Hintertür wieder ein Quasi-Nutzen oktroyiert. Das ist ein offensichtlich sinnloses, zumindest sinnwidriges Unterfangen.

Selbstverständlich heißt all dies nicht, dass der *Olympiasieg* und der *Weltmeistertitel* kein erstrebenswertes Ziel oder in irgendeiner Weise belanglos wären. Diese Labels stehen auf Augenhöhe mit anderen großen globalen und entsprechend selten vergebenen Titeln der Weltkultur wie *Nobelpreis*, *Oscar* oder *Weltkulturerbe*. Es heißt lediglich, der Versuchung zu widerstehen, den Reichtum des Wettkampfgeschehens selbst als den Herrn der Sportidee hinter dieses Ziel zurücktreten zu lassen und damit zu marginalisieren. Die Abwegigkeit einer Beobachtung und Beurteilung von Sportereignissen, die unter ein solches Diktat gestellt wird, ist schlagartig offensichtlich, sobald man den Vergleich mit anderen Künsten heranzieht. Ästhetisch anspruchsvolle Filme werden nicht geschaffen, *damit* sie in Cannes eine Goldene Palme *gewinnen*, sondern damit sie *gut*, das heißt ästhetisch gelungen sind. Und *wenn* sie gut genug sind (und darüber hinaus Glück haben angesichts einer meist großen gleichrangigen Konkurrenz), gewinnen einige auch einen Goldenen oder Silbernen Bären bei der Berlinale. Falls jedoch ein solcher Erfolg nicht gelingt, ist damit keineswegs automatisch die ästhetische Qualität des Kunstwerks herabgesetzt, das Werk wertlos geworden. Und die „ungekrönten" Künstler*innen, die ja auch bei solchen Kunstwettbewerben stets die große Mehrheit bilden, fahren keineswegs mit leeren Händen nach Hause. Denn ihre Auszeichnung bestand ja in der Tat allein schon darin, dass sie *dabei sein* (so das trivialisierte olympische Motto) und damit ihren Beitrag zum Gelingen der Feste der Filmkunst leisten konnten. Und übrigens: Wenn solche für die Festivals eingesandten Werke und ihre Schöpfer*innen ohne Lorbeer zurückkehren, kommt folgerichtig auch niemand auf die Idee, etwa die staatliche Filmförderung einzustellen oder auch nur zu kürzen.

In der gesellschaftspolitischen Debatte wird permanent die Begründung jeglichen legitimen öffentlichen Handelns durch die westliche – wahlweise auch die abendländische oder eben die *europäische*, was ja in der Tat am klarsten auf die geistesgeschichtlichen Quellen dieses Programms verweist – *Wertegemeinschaft* beschworen. Sicherlich mit guten Gründen. Wobei genau genommen dieser Wertekosmos ein *Menschheits*-Erbe ist, das, wenn auch vielfach in der europäischen Geistesgeschichte geboren bzw. entdeckt, längst universale Geltung beansprucht und nur in durchsichtiger polemischer Absicht durch scheinbare Alternativen wie „asiatische Werte" oder „islamische Werte" konterkariert wird. Denn bei genauem Hinsehen erweisen sich diese vermeintlichen Konkurrenten eines universal geltenden Wertekosmos als bloße Rechtfertigungsinstanzen partikularer Machtinteressen. Da die universellen Werte oft unter den Verdacht des Eurozentrismus, also eines ethisch verbrämten Hegemoniestrebens über andere Weltregionen, gestellt werden, ist an eine hier wirkende Konfiguration zu erinnern: Die auf diese universellen Werte gegründeten handlungsleitenden Normen und Maximen sind weniger auf der Skala einer *Geltungshierarchie über- oder untergeordnet*, sondern auf einer *Zeitschiene* in ihrer praktischen Anerkennung *vor- oder nachgeordnet*: Der „Westen" hat selbst Jahrhunderte dafür gebraucht, bis sich die Werte, die in seinem eigenen geistesgeschichtlichen Umfeld gewachsen sind und denen man heute aus guten Gründen eine universelle Geltung zusprechen möchte, in seinem eigenen Einflussbereich durchgesetzt haben. Zudem zeigt sich in jedem gewichtigeren gesellschaftspolitischen Konflikt von neuem, dass auch in den „Geburtsländern" des „westlichen" Wertekosmos *selbst* die prinzipielle Geltung dieser Werte allzu leicht zur Disposition vordergründiger tagespolitischer Opportunitäten oder Machtinteressen gestellt wird.

Ein echter Dissens jedoch besteht über die *humane Basis*, die *ausschlaggebende Referenzebene* für die Geltung dieses Wertekosmos: Beziehen sie sich primär auf die Ebene des *individuellen* Menschen? Oder auf *kollektive* Größen wie Klassen, Ethnien bzw. Nationen, Glaubensgemeinschaften oder gar gesellschaftliche Systeme? Die eindeutige Präferenz für die individuelle Bezugsebene, die hier der westliche Liberalismus unter Bezug auf die unantastbare Würde jedes einzelnen Menschen postuliert, ist nach wie vor einer der Hauptstreitpunkte des globalen moralphilosophischen wie politisch-ethischen Diskurses.

Folgt man dabei der Präferenz für die individuelle Ebene und die Würde des Menschen als Hauptanker aller pragmatischen Entscheidungen, so sprechen gute Gründe dafür, dies auch auf die Sachebene des Kulturbereiches Sport zu übertragen: Auch die Würde der Sportidee sei unantastbar. Innerhalb dieses allgemeinen Wertediskurses ist jedoch in Vergessenheit geraten, dass auch die *Sportidee* diesem Wertekosmos zugehört und folglich begründeten Anspruch darauf erheben kann, *in gleicher Weise respektiert und verteidigt* zu werden wie die übrigen Bausteine dieses Wertemosaiks. In die Grundsatzdiskussion über die universale oder durch sozialkulturelle Umstände relativierte Geltung der Sportidee spielt jedoch der Vorbehalt bzw. die Vorhaltung einer *kulturimperialistischen* Anmaßung hinein. Sicher: Als die Briten ihren Sport überallhin mitnahmen und einpflanzten, wohin sie im Zuge ihrer globalen wirtschafts- und militärpolitischen Streifzüge ihren Fuß und ihre Fahne setzten, färbte diese imperialistische Praxis auf das Mitbringsel des sportiven Kulturgutes ab. Diese *empirische* Tatsache jedoch ändert nichts an der *logischen* Konfiguration, dass das sportive Kulturgut genauso wie jedes andere Gut des Weltkulturerbes sich ablösen kann von der *Genese* und den akzidentiellen Partikularitäten seines Stiftungskontextes und *Geltung* nicht als Eroberung, sondern als *Angebot* an die gesamte Menschheit und als Teil ihres gemeinsamen Kulturschatzes erwirbt.

Dass die Sportidee heute global verbreitet ist, ist nicht Folge eines gewaltsamen Oktroy, sondern freiwillige Annahme jenes Angebotes. Wenn freilich ein Schwimmtrainer das US-amerikanische Sportverständnis in dem Slogan zusammengefasst hat: „*Winning is not the most important thing in sport. It's the only thing"* – so ist dies ebenso wenig kompatibel mit einem kulturtheoretisch begründeten Verständnis der Sportidee wie die sportpolitische Praxis etwa der Volksrepublik China und Russlands oder früher der DDR, die

Erfolgsorientierung im globalen Sport als Teil der Staatsräson und damit als Instrument staatlicher Machtpolitik auf die Spitze zu treiben.

10. Mythologische Deutungen des Sports[20]

Diskursive Ausgangslage: Es gibt in der Sportphilosophie Versuche, die Welt der allgemeinen Menschheitsmythen für ein genaueres Verständnis des sportlichen Eigensinns fruchtbar zu machen und dem scheinbar so vordergründigen, oberflächlichen und damit geheimnislosen Sportgeschehen eine Tiefendimension einzuziehen, es einzugemeinden in die Weite der menschlichen Welt. Dabei begnügt man sich jedoch meist damit, solche Referenzen aufzurufen, weil sich punktuelle Analogien zu ihnen aufdrängen, obwohl sie auch „Kontraindikationen" aufweisen, die das theoretische Sportdenken und das praktische Sporthandeln in eine eher problematische Richtung zu lenken vermögen.

Das gilt für Mythen wie *Prometheus* und *Faust*. Sie haben mit der Sportidee zwar das Motiv der Hinausschiebung der menschlichen Grenzen gemeinsam. Ihnen fehlt aber das balancierende Gegenmotiv der sportsinn-typischen Selbstbegrenzung gegenüber dem Doping als einer Verselbständigung des Strebens nach technisch-pharmakologischer Leistungssteigerung.

Weiterführende Antwort: Das Reden über herausragende Sportereignisse ist durchsetzt von mythischen Sprachfloskeln. Eine Erfindung von Schriftstellern, die als Fans über Sport geschrieben haben. Auch eine Erbschaft des mangels Bildbotschaften zur verbalen Dramatisierung neigenden Mediums Radio mit seinen Sportreportagen. Aber mehr noch. Es gibt *ohnehin* gute Gründe, Formen mythischen Denkens, wohlverstanden, für eine ernsthafte Sportdiagnose fruchtbar zu machen. Im Sinne von Hölderlins: „Zuerst werde ich hier von einer Idee sprechen, die soviel ich weiß, noch in keines Menschen Sinn gekommen ist – wir müssen eine neue Mythologie haben, sie muss eine Mythologie der Vernunft werden" – „ein Konzept der Mythologie, das nicht hinter die Aufklärung zurückgehen, sondern über sie hinausgelangen will" (BOTHE 1994, 65 und 67).

Der Mythos steht erkenntnisgeschichtlich zwischen vormodern-vorrationaler Magie und modern-rationaler Wissenschaft. Aufgrund dieser Zwischenstellung schlägt der Sprachgebrauch ihn einmal der Seite des Unwahrhaftigen zu als Form der Realitätsverschleierung, ein andermal der Seite einer Art Hilfskraft der rationalen Aufklärung. Im letzteren Sinn ist der Begriff hier gemeint. Mythen also nicht wie üblich unter Bezügen von *Religiosität* oder

---

20 Siehe JAMME, Christoph (2021): Stichwort *Mythos/Mythologie*. In: SANDKÜHLER (2021), 1681–1685

von *Irrationalität.* Sie *ergänzen* wissenschaftliche Erkenntnisverfahren durch eine besondere Fähigkeit: komplexe und für das Menschsein maßgebliche Grundsachverhalte in einfachen, treffenden Bildern zu verdichten und sie mit jener Emphase aufzuladen, die ihrem „Zauber" angemessen ist, ihrer völlig diesseitig-profanen „Heiligkeit" und entsprechenden Faszination, die bei der Suche nach Erkenntnis *sowohl* auf die Vernunft *wie* auch auf die Sinne setzt.

Ein Mythos ist eine *Erzählung.* Eine *rationale* Form der ereignis- oder bereichs-spezifischen kulturellen „*Re-Mythologisierung"* ist eine mögliche Antwort auf jenen Prozess der „Entzauberung", der schlecht belehrten modernen De-Mythologisierung, von der Max Weber in auch kritischer Absicht gesprochen hat. Deswegen ist dieses Erkenntnismittel kompatibel mit dem hier vertretenen Begriff von Kunst und Sport.

Auf dem Grenzpfahl hinüber zur Sportfremde steht das Warnschild „*Hybris*". Als *Kandidaten für einen sporttypischen Mythos* kommen daher in Frage: Eher *Daidalos* als sein Sohn Ikaros. Eher *Faust* als Prometheus und dessen Bruder Atlas, aber eher in der *künstlerischen* Gestalt von Thomas Manns *Doktor Faustus* als in der *apokalyptischen* Gestalt von Goethes *Faust II*; denn Faust der Vision neuzeitlicher Beschleunigung und virtueller Ökonomie wäre Inbegriff nicht des *Sports,* sondern des *Sündenfalls,* der durch die Aufhebung der Trennung zwischen wissenschaftlichem *Erkenntnis-* und technischem *Entwicklungs*-Drang menschen-unverträgliche Machtakkumulation heraufbeschwören kann. Auch eher *Sisyphos* als Tantalos – jener Sisyphos allerdings, den man sich mit Camus als einen glücklichen Menschen vorstellen sollte (siehe CAMUS 1959).

Eine weitere Kandidatin wäre eher *Nemesis,* die Göttin des rechten Maßes und der Vergeltung dort, wo es verfehlt wird, als Nike, die Göttin des Sieges: denn zum einen (Nike) geht es im Sport nicht allein, nicht einmal vorrangig um den Sieg, zum anderen (Nemesis) kann, da es hier um „Nichts" geht, das verletzte Gebot der Selbstbeschränkung durch die sporteigene Gesetzlichkeit „gnadenloser" vergolten werden als im Falle der gesellschaftlichen Wirklichkeit. Vielleicht sogar *Abraham,* der die Stimme hörte und befolgte: „Zieh weg aus deinem Land" und mit dieser Völkerwanderung die Welt veränderte? Insbesondere sein entfernter Verwandter *Odysseus,* der zwar sein Ziel kennt, aber aufbricht ins Ungewisse, bis an die äußerste Grenze geht, aber doch alle Fährnisse letztlich meistert und in die Heimat, in den Schutzraum relativer Geborgenheit zurückkehrt? Während jener George Mallory, der, nachdem der Nord- und der Südpol als die entferntesten Punkte der Erde schon erreicht waren, 1921 bis 1924 aufbricht als ein moderner Odysseus, auch noch den „Ostpol" zu erreichen, also den Mount Everest als den am höchsten entfernten Punkt der Erde, um aber dann doch als Ikaros zu enden, im Unterschied zu Nachfolgern wie Edmund Hillary und Reinhold Messner (siehe MESSNER, 2001). Vorgezeichnet war diese neuzeitlich-„sportliche", selbstzweckhafte Variante des odysseeischen Aufbruchs bereits bei dem Mont-Ventoux-Abenteuer des Renaissance-Dichters Francesco Petrarca: „Die Bergbesteigung ist ein Gleichnis für das Leben von einem, der zeitlebens unterwegs war, ohne anzukommen." (ROECK 2018, 375)

Die Sportakteure – idealtypisch 400m-Läufer, die unter höchstem Aufwand dorthin streben, wo sie gestartet sind, aber ebenso die Skispringerin am Ablauf, der Spitzenathlet bei der Weltmeisterschaft im 50-km-Skilanglauf ebenso wie die Breitensportlerin im Wasa-Lauf – brechen bei jedem Start und bei jedem einzelnen Versuch erneut auf zu solchen Entdeckungsfahrten, zu einer Odyssee, zu einem Weg ins Ungewisse, vor sich nichts als die rote Aschenbahn, die weiße Anlaufspur oder die Loipe wie der Maler die weiße Leinwand und die Komponistin das leere Notenblatt, ohne dabei unkalkulierbare und damit potentiell tödliche Risiken einzugehen. James Joyce's Jahrhundertroman *Ulysses* erzählt die Geschichte eines „Anti-Odysseus", einer gänzlich unheroischen, aber nicht minder abenteuerlichen Odyssee durch den irischen Alltag und „im Vorbeigehen" durch den gesamten damals bekannten Kultur- und Bildungs-Kosmos.

Im *Sport* ist der permanente odysseeische Aufbruch zu neuen Ufern erlaubt und erwünscht, der Versuch und die Versuchung des Unmöglichen, die *allgemein-ethisch* problematisch oder gar verwerflich sein können,: Es *dort* zu dürfen, muss und soll gerade nicht enthemmend in anderen Kontexten wirken, sondern kann dagegen immunisieren helfen, es sich für *hier* durch falsche Einflüsterungen von Herolden der Grenzverschiebung einflüstern zu lassen. Also gerade eine Verkehrung der Botschaft in Frank Sinatras Song *New York, New York*: „If I can make it there, I'll make it anywhere".

Der Literaturwissenschaftler Jan Philipp Reemtsma meint in dem legendären Boxstil des Muhammad Ali die antike mythische Figur des vielgestaltigen Meeresgottes *Proteus* wiederzuerkennen (siehe REEMSTMA 1995). Reicht die mythische Verfassung der Sportidee gar bis hin zu Chrétien de Troyes' *Perceval* bzw. Wolfram von Eschenbachs *Parzival* auf der Suche nach dem heiligen *Gral*? Was hieße, dass der Sport mit dem Ineinander von Unbedingtheit und Selbstbegrenzung in die Sinnsphäre kulturell-diesseitiger „Heiligkeit" hineinragt? Im Sinne der mittelalterlichen Grallegende vom Sieg des Guten über das Böse, der wunderbaren und wundersamen Mär vom reinen Tor, der *zwar* den müden, entmutigten Gralshütern den Speer, der einst den Heiland traf und ihnen durch List und Tücke vom Bösen geraubt wurde, nach jahrelangem Suchen zurückbringt – womit er den Gral und seine Hüter durch Willenskraft neu belebt, *aber* doch den Gral selbst verfehlt, der ein unerreichbares Ziel der Vollkommenheit bleibt.

Dies umschreibt den vielleicht *sport-affinsten* Mythos überhaupt. Er symbolisiert die Suche ohne ein Finden, den Weg ohne erreichbares Ziel, der aber doch nicht ins Unendliche weist, sondern ein definiertes (Legenden-

bzw. Spiel-)Ende kennt, inszeniert und aufführt. Er beschreibt einen *Horizont*, der stets in greifbarer Nähe ist, sich aber jeder weiteren Annäherung entzieht, weil er bei jedem Vorwärtsgehen mitgeht und in gleichbleibender Entfernung zurückweicht. Das ist die für den Sport typische Symbolik. Auch dort können alle Arten von Sieges- und Erfolgstrophäen nicht den Sieg signalisieren und honorieren, den *direkten* Triumph eines *Angekommenseins* am Ziel dokumentieren, sondern „nur" den *indirekten* Triumph einer unbeirrbaren Suche, eines „Strebens an sich".

Unangemessen für Sportdeutung und -rechtfertigung sind alle Topoi einer nicht durch Prinzipien begrenzten Steigerung und Überbietung. Dies wird offensichtlich, wenn man neben die „Negativ-Seiten" der Deutungs-Paare noch eine *Überzeichnung* des Sport-Anspruchs im Kontrastbild etwa des *Moloch* setzt als Opferbegriff und Inbegriff der zerstörerischen Unersättlichkeit, oder der atavistisch-germanischen *Berserker*, die sich das Gebaren wilder Tiere zulegten und in Ekstase bis zur Todesermattung kämpften. Sie sind ebenso unangemessen wie auf der Gegenseite eine *Unter*zeichnung des Sport-Anspruchs in der Figur des *Narkissos*, den Hans Lenk neben Prometheus und Herakles beschwört. (Siehe LENK 1972) Entgegen seiner eigenen Absicht beschwört Lenk mit den von ihm nahegelegten Mythen gerade nicht die aufschlussreichen *Sinnbilder*, sondern eher die problematischen *Gegenbilder* des Sports. Diese Verwechslung hat sich als außerordentlich wirkungsmächtig erwiesen, insofern eine ungenaue Sportkritik genau daraus ihr suggestives Angriffswaffen-Arsenal bezieht.

11. „Verschwinden des Körpers" oder: das Corpus absconditum im Sport

Diskursive Ausgangslage: Einer der prägendsten Topoi der Rede von Sport stellt den menschlichen Körper in den Mittelpunkt der Aufmerksamkeit. Das kann sich auf eine scheinbare Evidenz berufen. Denn alles, was den Sport ausmacht, scheint sich vor allem anderen am und mit dem zur Leistungsfähigkeit gebrachten psychophysischen Körper abzuspielen. Diese scheinbare Evidenz hat zu dem Vorschlag geführt, angesichts der jede präzise begriffsdefinitorische Abgrenzung sprengenden Vielfalt der heute anzutreffenden oder historisch überlieferten Formen von „Sport" auf den tatsächlich alle verbindenden Begriff „Körperkultur" auszuweichen: Ein Vergangenheit und Gegenwart verbindender Blick lege demnach der Sportwissenschaft nahe, „für das unter den wechselnden historischen Bedingungen ganz verschieden strukturierte Forschungsobjekt einen anderen Terminus als ,Sport' zu wählen. Einen allseits befriedigenden Vorschlag dafür gibt es noch nicht. Der Begriff, der bisher die fruchtbarsten historischen Perspektiven eröffnet, dürfte *Körperkultur* sein, stellt er doch die Verbindungen zur Kulturgeschichte her, die neben der politischen und der Wirtschaftsgeschichte den dritten Hauptbereich der Geschichtswissenschaft bildet." (LANGENFELD 1989, 12) Dieser

Kapitel 6 Kulturphilosophische Deutung des Sports

Ansatz, der im sportwissenschaftlichen Diskurs starke Resonanz findet, übersieht freilich, dass der vermeintliche definitorische Gewinn mit dem letztlich letalen Verlust erkauft wird, *überhaupt kein* menschliches Handeln mehr aus diesem Sinnfeld ausschließen zu können, da jegliches menschliche Handeln unumgänglich an seine körperliche Basis gebunden ist.

Aufgrund jenes vermeintlich evidenten Primats der Körperlichkeit im sportlichen Handeln jedoch ist der Sportdiskurs auch überaus anfällig für Grenzüberschreitungen, „nach oben" in Richtung über die regelkonformen Mittel hinausgreifender Leistungssteigerungen durch „Real-Doping", „nach unten" in Richtung der fast unbegrenzten rhetorischen Öffnung des Sinnfelds Sport für alle körperakzentuierten Betätigungen, also eine Art von „Begriffs-Doping".

Diese beiden komplementären Bewegungen sind nur möglich, weil ein undifferenzierter Begriff von Sport die Sinnhaftigkeit eines semantisch eingegrenzten Begriffs ignoriert und auf diese Weise die Schleusen öffnet für eine zumindest rhetorische Auflösung gehaltvollen und sinngerechten Redens von Sport.

Weiterführende Antwort: Ein sprechendes Beispiel dafür, wie der menschliche Körper sportsinn-widrig im Sport wahrgenommen wird, haben die Spiele von Salt Lake City 2002 geboten. Dort war medial ein „Zickenduell" zwischen den auf denselben Strecken rivalisierenden Eisschnellläuferinnen Anni Friesinger und Claudia Pechstein herbeigeredet worden. An sich lohnt solche Art Seifenoper keinen Kommentar – außer der Tatsache, dass bei deren medialer und marktlicher Inszenierung auch sekundäre Geschlechtsmerkmale effektvoll mit ins Spiel und ins Bild gebracht wurden. „Wochenlang wurde das Publikum auf eine Frau eingeschworen, die Pechstein sowohl auf dem Eis als auch bei der Körbchengröße überlegen war. Doch dann verlor Anni Friesinger den Showdown im ‚Zicken-Duell' und geriet ihrerseits in die Mühlen eines von Größen- und Blößenwahn überhitzten Geschäfts", konnte man lesen. Ein anderer Beitrag diagnostizierte gar einen „Enthüllungswahn" in der Sphäre des Profisports.

Das, was hier so harmlos nach „Business as usual" aussieht, als eine Form der (auch Selbst-)Vermarktung unter Nutzung des „Sex sells", verweist auf ein grundsätzliches sportmoralisches Problem. Wir haben es mit einer Form von *„Verschwinden des Körpers im Sport"* zu tun. Dagegen scheint spontan alle Evidenz zu sprechen. Was am Sport wäre auffälliger als der trainierte, sich bewegende, leistende Körper? Manche Deutungen des Sports gehen sogar so weit, den Körper zum Sinnkern des Gegenwarts-Sports zu erklären: „Der Bilderbuch-Body ist der eigentliche Held der sportlichen Show", hat Sportphilosoph Gunter Gebauer verkündet. (Siehe Anm. 1) Das klingt zwar cool. Aber es ist selbst nur Teil jenes Sportainments, das zu kritisieren diese Art von Wissenschaft vorgibt. Ihr Blick auf den Sport ist gebannt und damit abgelenkt durch die suggestiven Oberflächenbilder, die von vielen Medien inszeniert werden.

Gerade der Sport ist *nicht* Paradebeispiel und Vorreiter der modernen, ja modischen Aufwertung des Körpers, sondern der *Ausnahmefall* eines Verschwindens des Körpers. Die Begründung für diese provozierende These basiert auf der Annahme, dass innerhalb eines *elaborierten Sport-Begriffs* weder den *individuellen* Motiven oder Handlungselementen einzelner Akteure noch den *körperlichen*, also den *natürlichen* Grundlagen dieses Handelns sinnkonstituierende Bedeutung zukommt. Der Körper gehört im luhmannschen Sinne zur Umwelt des Sports. Es sind der objektive Sinnkern und der subjektive Kopf, nicht der Körper, die Menschen zu Athlet*innen machen.

Es besteht mithin auch eine prinzipielle Kluft, die „*hygienische*", d.h. volksgesundheitlich, fitness- oder ähnlich motivierte Konzepte der „Körperertüchtigung" *trennt* von den *sportlich-performativ* motivierten Konzepten des „Sports". Diese sind auf das Primat der schöpferischen Produktion eines kulturellen Ereignisses gerichtet und gegründet. Dieses Ereignis aber liegt außerhalb der individuellen Körper. Das Verschwinden des Körpers im Sport ist darin begründet, dass es im Sport maßgeblich um ein Ereignis geht, das sich *zwischen* Akteuren abspielt, nicht aber *in* den beteiligten Individuen. Diese letztere Ebene ist lediglich eine *Voraussetzung* für das Zustandekommen, nicht aber das Ereignis selbst. Deshalb sind auch alle Ansätze, die *Körpererfahrung* zum maßgeblichen Ziel des Sports und der Sportpädagogik machen wollen, irreführend.

12. Fairness: Die dreistellige Moral im sportlichen Handeln[21]

Diskursive Ausgangslage: Die Fairness-Thematik zählt zu den im öffentlichen Sportdiskurs zwar häufig, aber oft oberflächlich, jedoch im wissenschaftlichen Diskurs gründlicher behandelten Problemfeldern des Sports. Beim Stand der Diskussion aber wird besonders ein Aspekt unzureichend berücksichtigt.

Sportliche Fairness hat eine *Sonderstellung* gegenüber gesellschaftlichen Bereichen wie alltags- oder wirtschaftsbezogenem Handeln. Das wird oft unterschätzt. So neigt man im Sportdiskurs dazu, allzuleicht die Ebenen zu wechseln und gegenüber unfairem sportlichem Handeln auf eine alltagsmoralische Maxime zurückzugreifen nach dem Muster: Das macht man nicht.

Ferner referiert man im Sportdiskurs auch immer wieder auf Arbeiten von John Rawls. Der hat zwar mit *Theorie der Gerechtigkeit* und *Gerechtigkeit*

---

21 Siehe MERKER, Barbara/MOHR, Georg (2021): Stichwort *Ethik/Moralphilosophie/Moral*. In: SANDKÜHLER (2021), 622–633

als Fairness (RAWLS 1979 und 2003) bedeutende Beiträge zum allgemeinen sozialethischen Diskurs geleistet. Mit seinem Fokus auf Fragen der *universalen Verteilungs*-Gerechtigkeit hat er jedoch gerade *keine* passgenaue Vorlage für den sportethischen Diskurs gegeben. Denn beim Sport stehen Fragen einer *partikularen* Art von *Produktions*-Gerechtigkeit im Mittelpunkt des Sinnmusters.

Mit Fairness ist ein wichtiges moralisches Moment angesprochen, das konstitutiv zur Sinnstruktur sportlichen Handelns beiträgt. Sie wird jedoch oft fehlinterpretiert als allgemeine Lebensschule – nach dem Muster, hier könne man lernen, wie unverzichtbar es für ein gelingendes Leben und für eine demokratische Gesellschaft sei, sich an Regeln zu halten. Stattdessen sollte ihre begrenzte Bedeutung als Handlungsdisposition für ein sinngerechtes Zustandekommen nur des sportlichen Wettbewerbs ernstgenommen werden. Der spielt sich nicht ab auf derselben kategorialen Ebene wie das allgemeingesellschaftliche Handeln.

Weiterführende Antwort: Fairness im sportlichen Handeln besteht nicht darin, dass die Beteiligten auf dem Platz freundlich, zuvorkommend, rücksichtsvoll und hilfsbereit – ein begründetes Wunschbild des alltäglichen Verkehrs untereinander – mit dem sportlichen Widerpart umgehen. Sportliche Fairness besteht vielmehr darin, dass die Beteiligten sich unter Beachtung gemeinsam vereinbarter, den zulässigen sportlichen Handlungsspielraum je spezifisch eingrenzender Regeln, aber dann auch unter engagiertem, ja rücksichtslosem Einsatz *aller* zulässigen Mittel *streiten*, aber *eben dadurch* zugleich auch in einer Form von „Kooperenz" der verbundenen beiderseitigen sportlichen Leistung bei der gemeinsamen Hervorbringung eines kulturellen Werks *zusammenwirken*.

Sport ist Austragung eines künstlich konstruierten Konflikts durch die gemeinsame Mitwirkung der sportlichen Gegner (deren Handeln je für sich auf ihr eigenes Ziel gerichtet ist) an der Erzeugung eines kulturellen Ereignisses, eines ästhetischen Produkts, eines Werkes. Genauer noch eigentlich umgekehrt: Sport ist eine besondere Form des allgemeinen spannungsreichen Verhältnisses zwischen Konflikt und Kooperation in sozialkulturellen Beziehungen: Er verkörpert nicht, wie sonst zumeist, eine der Konstellationen, in denen der real gegebene Konflikt durch Elemente der Kooperation einzuhegen versucht wird, sondern eine Konstellation der *Verwirklichung von Kooperation durch Konflikt!*

In dieser Formel werden drei zumeist als *disparat*, ja miteinander unverträglich wahrgenommene oder gewertete Elemente des Sports miteinander *verknüpft:* das *intra-individuelle* Streben nach Exzellenz, das *inter-individuelle* Streben nach Erfolg, sowie als Summe aus beiden das *sozial-kulturelle* Gut sportliches Ereignis. Individueller Ziel-Egoismus und sozialer Wert-Altruismus bleiben so zugleich unterschieden und werden doch auch aufeinander bezogen und ineinander verschmolzen. *Moralische* Qualität erhält dieses hoch elaborierte und spannungsreiche Konstrukt durch die scheinbar paradoxe Forderung an die beteiligten Individuen, im Interesse des *sozial-altruistischen Wertes* des Ereignisses ihr *individual-egoistisches* Ziel unbedingt, nur durch die vereinbarten Regeln eingeschränkt, zu verfolgen. Das heißt, dass das außersportlich-alltägliche Moralgebot, gegebenenfalls aus Generosität auch auf legitime persönliche Vorteile zugunsten eines hilfebedürftigen Anderen zu *verzichten*, auf dem Platz nicht nur *außerkraftgesetzt* und *verzichtbar*, sondern sogar ausdrücklich als *unsportlich* zurückzuweisen ist.

Die Fairness-Diskussion kreist allerdings oft um ein ominöses „*Mehr*", das Fairness über die bloße Einhaltung von – und zwar *diesen sportlichen* – Regeln hinaus umfassen soll. Was hat es damit tatsächlich auf sich? Das eigentliche Kern-Ziel wohlverstandenen sportlichen Handelns ist nicht primär, sondern nur vordergründig, hilfsweise, der Sieg über den Gegner, ja nicht einmal das Prinzip der (Fremd-)Überbietung. Primäres Ziel ist vielmehr der *Sieg über sich selbst*, die gegenseitige Herausforderung zweier oder mehrerer Gegner zur Unterstützung der je eigenen *Selbst-Herausforderung*. Demgegenüber sind die Prinzipien des Wettbewerbs, der Gegnerschaft, der Überbietung und des Siegs, die üblicherweise als Inbegriff des Sports gelten, nur nachgeordnete Hilfsmittel.

Regelverletzungen, also die manipulative Hinausschiebung der Grenzen sportlichen Handelns, können folglich *aus dieser Sinnstruktur selbst heraus* zurechtgerückt werden. Sie müssen nicht – ja, sie *können* gar nicht – durch *außersportlich-moralisierende Hilfsargumente* moniert und korrigiert werden. Wer die sportlichen Regeln verletzt, begeht *den* Ur-Sündenfall moralischen Versagens: Er betrügt *in erster Linie* sich selbst als Angehörigen der menschlichen Gattung. Er entzieht dem Handeln, zu dem er *freiwillig* angetreten ist, den Sinn, den er *selbst* und *für sich selbst* gesetzt hat, mit dem er jedoch zugleich auch ein *Versprechen* an den Gegner und die zuschauende Öffentlichkeit gegeben hat.

Dieses Versprechen den Konkurrent*innen gegenüber beinhaltet zudem ein Verdikt gegenüber der *Zurückhaltung* des vollen eigenen Leistungsvermögens. Auch das ist *unfair*, weil es der Gegenseite den sportgerechten Druck zur vollen Entfaltung *ihres* eigenen Leistungsvermögens nimmt. Und das belegt abermals den Unterschied zur alltäglichen Zwischenmenschlichkeit, denn dort gilt der rückhaltlose Einsatz von Überlegenheit über Andere zu Recht als anstößig.

Durch die Konstituierung von Sport als einer eigenständigen Sinnsphäre also gilt zwar weiterhin das vor- und übergeordnete *allgemeine Verbot personaler Schädigung*. Zusätzlich aber wird ein *spezifisches Gebot sportspezifischer*

Schädigung in die Welt gesetzt: Die Gegner sind bei der Austragung des Wettkampfs gehalten, mit allen regelrechten Mitteln die Ziele des Gegners zu durchkreuzen, um die eigenen Ziele durchzusetzen. Hierin liegt der „Witz" des Spiels, das der Sport spielt, wie der Sportphilosoph Gunnar Drexel in einer Untersuchung gehaltvoll belegt hat. (Siehe DREXEL 2002)

Damit zeigt sich: Bei Fairness geht es gar nicht um ein *Mehr* im Sinne einer *zusätzlichen* Forderung. Es geht um eine *Deutungshilfe*: Mit ihr können „Geist" und Grenze dessen, was als wirklich regelgerecht und damit als sportlich im Unterschied zu allgemeinen außersportlichen Moralnormen zu gelten hat, genauer gezogen und zugleich die Legitimität dieser Grenzziehung bestätigt werden.

Das ist auch ein Grund dafür, dass die Erwartung, die christlichen Kirchen mit ihrem Caritas-Gebot und mit ihrer durch religiöse Glaubensgewissheiten verstärkten Moralfestigkeit verfügten über ein vorrangiges Mandat zur Anmahnung jenes vermeintlich humanen „Mehr" und zur Regeltreue im sportlichen Wettbewerb. Diese Regeltreue ist vollständig intern begründet und bedarf nicht nur solcher externer Stützung nicht, sondern kann durch sie sogar irritiert und vom „sportlich rechten Weg" abgebracht werden.

Den Geist sportlicher Regeln erfassen, heißt gerade nicht, wie in der Verwechslung mit universeller, allzuständiger Geltung von Moralnormen, innerhalb des sportlichen Handelns unversehens und *„unnötig"* auf Orientierung an universalen Normen umzuschalten. Es heißt vielmehr, die *Konstitutionsbedingung* dieser sportlichen Regeln zu beachten. Diese Bedingung ist die Aufforderung dazu, einen befristeten und bedingten Wechsel der Handlungs- und der Moralebene von der *universalen* Moral der Ernstwelt in die *partikulare* Moral der Spielwelt zu vollziehen, wo Dinge erlaubt sind, die außerhalb unzulässig wären.

Dabei muss die grundsätzlich geltende Hegemonie der universalen Moral, die nur bedingt ausgesetzt und gegebenenfalls, *„wenn nötig"*, spontan wieder in Kraft zu setzen ist, den Beteiligten bekannt und jederzeit „präsent" sein. Sie muss beachtet und notfalls auch praktisch befolgt werden, wenn das sportliche Handeln nicht das verspielen will, was man sein „Recht auf Sondermoral" nennen könnte. Aber tatsächlich auch nur notfalls, um nicht die Spielsituation und ihr autonomes Eigenrecht leichtfertig und voreilig zu zerstören. Dieser „*Notfall*" ist stets *dann*, aber auch *nur* dann gegeben, wenn im Spielablauf Situationen entstehen, in denen die Grenze zwischen Spiel- und Ernstsphäre überschritten wird, also z.B. außersportlich-reale Gewalt in das Spielgeschehen eingreift. Diese *Gratwanderung* ist die *eigentliche* – damit aber immer noch außerordentlich anspruchsvolle – *moralische Herausforderung* der Beteiligten, nicht aber der einfache Verzicht auf sportliche Chancen.

Der moralische Gehalt der sportlichen Fairness läge also in folgendem: Die nur befristete und bedingte Freistellung von der allgemeinen Moral ist bewusst zu halten als Voraussetzung für die „*rechtzeitige, d.h. weder vorzeitige noch zu späte Rückkehr*"; im Übrigen aber gerade das Eindringen der außersportlich-universalen Moralansprüche in das sportliche Handeln zurückzuweisen. Nur so sind die kulturelle Autonomie des Sports und der nur von ihm zu leistende Beitrag zur Gestaltung einer human-pluralen Gesellschaft zu sichern. Diese Autonomie besteht in der Verbindung von Selbstfreisetzung partikularer Normen und deren Selbstbeschränkung durch Anerkennung von universalen Normen.

In ihr sportliches Handeln aus ihrer allgemeinen gesellschaftlichen Sozialisation und Erfahrung „*mitbringen*" müssen die sportlichen Akteure die Normen der gesamtgesellschaftlich geltenden *Universalmoral*; „*selbst erwirtschaften*" kann und muss der Sport seine nur sportsphären-spezifisch geltende *Partikularmoral*; ferner das, was noch zusätzlich hinzukommen muss: gleichsam eine „*Moral des Übergangs*" zwischen beiden.

Was Sporttreibende spätestens mit dem Eintritt in diese Sphäre lernen und dann situationsadäquat anwenden können müssen, ist eine „*Dreifach-Moral*": die *allgemein-gesellschaftliche*, die *spezifisch-sportliche* und die des *Übergangs zwischen beiden*, also die Entscheidungsfähigkeit darüber, welche Bedingungen und Situationen das Kommen und Gehen zwischen beiden rechtfertigen.

Im Gegensatz zu den verbreiteten Annahmen, dass der Sport entweder ein *moralisch einfaches* oder aber als bloßes Regelfolgen sogar ein *moral-neutrales* Feld darstelle, ist mit dieser Dreifach-Moral für die sporttreibenden Individuen ein moralisch hochkomplexes und anspruchsvolles Moraltableau aufgespannt, das gleichwohl nicht aufgeht in einer Allgemeinmoral, die das gesellschaftliche Zusammenleben der Menschen insgesamt bestimmen sollte. Praktizierte, gelebte *Fairness* ist zudem in jedem konkreten Einzelfall ein Beitrag zur Begründung des Autonomieanspruchs des Sports als Teil der humanen Kultur.

Sie ist also – da moralische Handlungen prinzipiell keine unumgänglich notwendigen *Muss*-Handlungen sind, sondern umgehbar geforderte *Soll*-Handlungen – durchaus *ein moralisches Verdienst*, eine Leistung, die alles andere als selbstverständlich ist und deshalb Respekt erheischt. Das *Eintreten* in die sportliche Handlungssphäre ist gegenüber der gesellschaftlichen Umwelt allenfalls ein *moralisch* „*verdienstvolles Mehr als nur objektiv das Notwendige*". Das *Befolgen* des sportlichen Regelwerks innerhalb der sportlichen Handlungssphäre, nachdem man sie einmal betreten hat, ist dann jedoch dort etwas, das alle Beteiligten unbedingt moralisch *einander schulden*.

13. Sport als ein „Un"-Ding, aber ein erwünschtes

Diskursive Ausgangslage: Der Musiker Daniel Barenboim schreibt: „Musik fördert die Gesundheit, ist Vorreiter der Wiederkehr des Körpers, ist ein pädagogisches Mittel im Dienst der Persönlichkeitsentwicklung, Moralerziehung und Wehrertüchtigung, löst soziale Probleme, ist ein Feld der Gemeinschaftsbildung, ein wichtiges Wirtschaftsgut, Religionsersatz, Schule der Demokratie durch Regellernen, ein wirksamer Machtfaktor im globalen Konkurrenzkampf der Staaten und Gesellschaftssysteme. Nicht zuletzt: Sie ist einer der mächtigsten Friedensstifter. Aber: Heute besteht die große Gefahr, dass das große Geld die Musik verdirbt. Profimusiker verdienen einfach zu viel."

Die Quelle dieses Zitats ist unbekannt. Der Grund: Es ist eine Fälschung, eine pure Erfindung. Barenboim hätte sich solche Unterstellungen über das von ihm mit verantwortete Tätigkeitsfeld strikt verbeten. Das Schein-Zitat ist ein Konzentrat aus zahllosen „Funktions"-Zuschreibungen und Heils-, bisweilen auch Unheilserwartungen, die gern mit dem Sport verbunden werden. Ausgerechnet mit dem Sport, müsste man sagen, denn gerade dieses Feld bietet von seiner spezifischen Sinnstruktur her weniger Gründe für derartige Erwartungen als manches andere. Sie führen ebenso weit vom Sport weg wie die Äußerungen von Barenboim von der Musik, wenn er sie denn getan hätte. Dass der Sportdiskurs dennoch notorisch durchsetzt ist von ebensolchen von seinem Eigensinn her gar nicht angebotenen Erwartungen, hat seinen Grund nicht *in ihm selbst*, sondern in Zuschreibungen, die andere Felder ihm aus *deren* jeweiliger Interessenlage heraus zu oktroyieren versuchen.

Weiterführende Antwort: Die Sport-Wirklichkeit ist eine ganz andere. Genau besehen ist Sport, gemessen an allgemeinen Maßstäben, ein multiples „Un"-Ding – *ein Handlungsmuster, das lauter allgemein geltende Werte verletzt*:

Er ist *unehrlich*, denn wesentliche Teile des erfolgreichen sportlichen Spiels dienen dazu, den Gegner durch Fintieren über die wahren Absichten zu täuschen – was im Alltagsleben zu Recht verpönt ist. Er ist *unfriedlich*, insofern er in den Kampf- und manchen Spielsportarten den Einsatz von körperlichen Zwangsmitteln erlaubt, ja fordert, die ebenfalls im alltäglichen Zusammenleben untersagt sind. Er ist *unsozial*, insofern er der überwiegenden Mehrheit der Wettkampfteilnehmer*innen den Zugang zu den extrem verknappten Erfolgsrängen (Sieg, Medaillen) verweigert, im Gegensatz zu dem Bemühen um permanente Erweiterung der Zugangschancen, das ansonsten die Sozialpolitik bestimmt. Er ist *ungesund*, insofern die Trainings-

und Wettkampfintensität des heutigen globalen Spitzensportwettbewerbs mit hohen Gesundheitsrisiken verbunden sind[22].

Ferner ist Sport *unökonomisch*, insofern das in der Ökonomie geltende Prinzip des Grenznutzens hier ignoriert und unter Einsatz von unmäßig erscheinenden Ressourcen auch noch um die Gewinnung von letzten minimalen Leistungsfortschritten gerungen wird. Er ist *undemokratisch*, insofern auf dem Platz wie in vielen Trainingsprozessen hierarchische Führungsstrukturen herrschen, die in anderen gesellschaftlichen Lebensbereichen nach Möglichkeit abgebaut werden. Er ist *unnütz*, insofern mit sportlichem Handeln keine allgemeinen gesellschaftlichen Problemlagen zu bewältigen sind. Ja er ist geradezu *unsinnig*: Der idealtypische Inbegriff des außersportlichen Unsinns *schlechthin* ist der 400m-Lauf, in dem man nach knapp einminütiger Aufbietung der letzten Leistungsreserven genau dort ankommt, wo man beim Start losgelaufen ist, ohne unterwegs irgendetwas Außersportlich-Nützliches verrichtet zu haben.

Eben dies alles aber, das macht Besonderheit und Alleinstellung des Sports aus, dies alles *soll* er sein. Die einzige tatsächlich gravierende *Ausnahme* macht hier das Moment des *Ungesunden*. Hierbei handelt es sich nur um eine an sich unerwünschte, aber doch in einem erheblichen Umfang auch unvermeidliche und daher notgedrungen in Kauf genommene Begleiterscheinung, gleichsam Risiko und Nebenwirkung, des sportlichen Eigensinns. Es bedeutet folglich eine Verfälschung, Verniedlichung und Verharmlosung der Sportidee, wenn man dies zu überspielen versucht. Die mit jenen „Un"-Dingen des Sports zum Ausdruck kommenden Anmaßungen sind deshalb zulässig, weil der Sport, entgegen wohlklingenden Festtagsreden, eben *nicht Vorbild* der Gesellschaft ist, es angesichts seiner „Sonderrechte" auch gar nicht sein darf. Diese Sonderrechte können ihm deshalb zugestanden werden, weil durch einhegende Rahmenregeln gewährleistet ist, dass er ohne allgemeinmoralische Bedenken partiell, räumlich auf den Sportplatz eingeschränkt und zeitlich durch An- und Schlusspfiff befristet, von der Geltung allgemeinmoralischer Regeln freigestellt werden kann.

Hier ist freilich daran zu erinnern, dass die in diesem Kapitel referierten Aussagen über „den Sport" sich auf die *sportpraktische* Handlungsebene beziehen. Die dabei als unbegründet zurückgewiesenen Annahmen hingegen meinen oft, allerdings ohne dies ausdrücklich zu erklären, eher die *sport-*

---

22 Hier liegt das *initiierende* Motiv für die *Einführung* des Verbots von Dopingmitteln, um die ohnehin schon bestehenden Gesundheitsrisiken nicht noch zusätzlich durch den Gebrauch besonders riskanter Verfahren ins Unkalkulierbare und Unbeherrschbare zu steigern. Das *kontinuierende* Motiv für die strikte *Durchsetzung* des Dopingverbotssystems liegt hingegen in dem Bestreben nach Erhaltung der sportlichen Wettbewerbsgerechtigkeit, ohne welches das sportliche Spiel sich nicht sinngerecht entfalten kann. Insofern erweist sich auch das „Argument" von Befürwortern der Doping-Freigabe, Spitzensport sei ohnehin ungesund, als schierer Sophismus.

politische Handlungsebene, auf der dem Sport entsprechende „Haltungen" abverlangt und als allzuoft verfehlt angekreidet werden.

14. Die Sportidee spricht durch Sportarten zu uns

Diskursive Ausgangslage: Die Sportarten und die in deren Rahmen ablaufenden Wettbewerbe des Spitzensports sind der eigentliche Tummelplatz der öffentlichen Aufmerksamkeit für den Sport. Vor Ort präsentes Publikum und medienvermittelter Sportkonsum einschließlich der kritischen Distanz gegenüber tatsächlichen und eingebildeten Fehlentwicklungen sind fokussiert auf ebendiese Ebene des Sportsystems. Die wissenschaftliche Beobachtung dieser Ebene hingegen hat mit dem sei es positiv oder negativ gestimmten „Hype" um diese Ebene bislang nicht Schritt gehalten und hat hier entsprechenden Nachholbedarf.

Weiterführende Antwort: In Zeiten der globalen Bedrohung des staatlichen wie zwischenmenschlichen Zusammenlebens durch diverse Fundamentalismen muss man zunächst davon ausgehen, dass selbst ein von seiner Bedeutung für das Wohl und Wehe der Welt her prima vista so abseits gelegener, so marginal erscheinender Bereich wie das Feld der Sportarten davon nicht gänzlich unberührt bleiben kann. Sportliches Handeln bietet freilich von sich aus kaum Ansatzpunkte für die Gefahr von *fundamentalistischen* Überdehnungen. Diese Art von struktureller Immunität setzt sich auf der Ebene der Sportarten fort. Sportarten kommt gleichsam eine *Scharnierfunktion* zur Vermittlung zwischen Sportidee und Sportpraxis zu. Das heißt: Dort, wo die Sportidee sichtbar, empirisch beobachtbar und pragmatisch „handhabbar" wird – also dort, wo ein diffuser körperkultureller Bewegungsdrang bestimmte ästhetisch-schöpferische Formen erhält, mithin auf der Ebene der Sportarten – ergeben sich kaum Ansatzpunkte für fundamentalistische Versuchungen und Eingriffsversuche.

Hierfür gibt es einen logischen, mindestens aber einen pragmatischen Grund: Fundamentalismus ist gleichbedeutend mit Respektsverweigerung der „Statthalter" eines Sinnfeldes im Namen von dessen angemaßtem Primat gegenüber der legitimen Autonomie von anderen Sinnfeldern. Diese Respektsverweigerung kommt als erstes als Weigerung zum Ausdruck, sich überhaupt auf die inneren Strukturen anderer Sinnfelder, deren Herabwürdigung und Unterwerfung unter die eigene Botmäßigkeit man sich anmaßt, und damit auf deren inneren Reichtum und ihre Bedeutung für die menschliche Gemeinschaft einzulassen. *Sobald* man sich aber darauf näher einlässt, ist der von der fundamentalistischen Anmaßung ausgelöste Bann zu einem Stück weit gebrochen.

Denn man kann sich von da ab dem „Zauber" des inneren Reichtums und der Legitimation dieser aus fundamentalistischer Sicht zunächst für fremd, schädlich, verwerflich oder zumindest bedeutungslos gehaltenen Sinnwelt nicht mehr gänzlich entziehen. Zugleich wird die Hand, die ursprünglich zum gewaltsamen Übergriff erhoben war, gehemmt und am direkten Zuschlagen gehindert. Diese Befreiung von dem sinnwidrigen Druck vermeintlicher Bedeutsamkeit über das eigene, eng begrenzte Sinn- und Handlungsfeld hinaus reicht so weit, dass es zulässig wird, sich ernsthaft den Kopf auch über Einzelheiten zu zerbrechen, die für das sportliche Geschehen selbst von großem Gewicht, für die außersportliche Welt aber weniger als trivial, nämlich absolut null und nichtig sind. Und deren Ernstnahme einen Fundamentalisten zur Weißglut treiben könnte.

Auf eine solche *„Entspannung durch Annäherung"* – für die politische Ebene des Ost-West-Konflikts hatte einst Egon Bahr die Formel „Wandel durch Annäherung" entworfen – kann man auch setzen, wenn es um ein marginales Sinnfeld wie den Sport und um die Annäherung durch Sich-Einlassen auf dessen konkrete Ebene der Sportarten geht. Sowohl in bezug auf deren pragmatische Sportabläufe wie auf deren institutionelle Administration einschließlich des Verkehrs mit dem entsprechenden Personal. Diese Annäherung selbst bedeutet bereits eine Form von Respektsbekundung. Denn wem man offen in die Augen schaut, dem kann man nicht strikt jeglichen Respekt verweigern. So ergibt sich der „positive Negativ-Befund", diese optimistische Einschätzung, dass wir es hier mit einer weithin *„fundamentalismusfreien Zone"* zu tun haben.

Was lässt sich *allgemein*, also vor aller Ausdifferenzierung in die einzelnen Repräsentanten bzw. Protagonisten dieser Ebene, über die Sportarten sagen? Man könnte sich die Antwort leicht machen und auf Evidenzen verweisen: Man sieht doch jeden Tag, was es da alles an Gewächsen in der Sportlandschaft gibt. Fußball, Formel-1-Rennen, Tennis, Leichtathletik, Darts, Billard, Rudern, Skispringen, Biathlon, Schwimmen, Dressurreiten. Vielfach Publikumsrenner, fast jedermann bekannt. Wir brauchten nur etwas zu sortieren, könnten direkt anfangen mit dem Erzählen und Aufzählen, und fertig wäre die Übersicht.

Der spontane Eindruck täuscht. Wär man mit dieser Art von Übersicht fertig, würde man feststellen, dass man nicht wirklich verstanden hat, was da passiert. Die übliche Medienberichterstattung bestätigt diese skeptische Einschätzung. Wir hören viel von Toren, Rekorden, Superstars, Publikumsreaktionen, Medaillen, die „geholt" wurden, Sportarten, die „angesagt" sind, und anderen, die ein Mauerblümchen-Dasein fristen. Warum? Keine Publikumsresonanz, basta! Ist das ein Zeichen von mangelnder sportlicher Qualität oder Seriosität? Bedeutet es, dass sie auch keinen Förderungsanspruch haben? Allein schon diese Auswahl von Impressionen und offenen Fragen verrät, wie wenig man mit einer solchen Art von Perzeption des sportlichen Geschehens versteht.

Die Suche nach einem gehaltvolleren Verstehen wird sich auf einen scheinbaren Umweg begeben müssen. Tatsächlich ist es kein Umweg, sondern nur die

Aufhebung des Missverständnisses, dass man den Zugang zum Eigensinn der Sportidee auf demselben Wege finden könne wie zu beliebigen anderen gesellschaftlichen Feldern. Doch den eigensinnigen Sport findet man nirgends auf diesen „anderen" Wegen. Jene (Fehl-)Annahme hat zu nichts als notorischen Verwirrungen im sportbezogenen Diskurs geführt. Auch hier sollte sich zeigen lassen, dass mehr Aufwand auf dem scheinbaren Umweg in der Auseinandersetzung mit ideellen Gegenständen oft der direktere und ergiebigere Weg ist.

Immanuel Kant hat die Philosophie unter vier Grundfragen gestellt: Was kann ich wissen? Was soll ich tun? Was darf ich hoffen? Was ist der Mensch? Antworten können nach Kant, in der Reihenfolge (nicht Rangfolge) der Fragen, erwartet werden von der Erkenntnistheorie, Ethik, Religionsphilosophie und Anthropologie. Dabei ging es Kant um das große Ganze, um die *Conditio humana*, um die *Stellung des Menschen in der Welt*. Und er hat selbst Antworten auf diese Fragen gegeben, die den weiteren Gang zumindest der „westlichen" Philosophie seither maßgeblich bestimmt haben.[23]

Wozu dieser weit ausholende Einstieg? Zunächst legt der strukturelle Vierschritt des Zugangs zum Thema dies nahe. Zudem gibt es inhaltliche Korrespondenzen, die diese Assoziation fruchtbar machen. Ganz abgesehen von der Tatsache, dass *kein* Thema der menschlichen Welt ohne Rückversicherung durch eine Antwortsuche auf die kantschen Fragen auskommt. In engerer Hinsicht aber wird es, in seinem Bedeutungsraum deutlich kleiner und bescheidener dimensioniert, um die *Conditio humana sportiva* gehen und, als zu ihrem Verständnis wichtiges Teilthema, um die *Stellung der Sportarten in der Sportwelt*.

Auch hier stellen sich vier Grundfragen, die man in Analogie zu Kant, aber in anderer Reihenfolge, so formulieren kann: Was ist eine Sportart, und was war zuerst: die Sportidee oder die Sportarten (*Geschichte*)? Was soll man tun, wer ist Herr des Verfahrens in der praktischen Ausübung der Sportarten (*Organisation*)? Was kann man darüber wissen, wie die Sportarten entstanden sind und sich über die Welt verteilen (*Verbreitung*)? Was kann man erwarten im Hinblick darauf, ob Genese und Evolution der Sportarten abgeschlossen sind oder vielleicht durch neue Formen des Sporttreibens abgelöst werden (*Zukunft*)?

---

23 Die erste Frage deckt sich mit der ersten von Kants drei großen Kritiken (*Kritik der reinen Vernunft*), die zweite Frage mit der zweiten (*Kritik der praktischen Vernunft*, außerdem u.a. *Grundlegung zur Metaphysik der Sitten*). Die dritte Frage wird verstreut über mehrere Schriften behandelt (u.a. *Die Religion in den Grenzen der bloßen Vernunft*), ebenso die vierte (u.a. *Anthropologie in pragmatischer Hinsicht*). Alle Texte in KANT, Immanuel (2005). – Die dritte (*Kritik der Urteilskraft*) mit ihrem Schwerpunkt auf Fragen der Ästhetik ist für eine philosophische Grundlegung des Sports von besonderer Bedeutung. – Siehe hierzu GERHARDT (2002, Kap. 3 („Was kann ich wissen? Grundzüge der theoretischen Philosophie"), Kap. 4 („Was soll ich tun? Ethik und Recht aus dem Prinzip der Vernunft"), Kap. 5 („Was darf ich hoffen? Der Sinn als Träger der Kultur") und Kap. 6 („Was ist der Mensch? Ein Tier, das sich ein Beispiel gibt").

Antworten zu diesen vier Fragenkomplexen können in den folgenden Stichworten angedeutet werden – die jedoch vor allem einen Ausgangspunkt eines notwendigen sportwissenschaftlichen Forschungsprogramms bilden:

(1) *Geschichte: Sportarten sind das, was man vom Sport sehen kann, und sie sind gleichursprünglich mit der Sportidee entstanden.*

Über die sportart-definierenden Regel- und Methodik-Bücher sowie die schier uferlosen publizistischen Ereignis-Berichte in den populären Sportarten hinaus, kann man von einer elaborierten Theorie und entfalteten Literatur zu diesem Themengebiet bislang kaum sprechen. Es wartet mithin noch auf den Versuch zu einem mit einer überzeugenden Systematik arbeitenden theoretischen Zugriff. Die vorliegenden Ansätze zu einer Klassifizierung der Sportarten leiden unter der Uneinheitlichkeit der dabei verwendeten Kriterien. Man könnte einsteigen mit der Frage, was zuerst da war: die Sportidee oder die Sportarten?

Diese Frage jedoch wäre ähnlich uneindeutig zu beantworten wie die berühmte Frage nach der Priorität von Ei oder Henne. Am plausibelsten scheint die Annahme, dass wir es mit einer *Gleichursprünglichkeit* zu tun haben. Die Erfindung der *Idee* von Sport hätte sich demnach im Vollzug der *Praxis* des Experimentierens mit „proto-sportartlichen" Tätigkeiten herausgebildet und wäre irgendwann so bewusst geworden, dass man daraus weitergehende praxisleitende Konsequenzen in Form von Regelsetzung, von Versportlichung – das heißt, Betonung der sporttypischen und Ausschluss von sportfernen Momenten – sowie von Institutionalisierung gezogen und praktisch eingeführt hätte.

Man kann Sport ähnlich wie ein Wirtschaftsunternehmen sehen *nur in seinen „Filialen",* in seinen Repräsentanten, in seinen Statthaltern in der Realität: in den *Sportarten,* in innerhalb dieser hervorgebrachten *sportlichen Einzelaktionen* sowie in deren Einzelelementen, deren Kombination durch alle sportaffinen Einzelmomente, -aktionen, -ereignisse und -arten hindurchwirken und diese damit erst zu Sport bzw. zu Werken des Sports machen.

Noch genauer besehen, sind es auch noch immer nicht die Sportarten, die diese „Evidenz des Erscheinenden" aufweisen. Auch sie noch bilden nur eine „Transitions-", eine Übergangs-Zone" zwischen sportlicher Idee und Realität. Die eigentliche „*Emergenz-*" oder Entstehungs-Zone" ist erst auf der Ebene der „Sportwerke", also der konkreten sportlichen Einzelereignisse, erreicht. Sie erbringen die anschaulichen, anfühlbaren Schöpfungen, welche die Möglichkeiten austesten, die der Raum einer jeweiligen Sportart eröffnet. Selbst Sportarten sind noch ein unsichtbares Abstraktum. Sie sind noch nicht das Spiel selbst, sondern bilden nur einen Spiel-*Raum*, ein *Medium*, das alles dafür vorbereitet, dass gespielt werden *kann*. Die Austragung des Spiels selbst bedeutet erst die eigentliche Emergenz des Spiels. Es entsteht und wird sichtbar, *indem* man es spielt.

Der Sport ist in einer vergleichbaren Lage wie seine Verwandten unter den Künsten. Auch sie, die *Kunstgattungen* – im Plural – sind das, was man von der Kunst sehen bzw. hören kann, während der Begriff *Kunst* – im Singular – ein Abstraktum ist. Strenggenommen sind es auch dort nicht einmal die *Gattungen*, die man wahrnehmen kann, sondern erst die individuellen realen *Werke*.

Der Kern ästhetischen Schaffens besteht darin, eine neue, eigene Welt zu *schaffen*. Das vor allem hat der Sport gemein mit seinen Schwestern und Brüdern der Künste: die Schöpfung einer eigenen Welt – je nach Kunstgattung errichtet aus Tönen in der Musik, Farben und Formen in der bildenden Kunst, körperlichen Bewegungsmustern in Sport und Ballett oder Lichteffekten im Feuerwerk. Sportwerke bedeuten die zeitlich und räumlich begrenzte Schaffung einer gänzlich eigenen Welt durch die Aufführung von Dramen auf der Bühne der Sportarena im Rahmen des Regelwerks einer Sportart. Sie beginnen mit der Ouvertüre, dem Anpfiff, enden mit dem Vorhang, dem Abpfiff und werden *in der Aufführung selbst erst „geschrieben"*. Ähnlich wie die Improvisation in der Musik sowie das Extempore und das freie Assoziieren auf der Sprechbühne. Und hier wiederum kommen die *Sportarten* ins Spiel: Sie setzen den *Handlungsrahmen*, innerhalb dessen solche Improvisation sich entfalten kann, aber zugleich auch auf den entsprechenden Spielraum eingegrenzt wird.

Abermals analog zur Musik, wo durch entsprechende konfigurative Vorgaben von ausdifferenzierten Gattungen ein Klavierstück, eine Violinsonate, ein Streichquartett, eine Sinfonie, ein Cello-Konzert oder eine Oper entstehen, – wird in diesem durch die Regeln einer Sportart vorgegebenen Rahmen eine Billardpartie, ein Golfspiel, ein Weitsprung, ein Delphinschwimmen, ein Radrennen, ein Skiabfahrtslauf „aufgeführt". Inszeniert allein durch die spontanen und freien Aktionen der Akteure auf dem Platz, ohne jegliche Textvorlage, wie sie ja selbst in der ebenfalls „flüchtigen" Aufführung von Musik noch in Gestalt von Partituren oder im Ballett in Gestalt von Choreografien gegeben ist. Von Wettmanipulationen, von oft hilflosen Steuerungsversuchen von Trainern am Spielfeldrand oder von „Stallordern" im Motor- oder im Radrennsport abgesehen, erfolgen diese Aufführungen zudem ohne sportwidrig-dirigistische Eingriffe in das Spielgeschehen von außen. Insofern kommt dem Sport nicht nur die Mitgliedschaft im Kreis der Künste zu, er verkörpert vielleicht sogar die „freieste" unter ihnen, die man sich überhaupt vorstellen kann.

Allein sportintern generierte und geltende Unterschiede in den *konstitutiven Regeln* schaffen diese Sportarten, trennen sie als rahmensetzende Regulatoren des Sportgeschehens voneinander und verleihen ihnen ihr unverwechselbares Gesicht. Die Sportart Fußball entsteht, kommt erst dadurch buchstäblich in die Welt, dass mit der Hand die geschickte Extremität, mit welcher der Ball wirkungsvoller beherrscht werden kann als mit jedem anderen Körperteil, aus dem Spiel genommen wird. Nicht die *Genese* aus dem volkstümlichen Dörfer-Raufen des Mittelalters und der frühen Neuzeit, aus dem es sich herausentwickelt hat, die in traditionellen Ursprungstheorien in den Vordergrund der Betrachtung gerückt wird, sondern die *Setzung* und *Geltung* der Handspielverbots-Regel ist es, was die Sportart Fußball hervorgebracht und insbesondere gegen das schon etablierte Rugby-Spiel abgegrenzt hat.

Der logische Ort unseres Gegenstandes liegt, zusammengefasst, im Rahmen einer gedanklichen „Zwiebelfigur": *Sportarten* sind Teil der umfassenderen Sinnsphäre des *Sports*, die Teil der umfassenderen Sinnsphäre der *Kunst* ist, die wiederum Teil der umfassenderen Sinnsphäre des *Spiels* als nicht-notwendigem selbstzweckhaftem Handeln ist, das schließlich eine jener Sinnsphären ist, die arbeitsteilig die Gesamtheit der *menschlichen Welt* konstituieren. Diese „Zwiebelringe" setzen sich auch nach innen noch weiter fort bis zu den Ebenen einzelner Sportarten-*Disziplinen*, einzelner *Sportereignisse* und einzelner sportlicher *Aktionen* innerhalb von Wettbewerben.

Das hier in das Bild einer Zwiebel gefasste Außen-Innen-Verhältnis kann man ebensogut als Oben-Unten-Verhältnis modellieren. Denn zwischen den äußeren bzw. höheren und den inneren bzw. unteren Ebenen besteht eine Hierarchie in bezug auf die Geltung von Normen. Die allgemeinste normensetzende Instanz ist ganz oben in der Hierarchie angesiedelt, das heißt, die menschliche Welt setzt die universalen Werte, die für alle nachgeordneten Ebenen gelten, die wiederum ihrerseits im Rahmen jener universalen Werte weitere je eigene, mehr oder weniger partikular nur für ihren Einflussbereich geltende Werte hinzusetzen können und für welche die unbedingte Geltung bestimmter übergeordneter Normen sogar punktuell und begründet ausgesetzt sein kann. Die jeweils unteren Ebenen sind „Erfüllungsgehilfen" der „von oben" verfügten Vorgaben, die von oben nach unten durch alle Ebenen hindurch ihre Wirkung entfalten (sollen). „Sollen" deshalb, weil hiermit ein Idealmodell entworfen ist, das in der Realität pragmatischen und allzuoft egoistisch-opportunistischen Handelns notorisch konterkariert wird.

Eine hierarchische Konstellation hat in universeller politisch-moralischer Hinsicht im praktischen Handeln von *sozialen* Gemeinschaften unter demokratischen Kriterien der Gesellschaft der Moderne ihre Akzeptanz zu Recht eingebüßt. Dem Handeln von partikularen *kulturellen* Gemeinschaften etwa im Sport hingegen setzt sie als Idee dem, was auf der hier zu diskutierenden Ebene der Sportarten zulässig ist und was nicht, den Rahmen. Die Idee des Sports (im Singular), und zwar nichts Anderes!, ist Herrin des Verfahrens in jedem Sport, der diesen Namen verdient. Sie gibt damit auch allen Einzelregelungen innerhalb der Sportarten die Marschzahl vor. Damit ist allerdings „nur" das *Ideal* beschrieben. Die *Realität* sieht bekanntlich vielfach anders aus. Der Grund: Die Sportverbände als Treuhänder dieser Idee bei deren konkreter Umsetzung entscheiden oft aus Gründen der Opportunität oder bisweilen auch der Korruption nach anderen Referenzen und Präferenzen. Sie können – und müssen – dafür in der sportpolitischen Auseinandersetzung zur Rechenschaft gezogen und gegebenenfalls mit Widerspruch belegt und zur Korrektur gezwungen werden.

(2) *Organisation: Was soll man tun und lassen?* *Sportverbände als Herren des Verfahrens in der praktischen Ausübung der Sportarten*

Das Regelwerk der Sportarten ist dasjenige Instrumentarium, mit dem das *ideelle* Kulturgut Sport seine Teilhabe am zentralen Grundprinzip der Sinnsphäre des Ästhetisch-Schöpferischen in die *reale* Tat umsetzt: die Teilhabe am Primat der Formgestaltung. Diese Form ist zwar eine Ausgeburt der dahinterstehenden Idee. Aber die Idee wird zur Realität erst durch die praktische, vollkommen auf den Schöpfungsprozess selbst fokussierte *Tat*.

An dieser Stelle liegt der Grund dafür, dass man den unvermeidlichen Spontan-Interviews mit Athlet*innen nach vollbrachter Tat zurufen möchte: Vergesst es! Sie haben doch gerade eben weitaus gehaltvoller mit ihrer sportlichen Performance gesprochen. Wer die anschließend ihnen abgezwungene Selbstdeutung zu benötigen meint, dem ist vermutlich beim Verstehen des Sports ohnehin nicht zu helfen, weil es ihm beim Betrachten von Sportereignissen kaum um die Würde der Sportidee geht. So inszeniertes *Infotainment* ist in Wirklichkeit eher *boring entertainment* als *interesting information*.

Welch eine Verarmung von Sportrezeption bedeutet es, den Reichtum solcher Kunst- und eben auch von Sportpoesie zusammenschnurren zu lassen auf das vermeintlich allein bedeutsame *finale Ergebnis* eines Sportwerks, zudem auf das *Ergebnis für uns!* An generell durch jede gelingende Kunstproduktion auslösbaren seelischen Ausnahmezuständen *kann* man freilich auch durch das aktiv oder rezeptiv vermittelte Sporterlebnis teilhaben. Wenn man ihm denn mit wirklich offenen Augen und Ohren, ja mit allen Sinnen begegnet und nicht durch sportwidrige Präferenzen blind und taub wird.

Vergleichbar steht dem Sport auch der Ausweg *nicht* offen, den manche „avantgardistische" Strömungen in anderen, insbesondere in den bildenden Künsten seit Marcel Duchamp als Wegbereiter gegangen sind, wo die Kunst allein schon im irgendwelche Botschaften tragenden Arrangement von Alltagsgegenständen bestehen soll[24]: nämlich die Verpflichtung auf das Primat der Formgestaltung aufzukündigen. Denn Sport ist in der Tat geschaffene Form, die Form der sportlichen Performance in Wettkampfereignissen – oder er ist nicht.

Dies also ist die „Relaisstation", in der die *Idee* des Sports in die *Realität* und in die *Tat* umgesetzt wird. An diesem logischen Ort residiert nicht zuletzt auch *die Institution Sportverband*. Sie ist zwar nicht die Macht, die exklusiv alle Einzelelemente für die Sportpraxis in einer außersportlichen Realität *auf-*findet oder

---

[24] Siehe KIKOL, Larissa (2017): Die Nachmacher. Hundert Jahre nach dem Konzeptkünstler Marcel Duchamp kopieren andere seine Ideen. Daran offenbart sich auch der Burn-out des Kunstmarkts. In: DZ vom 3.8.2017

auch ganz neu *er*-findet. Aber sie ist doch die Macht, welche die aus allen möglichen Richtungen sich anbietenden, zunächst „formlosen" Einzelelemente aufnimmt und ihnen durch die rechtliche Kodifizierung und praktische Gewährleistung von Regeln eine Gestalt verleiht.

Was dabei zustandekommt, ist eine verbindliche, verpflichtende Gestalt. An sie sind von ihrem Erlass oder ihrer Reform ab alle Akteure gebunden, die ihr Sportinteresse innerhalb einer Sportart realisieren wollen. Dieser Institution kommt damit eine Funktion als Normensetzer und *Gatekeeper* für den Zugang zu diesem Handlungsfeld und für die Einhaltung der erlassenen Regeln zu. Dieses Regelwerk gestaltet und präformiert alles das, was innerhalb dieser Sportart *getan* werden darf, indem es vorgibt, was hier zu *unterlassen* ist. Sportregeln setzen dadurch, dass sie eine begrenzte Zahl von Möglichkeiten ausschließen, eine unbegrenzte Zahl von Möglichkeiten praktischen Handelns frei.

Wodurch sind diese Institutionen insgesamt und deren einzelne Ausprägungen legitimiert und befugt, eine solche Schlüsselrolle auszufüllen? Diese Frage reicht bis hinein in aktuelle Konflikte um das Monopol, das sie in ihrem jeweiligen Verantwortungsbereich ausüben und sich anmaßen, wie Kritiker oder sich benachteiligt fühlende Konkurrenten einwenden. Die plausible Antwort könnte etwa so lauten: Es handelt sich um eine Art von „ursprünglichem Erwerb", dem bereits Kant im Prinzip sein Plazet gegeben hat. Denn das Eigentum an einem bestimmten Gebiet und damit die Macht darüber gehörte ursprünglich niemandem, konnte deshalb logischerweise auch nicht von einem ursprünglichen Eigentümer illegitimerweise gegenüber konkurrierenden Interessen usurpiert werden, weil es diese eben vor der Etablierung eines allgemeinverbindlichen Rechtszustandes überhaupt nicht gegeben hat. Analog dazu wäre auch die Etablierung von „Eigentum" an einer transindividuellen Institutionalisierung eines Kulturbereiches wie des Sports zu rechtfertigen.

Man kann sich die *Genese* dieser „Inbesitznahme", mit der praktische und institutionelle und damit protopolitische *Geltungen* konstituiert wurden, etwa so vorstellen: Die Erfindung von sportlichem Handeln, das sich in organisierteren Formen abspielt, ist das Werk von einzelnen „Verrückten", die beschlossen, im Zuge von spontanen Verabredungen etwas zu tun, was bisher in der gesellschaftlichen Umwelt nicht vorkam, weil bis dahin niemand einen Bedarf dafür erkannt hatte. Sobald für diesen „Unsinn" genügend Mitstreiter gefunden waren, bauten die Akteure und ihre Unterstützer institutionelle Formen auf, um die zunächst spontanen Aktivitäten zu verstetigen und zu verbreiten. Typischerweise geschah dies oft in Gestalt von substaatlichen *freiwilligen Vereinigungen*.

Sobald dann das damit installierte Spielsystem eine neue Stufe in der Form von ortsübergreifenden Vergleichen bis dann zu Meisterschafts-Wettbewerben auf regionaler, nationaler und schließlich sogar internationaler Ebene erreicht hatte, entstand die Notwendigkeit zu Zusammenschlüssen in zwar vereinsübergreifenden, aber weiterhin selbstorganisierten Strukturen, deren regulierender Macht die Beteiligten im gemeinsamen Interesse, unter dem gleichzeitig weiterbestehenden Vorbehalt von Kontrolle durch die legitimierende Basisebene, sich zu unterwerfen bereit waren. Damit entstand, analog zu der wachsenden „Höherstrukturierung" der Praxisebene, auf der institutionellen Ebene das Strukturmuster von *Verbänden*.

Wie üblich in der Geschichte gesellschaftlicher Innovationen, geschah dies zunächst in sehr rudimentären, tastenden, von Fort- und Rückschritten begleiteten Formen. Bis sich schließlich ein dem Prinzip nach außerstaatliches System von sportart-bezogenen Verbänden herausgebildet hat. Heute ist es mit von unten nach oben abgestuften und rechenschaftspflichtigen Verantwortlichkeiten von der lokalen bis zur globalen Ebene aufgebaut. Auch hiermit ist freilich nur ein Idealmodell umschrieben, das in der empirischen Realität – auch Sportpolitik ist oft „ein schmutziges Geschäft" – vielfach mit korruptiven *Verformungen* kontaminiert ist: Verrat ihrer außerstaatlichen Autonomie an außersportlich-politische Interessen und Mächte („politische Instrumentalisierung"); ihre Vereinnahmung und Manipulation durch außersportlich-ökonomische Interessen und Mächte („Kommerzialisierung"); Verkehrung sinngerechter demokratischer Willensbildung in eine Quasi-Diktatur, in der Weisungen von oben nach unten oktroyiert und Rechenschaftslegungen gegenüber der Basis verweigert werden.

Gleichwohl: Trotz allfälliger Deformationen der Grundidee eines sportgerechten Verbändewesens ist ein halbwegs funktionierendes System erhalten geblieben. Es gewährleistet die weltweit geltende Regelsetzung und -durchsetzung für einen sinngerechten und verlässlich regelmäßig stattfindenden lokalen bis globalen Sportverkehr. Diese nachhaltige *Leistung* des Sportverbändesystems in einer notorisch von fundamentalistischen Gefahren bedrohten Welt zu würdigen, ist allemal gleichrangig mit unbestreitbar ebenfalls notwendiger *Kritik*.

(3) *Verbreitung: Was kann man darüber wissen, wie die Sportarten entstanden sind, und wie sie sich über die Welt verteilen?*

In der Regel wurde in der *Anfangszeit* der Ausdifferenzierung das, was sich dann allmählich als definierte Sportart etabliert hat, nicht völlig künstlich allein aus einem sportlichen Impuls heraus neu erfunden. Es wurden vorgefundene Tätigkeitsmuster umgeformt und in einen neuen Kontext gestellt. Andere Sportarten sind erst in der *Spätzeit* des bereits sehr weit ausdifferenzierten und institutionalisierten Sports entstanden. Musterbeispiel hierfür ist das Basketballspiel, das am grünen Tisch von Studenten ersonnen wurde, ohne dass sie dafür Vorlagen in der Alltagsrealität hätten finden können. Sportarten sind freilich *durchweg* nicht durch einfache Fortschreibung von

Alltagspraktiken in den Sport hinein entstanden, sondern dadurch, dass unter der Leitung eines kulturellen, ästhetisch-schöpferischen Eigensinns „brauchbare" Einzelelemente aus Alltagspraktiken ausgewählt, neu komponiert und zu einem völlig eigenständig verfassten (und dadurch gerechtfertigten) Kulturgut umgeschaffen worden sind.

Die unterschiedlichsten Motive und Entstehungsbedingungen können Pate gestanden haben bei diesem Prozess der Versportlichung von zunächst außersportlichen Praktiken. Man kann heute sagen: „gestanden *haben*", weil der Kanon der Sportarten nach einem mehrhundertjährigen Findungsprozess als zu weiten Teilen abgeschlossen gelten kann. Natürlich nicht gänzlich, sondern eben nur weitgehend.

Solche *Motive und Entstehungsbedingungen* können u.a. sein:

- der Entfaltungsdrang eines dem Menschen eingeborenen Wettbewerbsstrebens, das ein neues Betätigungsfeld sucht, um sich auszuleben;
- eine Unzufriedenheit mit der Form- und Regellosigkeit bisheriger Formen körperkultureller Betätigungsformen;
- die „Ausgründung" von neuen Disziplinen aus einer bereits bestehenden Sportart zur Ausdifferenzierung und Bereicherung des Kanons an gehaltvollen Betätigungsmöglichkeiten;
- die zunehmende globale Mobilität, die Anregungen und Anstöße von überall um die ganze Welt trägt und bei mitwachsender Rezeptionsbereitschaft zunehmende Integration in bislang relativ „geschlossene" Sportlandschaften trägt;
- in der Gegenbewegung zu solcher Dynamisierung des *inter*-regionalen „Sportarten-Verkehrs" der Erhalt von *intra*-regionalen oder gar nur lokalen Traditionen, die eine langanhaltende Kontinuität in der Präferenz für bestimmte Sportarten nach sich ziehen kann;
- ökonomisch induzierte Einflussnahme der Medien mit dem Ziel, ihre Attraktivität für das Publikum durch Veränderungen innerhalb der Sportarten oder durch Bevorzugung bzw. Zurücksetzung einiger unter ihnen zu erhöhen.

Zu diesen Motiven und Entstehungsbedingungen zählen auch Faktoren bzw. Interessen *sozialer Segregation*: Z.B. der Fußball, der später für einige Zeit bürgerlich-naserümpfend als „Proletensport" wahrgenommen wurde, ist in seinem modernen Übergang von den unregulierten Volksspielen zum regulierten Sport zunächst ein Projekt der höheren Bildungseinrichtungen Englands gewesen. Tennis, Golf und Segeln führen bis heute eine Aura von „Höherklassigkeit" mit sich. Reiten hat ein gemischtes Image als ebenso „ländlich" wie „aristokratisch". Und über allem schwebte lange Zeit ein toxischer Ruch von „Männlichkeit": Sport sei eigentlich ein Revier männlicher Selbstentfaltung, in dem das andere Geschlecht für längere Zeit allenfalls, wenn überhaupt, halbherzig geduldet und aufgrund seiner bisweilen hilflos anmutenden Bemühungen bestenfalls belächelt, wenn nicht offen angefeindet wurde. In muslimischen Ländern stehen Mädchen und Frauen noch immer unter einem strengen, vorgeblich religiösen Verdikt, das sie sogar faktisch weitgehend ausschließen kann.

All diese sozialen Konnotationen des sportlichen Geschehens sind zwar aus der historischen Genese des Sports erklärbar. Und Spuren dieser Geburtswehen sind ihnen meist bis heute anzusehen. Sie sind jedoch durchweg aus der Geltung der der Sportidee immanenten Imperative nicht legitimierbar. Denn die Sportidee *kennt* keine sozialen, sondern ausschließlich sportlich-kulturelle Inklusions- bzw. Exklusionskriterien. Sie sind freilich in Restspuren weiterhin weltweit wirksam als heute inakzeptable Formen von diskriminierender Geringschätzung oder Ausgrenzung bestimmter sozialer Gruppen. Aber das Interesse vieler Menschen, die sich der Anziehungskraft dieser Idee nicht entziehen wollten und dieses Feld ohne Rücksicht auf gängige Vorurteile mit Nachdruck gegen alle Widerstände für sich erschlossen haben, hat die damit aufgerichteten allgegenwärtigen Barrieren zunehmend durchbrochen. So setzt sich eine weiter wachsende Anerkennung der *strikten „sozialen Neutralität" der Sportidee* durch.

Erhalten geblieben ist – neben anderen, nach Alter, Berufsgruppen und anderen außersportlich-sozialen Kriterien unterschiedenen Sonderwettbewerben wie U-23-Meisterschaften, Militär- und Polizei-Meisterschaften oder die Studierenden vorbehaltene Universiade – lediglich die Institutionalisierung einer systematischen Sonderstellung von *Frauen* und von *Behinderten* in Gestalt von *eigenen Wettbewerben innerhalb der gleichen Sportarten* wie der nicht-behinderten Männer. Die Sonderstellung erfolgt aus einem beiden Gruppen gemeinsamen *sportspezifischen* Grund: So wird der strukturell unterschiedlichen biophysischen „Grundausstattung" gegenüber den nicht-behinderten Männern und damit dem sporttypischen Prinzip der Wettbewerbsgerechtigkeit Rechnung getragen. Diese nicht veränderbare Ausgangsvoraussetzung schließt Wettbewerbsfähigkeit auf Augenhöhe im absoluten Spitzenbereich strukturell in all jenen Sportarten aus, die maßgeblich von biophysischen Faktoren bestimmt sind. Wo dies nicht der Fall ist, weil diese Faktoren durch bestimmte sportarten-typische Besonderheiten neutralisiert werden (Reitsport und manche andere), treten ja längst Frauen und Männer in gemeinsamen Wettbewerben an. Zudem spricht viel dafür, das Prinzip eines gemeinsamen Sports dadurch zu stärken, dass neben geschlechtsgetrennten noch vermehrt gemischte Wettbewerbe entwickelt werden.

In jener Sonderstellung kommt somit gerade nicht die Absicht einer sportwidrig-diskriminierenden *Ausschließung*, sondern einer sportgerechten *Einbeziehung* zum Ausdruck. Auf diese Weise konnten die beiden Gruppen im internationalen Wettkampfkalender wie in der öffentlichen Aufmerksamkeit inzwischen bis zur sportlichen Augenhöhe mit der Gruppe der nicht-behinderten Männer aufschließen und zu gleichrangigen Protagonisten, ja „Dienern" und „Vollstreckerinnen" der Sportidee werden, ohne sich in aussichtslosen Wettbewerben deklassieren lassen zu müssen.

Auf *dieser* Ebene aber wird nachvollziehbar, dass die gesellschaftspolitische Forderung nach einem selbstzuwählenden „sozialen Geschlecht", unabhängig von der allgemeinen Positionierung, im sportlichen Bereich keinen Sinn macht. Sie würde der Entwicklung des Frauensports als einer der herausragenden Erfolgsgeschichten, die der Sport geschrieben hat (siehe HÜSER 2022), ebenso wie dem allgemeinen Genderdiskurs einen Bärendienst erweisen.

Es gibt gute Gründe dafür, aus dem Primat für die *Geltung* der Sportidee im Feld des Sports heraus *allen* Sportarten *gleichen* Rang ihrer sportlichen Wertigkeit zuzusprechen. Alle repräsentieren die Sportidee und verwirklichen sie mit unterschiedlichen sportlichen Mitteln. Sie zusammen machen den Reichtum dieses Kulturguts aus. Gleich-*rangigkeit* aber ist, hier wie überall, nicht identisch mit Gleich-*artigkeit* und schon gar nicht mit gleicher Beliebtheit. Das Plädoyer für gleiche Anerkennung vermag nichts daran zu ändern, dass die Sportarten aufgrund ihrer unterschiedlichen *Genese* entweder, im Negativen, gezeichnet oder, im Positiven, gesegnet sind von ihrem „Schicksal" und oft dauerhaft entsprechende Prägungen mit sich führen. Die einen werden geliebt, die anderen werden kaum bemerkt, wieder andere ziehen notorische Skepsis auf sich.

Eine Rolle spielen dabei – dass nämlich, mit George Orwell gesprochen, zwar „alle Tiere gleich sind, aber manche halt etwas gleicher als andere" – auch historisch gewachsene regionale und nationale Prägungen und Präferenzen. Sie werden zwar unter den Bedingungen der modernen globalen Mobilität und der gewachsenen ökonomischen Ressourcen durch überregionalen Austausch, durch Konkurrenzdruck und Vermarktungsinteressen immer stärker nivelliert. Aber vieles davon bleibt durch traditionsstiftende Beharrungskräfte in Resten noch immer erkennbar. Schnee- und Eissportarten etwa waren aufgrund von klimatischen Bedingungen und fehlenden technisch-ökonomischen Möglichkeiten zu deren Kompensation lange auf winterlich geprägte Regionen beschränkt.

Wir haben es in der bunten Sportarten-Landschaft mit einer paradoxen Situation zu tun: Das, was innerhalb der Sportarten *inhaltlich* an Leistungen und Ereignissen hervorgebracht wird, bewegt sich zumindest in ihrer Spitze auf einem einheitlich ungemein hohen sportlichen Niveau. Was Billardspieler, Schwimmerinnen, Kunstradfahrer, Schützinnen, und inzwischen auch Fußballerinnen leisten, ist mit keiner aus dem alltäglichen Leben abgeleiteten Messlatte angemessen zu bewerten. Es ist, schlicht und einfach, „Spitze". Ein Niveau, wie man es vergleichbar auch in den Konzertsälen der Welt, ja in allen Gattungen des Musiklebens erleben kann. Einerseits. Auf der anderen Seite herrscht hier – im Spitzenbereich notabene – eine mit anderen Bereichen nur bedingt vergleichbar scharfe Hierarchie, was die *ökonomische* Lage aufgrund der extrem unterschiedlichen Publikums- und Medienresonanz und des darin gebundenen ökonomischen Potentials anbetrifft. Die medialen Spitzenreiter „schwimmen im Geld", die Schlusslichter „gehen am Bettelstab", alle anderen versuchen irgendwo dazwischen irgendwie über die Runden zu kommen.

(4) *Zukunft: Was kann man erwarten im Hinblick darauf, ob Genese und Evolution der Sportarten abgeschlossen sind?*

Insgesamt ist wahrscheinlich, dass der menschliche und dabei neben dem unmittelbar sportlichen auch der mittelbar unternehmerische Erfindungsgeist nicht nur im beliebig ausbaufähigen Feld des Sports im weiten Sinne, sondern auch vereinzelt beim Sport im engen Sinne noch ein paar Neuerungen hervorbringen werden. Die Erfahrung lehrt, dass die weiter vorausschauende Phantasie regelmäßig durch die je aktuelle Phantasie überboten wird.

Gleichwohl scheint die Genese und Evolution der Sportarten im Feld des Sports im engen Sinn im wesentlichen abgeschlossen. Bei der weiteren Ausdifferenzierung von Disziplinen innerhalb der Sportarten hingegen tut sich noch einiger Spielraum auf. Menschliche Neugier und der daraus gespeiste Schöpfergeist werden aber wohl auch in Zukunft keine Ruhe geben.

Eines jedoch steht fest: Die eingangs zu diesem Abschnitt angedeutete Beschreibung des Feldes der Sportarten als eine Art von *fundamentalismusfreiem Ort* ist selbstverständlich nicht gleichbedeutend mit *problemfreier* Zone. Insbesondere das den Sport bedrohende und in seinen Grundfesten erschütternde *Dopingsyndrom* spielt sich auf ebendieser Ebene ab. Und auch das *Korruptionssyndrom* ist in nicht wenigen Sportarten-Fachverbänden virulent. Sowohl die Manipulations-Bekämpfung auf der sportpraktischen Ebene wie die Korruptions-Bekämpfung auf der institutionellen Ebene zur Erhaltung von Glaubwürdigkeit und Zukunftsfähigkeit des gesamten Kulturgutes Sport wird eine unerlässliche Daueraufgabe bleiben, die vor allem auf der Ebene und innerhalb der Sportarten zu leisten sein wird.

Ohne sie wird das Kulturgut Sportidee mit seinen Sportarten und Einzelereignissen *keine* Zukunft haben. Wobei gemessen am Maßstab der Sportidee der Manipulations-Bekämpfung auf der sportpraktischen Ebene, insbesondere in Form von Doping und Wettmanipulation, ein klarer Bedeutungs-Vorrang zukommt vor der Korruptions-Bekämpfung auf der institutionellen Ebene. Denn dort geht es für die Sportgerechtheit der sportpraktischen Abläufe buchstäblich ums Ganze, nämlich um direkte Eingriffe in das sportliche Kerngeschehen. Hier hingegen geht es „nur" um ein sekundäres, für die Sportpraxis nur indirekt bedeutsames Geschehen an der Peripherie. Anzustreben bleibt, dass auch der öffentliche sportpolitische Diskurs diesen Unterschied stärker beherzigt.

Sportverbände sind institutionelle Sachwalter der Ideen des Sports und der Sportarten. Als solche sind sie verantwortlich für das *partikulare* Kulturgut in Gestalt sinn- und regelgerechten Stattfindens von Sportereignissen, kaum aber darüber hinaus für *universale* Gesellschaftsgüter. Folglich ist ihr Handeln – vor allem anderen! – nach dem Maßstab der ihnen aus *diesem* begrenzten Verantwortungsbereich zuwachsenden Pflichten zu beurteilen.

15. Sportlicher Wettkampf – keine Arena für Heroismus

Diskursive Ausgangslage: Zum Sportdiskurs gehört die Behauptung, im Sport würden „*Heldengeschichten*" geschrieben – Geschichten, in denen die Sporthelden an der Front mit ihren Kämpfen und Siegen die Unverletzlichkeit der Grenzen sowie den Stolz, das Zusammengehörigkeitsgefühl und die Identität der „Heimat", des Ortes, der eigenen Region oder der Nation verteidigen. Dabei wurde im gesellschaftspolitischen Diskurs mit guten Gründen – bei der Autorin freilich mit ironisch-distanziertem Unterton als Metapher für die „Krise der Männer" – eine veritable „Heldendämmerung" (SCHEUB 2010) ausgerufen. Sie korrespondiert mit Herfried Münklers These vom „postheroischen" Zeitalter.

Wie ist es möglich, dass es eine permanente Wiederauferstehung dieses Untoten gibt? Wieso vollzieht sie sich ausgerechnet im von seiner kulturellen Sinnstruktur her unheroischen Sport, so dass er in dieser letzten Nische überlebt haben oder gar seiner Unsterblichkeit entgegensehen soll? Jedenfalls könnte allein die Sinngerechtigkeit darüber entscheiden, wie begründet es ist, dem Sport die Rolle als letzte Zuflucht, als „Heldenreservat der Moderne" (BETTE 2019) zuzuweisen. Die Vergleichsbeispiele, die sein Wiederentdecker zur Begründung aufführt, verweisen auf ein mehrstufiges Missverständnis:

(1) Die „heroismus-affinen" Felder Politik, Religion, Wirtschaft, Wissenschaft, Militär sowie Helden des Alltags, die er zur Rechtfertigung des Ansatzes durch Markierung der Nachbarschaft heranzieht, gehören durchweg der *Ernst*-Sphäre an. Der Sport aber ist der *Spiel-* und *Kultur*-Sphäre zuzurechnen, die sich dadurch von der Ernst-Sphäre unterscheidet, dass sie gerade *nicht* direkt, ja nicht einmal indirekt heroismus-affin sein kann.

Spät räumt Bette selbst diesen kategorialen Graben ein, der beide Sphären – Spiel und Ernst, konsensuell herbeigeführter und real vorgegebener Konflikt – voneinander trennt: „Not- und Krisensituationen haben im Wettkampfsport allerdings eine völlig andere Qualität und Bedeutung als in einem durch Naturkatastrophen, Terroranschläge, Unglücksfälle, Übermilitarisierung, Machtmissbrauch oder wohlfahrtsstaatliche Defizite tangierten

Alltagsleben. Der Krisenbegriff bezeichnet im Kontext der sportbezogenen Heldendiskussion keine unerwünschte Störung, Bestandsgefährdung oder Dysfunktionalität, die es zu eliminieren gilt. (...) Krisen im Wettkampfsport sind auf der basalen Ebene nicht das Ergebnis existentieller Nöte; sie werden vielmehr durch hierauf spezialisierte Organisationen künstlich hergestellt, um Athleten Bewährungsfelder für Leistungsindividualisierung und Selbstheroisierung anzubieten und Stellvertreter- und Amüsementbedürfnisse des Publikums zu befriedigen. Krisen sind insofern geplant, gewollt und dienen der Bestandserhaltung des Sports." (Ebd., 106–107)

Solchen Passagen möchte man ein „Weiter so!" zurufen. Diese sportsinn-*gerechten* Einsichten jedoch veranlassen den Autor nicht dazu, den Pseudo-, den Als-ob-Heroismus des Sports als solchen zu bezeichnen und folgerichtig seine sportsinn-*widrige* Zuordnung zur Begriffsfamilie des Heldentums *überhaupt* aufzugeben. Im Gegenteil. Er erhebt und erhöht den sportlichen Wettkampf sogar „zu einem Sinnbild für das menschliche Dasein" (ebd., 119). Die Krise des sportlichen Konflikts aber ist kein *Sinn*-Bild, sondern ein Sonderfall und dadurch ein *Gegen*-Bild zur „Normalität" des menschlichen Daseins. Hätte der Autor jene angemessene Charakterisierung der Sportidee ernstgenommen, hätte sich sein Thema praktisch erledigt. Aber er will es retten.

(2) Bette vertauscht die für eine gehaltvolle Diagnose einzunehmenden analytischen Perspektiven auf das Sportgeschehen miteinander, indem er die für die Erfassung des Sportsinns *primäre Produktions*-Perspektive (also den Blick auf diejenigen, die das Sportwerk auf dem Platz *schaffen*) ersetzt durch die *sekundäre Rezeptions*-Perspektive (also den Blick auf diejenigen, die das Sportwerk am Rande des Platzes *beobachten* und *kommunizieren*).

Er erliegt damit der von den Medien unisono forcierten nivellierenden, gleichmacherischen Tendenz, in welcher der „Tribüne" eine gleichrangige, wenn nicht sogar vorrangige Mitwirkung im Sportgeschehen zugestanden wird. Stattdessen wäre aus der Distanz wissenschaftlicher Beobachtung das für ein sinngerechtes Verstehen und für die gesellschaftliche Stellung des Sports bedeutsame hierarchische Bedeutungs-Gefälle zwischen diesen beiden Handlungsebenen aufrechtzuerhalten, ja zu rehabilitieren und zu verteidigen.

Die tatsächlichen Prioritäten, die Hegemonie des Geschehens und der Akteure auf dem Platz wurden schlagend deutlich durch den gewaltsamen Eingriff der *Coronavirus-Pandemie*. Denn um zu den quarantäne-ähnlichen Bemühungen zu ihrer Eindämmung beizutragen, wurden ab dem März 2020 nach und nach immer mehr Sportveranstaltungen – wenn sie nicht aus Sicherheitsgründen gleich ganz abgesagt wurden – unter Ausschluss des Publikums durchgeführt, wofür der schon aus anderen Anlässen geläufige Titel „*Geisterspiele*" bereitstand.

(3) Einen aus Sport-Sicht im Unterschied zur Politik-Sicht besonders gravierender und gleichwohl verbreiteten Fehlgriff bedeutet es, dass die Fokussierung auf den durch seinen Erfolg zum Helden mutierten Athleten eine selektive Vereinseitigung des Sportsinns nach sich zieht: Das Primat der gemeinsamen *Schöpfung des Sportereignisses* durch das kooperente Zusammenwirken *aller* Beteiligten wird zurückgesetzt zugunsten einer exklusiven Fokussierung auf das potentielle Heldentum *einzelner Individuen*, die ihre Leistungen vermeintlich primär oder gar ausschließlich für „ihre" jeweilige Referenzgruppe erbringen.

(4) Man vermisst das Sensorium dafür, dass der aus spezifischen Kontexten hergebrachte *Helden*-Topos schlicht ungeeignet ist zur Erfassung dessen, was Bette zutreffend beim Sport erkennt, nämlich außergewöhnliche und bewunderungswürdige *Exzellenz*: das Bild „von leistungsorientierten, hart an sich arbeitenden, risikobereiten, mutigen und (natürlich nicht blutig, S.G.) opfer- und verausgabungswilligen Akteuren", eben „den Status außeralltäglicher Sozialfiguren (...). Die im Sport befriedigten Bedürfnisse nach einem intensiven Erleben, nach Außeralltäglichkeit, Abenteuer, Rausch, Risiko, Verausgabung, Wiederverzauberung, Stellvertretung und Heldenverehrung deuten auf einen gesellschaftlich modellierten Alltag hin, in dem vergleichbare Interessen in dieser Kompaktheit und Mischung offensichtlich nicht befriedigt werden." (Ebd., 8, 10 und 24)

Weiterführende Antwort: Schon gesamtgesellschaftlich – verstärkt durch den Gender-Diskurs, der darauf verweist, dass die Konservierung von Heldenphantasien *exklusiv männlich konnotiert* ist – ist die Helden-Rhetorik obsolet geworden. Zumindest im „klassischen" Verständnis von Heroismus. Jene Konservierung ist in einem Feld kulturellen Schaffens erst recht deplatziert: *Der* Held erkämpft unter Lebensgefahr ein gesellschaftlich erwünschtes Gut. Für einen validen Begriff von Sport jedoch gehört der *Ausschluss* von Lebensgefahr durch Regeln und organisatorische Vorkehrungen zu seinen konstitutiven Kriterien. Auch der „Heldentenor" in der Oper bezieht seine Bezeichnung ja nicht daher, dass er sich in eine existentielle Situation begibt, sondern daher, dass er mit seiner besonderen Stimme nur eine im Libretto vorgesehene Rolle verkörpert.

Welches Risiko sollte gegeben sein beim Mut zum „Abenteuer", der auch für einen wohlverstandenen Sport gefordert ist? Hier ist das existentielle Risiko definitionsgemäß und im Regelwerk kodifiziert ausgeschlossen – „Risiko-" und „Extremsport" bedeuten eine *Contradictio in adiecto*. Sinngerechte und nur dadurch legitimierte sportliche Abenteuer dürfen auch *nicht* auf solche Abwege geraten, wie sie etwa die Geburtshelfer der vor dem Ersten Weltkrieg gestifteten Tour de France programmiert haben und wie sie in einer als „Triumphzug der französischen Nation" gedachten Radrundfahrt unter dem Namen „Circuit des Champs de Bataille" nach dem Ende dieses Krieges bis zum Exzess gesteigert wurden: „Auf eine Art lieferten die Organisatoren mit ihrem Rennen ein Abbild des Verlaufs des Ersten Weltkriegs: Nach verlustreichem Beginn eskalierten Leid und Entbehrung mit jeder Etappe, bis nur mehr eine Handvoll versehrter Fahrer übrig blieb. Am Ende stand die vollkommene Erschöpfung. (...) Was für ein wahnwitziges Unternehmen. Doch *Le Petit Journal*, *L'Auto* und andere Zeitungen hatten unverdrossen von der Überlegenheit der Franzosen geschwatzt, die Teilnehmer als ‚heroische Überlebende' gefeiert, und die belgischen Sieger als ‚Giganten des Mutes und des Willens' gepriesen."[25]

Vor allem aber: Mit überzeugenden Gründen hat wiederholt der Politikwissenschaftler Herfried Münkler das Ende einer jahrtausendealten, weit über Homers *Ilias* hinaus in die Vorgeschichte zurückreichenden Heldengeschichte und das insbesondere durch die Lehren aus dem Ersten und Zweiten Weltkrieg ausgelöste Heraufdämmern eines „postheroischen Zeitalters" ausgerufen.[26]

Im Kulturgut Sport also hat eine martialische Rhetorik rein gar nichts mit einer sportgerechten Sinnstiftung zu tun und dort nichts zu suchen. Der Siegeszug der Sportidee steht für den Beginn und die Geltung jenes münklerschen postheroischen Zeitalters. Es hat seinen Einzug bereits vor 100 Jahren mit Ende des Ersten Weltkrieges gehalten, seinerzeit freilich noch in heftigem Abwehrkampf gegen die Macht ebenjenes Untoten, der verzweifelten Verteidigung der Figur des männlichen[27] Helden etwa im Kreis der rechtsterroristischen Freikorps sowie durch rechtskonservative Intellektuelle à la Ernst Jünger und der Konservativen Revolution sowie wenig später der nationalsozialistischen Propaganda.

Hat etwa der zitierte wissenschaftlich ambitionierte Verteidiger der Figur des Sporthelden von dieser Erbschaft nichts gewusst? Oder hat sie ihn nicht gestört? Und kann sein anmaßend angemeldeter ausdrücklicher Widerspruch gegen Münklers These vom postheroischen Zeitalter mehr sein als eine pennälerhafte Wichtigtuerei nach dem Muster „Herr Lehrer, ich weiß was"? Wer es sich zur Aufgabe macht, ein letztes Refugium für die in zivilisierten Gesellschaften obsolet gewordene Heldenfigur zu suchen, läuft Gefahr, in eine schon seit 1918, erst recht seit 1945, vollends aber seit 1989 aufgestellte Denkfalle zu tappen. Er „bedient" genau jene in Francis Fukuyamas

---

25 HERRMANN, Sebastian (2019): Die Tour und der Tod. 1919 führte ein Radrennen über die Schlachtfelder des Ersten Weltkriegs. Geplant als Triumphzug der französischen Nation, endete die Veranstaltung im Desaster – ein Sinnbild ihrer Epoche. In: SZ vom 17.8.2019
26 Siehe MÜNKLER, Herfried (2007): Heroische und postheroische Gesellschaften. In: Zs. Merkur, Heft 8–9, 2007; ferner DERS. (2013) und (2015)
27 Siehe u.v.a. BECKER (2018), 226–234 („Sportwelten") und 234–251 („Gendercrossing: ‚Krise der Männlichkeit' – Neue Weiblichkeit")

Das Ende der Geschichte (siehe FUKUYAMA (1992) angedeutete Befürchtung, dass das postheroische Zeitalter manchen Menschen, darunter vor allem Männern schlicht „zu langweilig" werden und die verzweifelte Suche nach Kompensationen auslösen könnte.

Der Historiker Michael Wildt hat aus Anlass des 80. Jahrestages des Überfalls auf Polen daran erinnert, welches monströse Denken das postheroische Zeitalter hinter sich zu lassen erlaubt: „Gegen die ‚Dekadenz' der modernen Welt, gegen die Einflüsse von Individualismus und Hedonismus sollte die Jugend im Geist von Disziplin, Härte, Einsatzbereitschaft und unbedingtem Gehorsam erzogen werden, die verschiedenen Organisationen wie Jungvolk, Hitler-Jugend, Arbeitsdienst und Wehrdienst durchlaufen ‚und nicht mehr frei sein ihr ganzes Leben', wie es Hitler in seinem bekannten Zitat formulierte. Sport sollte ebenso ein Mittel der Wehrertüchtigung sein, wie regelmäßige Luftschutzübungen die Bevölkerung auf den kommenden Krieg vorbereiten sollten."[28]

Sofern man es also überhaupt noch für zeitgemäß hält, den Sport in diesem gedanklichen Kontext zu verorten, ist daran zu erinnern, dass Sportakteure nur *Anti-Helden* sein können. Ihr Kampf ist spielerischer Natur, weder existentiell wichtig noch die Existenz aufs – eben – Spiel setzend. Es geht im Sport niemals um Leben und Tod. Seine Akteure *sind* folglich keine Helden, sie *können* es gar nicht sein. Soweit sie sich als Treuhänder und Botschafterinnen der Sportidee verstehen, *wollen* sie keine Helden und schon gar keine Heldinnen sein. Für nichts und niemand. Wer in nachdenklicher geführten Interviews genau hinhört, wird bei ihnen genau diese Botschaft herauslesen. Der Eigensinn der Sportidee programmiert ein Handeln, das, wie in jeder wohlverstandenen Kunst, durch und durch zivil ist und sich jeder „heroischen" Erkämpfung oder Verteidigung realer Güter und Werte verweigert, mögen diese allgemein noch so bedeutsam sein.

Bei sportlichen *Wett*-Kämpfen geht es primär weder um *materielle* Güter wie Territorialbesitz, militärische, politische oder ökonomische Macht, noch gar um *existentiell-moralische* Güter wie selbstlos-lebensgefährliche Rettungseinsätze in Katastrophensituationen, todesmutigen Kampfeinsatz im Krieg (sofern kein verbrecherisch geführter Angriffskrieg), oder das persönlich-politische Lebensrisiko im Widerstand gegen eine mörderische Diktatur. Im Sport geht es nur um *spielerisch-symbolische* Güter wie Sieg, Titel, Erreichen der nächsten Runde in einem Turnier und Medaillen – oder auch „nur"

---

28 WILDT, Michael (2019): „... in vier Jahren kriegsfähig". Vom ersten Tag ihrer Regierung an waren die Nationalsozialisten bestrebt, Deutschland auf einen neuen Weltkrieg vorzubereiten. Anders als während des Ersten Weltkrieges durfte die „Heimatfront" nicht wanken. Also musste die Gesellschaft umfassend militarisiert und darauf vorbereitet werden, jede Art von Gewalt im Inneren wie im Äußeren wenn nicht auszuüben, so doch zu tolerieren. In: FAZ vom 26.8.2019

um die beglückende Erfahrung, mit einer guten Leistung zum Gelingen eines Wettkampfs beigetragen zu haben. Diese spielerisch-symbolischen Güter können nicht mehr sein als zwar begehrte, aber gleichwohl nur bescheidene Surrogate des eigentlichen Erfolgs, bestenfalls gesteigerter Anreiz dazu, im Streben danach sein Bestes zu geben.

Das Verdienst von Sport-„Helden" besteht nur darin, ihren „Job" besonders erfolgreich zu tun. Nicht weniger, denn dies *ist* ein Verdienst, das mit hohem Einsatz errungen wird, aber auch nicht mehr. Der Helden-Status wird ihnen lediglich von außen sinnwidrig *zugeschrieben* von sozialen Gemeinschaften aufgrund der narzisstischen Illusion, die Akteure hätten den Erfolg *für sie* erkämpft. Was hier für die glaubhafte Begründung eines Helden-Status fehlt, ist das Ausschlaggebende: *Mut zum Widerstand* gegen eine destruktive Macht.

Diese Aspekte dringen zum *Kern des Problems* vor: zu der *sport*-immanenten Fragwürdigkeit des gesamten Heldendiskurses. Die bisher diskutierten Bedenken bezogen sich auf deren sport-externe, *politik*-historische und -theoretische Implikationen. Das Hauptproblem für diesen Kontext aber besteht in etwas Anderem: Mit der Heroisierung von herausragend erfolgreichen Sportgrößen sowie deren Vereinnahmung für lokale oder nationale Identifikationsprozesse ist eine Individualisierung und Personifizierung verbunden, die das Bild vom Sportgeschehen unzulässig verkürzt und es so seiner kulturellen Botschaft beraubt. Denn die individuelle bzw. kollektive Leistung der teilhabenden Schöpfer des Sportwerkes verkörpern gar nicht die *Endstufe*, das Schlussprodukt des sportlichen Geschehens, sondern nur die *Voraussetzung* für ein gelingendes Werk.

Der Kampf mit einem widerständigen Gegner trägt in der Spielwelt des Sports und in der Realwelt der Gesellschaft eine genau umgekehrte Bedeutung: In der *Realwelt* bedeutet er ein Nullsummenspiel, in dem die durch reale Gegebenheiten vorgegebenen Gegner sich gegenseitig zu eliminieren versuchen, weil der eine nur das gewinnen kann, was der andere verliert. In der *Spielwelt* sucht man einen möglichst starken Gegner, weil in dem mutwillig und künstlich heraufbeschworenen Konflikt beide gewinnen, indem der verbissen miteinander ausgetragene Kampf um den je eigenen Sieg durch das so gemeinsam geschaffene Werk überwölbt und geadelt wird. In der Perzeption von Hardcore-Fans wird hingegen der Gegner zum Feind, der die vermeintlich nur am „eigenen" Sieg hängenden eigenen Interessen am Sport zunichtemacht.

Das hilflose Brimborium um sportliches Heldentum fügt einer bescheiden-selbstbewussten Umschreibung des Sportgeschehens nichts substantiell Aufklärendes hinzu. Er erzählt „Heldengeschichten, die nicht auf die Schwere der Existenz, sondern auf die Leichtigkeit des Seins abzielen" (BETTE 2019, 188)? Richtig! Aber eben deshalb sind es keine Heldengeschichten. Kein Mensch kommt ja auch auf die abermals absurde Idee, eine Schauspiel-

Künstlerin dafür, dass sie eine Rolle grandios verkörpert und damit ihrem Berufsethos nachkommt, in den Heldinstand zu erheben. Zu Recht. Warum also einen Sport-Künstler?

16. Profane Heiligkeit von Kulturgütern – und das Verhältnis des Sports zum religiösen Glauben[29]

Diskursive Ausgangslage: Die starke gesellschaftliche und politische Stellung der christlichen Kirchen in westlichen Ländern findet ihren Niederschlag in Institutionen wie den Arbeitskreisen Kirche und Sport, in der Einrichtung von kirchlichen Stellen für Sport- und Olympiapfarrer, die wie die Militärseelsorger „die Truppe" bei ihren „Auslandseinsätzen" menschlich und seelsorgerisch begleiten, in literarischen Publikationen sowie in dort und in kirchlichen Akademien geführten Debatten über Fragen der Art, ob der Sport als Erbe oder als Widerpart der christlichen Ethik angemessen gedeutet werden könne.

Fragen der Ethik können im christlich-abendländischen Kulturkreis kaum gehaltvoll erörtert werden, ohne auf die – eben – christlichen Elemente in der historischen Genese dieses Diskurses Bezug zu nehmen. Dies gilt auch dann, wenn man sich um ein nur partielles Problem wie eine präzisere Fassung der ethischen Implikationen sportlichen Handelns bemüht. Eine solche Bezugnahme kann dazu beitragen, sowohl die Reichweite und Grenzen der ethischen Implikationen sportlichen Handelns genauer zu erfassen, als auch eine solidere theoretische Grundlage für die pragmatischen Beziehungen zwischen Sport und Kirchen als zwei massenwirksamen gesellschaftlichen Institutionen bereitzustellen.

Eine solche Erörterung könnte unter zwei verschiedene Titel gestellt werden, die eine jeweils unterschiedliche Sprache sprechen. Zum einen: „Glaube – Moral – Sport: Was haben sie miteinander zu tun?". Hiermit wäre eher die *Sinn- und Handlungs*-Ebene des Problemfeldes angesprochen. Zum anderen: „Schwierige Partner: zur Beziehung zwischen Kirche – Ethik – Sport". Diese Fassung spricht eher die *institutionelle* Ebene an, Kirche und Sport als Institutionen und dazwischen Ethik als gleichsam wissenschaftlicher Sachwalter der Moralfragen, die sich in und zwischen diesen Institutionen stellen.

Die Kirchen sind – in Gestalt der ihnen nahestehenden, wenn auch satzungsmäßig unabhängigen, Sportvereine und -verbände – ja selbst *Teil* der Sportbewegung. Aber sie sind zugleich *außenstehende Kooperationspartner.* Als beides, also von innen wie von außen, haben sie sich immer wieder eingebracht in die Dispute des Sports, und zwar bevorzugt bei *moralischen Fragen.*

---

[29] Siehe KIPPENBERG, Hans Gerhard (2021): Stichwort *Religion/Religionsphilosophie.* In: SANDKÜHLER (2021), 2297–2306

Man kann hierzu zwei Beobachtungen machen: (1) Die Kirchen sehen sich in ihrem Verhältnis zum Sport spontan und in erster Linie als Mahner gegenüber ethischen Gefährdungen vor allem innerhalb des Spitzensports. (2) Diese Mahnerrolle trifft auf umso größere Akzeptanz und Zustimmung, je weiter die Adressaten von der Verantwortung oder Mitverantwortung auf der unmittelbaren Praxisebene des Sports entfernt sind.

An diesem Doppelbefund setzen Fragen nach dem Warum in beiden Hinsichten an. Eine der Fragen lautet: *Als was* bringen sich die Kirchen hierbei ein:

- in der Rolle eines alttestamentarischen *Propheten*, als den der US-amerikanische Sozialphilosoph Michael Walzer den Gesellschaftskritiker sieht und verteidigt, als den zwar lästigen, aber notwendigen, legitimierten und daher hilfreichen Mahner, der die Gemeinde von *innen* her an die selbstgegebenen *eigenen* Werte, hier also an den Eigensinn des Sports, erinnert?

- oder in der Rolle eines unerbetenen, weder zuständigen noch hinreichend sachkundigen Interventen, der von *außen* her den Sport vor *sportsinnfremde* Forderungen stellt?

Neben dem ernsthaft um Klärung bemühten Dialog zu dieser Problematik hat es hierzu über Jahrzehnte hin ein zwar ungenaues, unanalytisches Gerede und Geraune gegeben, das aber gleichwohl einen eingespielten Sprachgebrauch etabliert hat.[30] Man habe sich demnach damit begnügt, einfach nur dabeizusein bei einer sympathischen Sache, ohne ernsthafte Prüfung der theologischen Grundlagen. Gleichwohl kann man einen solchen eingeführten Sprachgebrauch auch nicht ohne weiteres und nicht gleichsam „ungestraft" verlassen.

Weiterführende Antwort: Ein solcher eingespielter, aber ungenauer Sprachgebrauch *muss* überschritten und präzisiert werden, wenn praxisverändernde Erkenntnis wachsen soll und wenn beide Partner dieser Zusammenarbeit ein genaueres Bild davon erhalten sollen, mit wem sie es auf der jeweils anderen Seite tatsächlich zu tun haben, um so unbegründete gegenseitige Erwartungen und unnötige Enttäuschungen zu vermeiden.

Zur Klärung der Ausgangslage ist zunächst festzuhalten, was bei dem heute hierzulande vorherrschenden, am liberalen Denken geschulten Verständnis von christlicher Religion, das keinen fundamentalistischen und totalisieren-

---

30 Hans Langenfeld hat einige dieser Spekulationen kritisch unter die Lupe genommen. Siehe LANGENFELD, Hans (2012): Die Religion des Sports. In: KRÜGER/ULFKOTTE (2012), 219–226. – Siehe auch den Kommentar unter dem Titel *Religio athletae – Religion als Ideologie* seines Münsteraner Kollegen Michael Krüger zu diesem Vortrag aus dem Jahr 1981, ebd.

den Absolutheitsanspruch über alle Lebensbereiche mehr erheben will und kann, – was hier also *nicht* mehr als direkte Eingriffssphäre bzw. Abhängigkeit angenommen und verkündet wird: Sport ist kein Feld kultischer Tätigkeit oder Unterordnung mehr wie etwa bei den antiken Olympischen Spielen. Sport ist nach einem solchen Verständnis folglich kein *innerreligiöses* Problem mehr.

Das kann sich allerdings schon „gleich nebenan", also in den nicht christlich dominierten Gebieten des *Global village* ganz anders darstellen – dort nämlich, wo Religionen ihr Proprium und ihr Mandat „überziehen" und religiös „begründete" Kleidungsvorschriften erlassen, die dann die Sportbeteiligung von Frauen behindern oder gar gänzlich ausschließen. Bei dem in Deutschland – auch die deutsche Geschichte kennt ganz andere Zeiten – nunmehr vorherrschenden liberalen Religionsverständnis stellen sich heute nurmehr Fragen auf der nächstniedrigeren Ebene: nicht mehr um innerreligiöse Fragen, sondern um *intermediäre* Fragen, um die *Beziehung* zwischen religiöser und sportlicher Sinnsphäre und zwischen den dort geltenden Ethiken. Auf dieser Beziehungsebene geht es um einen Sachverhalt, den man etwa so umschreiben kann:

Der Zusammenarbeit zwischen Kirche und Sport liegen unausgesprochen, aber auch weitgehend unbestritten diese beiden *Annahmen* zugrunde: (1) Moralfragen seien ein bevorzugter Gegenstand gerade *dieser* Zusammenarbeit. (2) Die Kirchen seien prädestiniert für die Beantwortung von *ethischen* Sportfragen. Die beiden meist als selbstverständlich akzeptierten Annahmen aber sind infragezustellen. Zu den entsprechenden *Zweifeln* zwei Thesen:

(1) *Verhältnis von profaner und religiöser Ethik: Religionen*, Glaubenslehren und Kirchen als deren institutionelle Träger sind exponiert und damit prädestiniert für Fragen der *Beziehungen zwischen Menschen und einer überirdischen Macht* und deren jenseitsorientierten Offenbarungen, einschließlich von autoritativen Anweisungen, die diese Offenbarungen auch für das irdische Handeln von Menschen beinhalten, soweit diese dem jeweiligen Glauben folgen und ihre individuelle Anhänger- oder Mitgliedschaft nicht aufkündigen.[31] *Ethik* hingegen betrifft autonome und freiwillig eingegangene, gleichwohl verbindlich geltende, daher von Individuen prinzipiell nicht sanktionsfrei kündbare *Vereinbarungen zwischen Menschen* über das, was diese untereinander sich im Zusammenleben billiger- und vernünftigerweise gegenseitig schulden.

---

31 Diese Sichtweise gilt, sofern man nicht mit Bezug auf Emile Durkheim einer säkularisierten Version von Religion als allen jenen Kräften, die eine große Zahl von Menschen stark zu binden vermögen, sondern einem systemtheoretischen Ansatz folgen will, der mit Niklas Luhmann die Leitdifferenz der Religion mit dem Code „*immanent – transzendent*" (später „*gläubig – ungläubig*") zu fassen vorschlägt.

Exklusive legitime Normierungsansprüche haben Kirchen nur für die *erste* Ebene. Auf der *zweiten* Ebene sind sie – und auch das nur im Falle der Kompatibilität – nicht mehr als *eine Quelle* unter anderen für die *Genese* und Verbreitung universalmoralischer Normen. Was die *Geltung* von universal-moralischen Normen anbetrifft, können sie also nur mitreden, also wie jeder andere vernunftgeleitete Diskursteilnehmer nur zu deren Begründung *beitragen*. Und die Akzeptanzfähigkeit ihrer Beiträge wird daran gemessen, wieweit sie mit den dort vereinbarungsgemäß universal geltenden Normen verträglich sind. Nicht also *weil* sie einer religiös fundierten Moral entstammen, sondern nur *soweit* sie als religiös fundierte Moralnormen zugleich *auch* vor der „Prüfungskommission namens alle Menschen" Bestand haben, können religiös fundierte Moralnormen Eingang auch in den Kodex universal geltender profaner Moralnormen finden.

Der immer wieder und besonders prominent von Joseph Ratzinger, dem nachmaligen Papst Benedikt XVI., erhobene Anspruch der christlichen Theologie, auch den *Glauben* selbst *vernünftig* begründen zu können, beruht auf einem fundamentalen Irrtum, einer Art von Kategorienfehler, bei dem zwei verschiedene Schritte in einen integriert und dabei gegenseitig neutralisiert werden: (1) der durch Vernunft prinzipiell nicht erreichbare Glaube, (2) die vom Glauben unabhängige unverzichtbare Vernunftbegründung praktisch-ethischen Handelns. Auszugehen ist folglich von der allgemeinen Unmöglichkeit, Glauben und Vernunft in ein *nicht-hierarchisches*, sich gegenseitig scheinbar ausbalancierendes Verhältnis zu bringen. Es geht nur mit einem hierarchischen Modell, in dem die *Vernunft* das *Primat* ausübt, also den Rahmen absteckt, innerhalb dessen Glaubenslehren sich legitim entfalten, d.h. sozial ausbreiten und überindividuelle Geltung beanspruchen können.

Jene relativ eindeutige Verteilung der Geltungsgründe und Verantwortlichkeiten nun ist, schon maßgeblich vorbereitet durch den Augsburger Religionsfrieden von 1555, spätestens seit dem Westfälischen Frieden von 1648 zumindest in Zentraleuropa auch verfassungsrechtlich über die bloße ethische Ebene hinaus auch bis in die *rechtliche* Ebene hinein festgeschrieben. Mit dem Westfälischen Frieden traten verfassungsrechtlich theologischer Wahrheitsanspruch und staatliche Ordnung auseinander, so dass die Reichsverfassung zu einer neutralen Friedensordnung werden konnte. Für beide Seiten bedeutete dies allerdings eine Veräußerlichung und Formalisierung ihrer Bekenntnispositionen. Der Staat zog sich auf die Funktion einer säkularen Rechtsgemeinschaft zurück, die den ständig drohenden konfessionellen Bürgerkrieg verhinderte, indem sie ihn mit dem Makel der Rechtswidrigkeit belegte. Das, was die *christlichen* Kirchen seit 1648 mit dem dort erzwungenen und seither hingenommenen Primat der Geltung staatlich-säkularen Rechts vor dem praktischen Durchsetzungsanspruch von Glaubenslehren (er)dulden (und aus ihrer Sicht vielleicht auch lieber wieder rückgängig gemacht sähen), wird z.B. in *islamisch* oder auch *christlich-orthodox* bestimmten Ländern nach wie vor nicht anerkannt.

Dieses Verständnis läuft also darauf hinaus, die christliche Zwei-Reiche-Lehre, die zumeist nur auf Fragen von Recht und Macht bezogen worden war, bis auf die Ebene der Moral fortzuschreiben und damit jeglichen allgemeinverbindlichen religiös begründeten Geltungsanspruch für profane moralische Maximen infragezustellen. Und zwar aus *prinzipiellen* Erwägungen, nicht aus der vordergründig-*polemischen* Absicht, den Kirchen infolge ihres Bedeutungsverlusts den Zutritt zu öffentlichkeitswirksamen Spielfeldern zu verweigern.

Die geltenden säkularen bzw. profanen Normen also sind Prüfkriterium für die Verallgemeinerbarkeit der verkündeten religiösen Normen, nicht umgekehrt. Es gibt für diese Ebene keine eindeutigen Verbindungen zwischen *religiösen* Glaubensbekenntnissen und -lehren, deren Überzeugungskraft sich aus einer göttlichen Offenbarung ergibt und deren Bindungskraft sich „nur" auf die Beziehung *zwischen Gott und Mensch* erstreckt, und der *profanen* Universalmoral, deren Überzeugungskraft sich aus der *Conditio humana* ergibt und deren Bindungskraft sich stets „nur" auf die Beziehungen *zwischen Menschen* erstreckt.

Der Sport gehört jedenfalls nach dessen eigenem Selbstverständnis und auch nach heutigem christlichem Verständnis vollständig der profanen Sphäre an. Er wäre folglich durch das moralbezogene *Proprium* der Religion grundsätzlich gar nicht erreichbar.

(2) *Verhältnis von universaler christlicher und partikularer sportlicher Ethik:* Glaubenslehren und deren versuchte Um- und Fortschreibung in Morallehren beziehen sich von vornherein durchweg nur auf die existentiell bedeutsame *„Ernstsphäre"* der *Conditio humana*. Die für diese gleichermaßen bedeutsame *„Spielsphäre"* aber wird dabei nie direkt angesprochen.

Exemplarisch zusammengefasst findet man eine solche Einschätzung schon früh in den *Pensées* von Blaise Pascal: Die unablässige Pflicht zur Gottsuche sei unvereinbar mit einer Zeitvergeudung, „um Piquet zu spielen". Das kann kaum anders sein, da nach der christlichen Lehre Jesus zur Übernahme und Vergebung der Sünden am Kreuz gestorben ist und sich seine frohe Botschaft an die Mühsamen und Beladenen richtet. Es ist schwer vorstellbar, wie diese Botschaft über die Ernstsphäre hinaus sinnvoll und konsistent auch in der Spielsphäre zum Tragen kommen könnte. Denn die dort etwa im Sport Agierenden werden zu Mühsamen und Beladenen ja nicht als *Opfer* von realer Not, von inhumanen Umständen oder von hiob-ähnlichen göttlichen Strafgerichten. Vielmehr suchen sie *freiwillig und mutwillig)* gerade solche Situationen auf, die ihnen dann die erwünschte Mühsal bereiten. Die Spielsphäre könnte daher seitens der Glaubenslehren nur mit solchen Normierungsversuchen erreicht werden, die den für die Geltung in der Ernstsphäre entworfenen Normen entlehnt und hier folglich „*unpassend*" sind. Sie zielen entweder zu hoch oder zu tief.

Dies verbindet sich mit einem weiteren problematischen Muster: Sportliches Handeln bewegt sich innerhalb einer von „Produktionsästhetik" bestimmten Sinnsphäre: Im Gegensatz zur Konsumtionssphäre, die von Prinzipien der *Verteilungs*-Gerechtigkeit bestimmt wird, gelten hier Prinzipien einer „*Produktions- und Wettbewerbs*-Gerechtigkeit". Sportbezogene Gerechtigkeit stellt sich folglich als ein Feld dar, in dem es um Gerechtigkeit als Chancengleichheit geht: Zu unterscheiden ist mit dem Philosophen William Frankena eine „Theorie der Gleichheit in der *Sache*" von einer „Theorie der Gleichheit im *Verfahren*". Für den Sport als Feld, in dem es um das Streben nach Exzellenz, nach Vortrefflichkeit geht, gilt dabei: „Die Natur kann nur die Voraussetzung zur Vortrefflichkeit bereitstellen und die Gesellschaft nur die Chancen und Hilfsmittel zu ihrer Realisierung beisteuern; Vortrefflichkeit oder Verdienst selbst muss das Individuum selber erlangen." Und: „Das Gleichheitsprinzip der Gerechtigkeit fordert lediglich, jedem die gleiche Möglichkeit zu geben, das bestmögliche Leben zu führen, dessen er fähig ist". Deshalb entscheidet sich der Autor trotz der damit verbundenen Härten für die je beteiligten Personen im allgemeinen – und dies gälte sinngemäß auch für den Sport – „für die Verfahrensversion der Gerechtigkeitstheorie", in der nicht gleicher *Erfolg*, sondern nur gleiche Chancen beim *Zugang* zum Wettbewerb um dessen Erringung sowie gleiche Bedingungen für alle in dessen *Durchführung* (und mehr nicht) gewährleistet werden.[32]

Hier handelt es sich um ein Feld, in dem Nietzsches Philosophie und ihr umstrittener Ruf nach einem „Willen zur Macht" angesiedelt sind. Der büßt seine scheinbar inhumane Bedrohlichkeit ein, wenn man berücksichtigt, dass Nietzsche hierbei primär in der kulturellen und ästhetischen, nicht aber in einer politischen Sphäre dachte. In der Tat ist die Legitimität eines Vorrangs von Produktions- und Wettbewerbs-Gerechtigkeit vor Prinzipien der Verteilungs- und Kooperations-Gerechtigkeit zumindest solange nicht bestreitbar, wie deren Geltung strikt auf die nicht existentiell bedeutsame ästhetische und Spielsphäre beschränkt bleibt. Die christlichen Kirchen aber legen aufgrund ihrer Betonung von Nächstenliebe und Barmherzigkeit seit jeher den Schwerpunkt ihres humanen Engagements gerade auf Fragen der gesamtgesellschaftlichen *Verteilungs*-Gerechtigkeit. Die respektablen Verdienste, die sie sich hierbei erworben haben, werfen gleichwohl nichts zur Klärung ihres Mandats für Fragen der Produktions- und Wettbewerbs-Gerechtigkeit in der Spielsphäre und damit im Sport ab.

---

32 FRANKENA, William K. (1991): Gerechtigkeit als Chancengleichheit. In: HOERSTER (1991), 159–174

Nimmt man beides zusammen, ergeben sich zwei vollständig disparate, kaum miteinander kompatible Sinn-Muster: (1) im *Sport* die *Sinn-Dominanz einer Verbindung von Produktions- und Wettbewerbs-Gerechtigkeit mit der ästhetischen Spiel-Sphäre*; (2) in der *Kirche* die *Sinn-Dominanz einer Verbindung von Verteilungs-Gerechtigkeit mit der gesellschaftlichen Ernst-Sphäre*.

So wird deutlich, dass sich hier zwei Sinn- und Handlungsfelder gegenüberstehen, zwischen denen das gegenseitige Missverstehen systematisch angelegt ist und nur unter Beachtung scharfer analytischer Trennungen vermieden werden kann. Gerade diese aber sind in der Kommunikation über Fragen von Kirche, Ethik und Sport bislang ungeübt. Man geht stattdessen „leger-sportlich" miteinander um. Die ungeprüfte Übertragung ihrer allgemein geltenden Sinnorientierung auch auf den Sport gibt den Kirchen bei ihrer Suche nach der Moral im Sport eine potentiell irreführende Wünschelrute in die Hand. Der Sport ist daher auch in dieser zweiten Hinsicht durch das moralbezogene *Proprium* der Religion grundsätzlich kaum erreichbar.

Grundvoraussetzung ist das *Prinzip der Wahrhaftigkeit*. Dessen Geltung ist auf beiden Seiten der Kooperation zwischen Kirche und Sport einzufordern. Fruchtbar und dauerhaft, also *nachhaltig* kann diese Zusammenarbeit nur dann sein, wenn beide Seiten einander nicht instrumentalisieren zur Stärkung ihrer je eigenen gesellschaftlichen Stellung durch Nutzung, durch „Imagetransfer" der Anerkennung und der zielgruppen-spezifischen Resonanz des je Anderen, sondern nur dann, wenn jede Seite die *Stärken ihres je eigenen Propriums* zum gemeinsamen Nutzen einbringt. Es ist fraglich, ob diese gemeinsamen Stärken tatsächlich gerade auf dem Gebiet der *sportbezogenen Ethik* liegen.

Zur Begründung des gegenseitigen Respekts ist wichtig anzuerkennen, dass *Atheismus* nicht gleichbedeutend ist mit *Nihilismus*. Im Gegenteil: Der Verlust religiöser Bindung kann, insoweit er nur als *negative* Freiheit, als Freiheit *von* den ethischen Lasten religiöser Bindung verstanden wird, zwar *einhergehen* mit „moralischem Verfall". Aber nur dann, wenn die religiös verordnete und gebundene Moral zuvor die humane Aufgabe und Verantwortung aus der *positiven* Freiheit, der menschlichen Freiheit *zu* etwas blockiert und ersetzt hat, nämlich die Freiheit und kantische Pflicht zur Schaffung einer autonomen menschengerechten Moral. Die aber bedeuten das Gegenteil von Nihilismus.

Der Sport dreht sich, wie in dieser Einführung beschrieben, um einen spezifischen Umgang mit Grenzen sowie um die nicht nur gesundheitlichen, sondern auch moralischen Risiken, die sich daraus ergeben. Er berührt sich hier mit leitenden Motiven und Sinnmustern in *anderen Künsten*. So hat der Dichter Rainer Maria Rilke in seinen Beobachtungen und Deutungen zur Malerei als Leitidee bei Paul Cézanne den Gedanken des „ausschließlichen

Dienstes an der Kunst" ausgemacht, ein „Ethos der Verbissenheit", mit dem Cézanne alles von sich wies, was ihn an seinem „Priestertum der Kunst" hindern konnte. Solche Zitate ließen sich aus allen Kunstgattungen beibringen. Hier liegt der eigentliche Kern von in der Sportwissenschaft anzutreffenden Versuchen, den Sport als eine *„Zivilreligion"* zu deuten. In diese Richtung weist Coubertins Rede vom Sportler als „Priester der Muskelkraft" oder von der „religio athletae". Aber diese Anleihen bei einer religiösen Begrifflichkeit weisen letztlich dann doch auf eine irreführende Deutungsspur: Sport ist grundsätzlich gerade nicht jene *„Ersatzreligion"*, als die auch der Moraltheologe Dietmar Mieth[33] ihn kritisch wahrnimmt.

All dies ändert nichts an der Begründetheit der Vermutung, dass hiermit doch auch ein ernstzunehmendes *Ärgernis* für Religion, Glauben, Theologie und Kirche in die Welt gesetzt ist: Gerade nicht ein etwaiger blasphemischer Verweis des Sports auf ein *Jenseitiges* und auf eine *dortige* götzenhafte Konkurrenz mit Gott bildet dabei das Ärgernis – denn etwas Derartiges ist im Sport allenfalls marginal anzutreffen. Das eigentliche Ärgernis besteht vielmehr in der vollständig *diesseitigen* Konkurrenz durch eine totale und dabei eher mönchische als priesterliche Hingabe an ein Spiel, an ein *diesseitiges Nichts* und somit an ein *Fernstes* anstelle der Hingabe an ein *jenseitig Höchstes* (also an Gott) und an ein *Nächstes* (also an den Dienst am Nächsten, dem bedürftigen Menschen). Das Ärgernis bildet also die *anmaßende Verschwendung*, die statt der *demütigen Sorge* den Sinnkern sportlichen Handelns ausmacht. Nicht primär also das innerreligiös-blasphemische Streben nach Gott-*Ähnlichkeit* in einer hybriden Selbst-Überschätzung, sondern die außerreligiös-indifferente Gott-*Losigkeit* in dem Sich-selbst-Genugsein sportlichen Strebens nach Exzellenz. Zudem aber auch die Chance auf völlig *diesseitige „Unsterblichkeit"*, die sich aus herausragendem künstlerischem oder sportlichem Handeln ergeben kann.

In einer solchen hintergründigen Sicht wären es also nicht erst die aktuellen *Gefährdungen und Fehlentwicklungen* des Sports, sondern vor allem anderen schon einige Grundelemente seines *Sinnkerns selbst*, die seitens der Kirchen zumindest hintergründig kritisiert werden, wenn sie vordergründig den Verfall der moralischen Substanz im Sport beklagen. Gefragt wäre jedoch nicht in erster Linie *Kritik*, sondern *Anerkennung* der extremen Selbstherausforderung, welche Menschen ihrem humanen Selbstbild und deren Exponent*innen in Kunst und Sport auferlegen, sowie menschlich-moralischer und ggf. auch seelsorgerlicher *Beistand* bei dem alpinistischen Wagnis, das sie dabei eingehen.

Der Diskurs über Sport wie allgemein über Kunst neigt zu ikarushaften *rhetorischen* Höhenflügen mit fahrlässigen Überinterpretationen und Über-

---

33 Siehe MIETH, Dietmar (1997): Fortschritt im Sport – Rückschritt in der Moral? In: GRUPE (1997)

bewertungen, die das ästhetisch-schöpferische *Handeln* gar nicht einlösen kann – und die ihm folglich im Praxistest mit entsprechenden Glaubwürdigkeitseinbußen auf die Füße fallen. Diese notorische Gefahr kann allein durch verantwortliches Denken und Reden über Sport gebannt werden, das von seinem Eigensinn, also auch von dessen Grenzen ausgeht und ihm so die Belastung durch alle möglichen schlecht begründeten außerästhetischen Zumutungen erspart.

Der mit einer solchen Argumentation auf Distanz gehaltene Umgang mit dem Sportgeschehen hingegen verrät allzu oft eine nicht zu rechtfertigende *Wertevergessenheit* unter dem Vorwand, vermeintlich höherstehende Werte zu verteidigen. Zu dem tatsächlich hochrangigen Status der Sportidee als mittragende Säule des zwar europäisch induzierten, aber universell und global geltenden Wertekosmos gehört die Tatsache, dass es *keinen durch partikulare gesellschaftliche Umstände modifizierten und relativierten Sport* geben kann. Es gibt gleichsam nur einen *sportlichen Sport*, das heißt einen durch die Sportidee und das darauf aufgebaute Regelwerk bestimmten Sport. So wie es auch, trotz eines notorisch anderslautenden Sprachgebrauchs, nicht wirklich eine *religiöse Kunst*, sondern nur eine *ästhetische Kunst* geben kann. Sie folgt ästhetischen Gestaltungsprinzipien und -ansprüchen, oder sie ist keine Kunst. Dabei kann sie unterschiedliche, darunter auch religiöse, Gegenstandsbezüge aufnehmen und verarbeiten. Und sie kann in unterschiedliche, darunter auch religiöse, Verwendungs- und Verweisungskontexte gestellt werden. Der Schöpfungsprozess selbst jedoch bleibt stets dem Primat der Formgestaltung unterstellt.

17. Wo kommt das Böse her?

Eine ganz und gar diesseitige Antwort auf die Theodizee-Frage[34]

Diskursive Ausgangslage: Dies ist keine primär sportbezogene, sondern eine allgemeinphilosophische Frage, die meist in einem theologischen Kontext diskutiert wird. Sie beschäftigt uns seit Menschengedenken. Und zwar stets dann, wenn extreme Katastrophen natürlicher Provenienz wie das Erdbeben von 1755, menschengemachte Massenverbrechen von der Größenordnung des Holocaust oder auch besonders grausame Individualdelikte die Suche nach der Quelle dieses unfassbaren Bösen auslösen. Jene Frage wird dann oft ebenso spontan aufgeworfen wie als letztlich nicht schlüssig beantwortbar stehengelassen.

Der Hauptgrund für diese Ratlosigkeit liegt darin, dass bereits in die Frage selbst unausgesprochene Prämissen eingelassen sind, die Antwortversuche in Paradoxien oder Aporien enden lassen. Diese Prämissen sind theologischer

---

34 Siehe Schraven, Martin (2021): Stichwort *Böse, das*. In: Sandkühler (2021), a.a.O., 305–311; sowie Regenbogen, Arnim (2021): Stichwort *Gute, das*. In: ebd., 954–961

oder individual- bzw. politisch-moralischer Natur und unterstellen, dass das Böse eine manifeste Macht darstelle, die in einer geheimnisvolleWeise handlungsfähig sei und von irgendwo draußen in die menschliche Welt eindringe.

Die *theologische* Variante ist bereits in den Heiligen Schriften des Juden- und des Christentums mit einem „Teufel" namens Satan beantwortet worden, der sein widergöttliches Unwesen unter den Menschen treibe. Wer sich mit diesem schlichten Lösungsversuch nicht zufriedengeben wollte, griff zu elaborierteren Ansätzen. Die ambitionierteste darunter ist die *Theodizee*-Frage: Wie konnte ein dem Menschen doch wohlgesonnener Gott ein solches Desaster zulassen? Um allein schon dieser Frage selbst Plausibilität zu verleihen, wurde ihr als unbezweifelbarer Prämisse die Annahme sowohl eines je aktuell eingreifenden wie auch eines gütigen Gottes vorausgeschickt. Folgerichtig mussten die Antwortversuche im Irgendwie oder in Aporien enden.

Ähnlich die *moralische* Variante: Die übliche Wahrnehmung von dem „Einbruch" vor allem des extrem Bösen in die eigentlich auf das Gute ausgerichtete menschliche Welt ist getragen von der Vorstellung, dass etwas derart Monströses nicht zu ihr gehöre und ihr von finstern externen Mächten aufgezwungen sein muss. Diese Externalisierung ist exemplarisch gefasst in dem Spruch „Ich war's nicht, Adolf Hitler ist es gewesen", der die kollektive Mitverantwortung für das Grauen des Nationalsozialismus durch Fixierung auf eine alleinschuldige Person nach außen abzuschieben versucht hat und von einem Symposium aus Anlass des 60. Jahrestages der Wannsee-Konferenz zur „Endlösung der Judenfrage" im September 2002 in Bernburg als Titel gewählt wurde.

Im Sport drehen sich weite Teile dieser Diskussion um das Eindringen des „Bösen" in Gestalt des Sportsinn-Widrigen vor allem des Dopings. Auf dessen *inhaltliche* Seite wird noch genauer zurückzukommen sein. Hier geht es zunächst um die *Ursachen* dieses sporttypischen Erzübels. Hierzu werden soziale oder gesellschaftspolitische Bedingungsgefüge z.B. in Gestalt von gängigen Beschwichtigungsmustern, also vor allem *von außen* in den Sport hineinwirkende Faktoren ins Feld geführt. Ferner gibt es eine radikale, auf die vermeintliche Binnenstruktur der Sportidee selbst zielende Deutung, die unterstellt, diese Idee selbst programmiere aufgrund des ihr *immanenten* Überbietungsprinzips von sich aus unausweichlich den Weg ins Doping.

Beiden scheinbar diametral entgegengesetzten Ansätzen ist gemeinsam, dass sie dem Eigensinn der Sportidee keine vorrangige Bedeutung beimessen oder der die Praxis bestimmenden Kraft dieser Idee ebensowenig über den Weg trauen wie der Eigenverantwortlichkeit der die Idee umsetzenden Protagonist*innen. Die Folge ist eine resignative Grundhaltung nach dem Motto, man könne das Problem ohnehin nicht wirklich in den Griff bekommen.

Weiterführende Antwort: Man sollte sich nicht ins Bockshorn jagen lassen von Skeptikern und Apokalyptikern. Man kann dem entgegenhalten: Alles, was wir an Sinn kennen – und sei es Unsinn oder Nonsens, die ja auch eine Form von Sinn sind –, wurde von Menschen erfunden und in die Welt hineingetragen. Es ist alles *unser* Sinn, von uns und für uns, und sonst nichts. Dies gilt auch für dieses große Rätsel der Menschheitsgeschichte: für die Frage, wo das Böse seinen Ursprung hat, für die *Unterscheidung von Gut und Böse.* Nach allgemeiner, religiös geprägter Überzeugung ist sie entweder von außen bzw. von oben in die Welt getragen worden, durch den übermenschlichen Kampf zwischen Gott und Teufel, künstlerisch verewigt in der Wette zwischen dem Herrn und Mephistopheles im Prolog im Himmel in Goethes *Faust I*; oder aber durch den sündigen Menschen selbst, Adams und Evas frevelhaften Verstoß gegen das göttliche Verbot, vom Baum der Erkenntnis von Gut und Böse zu essen, seine Vertreibung aus dem Paradies und die damit begründete Erbsünde.

Aus der in dieser Einführung vertretenen Sicht spricht viel für eine bestimmte Version der zweiten Variante: für *den* Aspekt der biblischen Erzählung in der Genesis, der von der (wenn auch verbotenen, aber warum eigentlich?) Erkenntnis von Gut und Böse spricht. *Erkennen-*Können setzt *Unterscheiden-*Können voraus. Auch diese Unterscheidung wäre demnach zurückzuführen auf eine ureigene menschliche Sinnstiftung, allerdings auf eine solche, die weit positiver gestimmt ist als in der biblischen Erzählung. Demnach kommt das Böse nicht dadurch in die Welt, dass der Mensch sündig ist, sondern im Gegenteil dadurch, dass der Mensch *das Gute „erfunden"* hat: Er hat in einer wertungsneutralen natürlichen Umwelt infolge seiner *Selbstentdeckung und Selbstauszeichnung* als eigenständige Gattung *Gemein-Sinn*[35] und damit *das Gute* in die Welt gesetzt als moralische Regeln, die im menschengerechten Umgang *miteinander* gelten und deshalb die Geltung von in der Natur herrschenden Menschenunverträglichkeiten bewusst außerkraft- oder zumindest außer Geltung setzen sollen.

Faschismus besteht vor allen seinen historisch-politisch akzidentiellen Begleiterscheinungen darin, diese zivilisierenden Errungenschaften bewusst, mit Vorsatz und systematisch wieder zurückzunehmen, um so zur Willkür und Gewalt einer Art von Naturzustand im Interesse einer partikularen Macht oder Ideologie zurückkehren zu können. Faschismus kann deshalb als *der* Inbegriff des Bösen schlechthin gelten. Zumindest in Spurenelementen findet er sich in *allen* Formen von mutwilliger Verletzung moralischer Prinzipien und Regeln.

---

35 Siehe ARENDT, Hannah (2007): Über das Böse. Eine Vorlesung zu Fragen der Ethik. München: Piper: „*Gemeinsinn* war für Kant nicht ein Sinn, der uns allen gemeinsam ist, sondern genauso genommen jener Sinn, der uns in eine Gemeinschaft mit Anderen einpasst, uns zu ihren Mitgliedern macht" (140).

Ziel jener Erfindung des Guten ist der Schutz des Menschen vor den Gefahren der Natur in sich selbst sowie in und gegenüber seiner natürlichen und gesellschaftlichen Umwelt. Neben der Selbstanerkennung als menschliche *Gattung* und ihres Gemeinsinns geht die Moral zurück auf die Selbstanerkennung des *Eigensinns* eines jeden menschlichen Individuums als *Person*, die mit sich selbst in ein Zwiegespräch treten kann als letzte Urteilsinstanz darüber, was gelten soll. Der Mensch hat mit dieser doppelten Selbstanerkennung indirekt *das Böse*, das es im natürlichen Kosmos gar nicht gibt – denn dort ist alles, was geschieht, gleichgültig im Sinne von gleich gültig –, mitgeschaffen und in die menschliche Welt gesetzt als alles das, was es aufgrund natürlicher Strebungen zwar *geben kann* und tatsächlich *gibt*, das im humanen *zwischenmenschlichen* Verkehr aber *ausgeschlossen sein soll*. Das Böse ist deshalb, wie Konrad Lorenz es bezeichnet, nur *Das sogenannte Böse* (LORENZ 1963).

Es ist und bleibt damit in der menschlichen Welt verwerflich, und es geschieht dort sogar allzu häufig. Aber dies gibt gleichwohl keinerlei Grund für eine pessimistische Weltsicht. Denn das Böse – und trete es auch noch so monströs auf – wird immer und grundsätzlich überstrahlt durch die Tatsache, dass es überhaupt erst entstehen konnte durch den historisch wie logisch und moralisch vorgängigen Entschluss von Menschen, das Gute zu wollen und anzustreben – also dadurch, dass der Mensch hierbei immer Herr des Verfahrens ist. Das Problem konnte nur deshalb zum Rätsel werden, weil es von Beginn an – und dann verschärft durch den *Manichäismus* mit verheerenden Nachwirkungen bis in die Gegenwart – irreführend beschrieben wurde: Es geht überhaupt nicht um einen *kosmischen* Kampf der Mächte des Bösen gegen die Mächte des Guten, sondern um einen Kampf, in dem die menschliche Welt überhaupt erst vorsätzlich aus ihrer tierischen Mitwelt herausgehoben und als eine – eben – menschliche Welt konstituiert wurde und immer weiter wird.

Es geht mithin weit spezifischer um einen allein *innerirdischen* Konflikt, und noch spezifischer: um einen Konflikt, der allein in der *menschlichen* Welt und als deren Voraussetzung ausgetragen wird. Beim Kampf zwischen Gut und Böse geht es somit um weit Spezifischeres: darum, der *Herrschaft der naturgegeben-animalischen Antriebe des menschlichen Handelns* (also dem vermeintlich Bösen, das aber in Wirklichkeit nur einem wertneutralen Naturimpuls entspringt) den *Willen zur Durchsetzung des Geltungsanspruchs menschengerecht einschränkender Grenzen und Regeln* entgegenzusetzen (also das tatsächlich Gute, das aber nicht den Dingen und Handlungen objektiv zukommt, sondern ihnen aufgrund ihrer Menschenverträglichkeit erst zugeschrieben wird). Das, was man „das Böse" nennt, ist in Wirklichkeit die *Verabsolutierung* der Geltung natürlicher Gegebenheiten innerhalb der menschlichen Welt. Das „Gute" ist demnach der partikulare Verzicht auf die volle Ausschöpfung eines naturgegebenen Egoismus entweder (1) durch einen selbstzweckhaften Altruismus oder (2) durch eine solche Gestaltung des Egoismus, dass seine Ergebnisse und Werke zugleich einen allgemeinen Nutzen stiften, also zum Gemeinwohl beitragen.

Theoretische Anerkennung und praktische Befolgung von Moralnormen gründen somit auf der Selbstanerkennung von Menschen als eine eigene Gattung mit *spezifischen Mitgliedschaftsregeln*. Damit beantwortet sich auch eine ewige Frage der Moralphilosophie gleichsam von selbst: wie nämlich das allgegenwärtige *Trittbrettfahrer-Syndrom* durchbrochen, wie also das Gegenseitigkeits-Prinzip bei der Übernahme der individuellen Kosten aus dem kollektiven Nutzen der Moral widerspruchsfrei begründet und praxiswirksam durchgesetzt werden kann. Sie beantwortet sich im Sinne jener Mitgliedschaftsregel: Wer zur Gattung Mensch gehören, dort als legitimes Mitglied anerkannt werden und an den kollektiven Gütern partizipieren will, muss die „Vereins"-Satzung anerkennen und seinen Beitrag zahlen. Andernfalls betreibt er seinen eigenen logischen *Selbstausschluss* bzw. riskiert sogar seinen manifesten *Zwangsausschluss* – der je nach Zivilisierungsgrad einer menschlichen Gemeinschaft mehr oder weniger gnädig oder drakonisch ausfallen kann.

Eine zivilisierte Gesellschaft gebietet jedoch jeglichem *absoluten* Ausschluss von Menschen aus der menschlichen Gemeinschaft Einhalt, indem sie selbst in schwersten Fällen des Selbstausschlusses keinem einzigen Individuum die Würde der Mitgliedschaft und Zugehörigkeit zur Gattung Mensch abspricht. So wie bei Troubadix, der wegen der Unausstehlichkeit seiner Musik aus allen Festivitäten um Asterix, Obelix, Majestix und Miraculix verbannt bleibt, aber bis zum letzten als Mitglied des kleinen gallischen Dorfes verteidigt wird, wenn er von feindlichen Mächten bedroht ist. Die allfällige allergisch-aggressive Abwehrreaktion auf theoretische Selbstausschlüsse ohne das Einlösen der praktischen Konsequenzen – also auf die Dreistigkeit jeglichen Schmarotzertums – spiegelt sich beispielhaft in Lafontaines Fabel „La cigalle et la fourmi": „Eh bien, dancez maintenant!" antwortet die arbeitsame Ameise kalt auf das Ansinnen der Grille, die den Sommer weltvergessen durchtanzt hat, ihr aus dem Nahrungsmangel des Winters herauszuhelfen und von deren Erspartem abzugeben.

Wo also kommt das Böse her? Wie gesagt: Diese Frage ist ein Musterbeispiel dafür, wie eine in die Frage selbst implizit eingelassene Prämisse die Antwortsuche auf den Holzweg schicken kann. Das Böse kommt – *primär* – eben nirgends her. Es ist vielmehr schon immer da als das, was in der durch menschliche Erfindung nicht beeinflussten Natur herrscht. Zu etwas Bösem wird es erst – *sekundär* – dadurch, dass der Mensch sich dafür entscheidet, zu seiner Selbstkonstituierung innerhalb seiner natürlichen Mit- und Umwelt sowie zur Selbstregulierung des Verkehrs mit Seinesgleichen bestimmte natürliche Sachverhalte auszuschließen, indem er sie zu etwas Bösem und

Strafwürdigem erklärt. Das Böse hat sich als blinder Passagier bei der Reise des Menschen in Richtung auf das Gute an Bord geschlichen, im Rücken des Guten. Um das Böse nach Möglichkeit nicht destruktiv wirksam werden zu lassen, bedarf es permanenter *emotionaler, moralischer und rechtlicher Anstrengungen* aller Mitglieder der menschlichen Gemeinschaft sowie der von ihnen geschaffenen Institutionen.

Der erfolgreiche Kampf gegen das Gewährenlassen des Bösen in der menschlichen Welt ist mithin eine alles andere als selbstverständliche, ebenso menschengemachte wie menschenwürdige, in *jeder* moralisch aufgeladenen Handlungssituation erneut zu erbringende *Leistung*. Sie muss als verdienstvoll anerkannt und honoriert werden und bedarf der Unterstützung durch moralische und rechtliche Regelsetzung und -durchsetzung. Diesen Kampf erfolgreich zu führen, ist nur bedingt heroisch, insofern er Unterstützung aus entgegenkommenden natürlichen Quellen mobilisieren kann, mit denen eine gnädige *Conditio humana* den Menschen als „Homo generosus" (NØRRETRANDERS 2004) ausgestattet hat. Mit einem Schuss von übermäßigem Optimismus wurde sogar bereits „das Ende des Bösen" (DEGEN 2007) ausgerufen, weil ausgerechnet die Naturwissenschaft „das Gute im Menschen" ausfindig gemacht habe. Der Schriftsteller und Filmautor Wolfgang Kohlhaase hat für diese hoch anspruchsvolle Konfiguration ein treffendes Bild gefunden, dessen beide Seiten er zugleich in zwei heute umstrittene, aber gerade dadurch rehabilitierte politische Kategorien fasst: „Nach links muss man klettern, nach rechts kann man rutschen."[36]

Im Sport tritt dieses Böse in einer entscheidend abgeschwächten, entdramatisierten, aber in der gleichen logischen Struktur und in einer für seinen Status als Kulturgut bedrohlichen Weise in verschiedenen Gestalten auf. Ihnen allen ist gemeinsam, dass sie sich nicht innerhalb des Sinnraums des Sports bewegen, sondern diesen *verlassen* und tendenziell vollständig *aufheben*:

- Das gilt nicht für die Allerweltsform „normaler" Fouls. Die sind tatsächlich „faire Fouls", insoweit sie als Ausdruck des fairen Einsatzes aller regelrecht verfügbaren Mittel lediglich den Bogen überspannen und dadurch die gegnerische Seite regelwidrig und ohne Vorsatz an deren eigenen Aktion hindern.
- Im sportbezogenen Sprachgebrauch hat sich als erste Form die Floskel vom „fairen Foul" irreführend für solche Aktionen eingebürgert, in denen das eben Genannte nicht „aus Versehen", sondern eindeutig mit dem Vorsatz erfolgt, die gegnerische Seite zwar regelwidrig, aber immerhin noch mit gebremster Gewalt an der Umsetzung ihres Vorhabens zu hindern.

---

36 Zitiert bei MENGE, Marlies (1998): „Nach links muss man klettern, nach rechts kann man rutschen." Ein Filmautor auf der Suche nach seinem Publikum. In: DZ vom 27.8.1998

- Die zweite diesbezügliche Form ist das Doping-Syndrom.
- Die dritte Variante besteht in der „Schwalbe", also der Vortäuschung eines Fouls der Gegenseite. Sie ist aus Sportsicht besonders verwerflich, weil sie einen Vorteil zu erschleichen versucht, indem sie zum einen den vollen Einsatz der eigenen Leistung durch einfaches Sich-fallen-Lassen verweigert, und zusätzlich die Gegenseite verleumderisch einer Regelverletzung bezichtigt.
- Die vierte Variante besteht in der Leistungsverweigerung in Gestalt von Wettmanipulation, in der man ein Sportergebnis durch eigene Leistungszurückhaltung in eine Richtung beeinflusst, die vom Wettmarkt vorgegeben wird und damit die sporttypische Offenheit des Wettbewerbs-Ausgangs als ein konstitutives Moment des sportlichen Eigensinns aufhebt.

18. Homo technologicus sportivus?[37]

Diskursive Ausgangslage: Technologische Momente prägen das Erscheinungsbild des Sports auffällig mit. Insofern kann die Frage nach ihrer genauen Bedeutung für das Sinnfeld Sport und seine aktuelle Entwicklung einen wichtigen Beitrag, eine weitere Facette zu einem gehaltvollen sporttheoretischen Diskurs beisteuern. Allerdings: Auffällige Verkleidungen sind prädestiniert für das Aufstellen von Wahrnehmungsfallen. Wer dieser Facette des heutigen Sports wissenschaftlich nachspüren will, tut also gut daran, hier besonders aufmerksam vorzugehen und sich mit verlässlichen Deutungsinstrumenten zu wappnen.

Die Ausgangslage für dieses Thema ist ein *prima vista* unplausibles *Verhältnis zwischen Künstlichkeit und Natürlichkeit*: Bei *Technik* handelt es sich zwar um Artefakte, um *künstlich* Geschaffenes. Aber nach dem im menschlichen Handeln dominanten Ökonomieprinzip ist es eine allgemeinmenschlich *natürliche* Reaktion, sie sich zunutze zu machen, um seine Lebensumstände zu erleichtern. *Sport* hingegen leistet, obwohl aufgrund der markanten Bedeutung des körperlichen Einsatzes oft irrtümlich perzipiert als eine biologisch-natürliche Erscheinung, einen allgemeinmenschlich *widernatürlichen* Verzicht auf Erleichterungen aller möglichen Art. Er verkörpert eine atavistisch anmutende Aversion, zumindest Skepsis gegen künstliche, also auch technische Erleichterungen. Es ist ein Verzicht, der innerhalb der Grenzen des spezifischen Handlungsfeldes Sport gleichwohl seinen humanen Sinn erhält.

So entsteht *eine Fehde*, die *jedes* Individuum in *jeder* sportbezogenen Handlung austrägt: ein Hin- und Hergezogensein zwischen *Prinzip Ökonomie* (Nutzung aller Mittel zur Schonung von Ressourcen) und *Prinzip*

---

37 Siehe RAMMERT, Werner/LANGE, Hellmuth (2021): Stichwort *Technik/Technikphilosophie*. In: SANDKÜHLER (2021), 2697–2717

Verschwendung (Verzicht auf jeweils vereinbarte Mittel zur Schonung von Ressourcen). Ersteres sieht ungern ein, warum es auf dem Ausnahmefeld Sport auf das verzichten soll, was auf allen anderen selbstverständlich ist. Letzteres verteidigt sich gegen Übergriffe des anderen, weil es nur so seine sinngerechte Existenz wahren kann.

Wie auf dem Feld der politischen Fehde gibt es, wie die historische Erfahrung etwa der Durchsetzung des Landrechts in den frühmodernen Staaten gegen das substaatliche Fehdewesen zeigt, auch auf dem Feld dieser kulturellen Fehde nur zwei Wege, um ihre destruktiven Potentiale einzuhegen oder zu neutralisieren: Moral und Recht. *Moral* ist hier notwendig und insofern vorrangig, als nur mit ihr zu klären und zu begründen ist, welche Normen auf diesem Feld gelten *sollen*. Aber ihre Wirksamkeit wird zugleich bedroht durch ein notorisches Vollzugsdefizit, wenn ihre Geltung nicht durch das *Recht* vereindeutigt und durch Macht von Institutionen des Rechtswesens *durchgesetzt* wird.

Dies nun gilt auf dem kulturellen Feld des Sports in analoger Weise wie auf dem politischen Feld des Staates. Dabei ist zu beachten, dass diese beiden Felder nicht beliebig ineinander verstrickt werden dürfen, um ihre jeweiligen Geltungsansprüche nicht in Zweifel zu ziehen: Die Einhegung dieser kulturellen Fehde durch rechtliche Regelung ist Sache der *Sport*-, nicht der *Staats*-Institutionen. Selbst in Fragen des Dopings ist strafbewehrte Sanktionierung durch staatliches Recht aus verfassungsrechtlichen Gründen der Gleichbehandlung bedenklich (aber trotzdem inzwischen in mehreren Staaten zum Gesetz geworden). Denn es stellt z.b. einen Pharmakagebrauch im Sport unter Strafe und staatsanwaltlich-polizeiliche Strafverfolgung, der in jedem außersportlichen Handlungsfeld zulässig und nur im Sport aus Gründen der hier konstitutiven Wettbewerbsgerechtigkeit unzulässig ist. Folglich kann es auch auf dem Gebiet des „Technodopings" allein um *sport*-rechtlich einschränkende Regelungen gehen.

Jener im Sport geforderte Verzicht, als ein kulturschöpferischer Akt, ist eine hohe zivilisatorische Leistung. Sie erfordert *Kraft und Prinzipienfestigkeit*, droht ständig in der Fehde gegen die mächtigen Einflüsterungen der Natur zu unterliegen. Diese nicht aufhebbare Spannung erst bringt das Spannende am Sport hervor, wird durch Doping und andere Manipulation überbrückt und zerstört.

Diese und die folgenden Überlegungen sind inspiriert durch einen Diskussionsbeitrag von Birte Kaulitz[38]. Er wirft zwar aufschlussreiche Fragen auf, weist aber eine Reihe von schwerwiegenden argumentativen Schwächen auf. Diese Schwächen gründen darin, dass die Autorin es versäumt, die eingangs

---

38 Kaulitz Birte (2005): Homo technologicus sportivus – Der Mensch zwischen Technik und Sport. In: Zs. Sportwissenschaft, Heft 4, 2005

angemahnte Vorsichtsmaßnahme zu beherzigen. Folgerichtig tappt sie mit forschen Argumentationsschritten in eine Wahrnehmungsfalle, lässt sich von der auffälligen, technisch geprägten Oberfläche des heutigen Sports den Blick irritieren.

Es ist ein Beispiel dafür, dass man nicht gehaltvoll über Sport reden kann ohne einen klaren *Begriff* von ihm: Die Autorin beginnt nicht beim Sport, sondern bei seiner Umwelt – hier bei der außersportlichen Technik (bzw. dem Menschenbild des „Homo technologicus"). Sie unterstellt also, dass sich von dort ein aufschlussreicher Zugang zum Sport von selbst ergibt. Dies ist ein Irrtum. Ein aufschlussreicher Weg zur Deutung des Sports kann *nur vom Sport selbst* ausgehen, der über die Zulassung seiner Umweltbezüge in seinem Handlungsfeld selektiv entscheidet nach dem Kriterium, wieweit sie mit ihm verträglich sind. Sporttheorien, die ihren Gegenstand als eine primär *sozioökonomisch* statt *kulturell* bestimmte Erscheinung entwerfen, führen dazu, dass es bei der Argumentation drunter und drüber geht zwischen Deutungstreffern und Abwegigkeiten.

Weiterführende Antwort: Um eine Urteilsbasis zu gewinnen, muss man nach dem legitimen Ort für technische Interventionen innerhalb eines kulturell begründeten Sportbegriffs fragen. Dazu die folgenden Klarstellungen.

(1) *Das* Kernelement des kulturellen Eigensinns des Sports ist die *Auseinandersetzung mit künstlichen Hindernissen*, die nur zum Zweck ihrer gekonnten Überwindung errichtet oder gesucht werden. Diese Konstellation setzt ein nur dem Sport eigentümliches *selbstzweckhaftes* Geschehen in Gang. Das ist das genaue *Gegenteil* zum Eigensinn der wissensinduzierten Technik. Der besteht von allem historischen Beginn an darin, die durch Hindernisse entstehenden Beschwerlichkeiten zu erleichtern. „Seit Menschen den Willen zum Wissen spüren, ist es ihnen nicht so sehr um *Erhellungen* zu tun als um *Erleichterungen* – und nur weil es Erhellungen gibt, die Erleichterungen sind oder zu solchen führen, stehen Intelligenz und Einsicht bei ihnen hoch im Kurs" – jedenfalls gibt es eine „ursprüngliche Liaison zwischen dem Erkennbaren und dem Erträglichen – dem Lichtvollen und dem Leichten. (...) Den gewöhnlichen Sterblichen fällt das Leben schwer. Sie bleiben zu der Anstrengung verurteilt, sich das zu Schwere nach Kräften zu erleichtern." (SLOTERDIJK 1989, 260–262)

Technik und Sport loten nach den entgegengesetzten Polen hin die Grenzen des Menschenmöglichen aus: Technik nach der Seite des Übergangs zur völligen Entschwerung, Sport nach der Seite zur völligen Unerträglichkeit hin. Im Gegensatz zum Sport geht es der Technik „um die letzte Anstrengung zur glückpolitischen Aufhebung des noch Anstrengenden" (ebd., 315)[39].

Der Eigensinn der Technik besteht zudem in ihrer spezifischen Stellung innerhalb von Zweck-Mittel-Relationen: Im *Technisch-Kulturellen* geht es um die Tauglichkeit des Mittels zum schon voraus-, dem technischen Eigensinn *von außen gesetzten Zweck*. Im Ästhetisch- und Sittlich-Kulturellen geht es um die *Begründung der Zwecksetzung selbst*, um das Prinzip des Handelns. Die Technik weist zwar auch die *Gemeinsamkeit* mit Kunst respektive Sport auf, dass sie beide nichts Vorgefundenes, *Vor*-gegebenes, sondern etwas *Auf*-gegebenes, eine Erfindung, Poiesis, menschliche Schöpfung sind. Aber ausschlaggebend ist doch der *Gegensatz* zwischen beiden. Eine gehaltvolle Beurteilung des Verhältnisses zwischen Technik und Sport muss diese spannungshaltige *Ambivalenz* in den Mittelpunkt stellen und darf sie nicht durch Vereinseitigung verharmlosen.

(2) Sport unterscheidet sich von Wirtschaft dadurch, dass in seinem Eigensinn der *ökonomische* Antrieb für technische Innovation entfällt: der Wettbewerbsvorteil durch Senkung von Personalkosten und Lizenzeinnahmen für Patente. Technische Innovation trifft in Wirtschaft und Sport auf eine entgegengesetzte Antwort: In der Wirtschaft wird sie *positiv* sanktioniert – durch Patentrecht und Lizenzgebühren protegiert und honoriert. Im Sport wird sie *negativ* sanktioniert – durch Verbot oder Öffnung für alle blockiert oder neutralisiert.

Diese unterschiedliche spontane Reaktion, die ihren Niederschlag in entsprechenden Regelwerken findet, ist nicht etwa Ausdruck einer im Sport grassierenden Weltfremdheit oder Willkür, sondern der Geltung von unterschiedlichen Sinnpräferenzen in beiden Systemen. Denn im Sport gilt – im überraschenden Unterschied zur Wirtschaft – ein *Primat des reinen Wettbewerbs* vor dem Erfolg. Es findet seinen Ausdruck in der Sicherstellung des offenen allgemeinen Zugangs zu technischen Innovationen im sportlichen Regelwerk zur Gewährleistung des fairen Wettbewerbs. Das ist einer von zahlreichen *Unterschieden* zwischen dem sportlichen und dem wirtschaftli-

---

39 Bemerkenswerterweise allerdings sitzt Sloterdijk dann selbst der verbreiteten Fehldeutung des Sports auf, die ihn hier *auch* auf der *entgegengesetzten* Seite verortet bzw. vermutet. Er erklärt ihn am Beispiel einer berüchtigten Motorsport-Rallye zu einem weiteren Beitrag zu jener Hybris, die das Schiff Welt zum Kentern bringen werde: „Die geschichtemachenden Mannschaften sind der Interessantheit ihres Unternehmens so mutwillig verfallen wie die selbstmörderische Meute von Paris – Dakar. Frenetisch sind sie unterwegs von Babylon nach Megalopolis, und immer wieder finden sie ihre manischen Einflüsterer, die sich der Vorstellung hingeben, Rennleiter und Sponsoren bei dem gewaltigen Unternehmen zu sein – Propheten, Geschichtsphilosophen, Moralisten, Lerntheoretiker, große Männer in höchster Mission." (329) – In einer späteren Arbeit hingegen entwirft derselbe Autor gleichsam eine Quasi-Sportphilosophie (siehe SLOTERDIJK 2009).

chen Wettbewerb, die gegenüber den Ähnlichkeiten zwischen beiden gemeinhin unterschätzt werden.

Der *Impuls* für technische Innovation, der Wettbewerbsvorteil, ist zwar auch im Sport ähnlich (Fosbury-Flop, V-Stil im Skisprung), der *Effekt* aber gegensätzlich: Er wird durch „sozialistisch-gleichmacherische" Regeln aufgehoben. Denn geschieht dies nicht, *kann* der Wettbewerb durch unerwünschte, weil einseitig genutzte technische Intervention verfälscht werden. Nach *außen* sieht auch der Sport dadurch „modern" aus, „zeitgemäß" (die Radrennfahrer sitzen nicht mehr auf den alten Drahteseln aus der Pionierzeit der Tour de France). Nach *innen* aber bleibt er gleich „archaisch". Deshalb auch z.B. arbeitet das deutsche Institut für Forschung und Entwicklung von Sportgeräten (FES) unbestreitbar auf der Grenzlinie zum „Techno-Doping".

(3) Auch das Sportgeschehen wird zwar – als Teil der allgemeinen, vorwiegend technisch induzierten *„Beschleunigung"* als ein Signum der Moderne – *in manchen Einzelheiten* immer komplexer und schneller (der Vergleich heutiger mit früheren Fußball-, Eiskunstlauf- oder Turnbildern spricht eine eindeutige Sprache). Gleichwohl hat der Sport *allgemein* teil an jener *„Entschleunigung"*, „Zeitlosigkeit", „erfüllter Zeit" und „Unzeitgemäßheit", die den autonomen gesellschaftlichen Status jeglicher selbstzweckhafter Kulturereignisse ausmachen. Primär an *dieser* Stelle übrigens findet sich jene bemerkenswerte Verwandtschaft zwischen Sport und Demokratie, die in unbedachtem Festtagsreden-Lob auf die segensreichen Leistungen des Sports gern beschworen wird: Der Politikwissenschaftler Herfried Münkler hebt in *Die Zukunft der Demokratie* (MÜNKLER 2022) als einen der nicht etwa vielbeklagten Nachteile, sondern *Vorzüge* der Demokratie die Entschleunigung des politischen Entscheidungsprozesses hervor. Und der Sport ebenso wie viele andere Felder der Kultur sind in *ebendieser* Hinsicht gleichsam Brüder und Schwestern und hilfreiche Partner der Demokratie. Der Hinweis auf das oft in diese Rolle gedrängte Regelfolgen, das für die Demokratie notwendig und im Sport erlernbar sei, führt hingegen in die Irre. Denn der Status der im Sport und in der Politik geltenden Regeln ist viel zu unterschiedlich. Dies ist ein weiteres Beispiel dafür, dass die Beziehungen zwischen Sport und Politik generell weitaus *hintergründiger* sind, als einige scheinbar evidente *vordergründige* Analogien dies suggerieren.

Wenn eine Hegemonie von Beschleunigungs- gegenüber retardierenden Entschleunigungsprozessen *das* Signum der Moderne ist (siehe ROSA 2005), wäre auch auf diesem Feld ein weiteres Mal der Sport *missverstanden* als *Mimesis* der Gesellschaft: Ein verbreiteter Irrtum bei sportsoziologischen Deutungsversuchen ist es, Einzelerscheinungen im Sport als *direkte* Korrespondenz oder Mimesis allgemeiner außersportlich-gesellschaftlicher Erscheinungen zu interpretieren und dabei zu verkennen, dass der Sport sie entweder aus seinem Sinnfeld *ausschließt* oder sie in eine *sportadäquate Metamorphose* zwingt.

Sport ist wie jede Kunst ein Feld der Entschleunigung. In *zweierlei* Hinsicht:

allgemein durch seine *Teilhaberschaft an der Sphäre der Kultur*, die – im Gegensatz zu den grotesken Beschleunigungs-Phantastereien, mit denen die italienischen Futuristen ihre faszinierende Malerei „begründet" haben – von ihrem Eigensinn her keinen mit dem Begriff der Beschleunigung erfassbaren Fortschritt kennt und ihre gesellschaftliche Bedeutung gerade als eine solche „Form intentionaler Entschleunigung" bzw. als „Entschleunigungsinseln" (ebd. 148 und 143) gewinnt. Nach Sloterdijks Deutung der Gegenwart des beginnenden 21. Jahrhunderts als einem unabwendbaren Abgesang auf die bereits in der Zeit von Goethe einsetzende und von ihm beklagte „velozifersche" Überhitzung des folgenden 20. Jahrhunderts (siehe OSTEN 2003) könnte solchen Entschleunigungsinseln sogar eine zukunftsweisende Vorreiterrolle zukommen. Denn eine ungebremste Fortführung des bisherigen, auf bedenkenlose Ausbeutung der Naturressourcen aufgebauten Weges kann nicht zukunftsfähig sein[40];

spezifisch durch den *Eigensinn* seines Handlungsmusters. Es wird konstituiert durch künstliche Suche nach Hindernissen und bewussten Verzicht auf Beschleunigungsmöglichkeiten, durch Bestehen auf individueller Eigenleistung in den Grenzen des durch den individuellen menschlichen Körper Machbaren.

Unter diesen drei Gründen gibt es einen *legitimen Platz für Technik auf dem Feld des Sports* nur, wenn sie hilft, die *Umfeldbedingungen* sportlichen Handelns (Sportstätten, -geräte, -training, -vermittlung) zu optimieren, nicht aber, wenn sie das sportliche Handeln *selbst* „erleichtert" und damit um seinen leitenden Sinn bringt: Technisch vermittelter höherer Standard (heutige Skisprungschanzen, Klappschlittschuh im Eisschnelllauf, alpine Carving-Ski) *erhöht* sogar den Anspruch an alle konkurrierenden Athlet*innen, macht die Wettbewerbsbedingungen *selektiver* und *verringert* so die Erfolgswahrscheinlichkeit im Wettbewerb auf Spitzenniveau. Die hier als Ausgangspunkt zitierte Autorin verkennt diese Ausgangsbedingung. So begnügt sie sich damit, Beispiele für unbestreitbare *Berührungen* zwischen Sport und Technik zu kompilieren.

Skepsis gegenüber technischen Interventionen ist begründet durch den kulturellen Eigensinn des Sports. Er wird also nicht gespeist aus einer all-

---

40 Das 20. Jahrhundert war demnach „das Jahrhundert der triumphierenden Ungeduld, die zu allem fähig ist, nur nicht mehr dazu, auf das Reifen der Dinge in ihrer eigenen Langsamkeit zu warten. Es ist das Jahrhundert des sofortigen Vollzugs, in dem das Standrecht der Maßnahmen sich an die Stelle von Geduld, Vertagung und Hoffnung setzt. Gegen Ernst Bloch ist retrospektiv in Erinnerung zu bringen, daß das 20. Jahrhundert nie ein Prinzip Hoffnung kannte, sondern immer nur ein Prinzip Sofort, das sich aus zwei kooperierenden Größen zusammensetzte, dem Prinzip Ungeduld und dem Prinzip Gratis." (SLOTERDIJK, 2016a, 130)

gemeinen Technikphobie, auch nicht daraus, dass angesichts der Diskussion um Grenzen des Wachstums und um nachhaltigen Umgang mit den natürlichen Grundlagen menschlichen Lebens heute – aus guten Gründen – niemand mehr mit einer *naiven* Technik- und Fortschrittsgläubigkeit auf öffentliche Zustimmung rechnen kann. (Siehe LOEWENSTEIN 2015) Tatsächlich geht es darum, die Technik in die *Schranken* ihres Eigensinns zu verweisen in einem Feld wie dem Sport mit *dessen* Eigensinn, der dem der Technik diametral entgegensteht. Beide begegnen sich hier nicht als generell *verwerfliche* und *gute*, sondern als je *eigene* Seite.

Deshalb ist sie für den Sport in seinem Sinn- und Handlungs-*Kern* ein *Un-Thema*, ein Tabu, hat keinen legitimen Zutritt. Denn *alles* Handeln, das Eingang in die Sinnsphäre des Sports findet, erfährt dadurch eine *vollständige* Sinn-*Metamorphose*. Weil er diese Differenzierung nicht berücksichtigt, ist auch der Vorschlag von Hans Lenk, den Sport analog zum *Mythos von Prometheus* zu deuten und damit sowohl der aufkommenden Leistungs-Kritik im Sport wie der Technik-Phobie in der Gesellschaft entgegenzutreten, missverständlich ausgefallen. (Siehe LENK 1972). Ergiebiger wäre, ihn mit Hannah Arendt als Amalgam aus Arbeiten, Herstellen, Handeln zu deuten. (Siehe ARENDT 1981)

Es stellt sich folglich im Sport wie in den anderen Künsten auch nicht wirklich die im angebrochenen digitalen Zeitalter inzwischen allgegenwärtige Frage, ob die digitalen technischen Möglichkeiten und die Künstliche Intelligenz erfolgreich unmittelbares menschliches Handeln kopieren, verbessern oder gar ersetzen können. Denn das werden sie, wie bereits gegenwärtig erkennbar ist. Die zumindest für die Felder des Sports und seiner Verwandtschaft unter den Künsten relevante Frage ist vielmehr, ob die Menschen mit dem Aufkommen dieser Möglichkeiten zugleich jedes individuelle, nicht technisch vermittelte *Selberkönnen* als Ausdruck der Aufrechterhaltung ihres Selbstseins und ihrer Würde aufgeben wollen. Der Sport ist eine der – *logisch* – negativen Antworten auf diese Frage – die *kulturell* wohl als eine positive Antwort zu werten wäre.

19. Missverständnisse. An welchem Menschenbild orientiert sich der Sport?[41]

Diskursive Ausgangslage: Der Beitrag von Birte Kaulitz ist auch dadurch von Interesse, dass er mit der Idee eines partiellen *Homo technologicus sportivus* die generelle Frage der Stellung von Menschenbildern in der Diagnose gesellschaftlicher Sachverhalte aufwirft. Die Autorin beschränkt sich aus guten Gründen auf eine solche spezifische Ausformung eines bereichsbezogenen Menschenbildes, um damit bestimmte in diesem Bereich ablaufende Ent-

---

41 Siehe RENTSCH, Thomas (2021): Stichwort *Mensch*. In: SANDKÜHLER (2021), a.a.O., 1526–1530

wicklungen zu erfassen. Sie folgt damit gerade *nicht* einem im gesellschaftlichen bzw. anthropologischen Diskus verbreiteten Stil, bei dem eine für ein Sinnsystem für typisch erklärte Markierung mit einem „Homo-..."-Bild verallgemeinert wird zu einem Signum für *den Menschen allgemein und insgesamt*. Solche logisch unzulässige Totalisierung eines Spezifikums hat notorische Missverständnisse und oft fruchtlose intellektuelle Dispute ausgelöst.

Weiterführende Antwort: Die philosophische Anthropologie ebenso wie der öffentliche Diskurs arbeiten im- oder explizit mit Bildern von dem, was der Mensch sei. Dabei werden oft der Fokus selektiv auf *eine* Seite des Menschseins gerichtet und daraus Bilder nach Mustern wie Homo religiosus, perfectus, oeconomicus, politicus, technologicus, sportivus und culturalis herausdestilliert. Was könnte sich daraus für ein sportspezifisches Menschenbild ergeben?

(1) Sport kann nicht Feld einer göttlichen Mission oder Gegenstand göttlichen Beistands sein. Das Bild des *Homo religiosus* vermag mithin, entgegen seiner fast inflationären medialen Beschwörung, nichts Plausibles zur Deutung des Sports beizutragen. Auf dem Platz und in Gesprächen mit Aktiven begegnen dem Beobachter vielfältige Zeichen einer Anrufung göttlichen Beistands oder des Danks für die Erbringung sportlicher Leistungen. Man kann dies zugespitzt als eine Form von Glaubensdoping bezeichnen. Sie ist wie jedes Doping sportsinn-widrig. Es verrät zudem ein gleichermaßen befremdliches Gottesbild wie Menschen- und Sportbild, wenn man die Parteinahme Gottes auf einer der beiden in der gemeinsamen Erbringung eines Sportwerkes beteiligten Seiten erwartet oder erhofft. Ein begründetes Gottesbild ebenso wie ein begründetes Menschen- und Sportbild schließen ein solches passives Gottesbekenntnis (Sportaktive nehmen göttlichen Beistand in Anspruch bzw. danken für dessen vermeintliche Gewährung) ebenso aus wie ein aktives Gottesbekenntnis (Sportaktive bekunden innerhalb des Sportereignisses ihren Glauben demonstrativ durch Botschaften und Zeichen, sowie durch die Präferenz von religiösen *vor* sportlichen Regeln). Ferner wird behauptet, Coubertins Rede von der „*Religio athletae*" definiere das gültige olympische Menschenbild und verleihe dem Handeln von Olympiakämpfer*innen eine höhere Weihe. Dies ist genauso abwegig wie die gängig gewordene Rede, der Sport verkörpere eine Art von „*Zivilreligion*" und mache gemeinsam mit deren anderen Ausprägungen dem traditionellen religiösen Glauben Konkurrenz, ja mache ihm gar den angestammten gesellschaftlichen Rang streitig. Davon kann allenfalls in metaphorischem bzw. in ironisch-skeptischem Sinn die Rede sein, wie dies der Fall ist etwa bei einer Hommage an den Fußball unter dem Titel „Gott ist rund" (SCHÜMER 1998). Oder bei Redensarten wie: Die Fußballartisten seien „zugleich Popstars und Götter". Oder: „Fußball-Götter sind Götter auf Zeit" – in Wirklichkeit also gar keine Götter.

(2) Sport ist nicht der idealtypische Exerzierplatz des *Homo perfectus*. Ein Kommentar erklärte das „olympische Menschenbild", wie es sich bei den Spielen von Peking 2008 offenbart habe, für „mehr als besorgniserregend". Der Sport habe sich wie die kapitalistische Gesellschaft „einen Steigerungsimperativ auferlegt, der mittlerweile die gesamte Welt erreicht hat. Alles ist zu optimieren, alles muss perfekt sein. Manipulation ist der Begriff, mit dem die menschliche Hybris gekennzeichnet wird. Deshalb kann es nicht überraschen, dass unsere Gesellschaft im Bann von Dopingmanipulation und Schönheitschirurgie steht (...). Die olympischen Sportverbände haben sich längst diesem Zwang unterworfen, und mit eigenen Entscheidungen tragen sie dazu bei, dass der Zwang allumfassend geworden ist."[42] Diese als Diagnose verkleidete Klage stammte von jemand, der eine Doppelverantwortung innerhalb des Sportsystems als Wissenschaftler *und* Funktionär trug. Was wohl hätte der Sportpolitiker lernen können aus dieser Jeremiade des Sportwissenschaftlers? Kaum etwas.

Das ist ein besorgniserregender Befund. Aber er ist alles andere als ein Einzelfall: Wissenschaftliche Beobachter beklagen in apokalyptischen Szenarien die Verfassung des Sportgeschehens, in dem sie selbst Verantwortung tragen. Zudem gehen allgemeine Gesellschafts-, Kultur- und Sportkritik in solchen verbreiteten Äußerungen eine hoch problematische Symbiose ein. Auch Wolfgang Huber, der damalige Ratsvorsitzende der EKD, hat vor Jahren vor einer inhumanen Entwicklung gewarnt, in der nur noch der perfekte Mensch gesellschaftliche Akzeptanz finde und dies idealtypisch im Sport vorgelebt werde. Ähnliches war schon vor einem Jahrhundert aus ebenfalls ansonsten berufenem Mund zu hören. Der Soziologe Werner Sombart meinte zu den Folgen von vermeintlicher sportlicher Selbstüberschätzung: „Aller Größenwahn und aller Schnelligkeitswahn unserer Zeit findet seinen Ausdruck in diesem Begriff des Rekords. Er hat sich vollkommen auch im Bereich des Sports eingenistet und einen höchst unerfreulichen Geist des Sportismus erzeugt, aus dem die sinnlosen Veranstaltungen der Olympiaden und andere Wettbewerbe entstanden sind."[43]

Wer so spricht, trägt bei zur babylonischen Sprachverwirrung. Wenn man sagen hört „Nur ein Sieg zählt", so gilt ein solcher Satz nur in jener Sprache, die in der Welt des Sports gesprochen wird. Und selbst da auch nur entweder in Situationen äußerster sportlicher Not, wo allein ein Sieg im letzten Spiel noch vor dem Abstieg retten kann, oder in (seltenen) Situationen äußerster sportlicher Überlegenheit einer Athletin oder Mannschaft, für die alles andere als das Streben nach dem Sieg einer Selbstunterforderung gleichkäme. Ansonsten gilt ein solcher Satz nicht einmal in der Sprache des Sports.

---

42 DIGEL, Helmut (2008): Olympische Herausforderungen. In: Zs. Sportwissenschaft, Heft 4, 2008

43 Zitiert nach HORENI, Michael (2009): Wer nicht träumt, verliert. Ein bisschen Größenwahn gehört zum Sport. In: FAS vom 11.1.2009

In solchen Pauschalisierungen wird die Vielschichtigkeit der gesellschaftlichen Entwicklung, in der Perfektionsdrang und Beschleunigung nur *eine* von mehreren widerstreitenden und sich gegenseitig ausbalancierenden Tendenzen markieren, ebenso verkannt wie die Ausnahmestellung des Sports dabei. Es ist der auffällige, *exzessiv* ausgelebte und eben dadurch *exzeptionelle*, nicht aber für die Gesellschaft insgesamt *exemplarische* Steigerungsimperativ, der die Faszination des Sports ausmacht – und seine Deutung leicht auf Abwege lockt. Der Sport repräsentiert innerhalb der Moderne zwar erklärtermaßen auch die Seite eines *Vervollkommnungsstrebens*. Aber er ist zugleich ein Feld der *Entschleunigung* – gegen jeden Augenschein. Der Sport trägt mithin einen *Januskopf*: Das eine Gesicht blickt in Richtung Arbeit, rationellem Leistungsaufbau und Beschleunigung, das andere in Richtung Kunst, spielerischer Nützlichkeitsverweigerung und Entschleunigung. Der Sport ist ein *Paradoxon* und dadurch ein scheinbares *Oxymoron*: Er verkörpert eine hyperaktive Form des Müßiggangs und verbindet damit zwei Haltungen, die ansonsten einander ausschließen.

(3) Sport ist kein bevorzugter Tummelplatz des *Homo oeconomicus*. Professionellen Sportakteuren werden heute primär ökonomische Handlungsmotive unterstellt, durchweg mit skeptischem Unterton. Damit werden mehrere Sachverhalte verkannt: Ökonomische Interessen können auch hier, wie in jedem anderen Handlungsfeld, nur dann verwirklicht werden, wenn das produzierte Gut, also die sportliche Leistung und das sportliche Ereignis insgesamt, eine hohe Qualität aufweist. Das setzt voraus, dass bei den Sportproduzenten eine eindeutige Hierarchie, eine eindeutige und nachhaltige Präferenz gilt für ihr sportlich-kulturelles Engagement vor dem wirtschaftlichen Interesse. Zudem bildet der Sport eine befremdliche, allein historisch bedingte Ausnahme, insofern nur hier die Professionalität der Güterproduktion sowie die Möglichkeit, mit seiner Tätigkeit seinen Lebensunterhalt zu verdienen, weithin mit Skepsis und Ablehnung aufgenommen werden – und bis 1981 sogar einen Ausschlussgrund wegen Verstoßes gegen die „Amateurregel" boten. Überall sonst gelten Professionalität als Garant für hochwertige Produkte und hohe Einkommen als Indikator für Behauptungsfähigkeit auf einem umkämpften Markt. Grund für einen Generalverdacht, hier werde „die Seele des Sports verkauft", besteht somit nicht – unrühmliche Ausnahmen eingeräumt.

Der Sport ist, *soweit* er sich dem rauen Wind der Marktwirtschaft aussetzt, wie jeder Wirtschaftszweig den Gesetzen des Marktes unterworfen. Gleichwohl folgt er dabei *primär* der Eigendynamik und den Regeln, wie sie für die Schöpfung von *Kulturgütern* gelten. Darin wird er nicht dadurch gehindert, dass er sich den Bedingungen des Marktes aussetzt. Das operative sportliche Geschehen, das in seiner *primären* Sinngebung einer autonomen ästhetischen Selbstzweckhaftigkeit folgt, kann zwar, aber muss hierin nicht beeinträchtigt werden, wenn es sich in *sekundären* Sinngebungen mit außersportlichen Zwecken verbindet. Auch die bildende Kunst ist ja nicht durch ihren engen Konnex zum Kunstmarkt beeinträchtigt, sondern sogar gefördert worden. Und weder die klassische noch die Pop- und Rockmusik könnten allein dadurch ruiniert werden, dass man dort exorbitante Summen umsetzt und verdient.

(4) Sport geht nicht auf in dem Bild des *Homo politicus*. Vielfach wird ebenfalls behauptet, sportliches Handeln sei unvermeidlich zugleich politisches Handeln. Denn die Sportaktiven seien wie jeder Mensch ein *Animal sociale*, ein *Zoon politikón*. Sportliches Handeln sei daher stets ebenso kontaminiert durch politische Sachverhalte wie herausgefordert zu politischen Antworten darauf. Ja, es sei verpflichtet zur Wahrnehmung politischer Aufgaben wie Repräsentation der Interessen der eigenen Region bzw. Nation nach außen in der nationalen bzw. internationalen Staatenkonkurrenz. Und er biete Identifikationsmöglichkeiten nach innen für die eigene lokale, regionale oder nationale Gemeinschaft innerhalb einer zunehmend anonym-kalten modernen Gesellschaft.

Diese Sicht verkennt eine weitere *Janusgesichtigkeit* des Sports. Auch sie setzt eine Seite gleich mit dem Gesamtbild des Sports. Tatsächlich blickt das Sportengagement auch hier in zwei unterschiedliche Richtungen: Insoweit es wie zahllose andere Handlungsfelder einen institutionellen Raum der Gruppenbildung, der Kooperation und der Interessenvertretung bietet, bewegt es sich tatsächlich in dem Sinnfeld sozialer Integration und politischer Auseinandersetzung. Insoweit es jedoch – und dies ist sein „Kerngeschäft" – einen spezifischen, singulären Raum kulturell-schöpferischen Handelns eröffnet, bewegt es sich tatsächlich auf nichtpolitischem Boden und enthält in seinem Sinnmuster sogar ausgesprochen ungesellige Momente. Folglich *changiert* der Sport zwischen den klassischen soziologischen Polen *Gemeinschaft* und *Gesellschaft*. Er geht keineswegs, wie es etwa die Turnideologie seit jeher habituell für sich reklamiert, auf in dem Pol der Gemeinschaftlichkeit.

Sinngerechtes Handeln im partikularen Raum des Sports kann mithin nicht aufbauen auf dem Bild vom Homo politicus. Es setzt ein Bild vom Menschen voraus, das es den Beteiligten ermöglicht, differenziert und situationsangemessen mit jenem Janusgesicht umzugehen. Ein frühes historisches Beispiel: Insoweit in der Gymnastik, den Olympischen Spielen oder generell den Agonen der griechischen Antike eine Frühform der Ausdifferenzierung eines sportspezifischen Sinnsystems vorlag, vollzog sich dieser Prozess in einem aufschlussreichen Spannungsverhältnis zwischen politischem und sportlichem Handeln.

(5) Sport ist nicht einmal das Reservat eines *Homo technologicus sportivus*. Dies ist im vorigen Abschnitt ausführlich dargelegt worden.

(6) Sport ist ein Beispielfall des *Homo culturalis*. Alle diskutierten „Homo-Soundso"-Etiketten nehmen für sich in Anspruch, *den* Menschen zu

beschreiben. Durchweg verfehlen sie diesen Anspruch notgedrungen, denn er ist unvereinbar mit der Logik ihres Eigensinns. Bei genauerem Hinsehen erweist sich, dass es gerade *nicht* um *Menschen*-Bilder geht. Denn für diese kämen nur sinngemischte Lebenswelten als Bezugspunkt in Betracht. Sie beschreiben nur *je partikulare* Aspekte eines universalen Menschenbildes, nämlich jene *Seiten im Menschen*, die mit einem jeweiligen partikularen Sinnsystem korrespondieren.

Wenn man denn zum Verstehen des Sports überhaupt mit solchen Etiketten arbeiten will, kommt man dessen Eigensinn nur mit drei anderen Bildern wirklich nahe: Sport ist am ehesten sinngerecht zu verstehen als eine *Kreuzung aus Homo ludens, Homo performans und Homo faber*, alle drei verschmolzen zu einem von vielen Beispielfällen des *Homo culturalis*.

Wolfgang Huber hat in seinen an sich gehaltvollen Reflexionen über das im Sport realisierte Menschenbild drei unterschiedliche Dimensionen sportbezogenen Handelns ausgemacht: eine naturale, eine personale und eine soziale. Bemerkenswert ist, dass er dabei jene Dimension schlicht übersehen hat, die eigentlich erst den Sportsinn konstituiert und dadurch den anderen drei Dimensionen ihren nachgeordneten Platz anweist: die kulturale Dimension. Und allein schon das Zustandekommen eines kulturellen Geschehens von der Eigenart des Sports ist darauf angewiesen, dass es das von Tor Nørretranders betonte Moment des *Homo generosus* nicht nur in theologischen, philosophischen oder ethischen Wunschvorstellungen, sondern in der empirischen Realität gibt. Denn in sportliche Gegnerschaft kann man sich überhaupt nur mit Freunden bzw. mit *Gleichgesinnten* begeben, nicht aber mit *Feinden*. Unter den Letztgenannten kann es nur den Kampf bis zur Unterwerfung einer Seite, im Extremfall bis zum finalen Vernichtungskampf geben. Also Konstellationen, die mit dem sportlichen Eigensinn wie mit dem realen Sportgeschehen unvereinbar sind.

(7) Es gibt *kein eigenes Menschenbild des Sports*. Und doch ist er menschengerecht. Welchen Menschenbildern also folgt der Sport, sinngerecht praktiziert? Nüchtern gesagt: Er folgt überhaupt keinem eigenen Menschenbild. Das klingt unbefriedigend. Aber es lenkt nur den Blick auf das tatsächlich Begründbare. Es *kann* ja gar nicht anders sein. Denn *jedes* der auf „Homo soundso" gestimmten Bilder, die hier diskutiert wurden, wirft nur einen *selektiven* Blick auf den Menschen aus der Perspektive seines partikularen Sinnsystems. Begründete Menschenbilder, die *alle* Perspektiven und Referenzen zusammensehen und zu einem Gesamtbild integrieren, kann nur die *Philosophie* entwerfen.

Zum Beispiel: Es gibt eine argumentativ aufgeheizte Diskussion um den *Homo oeconomicus*. Überrascht stellt die empirische Sozialforschung fest, dass diese Figur auf der realen Bühne selbst des Wirtschaftslebens überhaupt nicht auftritt. Die Menschen agieren gar nicht als die rein rational entscheidenden und egoistischen Nutzenmaximierer, als die sie in jenem Bild vorgestellt werden. In solchen Befunden der jungen Disziplin Verhaltensökonomik wittert man einen „Angriff auf den homo oeconomicus"[44]. Überraschend daran aber kann nur sein, dass der Sachverhalt Überraschung auslösen konnte. Man hatte bisher immer eine selektive Projektion mit der Wirklichkeit verwechselt. Das Bild des Homo oeconomicus – so wie alle anderen auch – *kann* ja gar nicht beanspruchen, *den* Menschen zu beschreiben, sondern nur die – eben – ökonomische Seite *an* den Menschen, und auch die nur auf der Ebene der realitätsfernen *Idee* vom extrem selektiven Eigensinn des Ökonomischen.

(8) Das das Handeln im Sport wie überall tragende Menschenbild ist das des *Homo humanus*. Der Sport entfaltet seinen Eigensinn *innerhalb* eines *allgemein* geltenden humanen Menschenbildes. Dieses Menschenbild erfährt eine innere *Differenzierung* nach den Sinnsystemen, innerhalb derer der Mensch sich bewegt und deren jeweils leitendes Sinnsystem sein Handeln situationsspezifisch orientiert. Die unerlässliche *Reintegration* dieser ausdifferenzierten und auseinanderstrebenden Sinnsysteme leistet im Falle des tatsächlichen Gelingens jedes individuelle Mitglied der menschlichen Gemeinschaft in sich selbst durch Einsatz seiner Urteilskraft innerhalb eines Sozialsystems. So wird jede(r) Einzelne jeweils zum ökonomisch, politisch, religiös, kulturell oder eben auch sportlich Handelnden, die oder der je nach Anforderungen der Handlungssituation in eine andere Rolle unter der Führung jeweils eines Sinnsystems schlüpft. Innerhalb dieser allgemeinen Konstellation greift der Sport *partikulare* Aspekte aus dem insgesamt verfügbaren Sinnspektrum heraus und integriert sie zu dem für *sich* und *nur* für sich, hier aber *unbedingt* geltenden eigenen Sinnsystem.

Für das praktische Sportgeschehen bedeutet dies: Solange Sportler*innen *zum* Sportereignis anreisen oder sich *außerhalb* der Sinnsphäre des Sports bewegen, sind sie legitime Träger aller Rechte und Freiheiten, die jedem Menschen menschen- und völkerrechtlich garantiert sind, sowie aller Identitäten, die sie gewählt haben bzw. in die sie hineingewachsen sind. Sobald sie aber *in* das Sportereignis und seine Sinnsphäre eintreten, legen sie diese Rechte, Freiheiten und Identitäten ab und unterwerfen sich allein den dort geltenden Regeln – die selbstverständlich nicht inhuman sein dürfen und sind. Und sie folgen der Mutualität des *do ut des*: Ihnen ist garantiert, dort (und *nur* dort) keinerlei anderen als allein den sportlichen Imperativen ausgesetzt zu werden. Im Gegenzug zu diesem Privileg aber verzichten sie ihrerseits darauf, missionarisch andere als nur die sportlichen Imperative oder Botschaften in das Sportereignis hineinzutragen.

---

44 Beck, Hanno (2009): Angriff auf den Homo oeconomicus. In: FAZ vom 2.3.2009

20. Sport als spezifischer Umgang mit Grenzen

Diskursive Ausgangslage: Ein Kernthema der Debatte um Krisen im Leistungssport bezieht sich auf die *Bedeutung von Grenzen im Sport.* Eine Arbeitstagung der Deutschen Vereinigung für Sportwissenschaft 1993 in Osnabrück hat auf der Suche nach Auswegen aus der Risikoentwicklung des modernen Sports nach „Grenzen im Sport" gesucht.[45] Auf dieser Tagung wurde unwidersprochen auch die These vertreten, die Sportidee selbst beinhalte in Gestalt des Ziels der Überbietung des Gegners sowie durch das Rekordstreben eine implizite Aufforderung zur Immer-weiter-Steigerung von Leistungen und damit zur Aufhebung oder Ignorierung von Grenzen. Diese Annahme hat eine scheinbare Evidenz auf ihrer Seite, erweist sich jedoch bei genauerem Hinsehen als ein fataler Irrtum. Besteht nämlich Unklarheit über den Stellenwert von Begrenzungen im Konzept sportlichen Leistungshandelns, geht jede Basis für eine zentrale *Unterscheidung* verloren: für die Unterscheidung zwischen Sport als legitimem, weil humanem, menschengerechtem Beitrag zur Kultur- und Gesellschaftsentwicklung *oder* als illegitimer, weil inhumaner Fehlentwicklung.

Weiterführende Antwort: Der Sinn des Sports besteht *keineswegs* in einer unbegrenzten Immer-weiter-Steigerung. Irreführend ist folglich auch die zu Unrecht kaum umstrittene coubertinsche Formel von „citius, altius, fortius". Wohlverstandener Sport besteht umgekehrt in einem spezifischen Umgang mit Grenzen, in einer sportspezifisch begrenzten Steigerung. Er *balanciert zwischen Anerkennung, Setzung und Austestung von Grenzen*:

(1) *Anerkennung* von *natürlichen* Grenzen der je individuellen menschlichen Leistungsfähigkeit: der individuelle menschliche Körper mit seinen psychophysischen Gesetzmäßigkeiten als objektive, und dessen Schutz als zusätzliche moralische Eingrenzung des Erlaubten als zusätzliche moralische Eingrenzung des sportlich zulässigen Handlungsspielraums;

(2) konventionelle *Setzung* von zusätzlichen *kulturellen* Grenzen der sportlichen Herausforderung durch Vereinbarung und Einhaltung von Regeln;

(3) Bemühung um Erreichen als *Austesten* der *natürlichen* unter Respektierung der *konventionellen* Grenzen als Selbst-Überbietung und Streben nach Exzellenz in der Auseinandersetzung mit dem Gegner, dem man dieselbe Haltung unterstellt und abverlangt.

Grenzverletzungen zu (1) berühren *universal* geltende sozialmoralische Normen. Grenzverletzungen zu (2) und (3) berühren *partikular* geltende

---

[45] Siehe GEIST, Sabine (1994): Grenzen im Sport – Risikoentwicklung im modernen Sport. Tagungsbericht. In: Zs. Sportwissenschaft, Heft 3, 1994

sportethische Normen. Und sie stehen in einem verzwickten *doppelt-hierarchischen* Verhältnis zueinander unter der gleichzeitigen Geltung von drei Grundprinzipien:

Prinzip 1: Universalistische gesellschaftsmoralische Normen haben *Vorrang* vor partikularistischen sportethischen Normen. Aber, und das ist

Prinzip 2: Dies ist nur dann und insoweit gerechtfertigt, als es notwendig ist für *jegliche* Form von menschlichem Zusammenleben. Deshalb gilt auch ein

Prinzip 3: Sofern das eben *nicht* als universal notwendig gefordert ist – also in der räumlich und zeitlich abgegrenzten Sphäre des spielerischen Als-Ob, zu der auch der Sport gehört –, haben die partikularen sportethischen Normen Vorrang und sollen hier uneingeschränkt gelten können, soweit sie nicht die (wenigen) jedem gesellschaftlichen Handeln vorgeordneten universalen gesellschaftsmoralischen Normen verletzen und durch diese eingegrenzt bleiben.

Wird dieses ausbalancierte Konzept von Anerkennung, Setzung und Austestung von Grenzen *aufgegeben*, handelt es sich *per conventionem* nicht mehr um eine kulturell-eigenweltliche *sportliche* Leistungserbringung. Wir haben es dann entweder mit irgendeiner anderen, gesellschaftlich mehr oder weniger nützlichen Leistungserbringung zu tun, oder sogar mit grundsätzlich inhumanen Formen der Leistungsproduktion. Hierzu gehören das Doping, das damit nicht auf einer Stufe steht mit all- und zufälligen Regelverletzungen im normalen Spielverlauf, weil es vorsätzlich die Ausgangsbedingungen des Wettbewerbs manipuliert, ferner der Einsatz von regelwidriger Gewalt sowie andere Formen der Manipulation des Regelwerks. Der legitime Handlungsraum des Sports hingegen endet bei der asymptotischen Annäherung an die Grenz-*Berührung*.

21. Warum Doping im Sport überhaupt ein Problem ist

Diskursive Ausgangslage: Doping ist seit langem *das* beherrschende Thema der Sportdiskussion. Vielstimmig wird beklagt, *dass* Doping den Sport zerstöre. Verbandsfunktionäre verkünden, Regelwerke kodifizieren und Institutionen wie die WADA und die NADA exekutieren, *wie* dieser Gefahr durch Dopingkontrolle und -sanktionierung begegnet werden soll. Empirische Studien halten dagegen, *welch dichtes Motiv-, Interessen- und Beschwichtigungsgeflecht* eine Lösung strukturell unmöglich mache. (Siehe BETTE/SCHIMANK 1995) Praxisverantwortliche beklagen ihre Sisyphos-Rolle bei der Dopingbekämpfung. Und auf die Frage, *woher* der Sport dieses Problem bezieht, denken Viele an die Parallele zum gesellschaftlichen Medikamenten- und Drogenabusus und deren Ausstrahlung in den Sport hinein, was die Sache irgendwie verständlich mache.

Dahinter steht eine Frage, die im Sportdiskurs merkwürdig unerörtert, bleibt: *Warum* ist Doping im Sport überhaupt ein Problem? Dies aber ist *die Schlüsselfrage*, ohne deren Klärung die gesamte übrige Diskussion in der Luft hängt. Vereinzelte gehaltvolle Beiträge, die in der gebotenen Grundsätzlichkeit hierauf eingehen[46], bleiben an bestimmten wichtigen Punkten zu ungenau.

Eine besonders exponierte Position, mit der ein Freibrief zum Doping ausgestellt und die im Sportdiskurs auch immer wieder als scheinbare Rechtfertigung für die Forderung nach Freigabe des Dopings herangezogen werden konnte, ist von dem Sportphilosophen Eugen König formuliert worden: Durch das ihr immanente Steigerungs- und Überbietungsprinzip sei Doping bereits in der Sportidee selbst programmiert, stehe also gar nicht im Gegensatz zu ihr, wie Ideologen irreführend behaupteten.[47] Diese sich philosophisch nennende Einrede stellte ihre eigene Zunft vor die Herausforderung zu klären, ob es sich um mehr als eine mephistophelische Provokation gehandelt hat.

Weiterführende Antwort: Die Sinnstruktur sportlichen Handelns wird im Kern bestimmt durch einen spezifischen Umgang mit Grenzen. Sie bedeutet gerade nicht unbedingte und unbegrenzte Steigerung „um jeden Preis", sondern im Gegenteil eine *spezifisch begrenzte Steigerung*. Das heißt, sie ist um ein komplexes Gefüge von *Grenzen* herum aufgebaut. Die gesamten kodifizierten Regelwerke der Sportarten sind ein einziges Gefüge von künstlich grenzsetzenden Mauern, die alles das ausschließen, was auf dem Platz *nicht* zulässig sein soll, damit ein sportsinn-gerechter Wettbewerb zustandekommen kann.

Hiermit wird all jenen auch im wissenschaftlichen Raum verbreiteten Argumentationsstrategien der Boden entzogen, welche die Schwierigkeiten (im Extremfall die Unmöglichkeit) der Dopingbekämpfung schon in der Sinnstruktur des Sports *selbst* angelegt sehen, weil er keine prinzipiellen Stoppregeln auf der Handlungsebene von Wettkampf und Training inkorporiert habe.

Das Gegenteil ist richtig. Selbst beim Rekordstreben, das nicht einmal ausschlaggebend am Sport ist, konnte es niemals um eine *maximale*, erst

---

46 Siehe Breivik, Gunnar (1987): The doping dilemma. In: Zs. Sportwissenschaft, Heft 1, 1987; Court, Jürgen (1992): Warum Doping unmoralisch ist. In: Agora. Zeitschrift für philosophische Praxis, Heft 12–13, 1992; Gerstmeyer, Thomas, (1997): Doping: Die fragwürdige Moralität der Selbstbezichtigung. In: Zs. Sportwissenschaft, Heft 2, 1997; und Ders. (1999): Warum ist Dopen überhaupt verboten? In: Seppelt/Schück (1999)

47 Siehe König, Eugen (1996): Kritik des Dopings: Der Nihilismus des technologischen Sports und die Antiquiertheit der Sportethik. In: Gebauer (1996); ferner König, Eugen (1998): Doping und der Mythos vom sauberen Sport. In: BZ vom 10.10.1998

recht nicht um eine *exponentiell ansteigende*, sondern stets nur um eine *„asymptotische"*, sich einer absoluten Höchstgrenze des Individuell-Menschenmöglichen immer mehr annähernde Leistungssteigerung gehen. Schon der einfachste direkte Augenschein kann hierüber belehren. Etwa beim 100-Meter-Sprint stellt sich die Frage, ob die Höchstleistung von Usain Bolts 9,69 vielleicht noch auf 9 Sekunden, nicht aber, ob sie, was durch Einsatz außersportlicher Mittel leicht möglich wäre, auf 3 Sekunden gesenkt werden kann. Man kann nur darüber staunen, dass und wie dieser einfach zu erkennende Sachverhalt übersehen werden und sich ein gegenteiliges Bild vom Sport so hartnäckig behaupten kann.

Welchen Platz also besetzt das *Doping* im Sport? Und *warum* kommt ihm eine herausragende Bedeutung in der Sportdiskussion zu? Unter den Risiken, die innerhalb des Sports selbst erzeugt werden, steht das *Doping* an vorderster Stelle. Das Verbot von Doping im Sport zählt zu den tragenden konstitutiven und regulativen Regeln, durch die der Handlungsraum legitimer sportlicher Entfaltung eingegrenzt wird. Die *Einhaltung* dieser Regeln *trotz* starken sozialen Versuchungs- und Vertuschungsdrucks bedeutet *mehr als bloßes moral-neutrales Regelfolgen*. Sie ist eine anerkennungswürdige *moralische Leistung*. Jede dopende Athletin und jeder Verantwortliche der Sportorganisationen hingegen, die solches Handeln fördern oder dulden, entziehen dem Sport Glaubwürdigkeit und Zukunftsfähigkeit. Jeder entsprechende Akt bedeutet Mitverantwortung für die Beschädigung eines hohen Kulturgutes und ist damit alles andere als eine lässliche oder gar „umständehalber verständliche" persönliche Schwäche.

Die Verletzung dieser Konfiguration durch Doping ist mehr, eigentlich etwas grundlegend Anderes als nur *Betrug*, von dem hier oft die Rede ist. Genauso wie etwa die Entdeckung, dass Therese Neumann, die „Resl von Konnersreuth", das „Wunder" ihrer christusgleichen Wundmale durch Selbstverstümmelung herbeigeführt hat, dass ein Hungerkünstler heimlich isst oder dass Diego Armando Maradona „die Hand Gottes" bei der Erzielung eines Tores beim Fußball-WM-Turnier 1986 mitspielen ließ: Vor allem anderen liegt die Bedeutung dieser Fälle darin, dass dadurch die Menschheit um ein versprochenes hohes kulturelles Gut *geprellt* wird. Selbst wenn Doping so verbreitet sein sollte, dass Doper keine Konkurrenten mehr betrügen können[48]: Sie schaden nicht nur sich selbst, sondern eine Gesellschaft, die Sport noch immer als wertvoll betrachtet.

Die Verletzung dessen, was vielen als „heilig", unberührbar, unverfügbar, eben „unverletzlich" gilt, ist ein besonders verwerflicher Tabubruch dann,

---

48 Jan Ullrich, eines der größten Talente, das der Radsport hervorbrachte, hat nach Aufdeckung des Dopingskandals um den US-Profi Lance Armstrong in Interviews zu seiner eigenen Verstrickung nie behauptet: „Ich habe nicht gedopt", sondern „Ich habe niemand betrogen". Insoweit zu Recht, als er annehmen konnte, auf Augenhöhe mit seinen Konkurrenten gehandelt zu haben.

wenn das beschädigte Gut immaterieller und nichtnotwendig-freiwilliger und dadurch „höherer" Natur ist. Doping ist deshalb *ein fundamentales Problem* für den Sport. Es wird ihn, wenn es nicht dauerhaft eingehegt werden kann, als Kulturerscheinung letztlich zerstören, sowohl von innen heraus wie auch durch Entzug der gesellschaftlichen Anerkennung. *Sport ist eine* von zahlreichen *spezifischen* Antworten auf ein *allgemeines* großes Menschheits-Thema. *Doping* aber ist eine bloße Camouflage. Es bedeutet das Verlassen der Sinnsphäre des Sports unter Vortäuschung einer Teilnahme daran, mit der entsprechenden Folge einer Zerstörung der Sinnhaftigkeit des Ereignisses insgesamt. Sport und Doping stehen in dem denkbar krassesten *Gegensatz* zueinander.

„Regelverletzer betrügen nicht nur ihre Gegner, sie vernichten das Wesen des Sports insgesamt. Der Wiener Sportethiker Paul Tarmann erinnert daran: Nur weil sich Menschen auf Regeln geeinigt hätten, könne überhaupt ein Wettkampf stattfinden. (…) Schon um sich selbst zu schützen, müsse der Sport die Regeln hochhalten, fordert Tarmann."[49] Es brauche auf der einen Seite strenge Kontrollen, auf der anderen Seite aber auch eine moralische Haltung der Athlet*innen.

Sport demonstriert idealtypisch die dem Menschen vorgegebene Hierarchie von *unübersteigbaren* Grenzen, *innerhalb* derer er seine Steigerungsmöglichkeiten ausreizen kann und soll. Die destruktiven Risiken, welche die Hybris technisch-wissenschaftlichen Machbarkeitswahns und ökonomisch-industriellen Wachstumswahns in sich bergen, sind im Sport noch zusätzlich begrenzt, aber auch besonders leicht demonstrierbar dadurch, dass er sich in der *spielerischen* Sphäre bewegt: Das sportsinn-gerechte Spiel beginnt buchstäblich immer wieder bei Null und setzt so jeglichem Streben nach Machtakkumulation und Machtmonopolisierung enge Grenzen. Und es löst berechtigte Kritik aus, wenn dieser Grundsatz aus ökonomischen Interessen außerkraftzusetzen versucht wird.

22. Gendoping ante portas?

Diskursive Ausgangslage: „Derzeit diskutieren wir über EPO und Doping, bald werden wir vor der Frage der Humangenetik stehen. Gerade auf diesem Sektor ist die Entwicklung unheimlich dynamisch. Wir sind gut beraten, solch schwierige Fragen frühzeitig anzugehen und nicht zu warten, bis man von der Entwicklung überrollt wird." Damit eröffnete Thomas Bach, der

---

[49] FRÖHLINGSDORF, Michael (2023): Signale aus dem Darm. Der Sport lebt vom Fair Play. Doch selbst Amateursportler schummeln, was das Zeug hält. Was treibt die Betrüger an? In: DS vom 28.1.2023

spätere IOC-Präsident, am Ende des 20. Jahrhunderts eine präventive Diskussion.[50]

Beidem ist zuzustimmen: der *inhaltlichen* Einschätzung zur *Gefahr* eines künftigen Gen-Dopings für den Sport, und der *verfahrensmäßigen* Empfehlung, zur Abwechslung einmal ein absehbares Problem zu erörtern, *bevor* es praktisch eingetreten ist und eine bald nicht mehr beherrschbare destruktive Eigendynamik entfalten könnte. Ob eine problematisierende Diskussion die praktische Entwicklung überhaupt zu beeinflussen vermag, steht zwar wie stets auch hier in den Sternen. Fest steht jedoch, dass *ohne* sie schleichend eine neue Dimension der Selbstgefährdung in den künftigen Sport Einzug halten kann.

Im Zuge der sich sprunghaft entwickelnden Forschung zum menschlichen Genom hat es Ende der 1990er Jahre dies kurze Aufflackern einer Diskussion über mögliche Folgen auch im Sport gegeben. Dieser Ansatz hat keine angemessene Fortsetzung in den weiteren 2000er Jahren gefunden. Dabei wird die Größenordnung der Brisanz unterschätzt, die nicht nur *allgemeingesellschaftlich* in diesem Problemfeld steckt, sondern auch in der *sportspezifischen* Perspektive: Mit den potentiellen künftigen gentechnischen Eingriffsmöglichkeiten würde die Grundlage jeden sinngerechten Sporthandelns überhaupt aufgehoben.

Weiterführende Antwort: Es besteht eine drastische Diskrepanz zwischen einer quantitativ überbordenden und qualitativ anspruchsvollen wissenschaftlichen und publizistischen Debatte über die genet(h)ischen Entwicklungen sowie einer fast autistischen Gesprächsverweigerung seitens der Sportwissenschaft. Außer einem eigenen weiterführenden Diskussionsbeitrag des Stichwortgebers unter dem Titel *Die Gene und der Sport*[51] sowie einem Vortrag des Dopinganalytikers Klaus Müller[52] – demnach haben wir es noch nicht mit einer Realität, sondern noch mit einer hypothetischen Zukunftsproblematik zu tun[53] – ist der präventive sportwissenschaftliche Diskurs nicht vorangekommen.

Die oft für reformunfähig erklärte Sport-*Politik* aber hat bereits den praktischen Schritt vollzogen, auf der 2. Anti-Doping-Weltkonferenz in Kopenhagen 2003 Gendoping als sportrechtlichen Tatbestand in den Antidoping-Code aufzunehmen. Vorangegangen war 2002 ein Kongress der Welt-Antidoping-Agentur WADA in New York zum Thema Zukunft des Gendopings:

---

50 BACH, Thomas (1999): Gefahr für den Sport aus der Humangenetik. In: FAZ vom 14.10.1999
51 BACH, Thomas (2000): Die Gene und der Sport. In: DW vom 23.5.2000
52 MÜLLER, R. Klaus (2002): Am Horizont: Gen-Doping im Sport? In: DOI (2002)
53 Siehe auch SALIN, Bengt (2001): Das Epo-Gen wird das erste sein. Über die Risiken neuer Manipulations-Methoden. Interview. In: BZ vom 31.3.2001

„Seriöse Wissenschaftler beteiligen sich ungern an öffentlichen Spekulationen dieser Art, was aber nicht bedeutet, dass sie nicht vorbereitet sind auf die Herausforderungen, die die Kriminalität im Sport künftig an sie stellen wird."[54]

Welcher Art ist überhaupt das Problem? Angestoßen durch rasante Fortschritte bei genetischer Forschung und biotechnischen Entwicklungen hat sich seit 2000 ein allgemeiner diskursiver Konjunkturzyklus zu Fragen der Human-Genet(h)ik entwickelt. Was also war zu erwarten, wenn diese Entwicklung auch in den Sport Einzug halten sollte? Welche theoretischen Deutungs-, ethischen Beurteilungsgrundlagen und praktischen Antwortmöglichkeiten und Entscheidungsgründe können mit Blick auf die Zukunftsfähigkeit des Sports als autonomes Kulturmuster in einer humanen Gesellschaft hier zur Geltung gebracht werden? Das Spiel ist längst angepfiffen. Ungeklärt ist jedoch, nach welchen Regeln es gespielt werden soll. Ein Argumentations-Gerüst, innerhalb dessen sich die künftige Auseinandersetzung bewegen soll, muss auch die *Grenzen* markieren, welche die kulturell-ethische Sinnstruktur des Sports selbst einem „Hineinschlittern" in eine neue Dimension des Dopings *grundsätzlich* entgegensetzt.

Die Grundvoraussetzung lautet: *Jegliches* Doping gefährdet den Sport. Fragen eines möglichen Gendopings unterliegen daher zunächst einmal demselben Verdikt gegen *jegliches* Doping. Sie beschreiben von der Logik her nur einen *Sonderfall* des allgemeinen Problems. Aber eben nur von der Logik her. In der absehbaren praktischen Bedeutung eröffnen sie *die Dimension eines gänzlich neuen Gefährdungspotentials* für kulturellen Gehalt und gesellschaftliche Stellung des Sports: als Problem der *Verifizierung*, und als Problem der zeitlichen wie personalen *Entkoppelung* von Doping-Entscheidung und Doping-Wirkung.

Zum ersteren: Künftig wäre jene für den Sport fundamentale *Grenzziehung* zwischen den in den Regeln anerkannten *unterschiedlichen natürlichen Voraussetzungen* und einer regelwidrigen *künstlich-manipulativen Herstellung solcher Unterschiede* nicht mehr möglich, weil nicht *verifizierbar*. *Zum letzteren*: Bisher erfolgt der Dopingeingriff in der Regel in direktem zeitlichem Zusammenhang mit der sportlichen Leistungserbringung sowie durch Entscheidung der davon direkt begünstigten Athlet*innen selbst (es sei denn durch heimliche Fremdmanipulation). Genmanipulative Eingriffe aber bewirken eine *zeitliche und personale Entkoppelung* von Dopingentscheidung und Dopingwirkung.

An der sportethischen Bewertung von Gendoping ändert sich gegenüber der Beurteilung der früheren Stufen der Dopingentwicklung grundsätzlich

---

[54] KLIMKE, Barbara (2003): Klonschaf auf Goldkurs. Werden Sportler künftig nach ihrer Genkonstellation unterschieden? In: BZ vom 14.11.2003

nichts: Sportlicher Leistungswettbewerb setzt ja überhaupt erst ein *nach* biologischer Evolution und Differenzierung. Entgegen falsch *verabsolutierenden* Gleichheitsbehauptungen über den Sport akzeptiert er bewusst die Voraussetzung der *biologischen Ungleichheit* unter Menschen beim Eintritt in das sportliche Geschehen. Er akzeptiert weitere Ungleichheiten in den Bedingungen sportlichen Handelns. Jedes vernünftig begründete menschliche Gleichheitsideal bezieht sich auf eine *je eingeschränkte Gleichheit*. Sie unterwirft nur einige Aspekte des Humanum dem Gleichheitspostulat. Die gleiche Anerkennung von „natürlich Ungleichen" unter Menschen und die Zuerkennung gleicher Rechte an sie ist überhaupt *die* Ausgangsbedingung jeglicher Moral- und Rechtsphilosophie. *Verabsolutierung* wie *Aufhebung* jeglicher Unterschiede sind inhuman. In der Sphäre des Sports wären sie zudem *wider-sinnig*, gegen jeden begründeten Sinn gerichtet. Der Sinn sportlichen Handelns *basiert* ja auf der Anerkennung einer Vielzahl von Ungleichheiten in den Handlungs-*Voraussetzungen*. Zudem *zielt* er sogar auch in seinen Handlungs-*Ergebnissen* nicht etwa auf die Herstellung von Gleichheit, sondern auf das Gegenteil: die Feststellung von Ungleichheit.

Erst unter Voraussetzung der erbbiologischen Basis, dass kein Mensch wie die anderen ist, weil niemand genau gleiche Anlagen mitbekommen hat, setzt *die kulturelle Sinnstiftung des sportlichen Wettbewerbs* ein. Sie ist der Versuch, *„das Beste draus zu machen"*: unter Einsatz von psychophysischen Lern-, Trainings-, Willens- und ästhetischen Gestaltungsmitteln sowie durch die Wahl des den eigenen Voraussetzungen und Neigungen am besten entsprechenden Betätigungsfeldes im breiten Spektrum der Sportarten und Leistungsebenen.

Hieran – das ist denen entgegenzuhalten, die mit denkbaren Techniken der Reproduktionsmedizin Hoffnungen oder Befürchtungen verbinden – werden alle Erwartungen *zerschellen*, man werde einst einen Roger Federer oder eine Serena Williams (selbst wenn sie sich dazu bereitfinden würden) als das sportliche Phänomen, das sie sind, durch Klonierung reproduzieren können. Der Molekularbiologe Jens Reich hat zu bedenken gegeben: „Die Wechselwirkungen Tausender und (im Hirn) sogar Zehntausender Gene und all ihrer Produkte vereiteln zudem alle Versuche, per Genomdesign Menschen mit erwünschten Eigenschaften zu produzieren. Der ‚Mensch nach Maß' ist eine irrige Allmachtsfantasie. Denn es trifft zwar zu, dass die meisten biologischen Merkmale eine erbliche Komponente haben. Deren Ausprägung ist jedoch so unauflösbar verzahnt mit Einflüssen der Umwelt und der Lebensweise, dass eine gezielte Beeinflussung komplexer Merkmale wie Verhalten oder Intelligenz ausgeschlossen ist. Allenfalls könnte man Unerwartetes erreichen: Pfusch und Fehlbildung."[55] Bei aller somit gebotenen

---

55 REICH, Jens (2001): Viel Text, wenig Sinn. Das entzifferte menschliche Genom bietet keinen Anlass für Stolz und Allmachtsfantasie. In: DZ vom 15.2.2001

Skepsis gegenüber der Realisierbarkeit auf den menschlichen *Gesamt*-Organismus bezogener Gendesign-Erwartungen müssen jedoch *kleiner* dimensionierte Eingriffsmöglichkeiten keineswegs dauerhaft ausgeschlossen bleiben, so der Molekularbiologe Bernd Wohlfarth, seinerzeit Teamarzt der deutschen Biathleten.[56] Auch sie würden das hier diskutierte Problem bereits mit aller Dringlichkeit aufwerfen.

Das aber erfordert, neben der Anerkennung von Ungleichheit als Kernelementen des sportlichen Sinnmusters, *auch* die Rückbesinnung auf ein weiteres Kernelement: Sport ist immer auch der Versuch, die unterschiedlichen mitgebrachten Voraussetzungen so weitgehend wie möglich durch Einsatz solcher sportlich legitimen Mittel zu *kompensieren*, dass dadurch im Rahmen formeller, durch Ablaufregeln gewährleisteter Chancengleichheit ein für alle Beteiligten spannend verlaufender Wettkampf zustande kommen kann. Aus der *so* definierten Ausgangskonstellation ergibt sich die Konsequenz: Ein Einsatz gentechnologischer Eingriffe zur Verbesserung der sportlichen Leistungsvoraussetzungen im Sinne einer „*Vorab-Korrektur*" der biologischen Grundausstattung verbietet sich schon aus partikularen *sportethischen* Gründen.

Schon aus rein *logischen* Gründen können wir keinen begründeten Entwurf für einen „neuen", einen grundlegend anderen Menschen machen. Wir können unsere Beurteilungsmaßstäbe für das, was wir für *menschlich* halten, nur aus dem beziehen, was wir als den Menschen als Produkt der Evolution empirisch antreffen. Dennoch sind in der laufenden Debatte auch Stimmen solchen Zuschnitts zu vernehmen, wie sie der Schriftsteller Helmut Krausser unter der provozierenden Frage „Warum nicht?" vertreten hat: „Mir wäre eine Menschheit, die nicht zum Ziel hätte, Gott zu werden, unheimlich und langweilig. Das Modell des nietzscheanischen Übermenschen, anders gesagt: des verbesserten Modells vom Menschen ist im Spiegel der Evolution nur ein Archetypus. Man mag über den Sinn einer solchen manischen Teleologiesucht streiten, aus der Welt zu schaffen ist sie nicht. Ob das Modell Mensch eher pädagogisch zu verbessern sei oder genetisch, ist aufgrund der Gegebenheiten eine Frage akademischer Natur."[57] Könnte er rechthaben? Natürlich nicht. Es macht einen alles entscheidenden Unterschied! Aber Krausser weiter: „Alles, was denkbar ist, geht in einem unaufhaltsamen Prozess ins Machbare über. Sich dagegen aufzulehnen, wäre weltfremder, ja reaktionärer Idealismus"? Nein, es bedeutet die Behauptung von Moral und Recht als maßgeblichen „menschenmachenden" Errungenschaften!

---

56 Siehe WOLFARTH, Bernd (2003): Lokale Gentherapien wären schwer nachweisbar. Interview. In: FAZ vom 29.10.2003
57 KRAUSSER, Helmut (2000): Warum nicht? Eine Menschheit, die nicht das Ziel hat, Gott zu werden, ist unheimlich und langweilig. In: DZ vom 28.12.2000

Der Philosoph Bernhard Taureck hat dem daher zu Recht entgegengehalten: „Je mehr wir uns aufmachen, Maß des Lebens zu spielen, desto mehr benötigen wir kollektive Parameter der Erinnerung, die sich zivilisatorisch etabliert und bewährt haben. Wer nämlich soll der Mensch sein, der nunmehr Maß für das Leben ist? Wenn der Mensch Leben umbaut und neu ordnet, wie können wir dann sicher sein, dass er noch der Mensch aus der alten Zeit vor der Etablierung der Postbiologie ist? Mehr noch, der Mensch aus der vormaligen, biologischen Ära besitzt ja keinerlei Wissen, nach welchem Maß er Leben umbauen soll."[58]

Gentechnologischer „Umbau" des Menschen als *Gesamtorganismus* wäre ein *hybrides*, das Urteils- und Entscheidungsvermögen *prinzipiell* übersteigendes Unterfangen. Nur unter Voraussetzung der zufälligen Ergebnisse der biologischen Evolution und erst innerhalb von deren Grenzen darf eine moralisch legitime „humane Optimierung", ein menschliches Streben nach Vervollkommnung einsetzen. Es scheint zwar *prima vista*, als sei dies mit dem aufklärerischen kantischen Anspruch auf menschliches „Selbstdenken" und Selbstentscheiden nur mühsam vereinbar und in einen hinnehmbaren Einklang zu bringen. Denn es bedeutet, vor Einsetzen der menschlichen Handlungs- und Gestaltungsfreiheit gegenüber sich selbst den blinden und zufälligen Ergebnissen der Evolution den Vortritt zu lassen (sofern man auch nicht mehr an die Weisheit eines besonders dem Menschen wohlwollenden Schöpfergottes glauben mag). Bei genauem Abwägen aber wird man nicht umhin können, jene Grenzen-Anerkennung eben *doch* als eine unabdingbare Voraussetzung der *Conditio humana* hinzunehmen, wenn man sich nicht gänzlich ins Menschlich-Bodenlose verlaufen will.

Jegliche Steigerungs- und Vervollkommnungsabsicht in der menschlichen Innen- und Außenwelt *kann*, bestimmte ethische Konsensbedingungen vorausgesetzt, *legitim und menschen-gerecht* sein – mit Ausnahme eben jenes einen Anwendungsfeldes, das die erbbiologische Grundausstattung des menschlichen Handelns betrifft. Und das hat zu tun mit den *unübersteigbaren bzw. ununterbietbaren Grenzen der Konstituierung einer ethischen Gemeinschaft „Menschheit"*, die durch die Zuerkennung und Anerkennung gleicher Würde aller ihr zugehörigen Individuen als spezifische Gattung überhaupt erst entsteht. Der wirklich wohlbegründete Einwand gegen zielgerichtet gestaltende Eingriffe in das Humangenom beruht gerade *nicht* auf der Hybris und Blasphemie, Gentechniker versuchten hiermit, „Gott zu spielen". Wenn schon nicht am Wollen, so scheiterte dies am Können. Was wir dabei tatsächlich tun, ist genau besehen gar nicht Gott spielen, sondern Spielräume ausloten und ausschöpfen, die seine Schöpfung bietet – sofern denn die kosmische Natur tatsächlich auf das schöpferische Handeln eines

---

58 TAURECK, Bernhard (2000): Am Ende angekommen. Welcher Mensch soll das Maß des Lebens sein? In: DZ vom 28.12.2000

Gottes zurückgehen sollte. Darüber hinausgehende Machbarkeits- und Allmachtsphantasien hingegen sind von vornherein gegenstandslos, weil sie der Reichweite des menschlichen Handlungsvermögens in seiner winzig kleinen kosmischen „Sonderentwicklungszone" namens Erde entzogen sind.

Das „Wesen", der spezifische *Sinn des Menschen* als einer besonderen Gattung in ihrer Umwelt, ist in seinen ausschlaggebenden Momenten gerade *nicht* bestimmt durch seine *biophysischen* Voraussetzungen, die ihm *vorgegeben* sind (wenn er von diesen auch nicht unabhängig ist). Entscheidend für die besondere Stellung des Menschen in der Welt ist vielmehr das, was ihm aufgrund seines gattungsspezifischen, selbstgesetzten moralischen Status *aufgegeben* ist, also das, was er daraus *macht*. Das ist der entscheidende, nämlich der *moralische* Grund und Einwand gegen humangenetische Eingriffe neben dem *logischen*.

Unabhängig davon, ob es *logisch* und *praktisch* überhaupt in absehbarer Zeit möglich sein wird, könnte man ohne größeren moralphilosophischen Aufwand aus einer einfachen alltagsmoralischen Intuition heraus fragen: Welch merkwürdiges Menschenbild steht *überhaupt* hinter der Absicht, die biologischen, die biogenetischen *Ausgangsbedingungen* menschlichen Handelns *modellieren* zu wollen? Es ist „Schlaraffenland-Denken", eine fragwürdige Utopie, die mit einem humanen Menschenbild, erst recht mit jedem Sportverständnis unvereinbar ist. Angesichts der *unaufhebbar* machtlosen, extrem abhängigen und fragilen Stellung der Menschheit im Kosmos *kann* es überhaupt nicht sinnvoll darum gehen, das messbare Leistungsvermögen ihrer individuellen Mitglieder unter Zulassung und Einsatz von *allen* Mitteln (ja allenfalls äußerst *geringfügig*) zu steigern, sondern nur darum, dass der Mensch aus seinen *je gegebenen Bedingungen* etwas macht, und dass er dabei *nur menschenwürdige Mittel* einsetzt.

Darüber hinausgehende Ansprüche sind hybrid nicht etwa wegen einer *Infragestellung Gottes*. Warum sollte Gott als gegen ihn gerichtet ablehnen, was in der von ihm so eingerichteten Welt möglich ist? Nein, hybrid ist es wegen der *Infragestellung des Menschen*: Er wird nie etwas anderes sein können als ein verschwindend kleiner Zwerg im Kosmos und würde für die scheinbare „Chance", diese Winzigkeit um eine weitere Winzigkeit zu vermehren, die Chance, als er selbst zu überleben, aufs Spiel setzen. Wer ist der Mensch, und wer könnte er bei allen denkbaren Leistungen je sein angesichts seiner extrem unwahrscheinlichen Existenz in der überwiegend lebenswidrigen kosmologischen Umwelt, dass er mit der geringsten Aussicht auf Erfolg auch nur einen „Untergott" in der natürlichen Schöpfung darzustellen hoffen könnte? Das kann nur im Desaster von Goethes Zauberlehrling enden. Der tatsächlich *begründete* Vorhalt sollte daher lauten: Indem er unantastbare selbstgesetzte Grenzen des Menschlichen überschreitet, wird er nicht etwa *Gott*, sondern gibt sich als *Mensch* auf. Er kann fast nichts gewinnen, aber setzt alles aufs Spiel: va banque.

Gleichwohl sind Risiko und Selbstgefährdungspotential unübersehbar, die mit den neuen wissenschaftlich-technischen Möglichkeiten freigesetzt sind. Die atemberaubende Debatte, die sich seit den Meldungen über die Entschlüsselung des menschlichen Genoms über die künftigen Möglichkeiten der medizinischen (und ökonomischen) Nutzung dieser Erkenntnisse entsponnen hat, spricht eine eindeutige Sprache. In diesem Rahmen sollte auch unbestritten bleiben, dass jeder Anlauf zum Gendoping im Sport buchstäblicher *Un-Sinn* wäre.

Auch ein Kulturbereich wie der Sport muss sich im Zuge dieses Diskurses neue Klarheit und Selbstvergewisserung darüber erarbeiten, wer er sein will und soll. Der *Homo sportivus* sei „auch immer Abbild gesellschaftlicher Verhältnisse und kennzeichne durch seine körperliche Machbarkeit die Überwindung der schicksalhaften ‚Natürlichkeit' – die Geburt eines neuen Menschen", meint der Sportphilosoph Eckhard Meinberg.[59] Das ist *unzutreffend*. Es markiert jene Ungenauigkeit im Sportdiskurs, die den entscheidenden Unterschied ausmacht: Sport ist *nicht in toto Abbild der Gesellschaft, sondern Abbild des sportlichen Eigensinns*. Er ist auch nicht Inbegriff eines neuen perfekten Menschen als Leitbild im sich abzeichnenden biotechnischen Zeitalter. Er *darf* es nicht sein.

23. Sport als Kultur: eine, die achte – oder gar keine Kunst?[60]

Diskursive Ausgangslage: Der Topos, Sport habe etwas mit Kultur zu tun, taucht im Sportdiskurs wie ein Wetterleuchten am Horizont auf, ohne dass man das Donnern einer klaren Aussage zu hören bekäme. Ausdruck dieser diffusen Lage sind Aussagen nach dem Muster „Sport *und* Kultur". Kultur firmiert als ein Additiv, das irgendwie zum Sport hinzukomme und diesem ein – aufgrund seiner eigenen kulturellen Defizite willkommenes – Reputations-Plus verschaffe. Etwa wenn der Sport mit Literatur oder bei Großereignissen mit anderen performativen Künsten in Verbindung trete.

Der Sportpädagoge Ommo Grupe ist diesem Understatement mit dem offensiveren Titel *Sport als Kultur* (GRUPE 1987) entgegengetreten. Doch auch mit dieser Ersetzung von *Und* durch *Als* erreicht der Sport einen Status als Kulturgut nicht aus eigener Kraft und auf Augenhöhe mit dieser Verwandtschaft, sondern nur als Nebenwirkung im Fahrwasser dessen, was der Autor als ein „gewandeltes Kulturverständnis" wahrnimmt. Die vorherrschende „elitäre Hochkultur" sei von ihrem hohen Ross herabgestiegen und habe unter ihrer Belétage, ihres Piano nobile ein Untergeschoss namens

---

59 Zitiert bei HILSMANN, Clemens/U.A. (2002): Menschenbilder im Sport. In: Zs. Sportwissenschaft, Heft 1, 2002. 120
60 Siehe SCHWEMMER, Oswald/RECKI, Birgit (2021): Stichwort *Kultur/Kulturphilosophie*. In: SANDKÜHLER (2021), 1335–1350; DÄRMANN, Iris/JAMME, Christoph (2021): Stichwort *Kulturwissenschaft(en)*, ebd. 1353–1359

„Alltags-, Freizeit- und Unterhaltungskultur" eingerichtet, in dem nun auch der Sport Quartier und Unterschlupf finden könne. In ihm werde zwar „ein *eigener* kultureller Bereich gesehen", aber „aus einem normativen wurde zunehmend ein beschreibendes Verständnis von Kultur (…). Kultur ist eine nur noch wenig strukturierte, allgemeine Hintergrundgröße, kaum noch verbindlich und eher beliebig, selbst als Beschreibungskategorie diffus", und nur so habe sich Sport „zu einem eigenen Kulturphänomen" entwickeln können: „Kultur wurde sozusagen ‚sozialisiert', der Kulturbegriff eingeebnet, das Kulturverständnis nivelliert. Im Prinzip ist damit alles Kultur. (…) Sport gilt inzwischen schon als besonders typisch für jene ‚Kulturen', die man als Massen-, Industrie- oder Freizeitkultur bezeichnet." (Ebd., 26–29) Grupes ambitionierter Start zu einer begründeten Verortung des Sports innerhalb der Kulturgesellschaft endet in einem reichlich flachen kulturkritischen Gerede.

Statt eines aus Sportsicht erhofften Aufstiegs unter die Weihen eines elaborierten Verständnisses von Kultur bilanziert Gruppe eher seinen Abstieg in deren schmuddeligen Hinterhof. Einen Ausweg aus diesem Dilemma haben jene Autoren gesucht, die Zusammenhänge des Sports nicht nur mit dem diffusen *Kultur*-, sondern mit dem präziseren *Kunst*-Begriff ausgelotet haben. Doch auch der Kampf an dieser neuen Front endete allenfalls mit einem Unentschieden. Es wurden nur selektive Aspekte des Sport- und des Kunst-Begriffs miteinander in Beziehung gesetzt, meist mit dem Ergebnis, dass dem Sport vermeintlich zu viel fehle, um ihm die Anerkennung als vollgültige Kunst gewähren zu können.

Im Sportdiskurs gilt es vielfach bereits als ein Erkenntnisfortschritt, wenn man ein Label gefunden hat, das man dem Sport anheften kann und dem man zutraut, alles Wesentliche zusammenzufassen, das man über ihn aussagen kann. Etwa mit Floskeln wie Sport sei gesund, Sport sei Mord, Sport sei ein Friedensstifter. Und so sei er eben irgendwie auch Kultur, ja sogar Kunst – oder eben gerade nicht. Dabei wird auf diese Weise nur jeweils *ein* Aspekt aus einem Ensemble von Sinnelementen der Sportidee adressiert. Auf diesem Weg wird jedoch unterschätzt, dass mit der Stiftung eines solchen Labels die Erkenntnisarbeit nicht etwa abgeschlossen, sondern im besten Fall erst eröffnet ist.

Weiterführende Antwort: Zur Deutung des Sports im engen Sinne *als eine Kunst* kann einleitend auf einen Zeitungskommentar zu einer Gaming-Ausstellung im Juni 2022 verwiesen werden. Er versuchte, mit einer alten Spruchweisheit aufzuräumen: „Kunst kommt nicht von können, sondern von spielen."[61] Das zeigt: Der Verweis weder auf die Etymologie noch auf die Kategorie der Schönheit, die von ästhetischen Theorien bemüht werden, noch Umfragen unter Sportinteressierten zu ihrem Verständnis von ihrem Tun, wie sie von dem Sportwissenschaftler Klaus Willimczik durchgeführt wurden, sind geeignet, zum Sinnkern des mit den anderen Künsten verwandten Sinnfeldes Sport vorzudringen.

Die abgrenzende Unterscheidung in jenem Zitat ist selbst noch genauer zu fassen: Kunst kommt *von beidem*. Spielen und Können stehen dabei in einem Spannungsverhältnis miteinander und bringen in dieser „Kooperenz" mit je unterschiedlichen Anteilen der beiden Seiten Kunst- bzw. Sportwerke hervor: Bei Installationen und Happenings à la Beuys z.b. liegt der Schwerpunkt mehr beim Anteil des bloßen *Spielenwollens* (bei oft zusätzlicher kunstexterner Bedeutungsaufladung) und kann wegen des schwach ausgeprägten Könnens-Pols die polemische Frage „Ist das Kunst oder kann das weg" auslösen. Bei Sportwerken liegt der Schwerpunkt (von der rein symbolisch-spielerischen, nicht-nützlichen Sinngebung abgesehen) deutlich stärker auf ebenjenem im ernsthaft ausgetragenen Wettbewerb getesteten *Könnens-Pol*. Das wiederum löst, wenn auch anders begründet, die ebenfalls polemische Frage aus, ob Sport überhaupt Kunst sein könne. Aber er bewahrt, abgesehen von der inzwischen stark auch in die Sportsphäre hineinwirkenden *virtuellen* Welt der Computer-Games, ähnlich wie die anderen auf der realen Bühne aufgeführten performativen Künste, die Rückbindung an die Möglichkeiten und Grenzen des *realen* menschlichen Körpers.

Die sportphilosophische Frage, welches Potential mit einer Zuordnung des Sports zur Sphäre ästhetisch-schöpferischen Handelns freigesetzt werden kann, ergibt einen doppelten Befund. (1) Für gehaltvolles Verstehen geeignet sind weder der Versuch einer schlichten Hinzufügung des Sports als „achte Kunst" zum Kanon den klassischen Septem artes liberales (siehe LENK 1985), noch der schlichte Versuch, Bezüge zur Kunst allein auf „Kunst"-Sportarten (Kunstturnen, Eiskunstlauf, Rhythmische Sportgymnastik, Synchronschwimmen, Dressurreiten) sowie auf vereinzelte besonders ansehnlich gelingende Aktionen zu beschränken, ansonsten aber den Sport einer gänzlich kunstfernen Sphäre zuzuordnen. (2) Im Gegenteil ermöglicht erst die Zuordnung zu dieser ästhetischen Sphäre im engeren Sinne ein sinnausschöpfendes Verstehen des Sports als maßgebliche Voraussetzung dafür, ihn auch praktisch verantworten zu können.

---

61 EICHEL, Florian (2022): Drücke X für Seufzen. Mit einer großen Gaming-Ausstellung beweist die Julia Stoschek Collection: Kunst kommt nicht von können, sondern von spielen. DZ vom 2.6.2022

Meist wird dem Sport der *Status einer Kunst* abgesprochen oder diese Deutungsvariante gar nicht in Erwägung gezogen.[62] Wer aber Sport aus dem Kreis der Künste ausschließt, hat meist keine klare Vorstellung davon, was er hier in Nichtbeziehung miteinander setzt. Weder davon, was die disparaten Künste gemeinsam zu Repräsentanten der *einen* Sphäre Kunst macht, noch, was genau den Sport ausmacht. Dies gilt auch für den Versuch, die kulturelle Moderne in einer Gesamtdarstellung zu erfassen, ohne dabei den Sport zu erwähnen: „Die Moderne steckt ein so großes und vielgestaltiges Terrain ab – Malerei und Plastik, Prosa und Dichtung, Musik und Tanz, Architektur und Design, Theater und Film –, dass eine gemeinsame Herkunft und ein gemeinsamer Grund nicht plausibel erscheinen können." (Gay 2008, 21)

Ursache jener Verweigerung ist eine *Verwechslung*: Der Nichtkunstcharakter des Sports wird mit der Abwesenheit von solchen Momenten begründet, die zwar *Unterscheidendes zwischen den Künsten*, aber gerade nicht *das Gemeinsame der Kunst* betreffen. Die hier vertretene These lautet dagegen: Der Sport hat alles, was auch alle anderen Künste *als Kunst* haben (siehe Welsch 2004). Er hat zugleich manches, was in diesem Kreise nur *er* hat. So wie alle anderen auch etwas jeweils nur *ihnen* Eigenes haben, was sie zu Künsten *als unterschiedlichen Kunstgattungen* macht. Ist nicht auch zwischen Literatur und Musik, zwischen Architektur und Ballett auf den ersten, vordergründigen Blick das Trennende weitaus auffälliger als das Gemeinsame? Der irreführende Eindruck einer Kunstferne des Sports wird von zwei Seiten her genährt. Dadurch, dass man die tatsächlich bestehenden Gemeinsamkeiten *unterschätzt*, ebenso wie dadurch, dass man das Trennende unbegründet *übersteigert*.

Die *Gemeinsamkeit der Künste* besteht darin, dass sie alle als jeweils für sich sehr disparate einzelne Gattungen einen Hintergrund-Sinn, eine Art von Meta-Sinn der *einen Kunst* verkörpern, zusammengesetzt aus allgemeinen Kriterien, deren *Gesamtheit* eben diesen Metasinn ausmacht. An ihm hat der Sport vollinhaltlichen Anteil. *Sport* wird demnach, genau wie seine *gesamte* ästhetische Verwandtschaft, zu einer Form der *Kunst* durch die je sportspezifische Varianten von 20 Kriterien, die im folgenden Abschnitt erörtert werden.

---

62 Eine ansonsten gehaltvolle philosophische Einführung in die Kunst verliert sogar, genau wie zahllose andere ähnliche Arbeiten, keinen einzigen Gedanken an Gründe dafür, dass der Sport zum Kanon der Künste hinzugehören könnte (siehe Bertram 2007).

24. Was die Gemeinsamkeit der Künste als Kunst ausmacht[63]

Zunächst ist festzuhalten, was mit der Zuordnung des Sports zur Sphäre der Kunst *nicht* angestrebt ist: Sport als eine Nicht-Kunst zu verstehen, ist keine Kunst. Fast jeder sagt es ja. Aber sie irren sich. *Erstens* sagen viele, über Kunst überhaupt lasse sich nichts Definitives mehr sagen. *Zweitens* erklären viele das Falsche oder nur Marginale für das Typische der Kunst. *Drittens* setzen viele das Werturteil über Kunst an die falsche Stelle: zwischen Hoch- und Trivialkultur statt zwischen gute und schlechte bzw. gelingende und misslingende Kunst. Und *viertens* kann man, wenn man diese drei Irrtümer vermeidet, das erkennen, was alle Künste einschließlich des Sports tatsächlich verbindet.

Die hier zu begründende These lautet daher: Der Sport ist Mitglied in der Familie der Künste, was jedoch von zwei Seiten her bestritten wird: Weder möchte die Mehrheit der Sportler von der Familie der Künstler adoptiert werden. Noch möchte die Mehrheit der Künstler die Legitimität dieses aus einem Kuckucksei geschlüpften neuen Familienmitgliedes anerkennen. Um also dem Beifall oder der Ablehnung von der falschen Seite zu entgehen, sind zunächst einige Klarstellungen darüber erforderlich, was alles mit dieser These *nicht* gemeint ist.

(1) Sport ist hier nicht Mitglied ehrenhalber, nicht auf dem Gnadenwege aufgenommen. Er gehört dieser Familie von seinem angeborenen Status her an.

(2) Kunst ist kein dem Sport von außen zugewiesenes zusätzliches Attribut. Er ist integraler Teil der Familie der Künste im Kern seines Eigensinns.

(3) Die Zuordnung zur Sphäre der Künste dient nicht zur Aufwertung seiner ansonsten unterschätzten gesellschaftlichen Bedeutung, indem er durch erschlichene Teilhabe an einem renommierten Kulturbereich schmarotzerhaft von dessen positivem Image profitiert. Die meisten Protagonisten des Sports (es gibt Ausnahmen von nachdenklichen Selbstbeobachtern auch hier) fühlen sich durch diese Klassifizierung als Künstler nicht aufgewertet, sondern missverstanden oder gar missbraucht für sportfremde Ambitionen.

(4) Sport konnte nicht nur deshalb zum Familienmitglied der Künste werden, weil diese ihre Grenzen so weit in die Sphäre der Alltags- und Trivialkultur hinein ausgedehnt und ihren hochkulturellen Anspruch aufgeweicht haben, dass nun auch ein Feld der populären Unterhaltungskultur wie der Sport seinen marginalen Platz unter diesem (über-)großen Dach finden könne. Er kann in seinen elaborierten Spitzenbereichen, die nach wie

---

[63] Siehe ZIMMER, Jörg (2021): Stichwort *Kunst/Künste*. In: SANDKÜHLER (2021), 1359–1365; ferner RECKI, Birgit (2021): Stichwort *Ästhetik, philosophische*, ebd., 159–168 sowie MOHR, Georg (2021): Stichwort *Philosophie der Musik*, ebd., 1980–1987

vor seinen Sinnkern definieren, als legitimer Teil der nicht verschwundenen Hochkultur, ja als eine Art von Gesamtkunstwerk und damit als Teil des Weltkulturerbes verstanden werden.

(5) Sport ist keineswegs nur dort Mitglied der Familie der Künste, wo er in der Erscheinungsform seiner Ereignisse oder Protagonist*innen besonders „ästhetisch" aussieht oder so benannt wird. Seine Zugehörigkeit gilt gleichermaßen für seine von der optischen Ansehnlichkeit her neutralen, ja sogar für seine „hässlichen" Seiten in manchen Kampfsportarten. Natürlich ist der Anblick von Athlet*innen fast aller Sportarten im Moment ihrer höchsten Anstrengung nicht schön. Gleichwohl können sie für sich in Anspruch nehmen, ästhetische Werke hervorzubringen. Der allgemeine Grund für diese Klarstellung liegt schon in der Frage, ob das Schöne überhaupt ein konstitutives Kriterium der Kunst ist.

(6) Sport findet nicht erst dadurch Zugang zur ästhetischen Sphäre, dass er sich mit *anderen* Künsten verbindet oder diese ihn zum Gegenstand oder Anlass ihres Schaffens erheben. Seine Ereignisse können allerdings auf solchen Wegen des Zusammenwirkens zu einem (additiven) Gesamtkunstwerk werden.

Wenn nun aber dies alles nicht gemeint ist: Als was wäre die Zuordnung dann richtig verstanden? Um dem näher zu kommen, hilft allein der genaue Blick auf die tragenden Grundelemente seiner Handlungsstruktur. Und diese korrespondieren in frappierend eindeutiger Weise mit ebenjenen Sinnelementen, die alle Arten ästhetisch-schöpferischen Handelns gemeinsam haben.

Die *Gemeinsamkeit der Künste* besteht darin, dass sie alle als je für sich disparate einzelne Gattungen einen Hintergrund-Sinn, eine Art von Meta-Sinn der *einen Kunst* verkörpern. Er ist zusammengesetzt aus einer Reihe von allgemeinen Kriterien, deren *Gesamtheit* eben diesen Metasinn ausmacht. Diese Elemente sind das Ergebnis einer Suche nach Merkmalen, die (1) im Fall von Kunstereignissen *tatsächlich* zu beobachten, also keine reinen Phantasieprodukte einer überschießenden Einbildungskraft sind; Ergebnis einer Suche nach Merkmalen, die (2) vielleicht schon einzeln, jedenfalls aber in ihrer Gesamtkonstellation Alleinstellungsmerkmale darstellen, die unverwechselbar die Kunst und *nur* die Kunst ausmachen, also die Kunstereignisse nicht nur aufwerten wollen, indem sie primär deren Anschlussstellen zu anderen Sinnfeldern herausstellen.

Sport also wird, wie seine *gesamte* ästhetische Verwandtschaft, dadurch zu einer Form der *Kunst*, dass er je sportspezifische Varianten der folgenden *zwanzig Kriterien* hervorbringt, deren Gesamtheit das Sinnfeld der Kunst konstituiert[64]:

(1) *Zugehörigkeit zur Sphäre des Spiels und des selbstzweckhaften Handelns:* Sport wie die anderen Künste gehören der Sphäre des Spiels an. Sie sind nicht durch außerspielerische „materielle" Notwendigkeiten determiniertes selbstzweckhaftes Handeln. Sie partizipieren damit an einer allgemeinen Sinnsphäre, die Johan Huizinga als den Kern kulturschöpferischen Handelns beschrieben hat: Spiel als stolzes autonomes, autopoietisches und autotelisches Kraftzentrum der Kulturentwicklung, das nicht aufgeht in der bescheidenen subalternen Rolle bloßer Kompensation von gesellschaftlichen Defiziten und Fehlentwicklungen. Im Sport ist der Spielbegriff sogar direkter Bestandteil der Bezeichnung, sobald es um direkte Duellkonfigurationen zwischen Individuen (Tennisspiel) oder Teams (Handballspiel) geht.

(2) *Künstliche Widerstände:* Spiel korrespondiert mit dem Abarbeiten an künstlich errichteten Widerständen: Bei der Musik stiftet der Widerstand aus der schwierigen Partitur den Sinn des Handlungsmusters, beim Verfassen eines Romans sind es sich dem Erzählen, bei der Malerei die bei der Verwandlung einer leeren Leinwand in ein Bild sich entgegenstellende Widerstände. Analog übernehmen beim Sport aufgestellte Hindernisse sowie ein überhaupt erst durch eine Verabredung „geschaffener" Gegner diese Rolle.

(3) *Regelwerk konstituiert Sinnraum:* Das Regelwerk des Sports reguliert, ähnlich wie Regelwerke in anderen Feldern ästhetischen Schaffens, nicht eine sowieso schon existierende Sinnsphäre. Es konstituiert erst den gesamten Sinn- und Handlungsraum.

(4) *Der Weg ist das Ziel:* Damit verbunden ist die strikte Geltung eines nicht-teleologischen Prinzips in der gesamten Sphäre ästhetischen Schöpfertums. Nicht ein Erfolg im Sinne des Erreichens eines von außen vorgegebenen Endzustandes ist das primäre Ziel, sondern: Der Weg, der Schöpfungsprozess, im Sport der Wettbewerb selbst sind das Ziel.

(5) *Schaffung einer fiktiven Realität:* Unter diese Prinzipien wird eine eigene Welt geschaffen, eine Fiktion, der gleichwohl greifbare Realität zukommt. Das sind im Sport Geschichten, die in der sportartspezifischen Sprache erzählt, Dramen, die auf der sporteigenen Bühne aufgeführt werden. Darin

---

64 Die im folgenden aufgeführten 20 Kriterien könnten jeweils durch die Referenz auf entsprechende Stichworte, wie sie in einem Grundlagenwerk aufzufinden sind, noch weiter semantisch angereichert werden, worauf hier jedoch aus Raumgründen verzichtet wird (siehe BARCK 2010).
Einige Stichworte in der Reihenfolge, in der sie sich auf die Kriterien beziehen: Mimesis/Nachahmung, Engagement/Tendenz/Parteilichkeit, Schön/Schönheit, Original/Originalität, Spiel, Fiktion, Form, Mythos/mythisch/Mythologie, Text/Textualität, volkstümlich/Popularkultur, Autor/Künstler, Performance, Produktion/Poiesis, Nützlich, Autonomie, Musik, Ästhetik.

werden zwar, wie in einem Roman, Theaterstück oder Ballett Elemente der realer Realität aufgegriffen, aber in den Rahmen einer mit ästhetischer Einbildungskraft erfundenen Fiktion integriert und dadurch transformiert zu Elementen einer neuen außerweltlichen Realität. Transferiert, wie Nadine Gordimer sagt, in „jene andere Welt, die die Welt war" für jeden, dem ästhetisches Schaffen etwas bedeutet (GORDIMER 1998, 37–56 und 161–182).

(6) *Zutritt nur nach den Regeln der Kunst:* In der ästhetischen Schöpfung solcher fiktiver Welten sind außerästhetische Welten zwar nicht völlig ausgeschlossen. Sie sind jedoch nur nach den Gesetzen dieser ästhetischen Spielwelt zugelassen. Der Austauschverkehr zwischen Sport und außersportlicher Gesellschaft, Input und Output, der Zugang zu und der Ausgang aus dem Sportsystem vollziehen sich nach dem, was eingangs als *Drei-Schritt-Kreismodell* beschrieben worden ist. Er bleibt somit abhängig von Vorleistungen der Gesellschaft und gibt Eigenleistungen an die Gesellschaft ab. Aber er bewahrt seine Autonomie, indem er bei allen drei Schritten gehalten ist, primär seinen *eigenen* Imperativen und Urteilen sowie seiner Agenda und *nur* ihnen zu folgen.

(7) *Verweigerung von Parteinahme in außerästhetischen Konflikten:* Dazu gehört eine Verweigerung gegen Versuche, mit dem ästhetischen Handeln irgendeine Art von direkt tendenziöser Partei *zu nehmen* in außerästhetisch präformierten Konfliktkonstellationen. Also z.B. den sportlichen Einsatz für das je eigene Team zu verwechseln mit dem Dienst an bestimmten Sozialformationen. Hier gilt die Haltung eines Albert Camus, der „Mut im Herzen und Talent im Werk" forderte und daher „Menschen, die Partei ergriffen, lieber mochte als Literatur, die das tut". Es ist eine Haltung, die an ästhetisch-schöpferischem Handeln auch dann festhält, wenn es, in den Worten von Czesław Miłosz, in schrecklichen Zeiten „weder Völker noch Menschen rettet", und in denen es daher, mit Bertolt Brecht, „fast ein Verbrechen" sei, von Bäumen zu sprechen (siehe GORDIMER 1998, 15–16). Sinngerechtes Handeln in dieser Welt gestattet Parteilichkeit allein gegenüber dem universal geltenden ästhetischen Eigensinn, nicht aber in Gestalt von Loyalitäten gegenüber partikularen sozialen Gemeinschaften und deren wie auch immer begründeten Forderungen.

(8) *Primat ästhetischer Formgestaltung:* In dieser Welt regiert das Primat ästhetischer Formgestaltung, während in anderen spielerischen und nichtspielerischen Welten andere Primate gelten. Der klassische kunsttheoretische Streit um den *Vorrang von Form oder Inhalt* geht an der schlichten Einsicht vorbei: In der Kunst *ist* die Form der Inhalt des Werks. Die gesellschaftsnahen „Inhalte" sind bloßes Rohmaterial für die schöpferische Formsuche. Die *Kunst*-Geschichten werden nicht von mimetisch abzubildenden *Lebens*-Geschichten geschrieben, sondern von den formenden Mitteln künstlerischer Produktion. Auch wenn Sport und andere Künste dem Primat der Formge-

staltung folgen, so braucht *Form* doch auch Gegenstände, Rohmaterialien, die sich formen lassen. Dies sind tatsächlich die vielbeschworenen *Inhalte*: erfolgsorientierte Bewegungen, töneerzeugende Instrumente, Sprachbilder, zu Landschaften und menschlichen Gestalten geformte Farben. Doch sie sind sekundär. Und deren ebenso vielbeschworene Gleich- oder gar Vorrangigkeit gegenüber der ästhetischen Formsuche in der Schöpfung von Kunstwerken ist eine Chimäre. Sie dominieren nicht die Form, sondern gehen in die Formgestaltung ein und sind ihr unterworfen.

Bei wirklich großen und bedeutenden Werken, die nachhaltigen Bestand in der Kunstgeschichte haben, sind diese ästhetisch transzendierten Inhalte auch kaum aus tagesaktuellen Problemen der sozialen Welt entnommen. Sie neigen eher dazu, Grundkonstellationen der *Conditio humana* in ästhetische Formen zu fassen. Das erklärt auch ihre Nähe zu den ausdrucksstärksten *Menschheitsmythen*. Es gibt sogar eine Kunstgattung, die sich vollständig auf das Form-Prinzip beschränkt: *Design*. Sie ist die einzige Kunst, die sich nicht selbst einen eigenen Stoff sucht – eine Suche, die in den anderen Künsten nach herrschender Auffassung zum authentischen Werk integral hinzugehört. Sie überlässt *diese* Suche vielmehr ganz ihren Auftraggebern und stellt „nur" ihr „reines" gestalterisches Vermögen und Handwerkszeug zur Verfügung. Dies hat ihr unter den Künsten weithin einen schlechten Ruf, ein Naserümpfen aufgrund ihrer ästhetischen Abhängigkeit und buchstäblichen Oberflächlichkeit (und natürlich auch aufgrund ihrer engen Verbindung mit der marktgängigen Werbewirtschaft) eingetragen – ein Sakrileg in der Welt der Kunstautonomie. Zu Unrecht.

(9) *Doppelte interne Verweisungsstruktur:* Kennzeichen sportlicher Handlungszusammenhänge ist, wie bei allen künstlerisch-semiotischen Systemen, die doppelte interne Verweisungsstruktur innerhalb der ästhetischen „Texte": So verweisen sportliche Einzelaktionen auf den *Vordergrundsinn* des sportartspezifischen Einzelereignisses sowie sportliche Einzelereignisse auf den *Hintergrundsinn* des Gesamtsports. Beides aber sind *interne*, also selbstreferente Verweisungen, die nicht nach draußen in *soziale Kontexte* weisen.

(10) *Komplexität und Professionalität:* Elaborierte ästhetische Schöpfungen im Sport wie in jeglicher Kunst sind komplex und vertragen nur schlecht politisch oder pädagogisch gutgemeinte Vereinfachungen. In diktatorisch regierten Staaten des 20. Jahrhunderts entspannen sich oft in Zensur und blutiger Gewalt endende Konflikte um die vermeintlich unabdingbare „*Volkstümlichkeit*" ästhetischer Werke, weil den „einfachen Menschen" die zu komplizierte Esoterik und der „Formalismus" moderner Kunst nicht zuzumuten seien.

In weit gemäßigter Form kehrt diese Konfliktkonstellation wieder in der Kontroverse um den gesellschaftlichen Vorrang für den „elitären" Leistungs- oder den „demokratischen" Massensport. Diese Kontroverse aber beschwört eine schiefe Schlachtordnung. Sport- wie andere Kunstwerke sind kulturell wertvolle Ereignisse, mit denen die bestehende Welt erweitert und bereichert wird. Sie sind Feste, Feiern des Außeralltäglichen, friedliche *Ausnahmezustände*. Die Zuschreibung des Qualitätssiegels „Sport" an jede Art von morgendlichem Fitnessprogramm oder gelegentlichem Jogging und Federball oder Badegehen ist deshalb wenig angemessen, vielleicht sogar eine *Contradictio in adiecto*, weil solche Betätigungen der *Sozial- und Alltags-*, nicht der *Festtagssphäre* angehören. Rhetorische Gewichtungs-Umkehr zwischen (professioneller) Elite- und (laienhafter) Massenkultur hat generell eine heikle *kulturpolitische* Implikation: Dadurch gerät die gesellschaftliche Anerkennung und Förderung von Spitzenkultur zusätzlich zu ihren internen Problemen unter Konkurrenz- und Rechtfertigungsdruck auch von außen seitens der sozialen Interessen der Breitenkultur.

(11) *Strikte Gewaltfreiheit:* Es mag sein, dass sich mancher aufgrund von Jagd-, Kampf-, Dominanz-, Gewalt- und ähnlichen atavistischen Antrieben zum Sport, gar zu dessen „männlichen" Seiten, hingezogen fühlt. Die italienischen Futuristen traten im Schlepptau des Faschismus als großmäulige Propagandisten einer gewaltsamen Durchsetzung der „neuen Zeit" auf. Aber weder Sport- noch wohlverstandener Kunstsinn legen dies nahe. Im Gegenteil: Sport verstehen und lernen, heißt entsprechende spontane Triebmuster beherrschen, einhegen, zurückdrängen bzw. in produktive sportgerechte Energien umsetzen lernen. Denn gelingendes sportliches ist wie anderes ästhetisches Handeln strikt gewaltfrei – und hauptsächlich auf *diese* Weise friedensfördernd. Es baut zwar auf Kampf auf. Dieser Kampf aber stellt wie bei den anderen Künsten ein „*Als Ob*" dar. Er ist also nur auf *fiktiv-symbolische*, nicht aber auf das Begehren nach real-materiellen Gegenständen gerichtet.

(12) *Kein Verschwinden des Autors:* Es gab die – freilich längst revidierte – postmoderne These vom Verschwinden, vom „Tod des Autors" (siehe BARTHES 2008). Er bringe nicht etwa kulturelle Schöpfungen hervor. Vielmehr agiere „es", das Schaffen selbst, lediglich durch ihn. Seine zentrale Rolle werde zudem vom Publikum abgelöst, das sein eigenes ästhetisches Erlebnis aus Anlass von Kulturereignissen selbst steuere[65]. Im Gegensatz zu solchen Annahmen von der Obsolenz des Autors bzw. der Autorin aber ist diese Sozialfigur quicklebendig.

---

65 Siehe WERRON, Tobias (2008): Das Runde muss aufs eckige Papier. In: FAZ vom 24.6.2008. Dieser Diskussionsbeitrag folgt einer sportgeschichtlichen Deutungsspur, die Robert Musil, sportbegeisterter Autor des Jahrhundertromans *Der Mann ohne Eigenschaften* vorgezeichnet hat: „Wie ist der moderne Fußball entstanden? Soziologische These: Nicht dadurch, dass er gespielt, sondern dadurch, dass über ihn geredet und geschrieben wurde." – Diese *Verkehrung der Produzenten-Rezipienten-Hierarchie im kulturellen Schöpfungsprozess* ist zwar logisch nicht begründbar. Gleichwohl wird mit Werrons Beobachtungen und Überlegungen das gängige Deutungsrepertoire sporthistorischer Entwicklungsmuster anregend bereichert.

Sie ist besonders auch im Sport von so elementarer Bedeutung, dass ohne sie auf dessen Spielfeldern buchstäblich nichts geschähe. Er ist sogar der evidenteste Beweis für das unverzichtbare Überleben der Schöpferfigur ästhetischer Ereignisse. Sie würde gleich zweifach fehlen: als *Homo componens* und als *Homo performans*, die *uno actu* das sportliche Ereignis hervorbringen. Das Stück namens Wettkampf wird während der Aufführung erst geschrieben. Natürlich „spricht" auch die Sportidee aus ihnen und ihrem Handeln. Wenn sie es denn tut, wenn die Aktiven also dem sportsinngerechten Berufsethos tatsächlich folgen.

Zwar müssen Sportinstitutionen politisch, ökonomisch, regeltechnisch und organisationspraktisch das Spielfeld bereitet haben, und die Akteure selbst müssen über die Mitgift jener Disposition verfügen. Aber das ändert nichts daran, dass letztlich doch immer die Aktiven die Institution sind, die für das sportliche Geschehen verantwortlich zeichnet. Die Autorfigur also: An ihrer Phantasie, ihrer unbeirrbaren Arbeit, ihrer Gestaltungskraft, ihrem Mut zum Beginnen, ihrem ästhetischen Können und Durchhaltevermögen bis zum Finale hängt alles. Sie sei Schriftsteller, Malerin, Musiker oder Sportlerin. Ohne einen Muhammad Ali gab es nicht die größten Boxkämpfe, ohne Roger Federer – Rafael Nadal, Pete Sampras – André Agassi, Boris Becker – Stefan Edberg, Steffi Graf – Monica Seles, Björn Borg – John McEnroe oder Martina Navratilova – Chris Evert nicht die besten Tennis-Matches aller Zeiten. Ohne die spanischen Europameister von 2008 und Weltmeister von 2010 gäbe es nicht den Fußball, der mit ihnen seine vorerst höchste Stufe erreicht hatte.

(13) *Kompetitives Zusammenwirken in der Schöpfung von Werken:* In der „Kooperenz" der „Autoren", die als Gegner auf den Feldern der performativen Künste, des Theaters, Konzerts oder Sports agieren, werden Bühnenwerke geschaffen. So auch *„Sportwerke"*, verfasst in sportlichen Dramen als nonverbalen „Text"-Formen. Ebenfalls gegen postmoderne Thesen, die ästhetisches Handeln nicht mehr notwendig auf die Schaffung von Werken hinauslaufen sehen.

Kennzeichnend für Sport in seiner elaborierten Form ist tatsächlich dieser in der ästhetischen Sphäre ubiquitäre doppelte *Wille zum Werk*: zur Neuschöpfung eines Niedagewesenen und zum Bewältigen des Selbst-Vorgenommenen. Er hält somit strikter an klassischen Normen und Regeln des Zustandekommens seiner Werke fest als andere Bereiche insbesondere der *performativen Künste*. Diese sind zwar seine engste Verwandtschaft in der Familie der Kunstgattungen. Aber bei ihnen zeigen sich zugleich die nachhaltigsten Auflösungserscheinungen des klassischen Werkbegriffs in Richtung Happening, Aktionskunst u.ä.

(14) *Objektive Geltung unabhängig von subjektiven Befindlichkeiten:* Das ästhetikspezifische Primat der Formgestaltung sowie die Fokussierung der

Handlungsorientierung auf die Schaffung z.B. von Sportereignissen als sportspezifische Form von Werken verleihen dem Kunstschaffen einen objektiven Charakter. Alle genannten Kriterien gelten theoretisch und wirken praktisch *unabhängig von den subjektiven Befindlichkeiten*, mit denen die unmittelbar als Akteure oder mittelbar als Beobachter Beteiligten diese Ereignisse erleben.

Damit ist zugleich eine weitere deutliche Grenzlinie markiert zwischen dem elaborierten Sport als Teil der Hochkultur und anderen, weniger anspruchsvollen sportähnlichen Handlungsformen. Bei Letzteren steht die Erlebnissuche der Beteiligten im Vordergrund. Sie sind daher eher der Eventkultur zuzurechnen. Diese Unterscheidung ist nicht der bloßen Befindlichkeit einer obsolet oder kurios gewordenen bildungsbürgerlichen „Sehnsucht nach Bedeutung" (SCHULZE 2000, 87) zuzuschreiben. Die Hochkultur hingegen wird dauerhaft „sprechend" bleiben und kaum in den horizontal gleichrangig gewordenen Geschmacksrichtungen von Gerhard Schulzes „Erlebnisgesellschaft" (SCHULZE 1992) aufgehen. Denn in diesen wird die logische Ebene von Sinnsystemen gar nicht berührt. Vielmehr werden dort nur sozial geclusterte (zumeist durchaus legitime) individuelle Präferenzen *innerhalb* von Sinnsystemen angesprochen.

(15) *Primat des Produktionsprozesses:* Auch dieses Primat *vor* dem *Rezeptions-* oder *Konsumtions-*Prozess und seiner Protagonist*innen ist seit langem im Kunstdiskurs hoch umstritten. Aber manche Gründe für die Gegenposition stehen auf schwachen Füßen. Für den Sport steht die Grundlagendiskussion zu diesem Thema überhaupt noch aus. Sport ist nicht zuletzt deshalb als ein Kulturphänomen zu klassifizieren, weil er von seinem Eigensinn her *eine gewalteinhegende Macht* ist. Er setzt aggressiv kämpferische Energien frei, *um* sie zu beherrschen. Es konterkariert jedoch diese zivilisatorische Kraft der Sport-*Produktion*, wenn auf seiten der Sport-*Rezeption* die aggressiven Kräfte wieder entfesselt, ihnen also seitens der Ultra-Fans freier Lauf gelassen und ihnen ausdrücklich die Lizenz dazu erteilt wird.

(16) *Verzicht auf den Einsatz verfügbarer technischer Hilfsmittel:* Mit den anderen Künsten teilt der Sport noch eine weitere Eigenschaft. Es verkörpert den Verzicht auf Ausschöpfung einer der anthropologischen Grundstrebungen: sich durch Schaffung und Einsatz technischer Hilfsmittel das Leben zu erleichtern. Technik taucht in den Künsten zwar auf, als Spielmaterial oder als Gegenstand der ästhetischen Auseinandersetzung, nicht aber, wie im außerästhetischen Leben, als Mittel der Lebenserleichterung. Im Gegenteil. Die Kunst generell kultiviert, bis hin zu der oft „alternativen" Lebensweise der Künstler*innen, eine Art von atavistischem Moment des menschlichen Lebens, von Sperrigkeit und Widerständigkeit, von Verweigerung gegen den technologisch induzierten Fortschritt des „normalen" gesellschaftlichen Lebens. Sie verhält sich gleichsam wie ein Konservator, wie die Archivarin zwar „überlebter", aber weiterhin zum Gesamterbe der Menschheit und ihrer

kontinuierlichen Weiterentwicklung gehörender „urtümlicher" Arbeits- und Lebensformen.

Sie besteht z.b. unbeirrt darauf, weiterhin Gegenstände und Ansichten der Lebenswelt mit dem Handwerk der Malerei für die Erinnerung festzuhalten, obwohl diese von Beginn der Menschheit hergebrachte Technik der Mimesis längst durch die technischen Möglichkeiten der Photographie und inzwischen der digitalen Bildschöpfung „überholt" worden ist. Und sie konterkariert auch diese technische Innovation wiederum dadurch, dass sie diese technischen Medien nicht allein zur Abbildung realer Vorkommnisse einsetzt, sondern erneut zur ästhetischen Transzendierung dieser technischen Möglichkeiten.

Auch die Sozialfigur des Sportlers geht *nicht* auf in der Figur des Homo technologicus sportivus. Tatsächlich verkörpert er den *Homo a- oder antitechnologicus sportivus*. Dieser Aspekt ist oben bereits ausführlich erörtert worden.

(17) *Verhältnis von moralischen und ästhetischen Imperativen:* Adornos hypermoralischer Imperativ „keine Gedichte nach Auschwitz" und Brechts „Rede über Bäume ein Verbrechen" angesichts des Elends und Leidens in der Welt sind Ausdruck einer legitimen und respektablen moralischen Empörung. Sie sind gleichwohl nicht tauglich als Wegweiser zum ästhetischen (oder zu überhaupt einer Art von) Handeln. Eine lebenstaugliche Maxime kann nur lauten: Kunst und Sport wie jegliches andere Handeln müssen sich *innerhalb* einer notorisch unheilen Welt behaupten. Sie können ihre Arbeit nicht erst aufnehmen, wenn alle Übel der Welt ausgeräumt sind. Denn das würde bedeuten: nie!

Aber soll sich nicht gerade große Kunst engagieren für gesellschaftliche Belange? Für den Sport hat die moralisch aufgeladene Diskussion über die Olympischen Spiele von Berlin 1936, Moskau 1980, Peking 2008 und die folgenden politisch ähnlich umstrittenen Großereignisse bis hin zur Fußball-WM 2022 in Qatar die Nagelprobe für diese drängende Frage abgegeben. Durfte die Weltgemeinschaft ihre Spiele in einem von einer politischen Diktatur beherrschten Land abhalten? Eine philosophisch begründete Antwort müsste lauten: Ja, sie durfte das. Denn die Welt der Kultur wäre grundsätzlich schlecht beraten, wenn sie sich durch widrige politische Umstände von ihrem Mandat abbringen ließe.

Selbstverständlich müssen der Grad der Intensität und der Verwerflichkeit von politischen Interventionen in die Kunstsphäre situativ stets aufs Neue beurteilt werden. Aber grundsätzlich kann die praktische Konsequenz für die Kunst aus solchen Abwägungen nur lauten: Sie darf und soll, soweit sie es tatsächlich kann, auch „nach Auschwitz" ihrem ästhetischen Eigensinn folgen, ihm Geltung verschaffen, ohne bei der Schaffung ihrer produktiven *kul-*

turellen Ausnahmezustände notorisch auf die *politischen* Ausnahmezustände in ihrem Umfeld fixiert zu sein. Sie hat allein ihren partikularethischen sowie – dem logisch und pragmatisch vorausgehend – einigen universalmoralischen Imperativen genügezutun.

Trotz der Berechtigung dieser Grundhaltung verbleibt ein unauflösbarer und unabweisbarer „moralischer Rest": das, was Karl Jaspers nach der Katastrophe von 1933 bis 1945 als die Anerkennung einer „metaphysischen Schuld" auch bei jenen einfordert, die keine direkte Verantwortung für das moralische Desaster, für jenen „Gattungsbruch" tragen. Die Solidarität mit den Opfern werde „verletzt, wenn ich dabei bin, wo Unrecht und Verbrechen geschehen" (ZIMMERMANN 2005, 43–45). Für diese metaphysische Schuld kann man zwar nicht zur Rechenschaft gezogen werden. Aber Individuen und Institutionen können sich vor sich selbst ihrer Anerkennung auch nicht gänzlich entziehen.

(18) *Die Mission der Kunst lautet auf ästhetische Möblierung der menschlichen Welt:* Sportereignisse tragen wie Theater, Kino, Musikleben und bildende Kunst bei zu dem, was man nüchtern „ästhetische Möblierung" der menschlichen Welt nennen kann. Sie tragen bei zu deren Lebens- und sogar zur Standortqualität. Nicht weniger, aber auch nicht mehr. Alle weiterreichenden Erwartungen können ihrer realen Wirkungsmacht kaum standhalten.

Kunst kann freilich sprachlich verfasste Momente „adoptieren" – so in Literatur, Theater und Film, in der Musik beim Lied oder bei der Oper, in der gegenständlichen Malerei. Dabei muss sie jedoch stets ihr spezifisches Primat der Formgestaltung aufrechterhalten, muss die sprachlich und bildlich verfassten „Botschaften" ästhetisch verarbeiten und integrieren. Was an den Werken Kunst ist, kann nicht solche Botschaft sein, sondern nur die formende Leistung.

„Möblierung" allerdings heißt letztlich doch auch nicht mehr, als dass eine bereits vorhandene Wohnung ergänzend ausgestaltet wird. Eine ins Beliebige trivialisierte Version des *Homo ludens* in Gestalt des tief gelangweilten und zukurzgekommenen, weil von jeder Verantwortung entlasteten „letzten Menschen", wie Nietzsche diese Gestalt der Moderne genannt und wie Fjodor Dostojewskij sie in seinem Kurzroman *Aufzeichnungen aus dem Kellerloch* (DOSTOJEWSKIJ 2021) imaginiert hat als Inbegriff dessen, was heute unter dem Ehrentitel „Wutbürger" firmiert, – diese Gestalt also wird folglich nicht die totale Herrschaft über den Gesamtmenschen und die Gesamtgesellschaft übernehmen können und dürfen, da diese stets auf ihre durch *Arbeit* zu gewährleistende Basis der lebensnotwendigen Herausforderungen angewiesen bleiben werden. Diese Klarstellung erscheint insofern müßig, als die Idee des Sports gerade nicht für diesen deklassierten Typ des Homo ludens steht, sondern wichtige Momente auch des *Homo laborans* inkorporiert.

Peter Sloterdijk spricht in seinem eingangs angesprochenen Versuch, „Heideggers Politik" angemessen zu porträtieren und damit auch ein Stück weit aus der Schusslinie derer zu ziehen, die seine vorübergehende Kohabitation mit dem Faschismus zum sprechenden Kern seiner Philosophie erklären, diese Seite sogar explizit an. In einer Form, die ihm fast zu einer emphatischen Apotheose des Sports als Konterpart zum allgemeinen Entlastungsstreben gerät, aber gleichzeitig die Anfälligkeit seiner ungenau gedeuteten Sinnstruktur für die Vereinnahmung durch faschistische Mächte in „Heideggers Zeit", also in den 1930er Jahren, nicht verschweigt. Für dessen Aufstieg beruft er auch diesen Philosophen ins Team (der von dieser Berufung wohl befremdet gewesen wäre): „Das neue Avantgarde-Kollektiv" wurde als Signum des notwendigen Aufbruchs der Moderne einberufen, „um zu beweisen, daß auch heute noch Menschen da sind, die es sich nicht leichtmachen, obschon die meisten der Versuchung zur Erleichterung gerne erliegen. (...) Der Sport ist exakt die Form der Anstrengung, bei der es eigentlich um nichts geht und die man nichtsdestoweniger zur Wiederherstellung des Sinns für hohes und äußerstes Beanspruchtwerden einsetzt. Auch das politische Feld nimmt auf seine Weise an dieser Wendung zur Versportlichung teil, sei es in den Formen des demokratischen *fair play*, sei es in Gestalt der neuen politischen Ernstsportarten, mit denen man die Diktatur fordert, um den Entlasteten wieder Beine zu machen. Nicht ohne Einsicht hat Mussolini festgestellt, die Quelle des *fascismo* sei der Horror vor dem bequemen Leben."[66]

(19) *Kunstwerke sind Wunder, schaffen friedliche schöpferische Ausnahmezustände:* Die – manche werden sagen: skandalöse – Rücknahme überzogener Ansprüche an die Kunst drückt alles andere als Geringschätzung und Herabsetzung aus. Im Gegenteil. Erst sie gibt den Blick frei auf das, was hier tatsächlich geschieht: Kunstwerke sind *Wunder*. Ob es der unfassbare kulturelle Reichtum ist, den Homer in seiner *Odyssee* gestiftet oder Goethe in seinem *Faust II* verarbeitet hat, das Geigenspiel herausragender Virtuos*innen, die Höhlenzeichnungen unserer Ahnen in Altamira oder die Spielweise eines Roger Federer.

Sie alle sind in den Worten des Kunsthistorikers Nigel Spivey „ein wirkliches Mysterium", auf das „als angemessene Antwort vielleicht nur das Staunen bleibt" (SPIVEY 2006, 21). Umso frevelhafter ist der *Verrat*, mit dem im Sport der Doper die kunstgerechte Bereitschaft zum Staunen täuscht. Kunstwerke bedeuten zudem einen friedlichen schöpferischen Ausnahmezustand, der viele alltägliche Verhaltensweisen außerkraftsetzt und manche außeralltägliche Verhaltensweisen ermöglicht und rechtfertigt. Und zwar unter allseitiger Zustimmung, also in scharfem Kontrast zu der Vielzahl von gewaltträchtigen Ausnahmezuständen, welche die Menschheit in ihrer Geschichte erlitten hat.

---

66 SLOTERDIJK (2016d), Heideggers Politik, a.a.O., 245

(20) *Das Delectare schlägt das Prodesse:* Das spannungshaltige Doppelprinzip, dem sich die Künste nach klassischer Auffassung zu unterwerfen haben, lautet *prodesse et delectare*. Genauer betrachtet verschieben sich deren scheinbar gleichrangige Gegnerschaft und Gemeinsamkeit – horribile dictu! – hin zum Pol des *Delectare*. Kunst rechtfertigt sich mehr durch ein scheinbar Triviales als durch ihre Ernsthaftigkeit: hauptsächlich durch die schlichte Bereicherung der Welt, die sie leistet wie kein anderer gesellschaftlicher Akteur; weniger durch die Wahrnehmung von Aufgaben, die andere Sinnfelder besser können.

Die Schaffung von Kunst bedeutet für deren Protagonist*innen selbst hohen Ernst und harte Arbeit. Aber für die Gesellschaft besteht der Mehrwert ihrer Arbeit primär in ungemein vielfältigen Formen der Unterhaltung. Auch daran ist überhaupt nichts anstößig Minderwertiges. Denn das Delectare nimmt in einem Katalog der in der menschlichen Welt geltenden Grundrechte einen eigenen hohen Rang ein, einen Anspruch aus eigenem Recht. Es muss sich folglich nicht rechtfertigen durch künstliche Anleihen bei vermeintlich seriöseren Rechten.

Auch der immer wieder beschworene, tatsächlich aber nur künstlich konstruierte innerästhetische Konflikt zwischen E und U, zwischen einer vermeintlich höher- bzw. minderwertigen Ernst- respektive Unterhaltungskultur ist mithin ein Phantom. Ist Sport eher als *E- oder U-Kultur* zu klassifizieren? Das gängige Urteil wird eindeutig zu letzterem tendieren. Tatsächlich aber ist es eine Pseudodebatte: Er ist zugleich beides. Nur die Akzentsetzung changiert zwischen den Polen, welche E und U ja nur unterscheiden bzw. auf derselben Skala verbinden, hin und her. Und außerdem wird hier die traditionelle Grenze zwischen *Original und Kopie* hinfällig: Jedes Spiel ist „nur Fußball", also immer das Gleiche, so wie die Stones gesungen haben „I know, it's only rock'n roll, but I like it!". Aber zugleich ist jedes einzelne Spiel ein Original, ein Unikat, unkopierbar, allerdings bezahlt mit der Flüchtigkeit der performativen Künste insgesamt.

Und vor allem anderen gilt es hochzuhalten: Der Sport gemeinsam mit allen seinen engsten Verwandten unter den Künsten leben und zelebrieren demonstrativ jenen *Scandal of Pleasure*, den die US-amerikanische Autorin Wendy Steiner als ein Manifest, als ein – ja! – mächtiges Bollwerk gegen die Übergriffigkeit der unterschiedlichsten Tendenzen des *Fundamentalismus* verteidigt und feiert. (Siehe STEINER 1995)

25. Sport-Großereignisse als additive Gesamtkunstwerke – und Sport als das ordinäre Extraordinäre

Diskursive Ausgangslage: Hier kehren, auf einer eine Etage höheren Ebene, die Unbestimmtheiten des zuvor resümierten Sport-und-Kultur-Diskurses wieder. Bisweilen wird eine inner- wie außersportlich besonders beeindruckende Persönlichkeit des Weltsports wie der im Herbst 2022 zurückgetretene Tennisprofi Roger Federer als „Gesamtkunstwerk" tituliert.

Oder für die kulturelle Einbettung von Sportgroßereignissen in ein Umfeld von künstlerischen Großereignissen wie etwa bei den „Kulturolympiaden" wird der von Richard Wagner für seine Opernwerke aufgerufene Topos vom Gesamtkunstwerk bemüht. Doch die meisten dieser rhetorischen Übungen begnügen sich mit einem aufwertenden *Branding*, ohne sich die Mühe zu machen, differenzierter die Passfähigkeit für das Gemeinte zu prüfen.

Die *skeptisch-konstruktive* Empfehlung zur Zurücknahme solcher Ansprüche wird freilich verstärkt von einer *kritisch-destruktiven* Seite: Eine mediale Diskurslage bestreitet etwa der Olympischen Bewegung das Existenzrecht und würde auch Kulturfragen damit „im Erfolgsfalle" obsolet machen. Jenen, die mit Verweis auf Defizite bei demokratischen Entscheidungsstrukturen und Compliance in den internationalen Sportverbänden sowie auf hohe Kosten für die Ausrichtung sportlicher Großereignisse diese gleich ganz zu entsorgen raten, scheint nicht bewusst oder gleichgültig zu sein, welchen *Verlust an kultureller Substanz* man mit einer solchen *Präferenz für politische Korrektheit* inkaufnähme.

Weiterführende Antwort: Wenn in dem nachfolgenden Abschnitt eine Neubegründung der *Sinnstruktur der Olympischen Idee* auf die vermeintlich allzu bescheidene und nur funktionelle Formel gebracht wird, sie werde konstituiert und zugleich begrenzt *nur* durch *drei scheinbar ernüchternd einfache Kriterien*, so bedeutet das in Wirklichkeit die Öffnung des Blicks auf eine faszinierende Welt. Denn die Ausdeutung seiner Sinnstruktur und des kulturellen Umfeldes, in das der Sport als Kulturgut eingelassen ist, in dem und mit dem er lebt, macht deutlich, welch reiche Möglichkeiten die Olympische Idee erschließen kann.

Kann man sportliche Großereignisse als „Gesamtkunstwerk" betrachten? Bei aller begründeten Skepsis gegenüber der überzogenen, bedeutungsüberlasteten Interpretation dieser Idee einst durch Richard Wagner, lässt sich immerhin dessen *„Festspiele"*-Idee für eine Deutung des olympischen Sportereignisses aktivieren. Man könnte einer einfachen Intuition folgen: Es ist schlicht spannend, Ausdruck einer anspruchsvollen Grundhaltung, einmal *die Kunst* „auf einen Blick", nicht nur *einzelne Künste* erleben zu können und dabei deren Verträglichkeit untereinander trotz aller Eitelkeiten zu testen und zu fragen, ob hier auch dem Sport eine Rolle zukommen kann. Zumindest in bestimmten Fällen sind synästhetische Berührungen zwischen unterschiedlichen Künsten sogar „*naturgegeben*": bei Überschneidungen zwischen Musik und Tanz über die Brücke des Rhythmus, auch insgesamt bei den *aufführenden Künsten*, wo synästhetische Berührungen im *Kern* des kulturellen Ereignisses selbst angelegt sind.

Die Sport- und insbesondere die Olympische Bewegung haben seit Coubertin enge Beziehungen zu den Künsten gesucht. Der Erwartungsüberschwang der Gründerzeit, der noch von der Utopie eines *Homo universalis* beflügelt war, lässt sich heute nicht mehr aufrechterhalten. Schon die generelle Erwartung, individuelle kunstgattungsübergreifende, *synästhetische Hochbegabungen* („Genie") oder *Werke* („Gesamtkunstwerk") stellten ein erstrebenswertes Ziel für sich dar, ist unter den Bedingungen der modernen funktionsdifferenzierten und damit spezialisierten Gesellschaft eher skeptisch zu beurteilen.

Das Kernproblem besteht in den *prinzipiellen Grenzen der Kommunikationsfähigkeit der unterschiedlichen Künste untereinander*: Zwar sind sie miteinander verbunden durch gemeinsame und gleichrangige Teilhaberschaft an der Gesamtsphäre *Kunst*. Aber die Eigenarten ihrer Spezialsprachen und „Codes" stellen einem überhöhten Anspruch auf synästhetische Kooperation *prinzipielle* Hindernisse in den Weg. Realistische Erwartungen beschränken sich daher auf Möglichkeiten der Idee von einem „*additiven Gesamtkunstwerk*". Die von Wagner inspirierten Verheißungen eines „*integrativen Gesamtkunstwerks*" hingegen können vor einem nüchtern-diagnostischen Blick kaum mehr bestehen.

Für die *Idee von sportlichen Großereignissen als einem Gesamtkunstwerk* bleiben gerade dann, wenn man exaltierte Ansprüche ausschließt, noch immer vielfältige gehaltvolle Ansatzpunkte übrig. Sie sollten umso entschiedener ausformuliert und ausgestaltet werden. Es geht hierbei um die Vision arbeitsteiliger Kooperation einer Vielzahl von kulturell höchstleistungsfähigen Einzelkompetenzen. Diese werden um den Sinnkern und aus Anlass der weltweiten Begegnung der sportlichen Leistungselite in dem Gesamtereignis Olympische Spiele zusammengetragen. Zur gemeinsamen Feier, Bekräftigung und Demonstration des beharrlich hohen und vielgestaltigen Kulturanspruchs der Menschheit und unter Anerkennung des gleichen Ranges, der dabei *allen* Bereichen der Hochkultur einschließlich des Sports zukommt.

Im Fall der Olympischen Spiele ginge die Einladung an alle Künste vom Familienmitglied *Sport* aus. Von *ihm* als *Maître de plaisir* werden die maßgeblichen Regieimpulse – und die *Niveau-Maßstäbe* – im Interesse des gemeinsamen Gelingens des Gesamtereignisses den anderen zur kooperativ-arbeitsteiligen Einordnung auferlegt. Man fragt sich freilich, wo die *Gegeneinladungen* bleiben. Dabei geht es um einen *maximalen* Anspruch, was die

Breite der kulturellen Bereiche anbetrifft, die additiv *in das Gesamtereignis* integriert werden, aber um einen *minimalen* Anspruch an die *Tiefe* von deren Integration *untereinander.*

Im Einzelnen heißt das: Das um den Sport als Dreh- und Angelpunkt herum zu gestaltende additive Gesamtkunstwerk sollte die Beiträge der wichtigsten Kunstgattungen in ihren anspruchsvollsten Varianten zusammenführen. Und zwar *auf einem Niveau an Kunstfertigkeit, das mit dem sportlich-ästhetischen Höchstleistungsanspruch des internationalen Spitzensports mithalten kann.* Angesprochen durch diese Einladung wären – und bei zahlreichen olympischen und weiteren Sport-Großereignissen ist diese Idee in eindrucksvoller Weise in die Tat umgesetzt worden – insbesondere die folgenden Partner:

- Im Mittelpunkt stehen die „*Sport-Künstler*innen*" und die von ihnen geschaffenen „*Sportwerke*" – ein Sachverhalt, der von den meisten Kommentatoren aufgrund der scheinbaren Trivialität des Sports übersehen wird.

- Ihnen am nächsten steht der Anspruch auf ästhetische Gestaltung der „*Bühnen*", auf denen sie auftreten: Stadien und weitere Sportstätten, die als städtebauliche Areale mit herausragendem Eigengewicht in ihrem jeweiligen Umfeld zu einem Labor werden, einem Experimentier- und Demonstrationsfeld der jeweiligen zeitgenössischen Architektursprache und -stile sowie ökologischer Einsichten. Um zu überzeugen und die damit verbundenen Kosten zu rechtfertigen, müssen Veranstalter und Ausrichter freilich mit durchdachten Nachnutzungs-Konzepten zu gewährleisten versuchen, dass hier keine „Weißen Elefanten" geschaffen werden, die „nach der Party" nutzlos in der Gegend stehen und unfruchtbare Folgekosten verursachen.

- Ein deutliches Signal, eine *profane*, unmissverständlich *nicht-kultische* Symbolisierung kann der Kulturanspruch der Sport-Spiele in der Inszenierung des Einstiegs und des Ausklangs in *Eröffnungs- und Schlussfeiern* finden. Das bedeutet, Abstand sowohl zum *Pseudoreligiösen* wie zum *Kitsch* zu wahren.

- Zum Gelingen gehört, dass Wert gelegt wird auf ein kunstgewerblich-ästhetisch anspruchsvolles „*Corporate design*" für das Gesamtereignis, wie es idealtypisch anlässlich der Spiele von München 1972 mit den Arbeiten von Günter Behnisch und Otl Aicher gelungen ist.

- Zum sportbezogenen Kulturanspruch gehören ästhetisch wertvolle Berichterstattung in *Bild-Dokumentationen* und *Filmen*, ereignis-begleitend auch das, womit TV-Sender als „Tour-Kultur" ihre Berichterstattung etwa von der Tour de France bereichern. Man kann ferner die *Geschichte des Sports* in anspruchsvoll gestalteten Bildbänden, im Spiegel der bildenden Kunst oder in kleinen philatelistischen Kunstwerken (siehe FIS 2000) erzählen.

- Erst *hinter* diesen Beiträgen, die direkt auf den sportlich-kulturellen Sinnkern des Ereignisses bezogen sind, ist die Bedeutung dessen einzustufen, für das seit Barcelona 1992 der Begriff „*Kultur-Olympiade*" steht: das das sogenannte *Kulturprogramm*. Es findet zwar seinen Anlass und Rahmen, nicht aber seine thematischen Bezüge in dem Sportereignis. Zu Recht. Andernfalls entstünde der Eindruck eines *Sport-Provinzialismus*, sollte nämlich der Versuch unternommen werden, die Beiträge der anderen Künste in das *Prokrustes*-Bett irgendeiner Art von direkter inhaltlicher Sport-Verwandtschaft zu zwingen, wie es als Coubertins fixe Idee bei früheren Anläufen zu Kunst-Wettbewerben mit Medaillenvergabe bei den Spielen praktiziert worden ist.

- Dabei sollten *Spitzen*-Leistungen aller wesentlichen Gattungen der Weltkultur zusammengeführt, aber auch der *autochthonen* Kultur des jeweiligen Gastgeberlandes die Möglichkeit zur Selbstdarstellung gegeben werden.

In seiner Frühzeit ist der moderne Sport als *Inbegriff des Ordinären* wahrgenommen worden: beim Fußball oder Boxen schiere geist- und stillose Körperlichkeit, primitiv, unkultiviert, halbnackt, ja exhibitionistisch zelebriert, laut und ungeniert, roher Kampf in Schweiß und Dreck, zudem ein Kampf um so unsäglich triviale Ziele wie ein Tor, eine Sekunde oder einen Zentimeter Vorsprung oder gar den gewalttätigen K.o.-Sieg über den Gegner – sonst aber nichts, was vor den elaborierten Ansprüchen des Bildungsbürgertums auf Kultur und Kultiviertheit irgendeinen Ausgleich für diese Zumutungen hätte bieten können.

Aber: *Man hatte nicht richtig hingeschaut!* Jene abschätzige, naserümpfende Wahrnehmung des Sports als Inbegriff des Ordinären hat sich als einer der großen Irrtümer der Kulturgeschichte herausgestellt. Man hatte anstößige äußerliche Begleiterscheinungen des Sports mit seiner inneren Natur verwechselt – und übersehen, dass diese Begleiterscheinungen auch in anderen hoch geschätzten Kulturbereichen dazugehören: Leonard Bernstein verausgabte sich in seinem engagierten Dirigierstil so weit, dass er in Schweiß gebadet das Konzertpodium verließ. Die Arbeit von Bildhauer*innen ist eingehüllt in Dreck und Staub. Kulturell integrierte Nacktheit hat nach Malerei, Bildhauerei und Film oder dem Karneval in Rio längst auch die Bühnen der Oper oder des Theaters erreicht.

Die Wahrnehmung des Sports als Inbegriff des Ordinären ist heute weithin passé. Auch Sport ist gesellschafts-, ja salonfähig geworden. Worauf gründet sich dieser Sinneswandel? In der Praxis auf die unwiderstehliche Faszination, die vom sportlichen Geschehen ausgeht. Sie hat auch das zunächst widerstrebende Denken und Reden darüber förmlich überrollt.

Nach der Frühphase des Sports als *Inbegriff des Ordinären* gab es eine „Phase des Umwegs", seiner Beschreibung als *Inbegriff des Extra-Sportiven*:

Er soll Friedensmissionar sein, soziale Probleme wie Gesundheitsrisiken, Drogenabusus, soziale Verwahrlosung lösen helfen, Vehikel ökonomischer und medialer Interessen sein, Leistungs- und Wettbewerbs-Einstellungen befördern, für lokale oder nationale Repräsentanz und Identifikation durch regionale oder internationale Erfolge sorgen u.v.a.m. Es ließe sich leicht zeigen, dass alle diese Erwartungen auf unsicheren Boden gebaut sind. Zugleich wird durch die Fixierung der Erwartungen auf diese zumeist vergeblich erhofften extra-sportiven Leistungen sein *tatsächliches* Leistungspotential verkannt: einer der Bereiche des *Extra-Ordinären* zu sein, jenes Außergewöhnlichen, ohne das die menschliche Welt um ein entscheidendes Stück ärmer und farbloser wäre.

26. Neubegründung der Olympischen Idee

Diskursive Ausgangslage: Die Olympische Idee ist seit der Begründung ihrer Spiele der Neuzeit durch Coubertin Projektionsfläche für eine Vielzahl für sich genommen respektheischender Ziele. Sie wurden freilich, seit ihr Sachwalter namens IOC aufgrund von Skandalen in weiten Teilen der (insbesondere westlichen) Öffentlichkeit in Misskredit geraten ist, zum Gegenstand einer Polemik mit der Behauptung, die wortreiche Verkündigung ihrer Großartigkeit diene vorrangig als rhetorischer Vorhang, hinter dem politisch-moralisch anstößige Machenschaften der „Herren der Ringe" verschleiert werden sollen.

Solche Kritik schüttet das Kind mit dem Bade aus. Die Empörung über Missstände auf der institutionell-politischen Ebene verstellt leicht den Blick darauf, dass ideelle Ziele unabhängig von der politisch-moralischen Legitimität derer begründet sein *können*, die sie verkünden. Es braucht gegenüber einem kulturellen Projekt besser geeichte Prüfkriterien als die Kritik an politischen Missständen, um die Validität von propagierten und dem praktischen Handeln wortstark vorausgeschickten Zielen beurteilen zu können. Denn Ideen, wohlbegründet, sind – entgegen pseudo-materialistischen Spekulationen und zumindest auf lange Sicht – stärker als soziale und materielle Interessen, die sich je situativ und akzidentiell mit ihnen verbinden mögen. Ihre Geltung wird auch nicht dadurch entwertet, dass sich gleichsam die Falschen auf sie berufen.

Allerdings bedarf es beim Fall Olympia gar nicht der polemisch überspitzten und rhetorisch überhitzten Distanzierung von den mit dieser Idee verknüpften hochfliegenden Erwartungen, um ihnen gleichwohl mit begründeter Skepsis zu begegnen. Schon Coubertin selbst hat sein Projekt überfrachtet und damit den olympischen Diskurs dauerhaft belastet durch ein eklektizistisches Sammelsurium aus Versatzstücken einer bildungsbürgerlichen Agenda des 19. Jahrhunderts. Zusätzlich verstärkt wurde diese Überdetermination des Projekts durch die der Olympischen Charta vorangestellten *Grundlegenden Prinzipien*, die den *Geist* hinter dem *Text* des Regelwerks kodifizieren sollen.

Spätere Versuche, diesen Steinbruch aus sportspezifischen und sportfernen humanistischen oder allgemeinpolitischen Zielvorgaben zu sortieren (siehe LENK 1972b), haben im olympischen Diskurs herumschwirrende Ideensplitter kaum mit der gebotenen skeptischen Distanz auf ihre Stichhaltigkeit geprüft, sondern nur wiederholt, paraphrasiert und sortiert. Sie nehmen den Kanon vermeintlich olympischer Ziele für bare Münze, obwohl sie oft nicht nur aufgrund der fruchtbaren Kluft und Spannung zwischen Idee und Wirklichkeit utopisch, sondern bereits als solche mit der eng begrenzten Idee des Sports von vornherein gar nicht vereinbar sind.

Weiterführende Antwort: Der seit Coubertin hergebrachten Überfrachtung der Olympischen Idee durch die Behauptung eines „Mehr" gegenüber dem „Nur-Sport" ist entgegenzuhalten: Genauer betrachtet erweist sich, dass die kulturelle Sinnstruktur und die darin enthalten moralischen Prinzipien sportlichen Handelns entweder für *jeglichen* Sport oder *gar nicht* gelten.

Folglich sind es in der Tat nur *diese drei Kriterien*, die den *olympischen* Teil des Sports auszeichnen und in ihrem Zusammenwirken „auf den Höhen des Olymp" von den „Mühen der Ebene" der übrigen Sportlandschaft abheben:

- Sport einer weltweiten kleinen Leistungselite auf höchstem Niveau;
- Versammlung aller weltweit verbreiteten Sportarten und aller Nationen nach dem Motto „all sports – all nations" an einem Ort in einem begrenzten Zeitraum als Begegnung des Kulturguts Sport mit sich selbst und mit seiner kulturellen Verwandtschaft;
- Verknappung durch den Vier-Jahres-Rhythmus zur Betonung der herausragenden Stellung dieses besonderen Festereignisses als Krönung der weltweiten Sportkultur.

Alle anderen vielbeschworenen Kriterien halten entweder einem gründlichen pragmatischen Belastungstest nicht stand. Oder sie sind auch *jedem* anderen Sport zuzusprechen, sofern er diesen Namen verdient. Aber was heißt hier „nur"! Aufbauend auf der Faszination, die schon von *jeglichem* Sport ausgeht, sind es genau diese drei zusätzlichen Kriterien, die – für die beteiligten Athlet*innen wie für das weltweite Publikum – dem olympischen Sport seinen herausragenden Rang als Kulturphänomen ermöglichen. Die Olympischen Spiele sind vor allem anderen ein *Sport*-Ereignis. Sie können *das*, aber auch *nur* das, was der Sport kann. Und dies gilt noch weiter eingeengt nur für das, was der Sport im *engen* Sinne in seiner *Spitzen*-Variante kann.

Zur Neubegründung der Olympischen Idee gehört nicht zuletzt eine kritische Würdigung der im Jahr 2021 durch das IOC vorgenommenen Neufassung des zentralen olympischen Mottos, das nun lautet: „*citius, altius, fortius – communiter*". Wie bei Vielem im modernen Sport standen auch bei diesem Thema am Anfang Zufall, Beliebigkeit und ein Irgendwie. Diese Muttermale aus der Geburtsphase sieht man ihnen oft noch immer an, wenn sie denn durch die Wirren von mehr als einem Jahrhundert hindurch bis in die Gegenwart überlebt haben. Die ursprüngliche Trias ist gegen Ende des 19. Jahrhunderts als Motto für das damals in die Welt gesetzte Projekt namens Olympische Spiele der Neuzeit erfunden worden. Seither wird es, unangekränkelt von des Gedankens Blässe, durch die Wellenbewegungen der olympischen Zeitgeschichte als rhetorisches Treibgut in Dauerschleife im Sportdiskurs weitergetragen.

Es basierte auf einer Idee des Dominikanerpaters Henri Didon. Der verwendete die Formulierung zuerst auf einem Schulsportfest in Arcueil, bei dem Pierre de Coubertin als Wettkampfleiter agierte. 1894 schlug der Altphilologe Michel Bréal auf der Schlusssitzung des IOC-Gründungskongresses in der Pariser Sorbonne die drei Wörter als olympische Devise vor. Im deutschen Sprachgebrauch wird sie zu einer scheinbar reinen Leichtathletik-Floskel als „höher, schneller, weiter". Hier werden die aus der Geburtsphase verbliebenen Eierschalen hinter den Ohren besonders deutlich: Die Formel deckt nicht einmal annähernd die Breite der heute zum olympischen Programm gehörigen Sportarten ab. Sie ist gänzlich unangemessen für diejenigen Tätigkeitsstrukturen, wie sie für Kunst-, Ballspiel-, Wasser- oder Mehrkampf-Sportarten kennzeichnend sind.[67]

Citius, altius, fortius also. Den Olympiern reichte das irgendwann nicht mehr, um ihrem Projekt weiterhin die ideelle Basis für Glaubwürdigkeit und Zukunftsfähigkeit in einer anspruchsvoller werdenden Umwelt zu sichern. Auf der 138. IOC-Session am 20. Juli 2021 in Tokio wurde die Trias erweitert um den Zusatz „gemeinsam", lateinisch gefasst als „*– communiter*". Mit ihm sollen der Eigensinn und in Zeiten tiefgreifender weitweiter Konflikte auch die menschheitsverbindende Mission des olympischen Projekts noch klarer signalisiert werden. Gemeint war mit der ursprünglichen Fassung der Trias der Anspruch, dass alle am sportlichen Wettbewerb Beteiligten sich gegenseitig zu höchster Leistung stimulieren und herausfordern, indem jeder von ihnen die ihm mögliche *eigene Höchstleistung* anstrebt. Diese Sicht hat eine *positiv* zu bewertende, bis heute geltende Folgeforderung konstituiert: Der sportliche Wettbewerb kann nur dann sinngerecht ausgetragen werden, wenn *alle sportlich Qualifizierten*, die sich diesem Streben zur Selbstüberbietung auf höchstmöglichem Niveau unterwerfen, an ihm beteiligt sind, also diskriminierungsfreien Zugang zu ihm haben.

---

67 Ungeachtet dieser Insuffizienz zur rhetorischen Inkorporation des Gesamtsports hat sich der Nimbus dieser Trias so weit bis in die Gegenwart erhalten, dass eine *Geschichte des Sports*, hervorgegangen aus der Sendereihe eines öffentlich-rechtlichen Senders, in einem renommierten Literaturverlag unter ebendiesen Titel gestellt werden konnte; siehe SARKOWICZ (1999)

Die reale sportpolitische ebenso wie sportpraktische Bedeutung und Spannungshaltigkeit dieses für den Sinn des Sports mit konstituierenden Kriteriums war zu studieren in der Auseinandersetzung um den Pauschalausschluss russischer und belorussischer Athlet*innen durch eine Reihe von Sportverbänden als Reaktion auf die Aggression gegen die Ukraine seit dem Februar 2022. Das Zugangskriterium allein der sportlichen Qualifikation durch ein außersportliches, in diesem Fall allgemeinpolitisches Kriterium zu ersetzen, hebt das das sportliche Regelwerk tragende Diskriminierungsverbot auf und öffnet damit die Büchse der Pandora zu willkürlichen, in das Belieben außersportlicher Mächte gestellte Weiterungen, die einen Sprengsatz an die Wurzeln der fragilen Sportidee legen. Zwar sind die *menschlichen* und *allgemeinpolitischen* Gründe nachvollziehbar, aus denen insbesondere die der russischen Aggression ausgesetzte ukrainische Seite etwa in Person von deren paralympischem Verbandspräsidenten Sanktionen gegen den Aggressor auch auf dem Feld des Sports forderte[68] und dabei moralische Unterstützung aus anderen Ländern erfuhr. Gleichwohl ist es *sportpolitisch, sportrechtlich*, ja sogar *sportmoralisch* unzulässig.

Das in der *komparativen* sprachlichen Fassung („höher" usf.) fehlende *Bremsmoment gegenüber der Erwartung einer Immer-weiter-Steigerung* impliziert zugleich als *negativen* Nebeneffekt die scheinplausible Annahme, es gehe im Sport um die hybride Erwartung eines grenzenlosen Wachstums. Also um eine Erwartung, welche die Sportidee in der Wahrnehmung kapitalismuskritischer Beobachter in die Nähe der letztlich destruktiven kapitalistischen Wachstumsdynamik zu rücken scheinen. „Von seiner Natur aus verlangt der moderne Sport den Sieg, das Übertreffen der anderen. In diesem Sinne kann er als fundamental kapitalistisch angesehen werden", so hat zum Beispiel Guillaume Martin, der professionell Radsport betreibende Philosoph und Landsmann Coubertins die Sportidee begrifflich zu erfassen versucht.

Dieser Schluss basiert zwar auf einem *logischen* Kategorienfehler. Denn zwischen der *kulturellen* Ebene des sportlichen und der *sozioökonomischen* Ebene des wirtschaftlichen Wettbewerbs bestehen keine direkten Korrespondenzen, sondern nur Scheinanalogien. Aber der in der komparativischen Fassung der „Citius ..."-Formel implizit enthaltene unbegrenzte Steigerungs-Imperativ zieht gleichwohl eine sportsinn-widrige *pragmatische* Folge oder zumindest Versuchung nach sich: Er scheint eine Art von Lizenz zur Grenzverschiebung bis hin zur Grenzüberschreitung in Gestalt des Dopings nahezulegen. Der Sportphilosoph Eugen König hat jene sinnwidrige Versuchung zum Doping in eine vermeintlich sinnimmanente Eigenschaft der Sportidee selbst umgedichtet. Und nicht wenige athletische, trainingsleitende, medizinische und institutionelle Zyniker der Sportpraxis haben bekanntlich eine

---

68 Siehe SUSCHKEWITSCH, Waleri (2023): Im Geiste ihres Kriegsherrn Putin. Über russischen Einfluss auf den paralympischen Sport. Interview. In: FAZ vom 27.4.2023

solche pseudowissenschaftliche Einladung und „Aufforderung zum Tanz" dankend angenommen.

Diese Annahme ist jedoch ein fataler Irrtum. Besteht nämlich Unklarheit über den Stellenwert von Begrenzungen im Konzept sportlichen Leistungshandelns, geht jegliche Basis für eine anzustrebende *Unterscheidung* verloren: für die Unterscheidung zwischen Sport als legitimem, weil humanem, menschengerechtem Beitrag zur Kultur- und Gesellschaftsentwicklung *oder* als illegitimer, weil inhumaner Fehlentwicklung. Denn der kulturelle und humane Sinn des Sports besteht *keineswegs* in einer unbegrenzten Immer-weiter-Steigerung. Ebendiese irreführende Behauptung steckt implizit auch in der zu Unrecht kaum umstrittenen Formel von „citius, altius, fortius". Wohlverstandener Sport besteht, wie in Abschnitt 20 dieses Kapitels beschrieben, in Wirklichkeit umgekehrt in einem *spezifischen Umgang mit Grenzen*, also allein in einer sportspezifisch begrenzten Steigerung.

Das olympische Motto ist geprägt von einer internen Spannung. Sie entsteht aus dem Widerspruch zwischen seinem sportsinn-gerechten *Appell* an alle am sportlichen Wettbewerb Beteiligten, ihre Leistungsgrenzen auch wirklich voll auszureizen einerseits, und andererseits dem in dem Motto fehlenden *„Bremskraftverstärker"*, der die Respektierung der im sportlichen Regelwerk kodifizierten sportsinn-gerechten *Grenzen* zu gewährleisten hätte. Dieser Bremskraftverstärker muss folglich in Gestalt sowohl von limitierenden *Regeln* wie auch von *Kontrollinstanzen*, welche die Einhaltung dieser Regeln überwachen und deren Verletzung sanktionieren, in die Voraussetzungen, in den Ablauf sowie in die Nachverarbeitung des Wettkampfgeschehens eingebaut werden.

Vollends unübersichtlich wird es schließlich, wenn man eine weitere Beobachtung hinzuzieht: Gleichzeitig mit dem Steigerungs-Motto stützt sich die olympische Sinngebung auf ein anderes, scheinbar konkurrierendes Motto: *„Dabeisein ist alles"*, womit gegenseitige Hilfe, Teilhabe und Kooperation als Werte, die dem Sieg überlegen seien, adressiert würden. Dieser zweifache Befehl, so noch einmal Guillaume Martin, „gewinnen und zugleich denen helfen, die es zu schlagen gilt; Erster sein bei völliger Gleichheit – ist selbstverständlich unerfüllbar und zudem heuchlerisch." Plausibel wird diese zusätzliche Relativierung der olympischen Sinnstiftung durch den philosophierenden Profi freilich nur dann, wenn man jenes zweite Motto einseitig und gegen die coubertinsche Absicht interpretiert: Sie war gar nicht so zu lesen, dass sich Olympia als Paradies für „Sporttouristen" anbieten soll. Gemeint war, dass im Gegenteil die Spiele als Festival der weltweiten Leistungselite extrem hohe Anforderungen stellen, unter denen bereits das Erreichen des Status der Olympia-Teilnahme und nicht erst ein Medaillengewinn ein herausragendes Gütesiegel ausstellt.

Hier nun kommt die jüngste Erweiterung des olympischen Mottos ins Spiel. Mit dem Zusatz zur hergebrachten Trias in der Formulierung „–

gemeinsam" oder *„communiter"* signalisiert das IOC für seine Spiele *nach außen* seine Zustimmung zu dem – zu Recht – verstärkt auf gesellschaftspolitische Inklusion und gegen die Diskriminierung von Minderheiten setzenden allgemeinen Zeitgeist. Das jedoch könnte *nach innen* die Logik des sportlichen Überbietungs-Mantras ins Wanken bringen, indem diese Formulierung (miss-)verstanden werden könnte als eine Annäherung an die sportsinn-widrige Unterforderungs-Interpretation jenes „Dabeisein ist alles"-Mantras. In dieser logischen Umgebung klingt es sehr ähnlich wie das Motto *„höher, schneller, inklusiver"*, das sich das ZDF für seine Berichterstattung über die *Special Olympics* ausgedacht hat, die aber als Weltspiele für die geistig und mehrfach Behinderten einer ganz eigenen sozialpsychologischen Sinngebung folgen.

Zumindest soviel ist festzuhalten: Die Ergänzung des olympischen Mottos fügt dessen ohnehin bereits gegebener interner Problematik zwei weitere diskussionswürdige Baustellen hinzu: (1) Zu fragen ist, ob die lateinische Wortwahl das Anliegen überhaupt angemessen zu fassen vermag. Denn die hauptsächliche Wortbedeutung von *„communiter"* lautet hier eigentlich wenig passend auf „im Allgemeinen", während die deutsche Fassung „gemeinsam" wohl dem Gemeinten näherkommen dürfte. (2) „Gemeinsam" wiederum führt ein außersportlich-soziales Kriterium in die Sportidee ein. Es soll mutmaßlich dem rein sportlich konnotierten und als solches im hegemonialen öffentlichen Diskursklima nicht mehr als zeitgemäß genug verstandenen Motto eine politisch korrektere Note verleihen, indem man etwa die Auflösung der individuellen Leistung im Kollektiv zu bekräftigen versucht.

Dies jedoch wäre, träfe die Deutung zu, entweder in seiner inneren Logik fragwürdig, weil es eine *gesellschaftspolitische* Antidiskriminierungs-Absicht mit einer auf einer anderen Sinnebene liegenden *sportinternen* Botschaft zusammenmischen würde. Oder aber – das wäre zwar eine in der Tat eminent sportsinn-gerechte Weiterentwicklung des olympischen Credos, wird aber mutmaßlich vom IOC gar nicht gesehen oder intendiert worden sein – es könnte sich um den *rein sportinternen* Versuch handeln, demonstrativ zu unterstreichen, dass der sportliche Wettbewerb ein *kollektiver* Kooperenz aller Beteiligten – eben! – *gemeinsam* geschaffenes Sportwerk darstellt, durch welches das je *individuelle* Streben aller Beteiligten auf eine kulturell höhere Ebene transponiert und in etwas Außergewöhnliches transformiert wird. Dadurch würde signalisiert, dass mit dem olympischen Projekt angestrebt wird, einen sportspezifischen Beitrag zu dem allgemeinen Streben der Menschen zu leisten, in einer Aufgabe aufgehen zu wollen, die größer und höher ist als man selbst und als es jeder für sich allein zu sein vermag.

27. Wettbewerb in Sport und Wirtschaft

Diskursive Ausgangslage: Dieses Thema bildet gleichsam das Übergangs- oder Verbindungsstück zwischen den *kulturellen* Binnen- und den *gesellschaftspolitischen Außen*-Beziehungen des Sports. Die Diskussion über das Verhältnis von Sport und Marktgesellschaft schwankt unentschieden zwischen zwei gegensätzlichen Positionen: Die einen halten es für ebenso selbstverständlich wie unanstößig, dass Sport in einer privatwirtschaftlich verfassten Gesellschaft sich selbst zu einem *legitimen und integralen Faktor des Marktes* wandelt und den in seiner Umwelt angetroffenen Markterfordernissen anpasst. Die anderen halten es für ebenso unbestreitbar, dass die Sportidee als Kulturgut durch „*Professionalisierung*" und „*Kommerzialisierung*" in Zweifel gezogen werde, ja durch deren fortgeschrittenes Stadium bereits unwiederbringlich erledigt sei.

Bei der *erstgenannten* Position handelt es sich um eine unzureichend reflektierte und differenzierte Übertragung von wirtschaftsliberalen Prinzipien auf ein dafür nur bedingt zugängliches Feld der Kultur. Bei der *letztgenannten* Position spielen weiterwirkende Reminiszenzen einer christlich-antijüdischen Aversion gegen alles Materielle, eines von Beginn an abwegigen antiproletarischen Abwehrreflexes im früheren sportbezogenen Amateurprinzip sowie eines vulgärmaterialistischen Antikapitalismus in irritierender Weise zusammen.

Berührt wird hier auch ein im Sportdiskurs ebenso oft wie irreführend angesprochener Topos, nämlich die Heranziehung der gemeinsamen *Wettbewerbs*-Struktur von Wirtschaft und Sport zu einer vermeintlich aufschlussreichen gegenseitigen Beschreibung, Erklärung und Förderung ihrer Charakteristika.

Weiterführende Antwort: Beide Grundpositionen, die *marktfundamentalistische* wie die *marktkritische*, beruhen auf zu vordergründiger Wahrnehmung des tatsächlichen Geschehens. Sie führen zu sport-inadäquater theoretischer Kritik wie zu sport-unverträglichen praktischen Entscheidungen. „Realitätstüchtige" Beschreibungen von kulturökonomischen Erscheinungen im Sport müssen zwei Denkfallen umgehen: dämonisierende *Verteufelung* von Einflüssen ökonomischen Denkens und Handelns im Sport ebenso wie simplifizierende *Harmonisierung* von Unverträglichkeiten zwischen sportlichem und wirtschaftlichem Denken und Handeln.

Tatsächlich nimmt der kulturelle Gehalt des Sportgeschehens keineswegs allein dadurch Schaden, dass es „auf den Markt geht". Auch das Aufkommen eines von privatwirtschaftlichen Prämissen bestimmten Kunstmarktes seit dem Ende des 18. Jahrhunderts hat (in der kunstgeschichtlichen *Gesamt*-Bilanz, nicht in jedem Einzelfall) nicht zur Beeinträchtigung, sondern zu einer nachhaltigen Förderung ästhetisch hochrangiger Kunstproduktion geführt.

Eine *rein* marktwirtschaftliche Sicht auf Kulturproduktion und -rezeption allerdings läuft stets Gefahr, eine gründlich-umfassende Einsicht in deren institutionelle und tradierende, also *nachhaltige Erhaltungsbedingungen* zu verfehlen: Sie reduziert das Geschehen radikal auf den markt-, also geldvermittelten Tauschverkehr zwischen unmittelbar Beteiligten, also zwischen individuellen Produzenten und Konsumenten des Kulturgutes. Sie kann lediglich empirisch dessen Stattfinden oder Ausbleiben *sine ira et studio* zur Kenntnis nehmen, ohne es zugleich *kulturpolitisch bewerten und beantworten* zu können.

Das *Interesse einer kulturstaatlichen Gesamtentwicklung* aber setzt eine *weiter gefasste* Perspektive voraus: Sie überlässt dieses Interesse nicht allein der individuellen Zustimmung im Interessen- sowie Kosten- und Zahlungsausgleich zwischen Produzenten und Konsumenten. Es räumt vielmehr umgekehrt der gesamten Sphäre *eine öffentlich-allgemein begründete "Erhaltungs- und Entfaltungsgarantie"* ein. Es anerkennt die individuellen Akteure auf beiden Seiten des Tausches als Mitverantwortliche und Leistungsträger für die Erhaltung und Fortentwicklung dieser Sphäre und honoriert sie ideell und materiell, statt den Nutzern lediglich ein individuelles Interesse zuzusprechen und kostendeckende Entgelte für die Befriedigung ihrer individuellen Nutzungs-Partizipation an öffentlichen Gütern aufzuerlegen.

Irreführend ist auch die verbreitete Annahme oder Unterstellung, Kommerzialisierung und Professionalisierung des Hochleistungssports erzwängen automatisch die Bereitschaft der Aktiven, den Weg zu Höchstleistung und Erfolg mit betrügerischen Mitteln zu suchen. Ein Vergleich mit jedem anderen Berufszweig zeigt, dass hier ein abwegiger Kausalzusammenhang – sowie eine gegenüber fair agierenden Athlet*innen böswillige Verdächtigung – konstruiert wird: Aus den Tatsachen, dass der Arztberuf durch einen hohen Grad von Professionalität gekennzeichnet ist und zudem nicht wenige Ärzte sehr viel Geld durch die Ausübung ihres Berufes verdienen, wird zu Recht kein ursächlicher und damit unausweichlicher Zusammenhang mit Verletzungen des ärztlichen Berufsethos, des hypokratischen Eides konstruiert.

Dass dennoch der in jener Vermutung ausgedrückte Eindruck für den Bereich des Sports nicht unbegründet erscheint, verweist bei näherem Hinsehen auf einen ganz anderen Sachverhalt, der mit dem *Sach*-Gegenstand, der in dem jeweiligen Berufszweig im Zentrum steht, zusammenhängt: Wenn etwa ein Bauingenieur sein Berufsethos verletzt und Pfusch am Bau duldet, wird die Verletzung seines spezifischen Berufsethos umgehend augenscheinlich, indem im extremen Fall das Haus zusammenbricht. Und wenn die Ärztin Kurpfuscherei betreibt, wird auch hier die Verletzung ihres spezifischen Berufsethos umgehend sinnlich greifbar, indem im extremen Fall der

Patient stirbt. Beim professionalisierten Sport hingegen scheint bei Verletzung des spezifischen Berufsethos *nichts* dergleichen zu passieren. Und eben deshalb erscheint die Versuchung zur Manipulation bei der Erbringung der berufssportlichen Leistung als unvergleichlich lässlicher und *„näherliegend"* als in anderen Berufszweigen – zudem „leichter", weil schwerer nachweisbar.

Bei genauerer Analyse jedoch erweist sich, dass bei der Verletzung auch des sportlichen Berufsethos durchaus ein *erheblicher* Schaden entsteht: Schaden an einem bedeutsamen immateriellen und deshalb besonders verletzlichen und fragilen Kulturgut. Statt also einem Pseudo-Realismus das Wort zu reden und eine Art „Sonder-Freibrief" für Verletzungen des sportlichen Berufsethos zu erteilen, besteht die Aufgabe gerade im Gegenteil darin, auf die Notwendigkeit für die Ausarbeitung, Anerkennung, strikte Geltung und praktische Umsetzung eines solchen Berufsethos auch für den professionalisierten Sport hinzuweisen.

Es muss folglich auch im Bereich des Sports einer Grundeinstellung Anerkennung verschafft werden, die sich – unabhängig von der Höhe der infragestehenden Finanzströme – sinngemäß an einem Leitbild des ehrbaren Kaufmanns, des rechtschaffenen Handwerkers, der wahrheitsverpflichteten Wissenschaftlerin oder der autonomen Künstlerin orientiert. Solche verbreiteten Fehleinstellungen, wie sie im Profisport zu Recht beklagt werden, sind also gerade nicht eine zwangsläufige Folge eines übertriebenen *Professionalismus*, sondern genau umgekehrt die Folge eines oft haarsträubenden *Mangels* an Professionalität in nicht wenigen, freilich nicht allen Feldern des Profisports.

Immer wieder wird die gesellschaftliche Bedeutung des Sports auch in den auffälligen Strukturähnlichkeiten zwischen dem *Leistungs- und Wettbewerbshandeln* im Sport und in der Wirtschaft gesehen. Bei genauerem Hinsehen aber wird fraglich, ob bei dieser Sichtweise nicht einige tatsächliche Gemeinsamkeiten *überbetont* und dadurch gewichtige Unterschiede des Leistungs- und Wettbewerbs-Gedankens in Sport und Wirtschaft *übersehen* werden.

Das Bild engster Verwandtschaft zwischen beiden kann aus der Tatsache entstehen, dass sie *einige* wichtige Merkmale gemeinsam haben:

- zwei oder mehr *Parteien* – Sportler bzw. Sportmannschaften, Unternehmen –
- geraten in *Gegnerschaft* und *Konflikt* miteinander dadurch,
- dass sie *auf demselben Leistungsfeld* – Sportstätte, Markt –
- *dasselbe Ziel* – gewinnen, Gewinn erzielen – für je *ihre* Seite anstreben,
- wodurch ein *Interessengegensatz* entsteht, dem die Beteiligten nicht ausweichen können, den sie vielmehr austragen müssen
- und der einen *Anreiz zur Leistungssteigerung* bei allen Beteiligten auslöst, um den Wettbewerb mit einem eigenen Erfolg abschließen zu können.

Das Gemeinsam-Verbindende zwischen beiden Bereichen ist also eine grundsätzlich positive *liberalistische* Einstellung zum Wettbewerb als solchem – im Unterschied mithin zu einer grundsätzlich wettbewerbsskeptischen, weil primär auf Solidarität, Kooperation und Verteilung gestützten *sozialistischen* oder *kommunitaristischen* Einstellung.

Hier wie überall allerdings gilt: *Gemeinsamkeiten* zu finden zwischen gesellschaftlichen Erscheinungen, ist *trivial*. Trivial ist jene Feststellung von Gemeinsamkeiten allein schon deshalb, weil sie alle irgendwie mit „dem Menschlichen" zu tun haben, und weil sie zudem in zeitgeschichtlichen Nachbarschaften stets durch Grundzüge eines gemeinsamen „Zeitgeistes" mitgeprägt sind. Beide Ursachen sind auch im Fall des Wettbewerbs als einer zugleich allgemein-anthropologischen wie zeitgeschichtlich-modernen Erscheinung gegeben. Gegenüber den Gemeinsamkeiten jedoch muss stets dann, wenn Aussagen über die Spezifika bestimmter gesellschaftlicher Bereiche gemacht werden sollen, mit Vorrang das Besondere, das diesen Bereich von anderen *Unterscheidende* herausgearbeitet werden.

Ein Unterschied liegt schon darin, dass der Wettbewerb für das *sportliche* Handeln *konstitutiv* ist, d.h.: Sportliches Handeln würde ohne die – freiwillige – Vereinbarung einer solchen Wettbewerbs-Konstellation überhaupt nicht zustandekommen. Dem Schutz des Wettbewerbs kommt daher für den Sport buchstäblich *existentielle* Bedeutung zu. Für das *wirtschaftliche* Handeln hingegen ist der Wettbewerb nicht von vornherein konstitutiv. Es findet vielmehr grundsätzlich bereits vor, gegebenenfalls also auch *ohne* Wettbewerb statt. Ihm kommt dort insofern nur eine *situativ-bedingte* und *akzidentielle* Bedeutung zu. Erst im Rahmen der Marktwirtschaft wird Wettbewerbshandeln zur elaboriertesten Form des Wirtschaftens. Es ist zugleich aber auch eine Handlungsstruktur, deren Zumutungen die teilnehmenden Akteure sich nach Möglichkeit sogar zu entziehen versuchen. Denn die objektiven produktivitätssteigernden volkswirtschaftlichen *Vorteile* von „Wettbewerb als Entdeckungsverfahren", so Friedrich August von Hayeks treffende Formulierung, liegen zwar auf der Hand. Aber sie bleiben subjektive betriebswirtschaftliche *Zumutungen*. Damit ist eine spannungshaltige Konstellation vorgegeben, ohne die weder die Notwendigkeit einer Institution wie des Kartellamtes noch die Fusions- und Konzentrationsprozesse in der Volks- und Weltwirtschaft erklärlich wären.

Wenn sich nun diese Annahme bestätigen ließe, dass es solche und weitere Unterschiede zwischen sportlichem und wirtschaftlichem Wettbewerbshandeln gibt, dann stünde die Erwartung an unproblematische und uneingeschränkt wünschenswerte *Transfereffekte* zwischen beiden Bereichen auf tönernen Füßen. Sie müsste korrigiert und präziser gefasst werden. Andernfalls würde auch von dieser Seite her der Sinn sportlichen Handelns in seiner Autonomie beeinträchtigt und für außerkulturell-ökonomische Ziele missbräuchlich instrumentalisiert.

Der Gleichsetzung der Wettbewerbsstruktur des Sports mit der Konkurrenzstruktur kapitalistischen Wirtschaftens resultiert aus einem zweifachen Missverständnis: *Ökonomisch* gesehen ist es in Anbetracht der Bedeutung der marxschen Theorie für das weitere ökonomische Denken wichtig, dass man oft einer einseitigen (und damit Fehl-)Interpretation der marxschen Lehre aufgesessen ist, indem man die produktive Seite des marktlichen Wettbewerbs mit der potentiell destruktiven Seite der zur Monopolbildung tendierenden kapitalistischen Konkurrenz und zur Hegemonie des Finanzkapitalismus hin gleichgesetzt und mit ihr verworfen hat. *Sportlich* gesehen wiederum ist es ein Kategorienfehler, wenn man die durch die kapitalistische Konkurrenzstruktur ausgelösten ökonomischen, sozialen und politischen Fehlentwicklungen in der Wettbewerbsstruktur des sportlichen Sinn- und Handlungsmusters gespiegelt wähnt und deshalb für korrekturbedürftig hält.

Bei diesem Analogieschluss wird verkannt, dass ökonomischer und sportlicher Wettbewerb nur vordergründig ähnlich aussehen. Tatsächlich jedoch weisen sie tiefgreifende und für die Würdigung der kulturellen Bedeutung des Sports ausschlaggebende Unterschiede auf. *Gemeinsam* ist beiden zwar, dass Unternehmen die Konkurrenz am Markt und die Sportparteien den konkurrenzfähigen Gegner auf dem Platz brauchen, um zu Höchstleistungen herausgefordert zu werden. Entscheidend aber ist, was sie *unterscheidet*: Die kapitalistische Konkurrenz impliziert das Streben nach *Verdrängung* des gegnerischen Wettbewerbers vom Markt. Im sportlichen Wettbewerb hingegen wird die Gegnerschaft der beteiligten Seiten überfangen von dem übergeordneten Streben nach der gemeinsamen Schaffung des von allen beteiligten Seiten zu verantwortenden Sportwerkes. Dabei suchen die Gegner zwar in diesem individuellen Spiel den *Sieg* über den anderen, aber beide bzw. alle beteiligten Seiten bleiben zugleich interessiert an der *Erhaltung* der Anderen als Gegner für weitere Spiele und damit an der Erhaltung des Wettbewerbs. Der Wettbewerb selbst ist hier zudem das maßgebliche Ziel, das eigentlich vom Sport hervorgebrachte Gut, während er in der Wirtschaft als nicht mehr denn ein notwendiges Übel wahr- und hingenommen wird.

Ähnliches gilt übrigens für die ebenfalls häufig beschworene vermeintliche *Strukturähnlichkeit zwischen militärischem und sportlichem Kampf*. Das Kampf-Moment ist in seiner Anwendung im Sport und im Krieg diametral entgegengesetzt motiviert: im Sport durch das Ziel der *nur symbolischen Besiegung eines unbeschädigten Gegners*, im Krieg durch das Ziel von dessen notfalls *realer Vernichtung*. Allein schon aus diesem logischen Grund sind alle Versuche, den Sport – wohlverstanden – als Mittel zur Schaffung kriegstauglicher soldatischer Einstellungen etwa in „Wehrkundeunterricht" oder „vormilitärischer Ausbildung" zu nutzen, nicht nur politisch-moralisch anstößig, sondern auch schlicht praxis- und realitätsuntauglich.

Kapitel 7 Sozial- und politikphilosophische Deutung des Sports

1. Wie der Sport politisch wird[1]

Diskursive Ausgangslage: Jedes soziale Gut, selbst von ihrem Eigenanspruch her *über* dem politischen Meinungs- und Machtkampf schwebende Kulturgüter wie der Sport, benötigt zu seinem Ankommen und Wirken in der realen Welt materielle Ressourcen und tritt so unweigerlich in Interessen- und Verteilungskämpfe ein, die mit politischen Mitteln ausgefochten werden. Ein heute einhellig verkündetes Mantra, das der Prozession des Sportdiskurses wie eine Monstranz vorangetragen wird, lautet deshalb nicht ohne Grund: Sport sei politisch.

Solange eine solche Feststellung jedoch nicht nur den Ausgangspunkt, sondern bereits das resümierende Ende eines gehaltvollen Gesprächs markiert, ist er bestenfalls eine Trivialität, eine leere Aussage. Im schlechtesten Fall dient er als Scheinlegitimation für sportsinn-widriges sportpraktisches und sportpolitisches Handeln. *Dass* auch der Sport politisch sei, ist nichtssagend, wenn es nicht mit der Anschlussfrage fortgesetzt wird, *wie* er politisch wird. Hier jedoch gibt man sich fast durchweg damit zufrieden, ein beliebiges Sammelsurium von empirischen Einzelfällen aufzurufen, bei denen sich irgendwelche politischen Interessen und Machtspiele auf dem Feld des Sports ausgetobt haben, ohne dass man sich weiter um Unterscheidungen zwischen diesen Fällen, um die oft diametral entgegengesetzte Legitimität sowie um die ganz unterschiedlichen Folgen bemüht, die sich daraus für den Sport ergeben.

Das ist auch ein Ergebnis dessen, dass die Sportwissenschaft kein konsistentes System einer Sportpolitologie aufgebaut hat. Der Diskurs über Grundfragen der Sportpolitik wird folglich „bodenlos" geführt, lebt politiktheoretisch und argumentativ von der Hand in den Mund und bleibt deshalb der subjektiven individuellen Urteils- bzw. „Meinungs"-Bildung von professionellen Sportbeobachter*innen überlassen, was oft eher Verwirrung als Aufklärung stiftet.

Hier tut sich ein Dilemma auf: Die *politikwissenschaftliche Teildisziplin* nimmt unter ihren Geschwistern innerhalb dieser Familie den Platz eines Stiefkinds ein. Sie ist weitaus weniger etabliert, institutionalisiert und geringer theoretisch und empirisch elaboriert als andere Teildisziplinen. Damit fällt die Sportwissenschaft aus als Kompass für den Orientierungslauf des sportpolitischen Handelns. Mit – diese Wertung in drastischer Wortwahl ist angebracht – desaströsen Folgen für den im sportpolitischen Diskurs herrschenden Stil.

---

[1] Siehe GOLDSCHMIDT, Werner (2021): Stichwort *Politik/Politische Philosophie*. In: SANDKÜHLER (2021), 2076–2099

Viele als professionelle mediale Beobachter*innen, gewählte Verantwortungsträger*innen oder sonstige sportinteressierte Menschen nehmen sich, ohne Rücksicht auf ein durch wissenschaftliche Expertise aufbereitetes Bezugssystem, „einfach so" die Freiheit, in veritabler Wild-West-Manier mit beliebigen Meinungen zu beliebigen sportpolitischen Sachverhalten gleichsam aus der Hüfte zu schießen. Natürlich treffen sie dabei stets irgendein zufälliges Ziel und geben anschließend diesen Zufallstreffer im Brustton der Überzeugung als hieb- und stichfeste Erkenntnis aus, an der sich die sportpolitische Praxis gefälligst zu orientieren habe. Zugleich wird der Eindruck suggeriert, *jede* solcher Meinungen habe gleichrangigen Anspruch darauf, ernstgenommen zu werden, unabhängig davon, wie gut begründet sie ist. Stattdessen wäre der Unterscheidung zwischen subjektiver Meinung und objektiver Urteilskraft mehr Gewicht zu geben.

Zudem kommt hierbei etwas zum Tragen, das im Umgang mit den verwandten Künsten keine Entsprechung findet: Bei diesem Triumpf der Meinung über die Urteilskraft in Fragen von Sport und Sportpolitik werden oft nicht nur, wie bei sonstiger Kunstkritik, bestimmte *einzelne Momente* einer Konzert- oder Theateraufführung wie dort aus kritischer Distanz beobachtet und, gegebenenfalls sogar zu Recht mit großer Schärfe, kritisiert. Es wird darüber hinaus, was man eben so gut wie nirgends sonst antreffen kann, die Kritik *totalisiert*, indem man wegen der monierten tatsächlichen oder vermeintlichen Fehlentwicklungen dem gesamten Feld das Existenzrecht abspricht. Eine rhetorische Anmaßung, die *stets* über die Köpfe der Hauptpersonen der Szene, der Athlet*innen hinwegmarschiert und, würde die Praxis ihr tatsächlich folgen, ihnen zugleich den Boden *unter* den Füßen wegzöge.

Weiterführende Antwort: Bei aller irreführenden Undifferenziertheit des Satzes „Sport ist politisch" beinhaltet er einen realen Kern. Der besteht zunächst darin, dass der Begriff *„der Sport"* in zweifacher Weise binnendifferenziert ist. Die eine Weise wurde oben als Sport im engen und Sport im weiten Sinne diskutiert. Eine zweite Weise aber kommt hinzu: Der Begriff Sport bezieht sich auf sein *handlungspraktisches* und auf sein *institutionelles* System. Die erste Seite war Gegenstand des vorangegangenen Kapitels. In diesem Kapitel geht es nun um die zweite Seite, um Sport als institutionelles System. Auf dieser Ebene erst setzen politische Referenzen des Sports an.

Für die rudimentäre Verfassung politikwissenschaftlicher Reflexion über den Sports mögen Ursachen auf der Ebene praktisch-politischen Handelns liegen. Dort nämlich lassen sich (vor allem mächtige) Akteure ungern durch wissenschaftliche Beobachtung in die Karten schauen. Ähnliches gilt für die professionelle Beobachtung des sportpolitischen Feldes durch die Medien. Auch dort gibt es eine Präferenz, sich lieber auf die spontane eigene Urteilsbildung zu je aktuellen sportpolitischen Ereignissen zu verlassen, als den zeitraubenden und nicht unbedingt verlässlicheren Umweg über politikwissenschaftliche Expertise zu suchen, die zudem die „Gefahr" beinhaltet, durch ständige Wiederholung „bewährte" Vorurteile, Klischees und Kritikstrategien infragezustellen.

Ein wissenschaftliches Fach, das seinen Namen verdient, wird sich jedoch kaum dauerhaft solcher Aversion beugen dürfen, die ihm sowohl seitens seines Beobachtungsfeldes als auch aus den eigenen Reihen entgegenschlägt. Die zahlreichen unzureichend reflektierten und bearbeiteten „Baustellen", die sich in dem Begegnungsfeld zwischen Sport und Politik auftun, belegen den dringenden Nachholbedarf.

Um diesem Desideratum abzuhelfen, sind *drei Schritte* vordringlich.

(1) Es gilt, für die Sportwissenschaft, energischer und systematischer, also nicht nur in akzidentiell ausgelösten vereinzelten Gelegenheits-Studien und Kommentaren, den Anschluss ihrer politikwissenschaftlichen Teildisziplin an den Standard von deren allgemeiner Bezugswissenschaft herzustellen. Einige Anläufe hierzu sind zu verzeichnen. (Siehe Lüschen/Rütten 1996; Meier 2022: Sportpolitik und Sportpolitikwissenschaft. In: Güllich/Krüger 2022; Tokarsky/Petry 2010).

(2) Es gilt, zur Schaffung von soliden theoretischen Grundlagen dieser Teildisziplin den historischen und aktuellen Fundus an allgemeinen politischen Theorien für die Sportwissenschaft zu erschließen. (Siehe u.v.a. Stammen/Riescher/Hofmann 2007; Luhmann 2000; Kondylis 1992) Dies sollte freilich nicht in Form einer einfachen direkten und unverarbeiteten Übernahme erfolgen, sondern als eine Art von Übersetzung, in der allgemeine theoretische Modelle auf die spezifische Konfiguration und die entsprechenden Anforderungen eines kulturellen Feldes wie des Sports zugeschnitten werden.

(3) Es gilt, mit der Legende aufzuräumen, es gebe ein generell und total geltendes Primat der Politik. Dies ist schon deshalb ausgeschlossen, weil Politik selbst keinen eigenen Sachgegenstand hat, sondern stets nicht mehr als „Dienstleister" für andere Sachfelder durch Mobilisierung von Machtressourcen für deren Ziele sein kann. Damit kann sie sich in den Dienst gesellschaftlich wünschenswerter und konstruktiver, aber ebenso destruktiver Ziele stellen. Und wenn mit Kultur und Politik zwei völlig disparate Sinn- und Handlungsfelder aufeinandertreffen, gilt unter den Bedingungen eines Rechts- und Kulturstaates sogar ein „umgekehrtes Primat": ein Primat der Autonomie kultureller Sachfelder, zu deren Gewährleistung die erforderlichen, durch das Handeln politischer Institutionen zu generierenden Machtressourcen mobilisiert werden müssen.

Ohne dass Vorleistungen von einer entwickelten politikwissenschaftlichen Teildisziplin bislang in notwendigem Umfang erbracht und anerkannt worden sind, können für die philosophische Reflexion politischer Probleme des Sports exemplarisch doch einige grundlegende Einsichten referiert werden als Basis und Inspirationsquelle für die weiterführende politikwissenschaftliche Forschung und politikphilosophische Reflexion.

2. Sportpolitik ist Politik für den Sport. Ein Plädoyer gegen das Irgendwie[2]

Diskursive Ausgangslage: Aus dem defizitären Verständnis dessen heraus, wie Sport politisch wird, ergibt sich eine erstaunliche Indifferenz gegenüber der Frage, worum genau es sich handeln muss, wenn im begründeten Sinn von „Sportpolitik" die Rede sein soll. Bezeichnenderweise taucht dieser Begriff selbst im öffentlichen Diskurs kaum auf. An seiner Stelle steht stattdessen meist die diffuse Feststellung, dass es auch im Sport irgendwie politisch zugehe. Sowohl dieser defizitäre Stand der Diskussion wie auch die Verankerung des Sports im Feld des Politischen bilden eine Herausforderung für die *politische Philosophie*.

Weiterführende Antwort: Die Antwort auf die bestehende Diskurslage lässt sich in der scheinbar tautologischen Feststellung im Titel dieses Abschnitts zusammenfassen. Detaillierter ist sie in den folgenden 20 Thesen gefasst:

(1) Zu gehaltvollen Aussagen über die *Sport-Politik* kann man nur gelangen, wenn man mehrere Prämissen berücksichtigt: Beide Teilbegriffe sollten gegenüber ihrem üblichen undifferenzierten Gebrauch im sportpolitischen Diskurs einer wohlbegründeten Revision unterzogen werden. Dabei sollte das analytische Potential der Systemtheorie zur Ermittlung des Spannungsverhältnisses zwischen diesen beiden äußerst disparaten Sinnfeldern Politik und Sport bei ihrem Zusammentreffen in der realen politischen Arena genutzt werden. Dem ersten Teilbegriff, dem Sport, ist dabei das Primat, die Führungsrolle einzuräumen.

(2) Wohlbegründete Sportpolitik kann sich nicht mit einer Logik des *Irgendwie* begnügen. Während im sportpolitischen Diskurs bei politischen Interventionen in den Sport irreführend primär an Politik *durch* Sport gedacht wird, richtet eine wohlbegründete Sportpolitik ihren Fokus primär auf Politik *für* Sport.

(3) Sportpolitik ist Politik im Feld des Sports für das sinngerechte Gelingen seiner Ereignisse und somit für die *Schaffung von Entfaltungsräumen für sein ästhetisches Machtpotential*. Sie wird zwar oft zum Kampfplatz für die *Austragung von Stellvertreter-Fehden außersportlicher Mächte* zu machen

---

2 Siehe GOLDSCHMIDT, Werner (2021): Stichwort *Politik/Politische Philosophie*. In: SANDKÜHLER (2021), 2076–2099

versucht. Aber sie ist aus prinzipiellen wie aus pragmatischen Gründen kein geeigneter und erst recht kein legitimer Ort dafür. Wohlbegründete Kritik der Politik auf dem Feld des Sports ist aufgefordert, ja verpflichtet, diesen fundamentalen Unterschied herauszuarbeiten, statt sich auszuruhen auf der trivialen Floskel, Sport sei politisch.

(4) Wohlbegründete Sportpolitik folgt bei Ausrichtungsentscheidungen für Großereignisse dem *Primat der Globalität vor der politischen Moralität*. Sie setzt, um die weltweite Präsenz des Kulturgutes Sport als ihre primäre Aufgabe zu gewährleisten, für die Ausrichtung *in* respektive die Teilhabe von Athlet*innen *aus* nicht rechtsstaatlich und demokratisch regierten Staaten aus guten Gründen niedrigere Mindeststandards der dort herrschenden politischen Kultur voraus, als sie der Menschenrechtsdiskurs aus seinerseits guten Gründen fordert.

(5) Sport ist politik-*fähig*, politik-*bedürftig* und politik-*allergisch*. Alle diese Faktoren wirken stets zugleich nebeneinander, miteinander und gegeneinander. Andere als ihre schwachen, sich allenfalls in demonstrativen Gesten erschöpfenden ureigenen Machtressourcen kann die Sportbewegung allein durch *Bündnispolitik* mobilisieren. Die aber ist unumgänglich auf Interessenausgleich, Interessenteilung angewiesen. Um ihr Projekt nachhaltig mit Erfolg betreiben zu können, muss Sportpolitik folglich alles Förderliche tun und alles Hinderliche unterlassen, um dauerhaft solche Partner an sich binden zu können.

(6) Wohlbegründete Sportpolitik überspannt nicht den Bogen ihrer *eng begrenzten Machtressourcen*. Sie beschränkt sich darauf, die Voraussetzungen für das sportgerechte Gelingen der Sportereignisse zu gewährleisten. Denn der Sport verfügt in allgemeinpolitischen Fragen über kein Mandat und nicht über glaubwürdige Mittel einer kurzfristigen *Erzwingungsmacht*, sondern so wie seine Verwandtschaft in der Familie der Künste nur über den allenfalls langfristigen Einfluss einer *Wirkungsmacht* der kulturellen Ausstrahlung seiner Ideen und Ereignisse. Verantwortliche Sportpolitik trägt der Tatsache Rechnung, dass sich Sport- wie andere Kulturereignisse in einer imperfekten, ja unheilen Welt bewegen und gegen zahlreiche Gefährdungen behaupten müssen. Es geht primär darum, diese Ereignisse zu schützen gegen ein Durchschlagen der Gefährdungen, ohne jede Chance, diese selbst aus eigener Kraft beseitigen zu können. Denn die Welt des Sports hat es nicht, wie durch irreführende Kampagnen vermittelte naive Bilder suggerieren, nur mit jeweils „in der Nähe" der Sportereignisse virulenten Konflikten zu tun, auf die sie vermeintlich allgemeinpolitisch antworten müssten oder könnten:

Im vergangenen Jahrzehnt ist in den Worten des SIPRI-Direktors Dan Smith die Welt insgesamt „ein sehr viel dunklerer Ort geworden"[3]. Zwischen 2010 und 2022 wurden doppelt so viele Menschen getötet wie in der Dekade zuvor. Die Zahl der Flüchtlinge hat sich ebenfalls verdoppelt, es gibt fast doppelt so viele bewaffnete Konflikte, nämlich 58. Und „das Tragische an der Gegenwart ist, dass wir internationale Kooperation noch nie so bitter nötig hatten wie jetzt. Aber es wird ein internationaler Vertrag nach dem anderen aufgekündigt." (Ebd.) Angesichts dieser Lage grenzt es an Gedanken- und Verantwortungslosigkeit, auch ein kulturelles Feld wie den Sport vor den Karren von Konfliktverschärfungen spannen zu wollen, indem lautstarke Stimmen selektiv einzelne dieser Konflikte herausgreifen und fordern, hier müsse der Sport allgemeinpolitisch Partei „für die richtige Seite" ergreifen.

(7) Eine wohlbegründete internationale Sportpolitik setzt auf *Schritte des politisch Machbaren*, statt nur rhetorische *Bekenntnisse zum allgemeinmoralisch Wünschbaren* abzulegen, zu denen sie durch mediale Kritik und politische Aufforderung gedrängt wird. Sie beherzigt dabei die Spannungen, die sich aus der globalen Gleichzeitigkeit des Ungleichzeitigen im Hinblick auf den Entwicklungsstand einer zivilisierten politischen Kultur bei den von der UNO anerkannten Mitgliedsstaaten ergeben.

(8) Sie meidet durch offen und ausdrücklich erklärte Selbstbeschränkung den absehbaren Glaubwürdigkeitsverlust, der dadurch droht, dass man den Institutionen des Sports Lösungen für allgemeinpolitische Probleme und Konflikte zutraut oder zumutet, vor denen selbst die hauptzuständigen staatlichen und überstaatlichen Institutionen versagen. Hier das „Konto" der Sportpolitik zu überziehen, löst kein Problem, beschwört aber das Risiko heraus, dass das Handeln sportpolitischer Institutionen an dem selbstformulierten überzogenen Maßstab gemessen, für zu leicht befunden und entsprechend attackiert zu werden.

(9) Wohlbegründete Sportpolitik wird gleichermaßen auf eine *Rehabilitation des zu Unrecht lange verpönten Nur-Sportlertums* wie auf eine erhebliche Steigerung der *Politikfähigkeit des Sports* setzen müssen. Diese berechtigte Forderung nach Stärkung einer wirksamen Politikfähigkeit des Sports trägt jedoch die Forderung nach Selbstbeschränkung in sich. Diese Steigerung kann folglich nicht in beliebigem Politisieren nach dem Motto „Männer politisieren gern am Stammtisch" bestehen, sondern ihre Legitimation nur aus einer strikten politischen Selbstreferenz beziehen.

(10) Ausnahmslos *keine* politische Macht – von allgemein existenzgefährdenden Ausnahmezuständen abgesehen – hat das Recht, *„einfach so"* in

---

3 SMITH, Dan (2023): 2240 Milliarden Dollar für Rüstung im Jahr. Über die weltweiten Militärausgaben, die goldene Zeit nach 1990 – und seine Hoffnung, trotz allem. Interview. In: SZ vom 24.4.2023

Kapitel 7 Sozial- und politikphilosophische Deutung des Sports

den Sport als ein Feld der Kultur *zu intervenieren*, ohne dessen Eigensinn, Eigenrechte und Eigengesetzlichkeiten zu kennen und in der Form seines Umgangs damit zu respektieren. Die schein-aufklärerische Parole „Der Sport ist politisch" in ihrer undifferenzierten Variante hingegen degradiert den Sport zum ohnmächtigen, willen- und wehrlosen bloßen Spielball der Willkür jeder Art von politischen Mächten. Denen gegenüber würde so den ihn tragenden Institutionen zumindest implizit jede Möglichkeit für eigenständige politische Antworten auf sportsinnwidrige Übergriffsversuche illegitimer außersportlicher Mächte abgesprochen. Die scheinbar signalisierte *Politisierung* des Denkens über den Sport mündet paradoxerweise in faktische *Entpolitisierung*.

(11) Häufig werden ungeachtet ihrer Illegitimität unternommene Übergriffsversuche auch bereits an der internen *Widerständigkeit* dieses gegenüber allgemeinpolitischen Eingriffen „schwerhörigen" kulturellen Bereiches sogar abprallen und scheitern, freilich nicht ohne dass erheblicher „Flurschaden" entsteht, dem kaum positive Effekte gegenüberstehen.

(12) Die Beurteilung politischer Vorgänge im Revier des Sports kann sich folglich niemals mit der Analyse von Absichtserklärungen und Gremienbeschlüssen begnügen, ohne zu klären, welche *tatsächlichen* Auswirkungen diese in der Realität des Sports gefunden haben.

(13) Zu fordern ist eine Sportpolitik als besser begründete und wirkungsvollere Politik *für* den Sport, nicht aber *mit* dem und *durch* – also letztlich *gegen* – ihn. Dazu gehören wissenschaftliche und mediale Beobachtung der politischen Entwicklungen im Feld und Umfeld des Sports, die das bloße Verkünden von politischen Zielen nicht verwechseln oder gleichsetzen mit einem tatsächlichen „Erfolg" entsprechender Bestrebungen. Bislang hingegen dominierte eine entgegengesetzte Maxime: „Absichtserklärungen wurden für politisches Handeln gehalten, nicht als leere Propaganda erkannt, Lehrpläne gelten als Spiegel der Schulwirklichkeit." (LANGENFELD 1989, 17)

(14) Wohlbegründete Sportpolitik ist zur Erhaltung bzw. erst Schaffung ihrer Glaubwürdigkeit gehalten, in den Reihen ihrer eigenen Institutionen Prinzipien von *Compliance* und *Good Governance* Geltung zu verschaffen. Dies kann nur erreicht werden im Kampf gegen hartnäckige Widerstände, die sich daraus ergeben, dass ihre laut Statuten weltweit zu rekrutierenden Funktionsträger*innen aus äußerst unterschiedlich geprägten politischen Kulturen stammen und den in ihren Herkunftsländern vorherrschenden und von dort mitgebrachten „Stil" rudimentärer Rechtsstaatlichkeit und demokratischer Kultur in ihre internationale sportpolitische Amtsführung hineintragen. Die Unterstellung jedenfalls, das Handeln sportpolitischer Institutionen erkläre sich allein aus dem Diktat der Böswilligkeit, Gewinnsucht oder Machtgier des Führungspersonals, nicht jedoch vorrangig aus den strukturellen Vorgaben, die von dem kulturellen Eigensinn der Sportidee

diktiert werden, führt aufs Glatteis politischer Demagogie und persönlicher Verunglimpfung.

(15) Selbst bei notorischem Versagen der aus gutem Grund nicht-staatlichen Sportverbände und bei hartnäckig sich haltender Anfälligkeit für Korruption ist keine Sportpolitik gerechtfertigt, die aus diesem Versagen heraus das Existenzrecht von Sportereignissen generell zur Disposition stellt. Einer solchen im öffentlichen Diskurs durchaus erkennbaren Tendenz wäre die Frage entgegenzuhalten: Welche Musikliebhaberin und welcher Musikkritiker käme wohl auf die „Schnapsidee", keinen Bach mehr aufführen und hören zu wollen, weil es bei der Intendanz der Schildaer Philharmoniker[4] Korruptionsfälle gegeben hat? Wohlbegründete Sportpolitik ist nicht möglich ohne die Geltung und Respektierung des *Prinzips der Trennung* von unterschiedlichen Sach- und Verantwortungsfeldern. Dieses Prinzip, im praktischen Handeln beherzigt, ist Ausdruck einer zivilisierten politischen Kultur. Es bietet eine wirksame Versicherung gegen Versuchungen jeder Art von Fundamentalismus.

(16) Es ist unbillig, den Funktionsträger*innen internationaler Sportverbände, deren legitimes Mandat sie primär zur *Loyalität gegenüber den Zielen und dem Regelwerk* ihrer Institutionen verpflichtet, an der Wahrnehmung dieser Pflicht zu hindern durch die Unterstellung, sie handelten stattdessen primär und notorisch aus einer illegitimen *Loyalität gegenüber fragwürdigen politischen Mächten*, wenn sie aus solcherart regierten Ländern stammenden sportlich Qualifizierten die Teilnahme an den von ihnen zu verantwortenden Sportereignissen garantieren oder die Ausrichtung ihrer Ereignisse an solche politisch umstrittenen Länder vergeben. Statt dass jener Grundsatz im Interesse einer zivilisierten politischen Kultur konsequent hochgehalten wird, wird der sportpolitische Diskurs leichtfertig deformiert durch ebensolche Unterstellungen. Sie aber camouflieren sich selbst in nicht selten heuchlerischer Manier als Ausdruck der Pflicht zu kritischer Aufklärung und diskreditieren damit in Wirklichkeit das unaufgebbare Gebot zu ebensolcher kritisch distanzierten Aufklärung.

(17) *Wohlbegründete Kritik* der Sportpolitik wird gegenüber den bislang in demokratisch regierten Staaten vorherrschenden Praktiken *den Blick umkehren* müssen. Bislang dominiert eine Praxis, die aus zwei Schritten aufgebaut ist: *Schritt eins* entwirft und verteidigt das *Idealbild* eines rechtsstaatlich und demokratisch verfassten und regierten sowie korruptionsarmen *Gemeinwesens*. Das ist eine respektable und begrüßenswerte Leistung, verdienstvoll insbesondere, wenn man bedenkt, dass die reale politische Welt auch ganz andere Bilder kennt, gegen die dieses Idealbild zu verteidigen ist. *Schritt zwei* misst die politische Realität innerhalb und im Umfeld des Sports an diesem

---

4 Eine passende parallele Satire zu der ironischen Bemerkung über die „Schildaer Philharmoniker" findet sich in Otfried Preußlers Geschichten *Bei uns in Schilda* (PREUẞLER 2020).

Idealbild, registriert negative Abweichungen, legt sie dem Sport und seinen Institutionen zur Last als deren Versagen in ihrer Verantwortung gegenüber der Gesellschaft und entwirft so das *Zerrbild* eines gescheiterten Sports. Das ist zwar nicht in jedem Detail, aber in seinem Gesamturteil abwegig. Denn es basiert auf der irreführenden Annahme, dass der Sport sein Recht auf *kulturelles* Handeln erst durch Vorleistungen im *politischen* Raum erwerbe.

Stattdessen können einer angemessen kritischen Beurteilung von Entwicklungen im Sport nur von einem *Gegenbild* aus Geltung und konstruktive Wirksamkeit verschafft werden: *Schritt eins* bemüht sich um ein *Idealbild* dessen, was der *Sport* darstellt und aufgrund seiner spezifischen Sinnstruktur an begrenzten Leistungen für die Gesellschaft zu erbringen vermag. *Schritt zwei* registriert Defizite in der realen Binnenwelt des Sports sowie in dessen Umweltbedingungen gegenüber diesem Idealbild, fordert Korrekturen nach innen durch die verantwortlichen Institutionen der Sportpolitik sowie nach außen durch die verantwortlichen Institutionen der Allgemeinpolitik. Dabei ist nicht gerechtfertigt werden, Fortschritte im zweiten Verantwortungsbereich zur Voraussetzung zu machen für sinngerechte Arbeit im ersten Verantwortungsbereich, aufgrund derer der Sport seine spezifischen Leistungen für die Gesellschaft erbringt.

(18) Dieser Gegensatz betrifft keineswegs *speziell* und allein den Sport. Ohne entsprechende *Verantwortungsverteilung* hätte es *generell* keine Kulturentwicklung in der Geschichte der Menschheit gegeben. Wie anders wäre die folgende Episode zu erklären, die einen von zahllosen ähnlichen Mosaiksteinen im Mammutgemälde der Geschichte der Renaissance beisteuert? „Das 16. Jahrhundert war, was Künste und Literatur, selbst Wissenschaft oder auch Technik anbelangte, noch immer Italiens Jahrhundert, mochte die Halbinsel auch in der Gewalt fremder Heere sein"; und: Italiens Kultur der Renaissancezeit „strahlte ungeachtet der politischen Malaise des Landes über den Kontinent" (ROECK 2018, 679 und 944). Diese vorwärtsstreibende und befreiende Kraft der Kulturgeschichte mit pseudoaufklärerischen Argumenten zu ihrem Gegenteil zu erklären und damit zur Disposition zu stellen, entpuppt sich bei genauerem Hinsehen als eine Form von gedankenlosem Kulturbanausentum. Es ist auch kein plausibler Grund dafür zu erkennen, warum ausgerechnet das politisch machtarme Feld des Sports hier eine Ausnahme bilden sollte. Wird diese Verantwortungsverteilung aufgekündigt, gerät Sportkritik in die Nähe zu einem politisch fatalen Illusionismus oder gar Fundamentalismus, die in der Geschichte der Menschheit bis in die Gegenwart hinein immense Kulturzerstörungen ausgelöst haben.

„Olympische Spiele im Unrechtsstaat" hat der Sportjournalist Christoph Becker seine Nachbetrachtung zu den Winterspielen von Peking 2022 überschrieben und in das Urteil münden lassen: „Das IOC hat sich wieder einmal, um sein Geschäft zu sichern, einem brutalen Unrechtsstaat angedient.

Hat deren Wünsche bedient und Propaganda verbreitet. Die Chinesen haben die Geschenke angenommen. Und weitergemacht wie immer."[5]

Dieser Kommentar ist ein Musterbeispiel für die Weigerungshaltung gegenüber jener Verantwortungsverteilung: Dass die Verhältnisse in China *im allgemeinpolitischen Maßstab* ein Skandal sind, geißelt Becker *zu Recht*, ohne dabei zugleich die Hauptverantwortung der internationalen staatlichen Diplomatie anzumahnen. *Unrecht* hingegen hat Becker, insofern er in seiner Urteilsbildung die Eigenständigkeit und Besonderheit der Herausforderung unterschlägt, vor die Sportverbände *im sportpolitischen Maßstab* gestellt sind. Sie besteht für das IOC als Veranstalter der Spiele darin, dass es nur dadurch seiner Verantwortung gerecht werden kann, dass es einen gangbaren Weg zwischen der Skylla in Gestalt der Selbstaufgabe des olympischen Projekts und der Charybdis in Gestalt eines Kotaus vor der Macht eines fragwürdigen ausrichtenden Staates suchen muss. Es ist unbillig, das Handeln des IOC aufgrund mancher Trittunsicherheiten bei dieser Gratwanderung zwischen den Schlünden der beiden Ungeheuer als bloße Kollaboration zu verleumden und zugleich als einzige Alternative den Verzicht auf den olympischen Anspruch auf weltweite Präsenz der Spiele und auf die universale Teilnahme von „all nations" anzudeuten.

Mit demselben Kurzschluss von der Allgemein- auf die Sportpolitik führt auch der renommierte Sportphilosoph Gunter Gebauer die Urteilsbildung auf die schiefe Ebene, wenn er im konkreten Fall den Pauschalausschluss von russischen und belarussischen Athlet*innen ohne Wenn und Aber befürwortet mit dem Argument: „Ich finde, wenn man die Bestimmung der Olympischen Charta ernst nimmt – und ich glaube, es ist fahrlässig, das nicht zu tun –, dann kann man die Bürger eines Landes, das einen Angriffskrieg führt, nicht zulassen."[6] Gebannt, irritiert und desorientiert durch die Ungeheuerlichkeit der unerwarteten Rückkehr militärischer Gewalt in das Herz Europas, wurde auch im sportpolitischen Diskurs die liberal-emanzipatorische Errungenschaft der *Trennung* zwischen den Sinn- und Sozialsystemen kurzerhand zur Disposition gestellt und damit die Gefahr heraufbeschworen, dass die Autonomie des Sports wie der Kultur allgemein auf die schiefe Ebene gerät, indem sie wieder unter Kuratel eines vermeintlichen Primats der Allgemeinpolitik gestellt wird. Entsprechend wurde, exemplarisch wie die Kultur insgesamt, die russische Sängerin Anna Netrebko im aktuellen Konflikt der 2023/24er Jahre von ukraine-nahen Aktivisten „in die Rolle gedrängt, als vermeintliche oder tatsächliche Putin-Versteherin die Freiheit ihrer Kunst verteidigen zu müssen. (...) Solche Drastik führt nirgendwohin. Weil es in der Kunst nicht um Leben oder Tod geht – abgesehen davon, dass

---

5 BECKER, Christoph (2022): Olympische Spiele im Unrechtsstaat. In: FAS vom 20.2.2022
6 GEBAUER, Gunter (2003): Interview. In: DZ-Online vom 7.5.2023

es natürlich immer darum geht. Und weil eine einzelne Künstlerin Kriege weder führen kann noch beenden."[7]

(19) Also: *Sport und Politik seien nicht zu trennen*, wie es gebetsmühlenartig verkündet wird? Das ist schlichtes unreflektiertes Gerede. Selbstverständlich sind sie das. Nämlich als souveräner Akt institutioneller politischer Verantwortungsträger, die (hoffentlich!) als Treuhänder der Sportidee und als Gatekeeper sportpolitisch agieren, indem sie über den Zugang oder aber den Ausschluss allgemeinpolitischer Interessen und Mächte zum oder vom Feld des Sports entscheiden. Verbinden und Trennen von Sport und Allgemeinpolitik kommen mithin nicht wie Naturereignisse über die dem wehrlos ausgelieferten Menschen. Sie sind vielmehr, natürlich nicht in jedem realen Einzel-, sondern im Idealfall Akte bewusster und wohlbegründeter menschlicher Beurteilungen, Entscheidungen und praktischer Umsetzungen.

Wer den Menschen mit selektiv suggestiver und hartnäckiger Überredungskunst die Botschaft einzutrichten versucht, Sport und Politik (egal welche!) seien keinesfalls zu trennen, betreibt damit – natürlich nicht von seinen *Absichten* und den dabei eingesetzten *Mitteln*, aber von der *Logik* seines Handelns her – dieselbe irreführende und kulturwidrige Manipulation wie Diktatoren, die Kulturgütern mit Gewalt allgemeinpolitische Dienste aufzwingen.

(20) Da für solche Manipulation in dieser Einführung bereits der polemische Pejorativ „*Kulturbanausentum*" gefallen ist, sei noch einmal Martin Seel zitiert: „Der ‚Ästhet' und der ‚Banause' sind die zwei Idealtypen eines ästhetisch wenig idealen Verhaltens. (...). Ein Ästhet ist der, der in seinem Handeln keine anderen Gründe zulässt als die schließlich ästhetischen (der die anderen Gründe nur duldet als solche, die den ästhetischen Grund, das begnadete Werk, zur Geltung bringen). Ein Banause ist der, der sich alles mögliche gefallen lässt – nur kein ästhetisches Argument. Der Ästhet hat sich den Banausen zum Gegner erkoren. Dem Banausen ist die Gegnerschaft egal." (SEEL 1997, 314–315)

Diese Einführung soll zeigen, wie ein gangbarer Weg über die scheinbar unüberbrückbare Kluft zwischen diesen beiden „Sozialfiguren" hinweg aussehen kann: Der sportbezogenen „Ästhetin" wird zwar die Führerschaft übertragen. Sie aber darf gleichzeitig die auf politische, ökonomische, rechtliche und moralische Ziele gerichteten Anliegen des „Banausen", soweit sie ebenfalls begründet sind, nicht aus den Augen verlieren und vernachlässigen.

---

7 LEMKE-MATWEY, Christine (2023): Was ist Wiesbaden gegen Butscha, Irpin, Mariupol? Anna Netrebko brilliert bei den Maifestspielen in Verdis *Nabucco*. In: DZ vom 11.5.2023

3. Politische Autonomie und Neutralität des Sports[8]

Diskursive Ausgangslage: Die Welt ist voller ungelöster oder nur schwer gewaltfrei zu beherrschender Konflikte und Ungerechtigkeiten. Ein spontaner humaner Impuls sagt, dass man dem, egal, wo man steht und wie direkt man selbst oder das eigene Umfeld davon betroffen ist, nicht ohne moralische Skrupel untätig zusehen kann und ohne für seine Untätigkeit kritisiert zu werden. Dies ist ein begrüßenswerter Antrieb, ein humanitärer und demokratischer Fortschritt gegenüber früheren Zeiten, in denen ein oft zynischer Realismus dazu geraten hat, sich solcher moralisch getriebenen Interventionen von außen in innere Angelegenheiten eines Landes oder gesellschaftlichen Bereiches zu enthalten.

Es ist freilich ein ebenfalls begründetes Gebot vernünftigen Handelns, sich vorab des legitimen Mandats zu einem solchen Interventionismus und der für dessen erfolgreiche Durchführung erforderlichen Mittel und Machtressourcen zu versichern, wenn man absehbare kontraproduktive Effekte oder Nebenwirkungen vermeiden will. Max Weber hat für eine abwägende Balance zwischen *Tun und Unterlassen* (BIRNBACHER 1995) das Begriffspaar der *Gesinnungs-* und *Verantwortungsethik* vorgeschlagen und aus Vernunftgründen davor gewarnt, der Ersteren dabei die Priorität einzuräumen.

Die daraus abzuleitenden Gebote politisch kluger Selbstbeschränkung werden im sportpolitischen Diskurs westlicher Länder immer stärker außerkraftgesetzt. Es hat sich ein Trend Bahn gebrochen, dem Sport eine über die sportpolitische Gewährleistung seiner eigenen Handlungsspielräume hinausreichende allgemeinpolitische Mitverantwortung zuzuschreiben und ihm die Pflicht zu einem außersportlichen Interventionismus aufzuerlegen. Schlagwortartig auf den Punkt gebracht hat diese Haltung die Sportpolitikerin Sylvia Schenk mit ihrem Appell an das IOC, Schluss zu machen mit allgemeinpolitischer Selbstgenügsamkeit.[9]

Die Frage, welche Rückschläge auf die legitimen Eigenansprüche des Sports und auf seine kulturelle Autonomie eine solche Preisgabe der Neutralität in über sein engeres Feld hinausreichenden Konflikten haben könnte, spielt in der öffentlichen Propagierung dieser Haltung keine Rolle. Meist implizit, gelegentlich auch explizit wird sie zu rechtfertigen versucht mit der Unterstellung eines generellen Primats der Allgemeinpolitik, deren unbedingter Geltung sich auch die Sportpolitik ohne Wenn und Aber zu unterwerfen habe.

---

8 Siehe GERHARDT, Volker (2021): Stichwort *Selbstbestimmung/Autonomie.* In: SANDKÜHLER (2021), 2408–2413
9 Siehe SCHENK, Sylvia (2020): Schluss mit der Selbstgenügsamkeit! Thomas Bach sieht das IOC als Gestalter der „Post-Corona-Welt". Doch die Diskussion über die Verantwortung seiner Organisation für Menschenrechte, Athletenbeteiligung und Führungsstandards fehlt weiterhin. In: FAZ vom 14.5.2020

Weiterführende Antwort: Es gibt valide Gründe für Skepsis gegenüber dem Voluntarismus wie auch gegenüber der Kulturindifferenz, die in den genannten Plädoyers für mehr unbedingte *allgemeinpolitische „Haltung"* angelegt sind. Ihnen ist ein Plädoyer für deren gründlichere Konfrontierung und Abgleichung mit den systemischen Bedingungen entgegenzustellen, innerhalb derer auch jedes sportbezogene Handeln steht und die es berücksichtigen muss.

Niklas Luhmann plädiert sowohl für eine *Gleichrangigkeit* wie für eine wechselseitige *Autonomie-Garantie* zwischen den ausdifferenzierten *reinen Sinn-*(er sagt: Sozial-)*Systemen.* Die Sinnsysteme sind heute in ihrer Macht und Geltung nicht generell *hierarchisch* über- bzw. unter-, sondern *horizontal* nebengeordnet. Erst in einer jeweiligen realen Handlungssituation, in der die beteiligten Menschen oder Institutionen sich in *sinngemischten Sozialsystemen* wiederfinden, übernimmt jeweils dieses oder jenes Sinnsystem eine vorübergehende hegemoniale Rolle den anderen gegenüber ein. Dieser permanente situative Wechsel kann als ein Entmachtungsinstrument verstanden und praktisch genutzt werden, als ein Mittel zur gegenseitigen Machtbeschränkung.

Das klingt abwegig? eine weltfremd-utopische Träumerei? *Ja,* denn Sinnsysteme sind abstrakte Erkenntnisinstrumente und keine konkreten politischen Akteure, die durch eigenes Handeln real eingreifen könnten. Aber gleichwohl auch: *Nein.* Denn in dieser Idee steckt die Einsicht, dass jene gegenseitige Autonomie eine prinzipielle *Sperre gegen ein quasi imperialistisches Übergreifen* eines Systems auf andere errichten könnte. Mit diesem *idealtypischen* Konstrukt ist nicht zugleich die *pragmatische* Frage beantwortet, ob und wie die in den „starken" Systemen konzentrierten direkt wirksamen Machtpotentiale und deren politische Agenturen in ihrem machtgestützten, potentiell destruktiven und unzivilisierten Hegemoniestreben eingehegt, gezähmt und gezügelt werden können. Immerhin können die Grenzen, welche die Sinnsysteme voneinander trennen und die deren innere Kommunikation schützen, nicht einfach ignoriert, sondern allenfalls mit Gewalt übermächtigt und aufgehoben werden.

Die folglich gebotene Skepsis jedoch kann nichts ändern daran, dass in dem Grundcharakter der Sinnsysteme die potentielle *Chance* zu einer fortgesetzten Zivilisierung der (Welt-)Gesellschaft angelegt ist, die bei entsprechendem politischem Willen entschlossen ergriffen und genutzt werden kann. Denn alle abstrakten *Sinnsysteme,* die „rein" und „autistisch" auf der Basis und im Kommunikationsrahmen ihrer Leitdifferenz je für sich bestehen und den korrespondierenden Handlungsfeldern Leben einzuhauchen vermögen, können sich mit anderen nur dann in der konkreten Realität von sinngemischten *Sozialsystemen* treffen, austauschen und abstimmen, wenn sie den *Inbegriff gelingender Politik* beherzigen: das Ringen um *Kompromisse,*

225

in denen widerstreitende Interessen nicht unversöhnlich aufeinanderprallen, sondern gegen- und miteinander letztlich einvernehmlich ausgeglichen werden.

Dies bedeutet eine Form der *friedlichen Koexistenz* untereinander, in welcher der gebotene Respekt sowohl vor der gleichrangigen Bedeutung aller Sinn- und Handlungssysteme wie auch vor den humanen Ansprüchen aller darin lebenden und tätigen Menschen wachsen kann und die Chancen auf zivile Umgangsformen zwischen den Menschen, Völkern und Staaten steigen. In dieser Konfiguration schlummert ein Sprengsatz, eine Art Zeitbombe für jede Form von illegitim machtgestützten Übergriffen auf Menschen und Völker ebenso wie auf Kulturgüter und humane Normen. Vor der zumindest Langzeit-Wirkung müsste jede nicht menschen- und völkerrechtlich legitimierte Machtausübung erzittern.

Klar ist aber auch: Die Unterscheidung zwischen Sinnsystem und Sozialsystem hat nicht nur eine *Erkenntnis*-Funktion. Sie hat darüber hinaus eine quasi-*politische* Funktion: Auf der Ebene der Sinnsysteme *herrscht* das Prinzip der Trennung uneingeschränkt, damit sie ihre analytische Aufgabe erfüllen können. Auf der Ebene der Sozialsysteme *gefährdet* dieses Prinzip, wenn es übersteigert oder gar totalisiert wird, den sozialen Zusammenhalt und das friedliche Austragen von Differenzen und Konflikten. Auf der Ebene der Sinnsysteme *befeuert* das Prinzip der Unterscheidung Erkenntnis. Auf der Ebene der Sozialsysteme wirkt es als *Brandbeschleuniger* von Konflikten. Die sorgsame Trennung der beiden Ebenen gehört mithin zu einem verantwortlichen Umgang im wissenschaftlichen wie im politischen Handeln.

Gesellschaftlicher Fortschritt mit einer begründeten Chance zur Nachhaltigkeit besteht auch in der vollen Ausschöpfung der Entwicklungspotentiale, die im Eigensinn der Sinnsysteme angelegt sind. Sie machen den wahren Reichtum von Gesellschaften aus. Aber nur unter der Bedingung, dass sie durch die Grenzziehungen der jeweils anderen Sinnsysteme eingehegt und so an imperialistischen Übergriffen auf andere oder gar an Herrschaftsansprüchen über die Gesamtgesellschaft gehindert werden. Jürgen Habermas hat an dieser Stelle sehr ungenau von „Kolonialisierung der Lebenswelt durch die Systeme" gesprochen.

Es gibt keine begründete Hoffnung darauf, dass sich diese optimistische Perspektive *von allein* durchsetzen könnte. So, wie realgesellschaftlich *nicht Systeme* eine imperialistische Herrschaft über andere errichten, sondern unzivilisierte *Mächte* und deren *Agenten*; und so, wie es nicht nur andere Systeme sind, die zum Opfer solcher Übergriffe werden, sondern wehrlose *Menschen* und die von ihnen geschätzten und zu bewahrenden materiellen und immateriellen *Kulturgüter* – so kann man auch nicht auf irgendeine Art von historischem Automatismus oder gar „Gesetz" rechnen, die dem, was menschheitsgeschichtlich „richtig" ist, unabweisbar zum Durchbruch verhelfen. Solche zivilisatorische Leistungen werden sich allenfalls durch *das Wirken von Menschen und der von ihnen geschaffenen Institutionen* durchsetzen. Sich auf die Gewissheit stützen zu können, dass es nicht objektiv unmöglich, also von vornherein aussichtslos ist, bietet eine ermutigende Perspektive, deren Wirkungskraft nicht zu unterschätzen ist. Es begründet eine Art von Pflicht zum Optimismus.

4. Das Problem missbräuchlicher Instrumentalisierung des Sports[10]

Diskursive Ausgangslage: „Instrumentalisierung des Sports" ist ein Topos, der zum Standardrepertoire des politischen Diskurses über nicht nur, aber besonders diesen Kulturbereich gehört. Dabei ist dieser Topos stets *negativ* konnotiert. Er wird zu Recht assoziiert mit *Missbrauch*. Das Kritikmuster wird jedoch in seiner Aussagekraft für eine begründete Urteilsbildung dadurch entwertet, dass es von buchstäblich allen politischen Lagern als rhetorische Waffe gegen die jeweilige Gegenseite eingesetzt wird, ohne dass die Voraussetzungen für seine vermeintlich eindeutige Verwerflichkeit jeweils genauer benannt würden.

Generell gilt die Einschätzung: „Politische Instrumentalisierungen sind in der Erinnerungskultur von Turnen und Sport nichts Neues." (KRÜGER 2019, 13) Entsprechendes Gewicht kommt mithin Krügers Anschlussfrage zu, was seitens der Sportwissenschaft getan werden könne, um „nicht gewollten politischen Instrumentalisierungen entgegen zu treten" (ebd., 14). Ihre wichtigste Aufgabe neben und im Zusammenspiel mit Einzelfall-Recherchen liegt auf der philosophischen Ebene der genaueren begrifflichen Fassung und Deutung, womit wir es im Fall von missbräuchlicher Instrumentalisierung überhaupt zu tun haben.

Weiterführende Antwort: Die Geschichte des Sports ist auch eine Geschichte seines versuchten politischen Missbrauchs und zahlreicher verwandter Arten des sinnwidrigen Umgangs mit der Idee des Sports. Insbesondere in der Hochzeit des Kalten Krieges war der gegenseitige Vorwurf zwischen Ost und West en vogue, die Staaten missbrauchten den Sport propagandistisch für ihre jeweils als verwerflich perzipierten politischen Ziele im Systemwettbewerb. Dieser Missbrauch trat in den verschiedensten Verkleidungen auf. So hat Peter Kühnst in den frühen 1980er Jahren die Sportpolitik der DDR mit der Formel vom missbrauchten Sport gegeißelt. (Siehe KÜHNST 1982; FRIEDRICH 2010) Bei solchen Ansätzen waren stets der Vergleich zur Rolle des Sports in der ersten deutschen Diktatur und damit der Bezug zu den Spielen von Berlin 1936 schnell zur Hand.

---

10 Siehe TETENS, Holm (2021): Stichwort *Instrumentalismus*. In: SANDKÜHLER (2021), 1113–1115

So konnte das Bild entstehen, instrumentalisierender Missbrauch des Sports sei allein ein Problem *diktatorisch* regierter Staaten. Es sei zudem allein ein Problem der verwerflichen politischen *Ziele und Mittel*, in deren Dienst der Sport durch solche Staaten gestellt werde. Eine solche Sicht jedoch ist irreführend. Denn der damalige Diskurs hat das Problem eingeengt auf die Instrumentalisierung des Sports im zwischenstaatlichen Wettbewerb um die Hegemonie in der Weltpolitik. Das Problem wird durch diese damalige Sicht in seiner Reichweite unterschätzt. Das ist allein schon an der Tatsache ablesbar, dass es sich mit der Modifizierung der Ost-West-Konfrontation auch im 21. Jahrhundert keineswegs erledigt hat. Es ist weiterhin virulent. Allein schon im *politischen* Raum – und es gibt weitere Räume möglichen missbräuchlichen Umgangs mit dem Sport – geht es keineswegs nur darum, dass der Sport von nicht hinreichend demokratisch legitimierten Regierungen im Interesse von deren behaupteter Staatsräson indienstgenommen wird – im Fall der DDR sogar vorübergehend erfolgreich bei deren Ringen um internationale diplomatische Anerkennung.

Es geht noch grundsätzlicher darum, dass er, von wem und mit welcher behaupteten oder eingebildeten Legitimation auch immer, *überhaupt* für politische Interessen zu instrumentalisieren versucht wird ohne Rücksicht auf seinen Anspruch auf kulturelle Autonomie. Auch die Spiele von München 1972 standen im Dienst, in diesem Fall einer politisch positiv zu würdigenden, aber eben doch einer politischen Botschaft: dass die damalige Bundesrepublik die negativen Seiten des „alten Deutschland" auf immer hinter sich gelassen habe.

Dass auch demokratisch regierte Staaten sich für solche Übergriffe nicht zu schade sind, wenn sie es für opportun halten, hat exemplarisch der Olympiaboykott zahlreicher westlicher Staaten gegen die Spiele von Moskau 1980 gezeigt, der sich auf keinerlei Legitimation aus der Charta des IOC berufen konnte. Der Einstieg in den Missbrauch beginnt weit früher, als gemeinhin angenommen. Nämlich bereits in der Verweigerung des Respekts davor, dass die ja „nur" kulturelle und spielerische, also unernste Sportidee in bestimmten Konfliktsituationen überhaupt Vorrang beanspruche vor ernsteren Sinnrichtungen und deren gesellschaftlicher Bedeutung, seien es politische, politisch-moralische, pädagogische, religiöse oder ökonomische. Mit einem solchen Spielzeug könne man – so das Denken – beliebig spielen. Zum Missbrauch des Sports werden solche Interventionen mithin keineswegs erst dadurch, dass sie von *politisch illegitimen Mächten* ausgehen, sondern schon dadurch, dass sie den *Eigensinn des Sports* und die auf ihn gegründete Geltung sportspezifischer Normen, Imperative, Tabus und Agenden ignorieren, beschädigen oder gänzlich zerstören.

Zum Missbrauch können somit alle Interventionen in den Sport werden, die ihn in seiner Zugehörigkeit zur Sphäre der Kultur, näherhin der Kunst sowie in den auf diese Zugehörigkeit gegründeten Normen, Imperativen und Tabus beeinträchtigen, beschädigen oder gänzlich eliminieren. Missbräuchliche Instrumentalisierung also tritt in den verschiedensten Verkleidungen auf. Selbst dort, wo die Motive für entsprechende Interventionen in den Sport für sich genommen, also *aus universaler Sicht auf die Gesamtgesellschaft*, alles andere als anstößig, sondern unbestreitbar wünschenswert sein mögen, vermag das nichts daran zu ändern, dass sie *aus der partikularen Sicht des Sports* einen Missbrauch bedeuten können, mit dem die freie Entfaltung der in seiner Idee angelegten kulturellen und damit humanen Potentiale beeinträchtigt und behindert, im Extremfall sogar vollständig zerstört werden kann. Ebendiese Verwechslung der Referenzebenen – partikularer Sportsinn versus universaler Gesellschaftssinn – führt zu einer Vielzahl von *„gutgemeinten Missbräuchen"*, deren Protagonisten ihre Position mit dem reinsten Gewissen vertreten und überhaupt nicht begreifen können, „what the hell!" man mit seiner Kritik von ihnen will.

Um das Delikt des Missbrauchs dingfest machen zu können, benötigt man eine *Referenzgröße*, an der dieses Delikt begangen wird und gemessen an der es überhaupt erst als Missbrauch qualifiziert werden kann. Als dieser Bezugsrahmen wird in der vorliegenden Einführung *der kulturelle Sinn des Sports* angenommen. Gemeint ist damit nicht etwa eine uferlos *allgemeine* Frage nach dem (Lebens-)Sinn, der den modernen Menschen, vielleicht sogar den Menschen überhaupt als ein sinn-*suchendes* oder eher noch als sinn-*stiftendes* Wesen umtreibt. (Siehe FRANKL 2007) Gemeint ist die *spezifische* Frage danach, was dem Handeln in diesem Teilbereich der Kultur die unverwechselbare und unaustauschbare Orientierung verleiht. Das, was dieses Handeln einem sinn-*widrigen*, mit seinem kulturellen Eigensinn nicht vereinbaren Oktroy zu unterwerfen versucht, wird hier als Missbrauch bezeichnet.

Soll Missbrauch des Sports dingfest gemacht werden, wird als philosophischer Hintergrund für diese Referenzgröße der Rückbezug auf *Kants Kategorischen Imperativ* unabdingbar: So wie das Individuum, sind auch Kulturgüter immer zugleich als Ziel und niemals *nur* als Mittel zu verstehen und zu behandeln. Und „nur" heißt hier: Es darf zwar *auch*, aber nur *als Kollateralnutzen* zum Mittel werden, wenn also dadurch sein Eigensinn nicht beschädigt wird.

Die *Akteure* missbräuchlicher Instrumentalisierungsversuche sind überraschenderweise *zunächst* Protagonisten und *Verantwortungsträger* der Sportidee, indem sie selbst das ihnen treuhänderisch anvertraute Kulturgut zu entsprechenden, vermeintlich selbstverständlichen außersportlichen Nutzungsmöglichkeiten empfehlen, ja anbieten. Es sind *ferner* außersportliche *gesellschaftliche Mächte*, die den Einsatz des Sports für ihre mehr oder weniger legitimen politischen Ziele reklamieren, einfordern und bisweilen mit Gewalt zu erzwingen versuchen. Es sind *schließlich* professionelle mediale oder wissenschaftliche *Beobachter* des Sports, die ihn kritisieren, wenn er seine sinneigenen Imperative und nicht primär außersportliche Normen zur maßgeblichen Leitschnur seines Handelns macht und dabei eben vermeintlich wichtigere, weil unabdingbar übergeordnete gesellschaftspolitische Ziele verantwortungslos vernachlässige.

Es gibt *ein fundamentales Verbindendes* zwischen verwerflichen und erstrebenswerten allgemeinpolitischen Interventionen in den Sport. *Dieses Verbindende besteht darin, dass sie der Sportidee ein strikt zu respektierendes auf ihren kulturellen Eigenwert gegründetes Eigenrecht absprechen.* Sie *unterscheiden sich* zwar in der politisch-moralischen Legitimität ihrer Intentionen. Aber sie *gleichen sich* in der politisch-moralischen Fragwürdigkeit der Hintanstellung von kulturpolitischen Ansprüchen. Der Fehlsicht auf diesen fundamentalen Sachverhalt, aus der sich auch die kurzschlüssigen Begründungen für die Missbrauchsversuche des Sports ergeben, ist als Maxime entgegenzuhalten: *Die Würde auch des Sports ist unantastbar.*

Das, was hier unter dem Verdikt Missbrauch diskutiert wird, gilt ausschließlich für den Sport im engen Sinne in seiner Zugehörigkeit zur *selbstzweckhaften* Sinnsphäre der Kunst. So wie Wolfgang Kayser einst unter einem treffenden Titel *Das sprachliche Kunstwerk* beschrieb (KAYSER 1948), so kann mit gleichem Recht auch vom *sportlichen Kunstwerk* gesprochen werden. Für die Betätigungen im Feld von Sport im weiten Sinne macht hingegen der Vorwurf eines Missbrauchs wenig Sinn. Denn diese Betätigungen sind gerade dadurch vom Sport im engen Sinne unterschieden, dass sie mit Absicht, Vorsatz, ja geradezu lustvoll und völlig legitim unter *außersportlichen Zwecken* und Zielsetzungen betrieben werden.

Das deutsche Grundgesetz hat die hier angedeuteten Überlegungen in Art. 5 GG kodifiziert in Gestalt einer Verfassungsgarantie für die *Freiheit der Kunst*. Sie bildet folglich den auch verfassungsrechtlichen Rahmen für entsprechende Freiheitansprüche, auf die sich so wie die anderen Künste auch der Sport im engen Sinne berufen kann. Und auf die sich alle Träger des Sports sogar berufen *müssen*, wenn sie ihrer Mitverantwortung für die Zukunftsfähigkeit dieses Kulturgutes gerecht werden wollen. Die Konstituierung einer solchen Verfassungsgarantie hat auch die liberale Grundhaltung einer Gesellschaft zur Voraussetzung. Primär jedoch ist sie nicht eine Frage von Liberalität und Großmütigkeit, und schon gar nicht von Blauäugigkeit und Weltfremdheit. Die Existenz und vor allem die verlässlich praktische Wirksamkeit dieser Verfassungsgarantie hängt ausschlaggebend ab von dem *Selbstbild einer Gesellschaft*: davon, ob sie sich selbst als eine *Kulturgesellschaft* versteht, die unter der *Hegemonie der Selbstachtung* leben will. Wenn dies der Fall ist, *können* eine Gesellschaft und der Staat, in dem sie verfasst ist, überhaupt nicht anders als diese *Autonomie* einzuräumen und zu gewährleisten. Denn nur in deren Schutzraum können die Künste zu gehaltvollen autotelischen Schöpfungen gelangen und damit ihrer gesellschaftlichen Mission Genüge tun.

Diesem Autonomieanspruch liegt *das Gegenteil von Anmaßung, Gesellschaftsvergessenheit und Verantwortungsverweigerung* zugrunde. Die wohlbegründete Basis für diesen Anspruch liegt in der *bescheidenen, ja demütigen Anerkennung* der Tatsache, dass die Künste *nichts können außer Kunst*. Sie sprechen und verstehen nicht die Sprachen außerästhetischer Sinn-, Kommunikations- und Handlungsfelder, so wie diese nicht die Sprache der Ästhetik sprechen. Das gilt, obwohl es immer wieder Versuche zum Ausbruch aus diesen Grenzen vor allem im Verlauf der Kunstgeschichte des 20. Jahrhunderts gegeben hat.

Der Grund dafür ist, wenn man den systemtheoretischen Grundannahmen eines Niklas Luhmann im Prinzip zu folgen bereit ist (siehe LUHMANN 2002), einfach einzusehen: Die *Künste kommunizieren in nur je ihnen eigenen Medien*: die Malerei im Medium erfundener und geformter Farben, die Musik im Medium erfundener und geformter Klänge, die Literatur im Medium von erfundenen *Bauformen des Erzählens* (LÄMMERT 1955), und so auch der Sport im Medium erfundener, künstlich gestifteter Kampfkonstellationen. Und sie alle *folgen eigenen, selbstgesetzten Regeln*, die für sie *unbedingt*, aber auch *nur* für sie gelten. Ihnen die Freiheit zu dieser autotelischen ästhetischen Formensuche zu verweigern, aber außerästhetische Pflichten aufzuerlegen, bedeutet die *Quadratur des Kreises*. Man kann es versuchen, aber man wird voraussehbar daran scheitern wie die alchimistischen Versuche zur Synthetisierung von Gold. Und solche Versuche sind nicht nur sinnlos und alles andere als harmlos. Sie entziehen den Künsten die Luft zum Atmen, also ihre Lebensgrundlage.

So kann sich die scheinbar paradoxe Situation ergeben, dass wohlbegründete und gesellschaftlich *wünschenswerte* Anliegen im Feld des Sports gesellschaftlich *schädliche* Wirkungen freisetzen. Der Sport – und zwar sowohl seine politischen Institutionen wie das praktische Handeln auf dem Platz – gerät dadurch in eine unfruchtbare Spannung hinein zwischen *Überforderung* dort, wo er seine machtförmigen Schwächen und Insuffizienzen hat, und *Unterforderung* dort, wo er seine kulturpolitisch machtvollen Stärken hat.

5. Parteilichkeit als gefeierter und ungesühnter Verrat an der Sportidee[11]

Diskursive Ausgangslage: Einer der verlässlich im Sportdiskurs auftauchenden Topoi ist die Unterstellung, Sportpublika nähmen nicht nur *faktisch* stets Partei für jeweils eine der am Wettbewerb beteiligten Seiten. Sie entsprächen damit auch in *legitimer* und *sinngerechter* Weise dem, was durch die Parteibildung als Ausgangsbedingung des Wettkampfs schon in der Idee und in der Handlungsstruktur des sportlichen Wettbewerbs selbst angelegt ist.

Mediale Sportberichterstattung und auch die wissenschaftliche Beobachtung unterliegen damit der suggestiven Macht, die von den sich leidenschaftlich für „ihre" Teams auf dem Platz ins Zeug legenden Rängen neben dem Platz ausgeht. Ja, beide registrieren dies nicht nur neutral als empirische Tatsache, sondern verstärken diese Tendenz noch, indem sie sie als sporttypische „Stimmung" und „Atmosphäre" im Stadion begrüßen, feiern und insofern legitimieren – mit Ausnahme lediglich von Grenzüberschreitungen durch Gewaltakte einer radikalen Minderheit, die im üblichen Sprachgebrauch als „Idioten" firmieren.

Die skeptische Frage, inwieweit diese „selbstverständliche" Parteinahme für je eine der am Wettbewerb beteiligten Seiten mit dem Eigensinn der Sportidee vereinbar ist, wird im Rahmen dieses Kommentarstils nicht einmal aufgeworfen.

Weiterführende Antwort: Diskussionsstoff bietet dieses Thema nach herrschender Lesart erst im Fall von grassierender *Fan-Gewalt,* vor allem im Kontext des Fußballs. Funktionäre auf Vereins- und Verbandsebene verteidigen ihr Verantwortungsfeld gern mit dem Hinweis, diese Gewalt komme nicht aus dem Fußball selbst. Das ist zwar nicht falsch, aber in entscheidender Weise ungenau.

Tatsächlich stammt sie *nicht aus der kulturellen Idee* des Fußballs. Aber sie wird genährt *aus dem praktischen Umgang der verantwortlichen Institutionen* des Fußballs sowie des Durchlauferhitzers Medien mit diesem Kulturgut. Die Fan-Gewalt kommt aus mehreren irrigen Annahmen: (1) Totale Identifikation mit der „eigenen" Mannschaft sei „typisch für Sport". (2) Dieses Identifikationsbedürfnissei unbedingt wünschenswert, denn der Sport lebe davon. (3) Damit sei alles zulässig, was der „eigenen" Mannschaft helfe. Also z.B. die aggressive Einflussnahme entweder auf das Spielgeschehen durch verbale und gestische Einschüchterung, ja Kriegserklärung gegenüber der konkurrie-

---

11 Siehe Schürmann, Volker (2021): Stichwort *Parteilichkeit.* In: Sandkühler (2021), 1913–1916

renden Mannschaft[12], oder auf das Handeln der eigenen Mannschaft und deren Vereinsführung, wenn sie nicht die vom Publikum erwartete Performance „liefern".

Hinter diesen Fehlannahmen steht eine logisch keineswegs zwingende Übertragung von Vorstellungen sozialer, kommunaler oder nationaler Gemeinschaftsbildung aus soziopolitischen Kontexten in den sportpolitischen Kontext. Es ist eine freilich für so selbstverständlich gehaltene Übertragung, dass man nicht bemerkt, wie sehr der Sport sich damit aus dem Familienkreis seiner direktesten Verwandten in den anderen Künsten entfernt. Für sie spielt ja in der Tat eine solche Fixierung auf lokale, regionale oder nationale Identität kaum eine Rolle. Die Frage etwa, was eine „deutsche Kunst" ausmache, ist insbesondere nach den Erfahrungen mit den gewalttätigen Irrwegen des Nationalsozialismus allenfalls eine Außenseiter-Frage, für die sich noch dazu kaum klare Identifikationsmerkmale ausfindig machen lassen. (Siehe HOFMAN 1999; GEBHARDT 2004) Nationale Größen der Weltkunst erringen ihren weltweiten Ruf primär als Repräsentant*innen ihrer *Kunst*, nicht jedoch als Repräsentant*innen ihrer *Nation*. Es gibt keinen plausiblen logischen Grund dafür, dass dies beim Sport anders sein muss.

Jene falsche Analyse im Hinblick auf die Quellen der Fan-Gewalt nun veranlasst staatliche und verbandliche Sportpolitik, in ihren Präventionsmaßnahmen erst jeweils an der Schwelle zur manifesten körperlichen Gewalt einzusetzen, statt an der Wurzel. Sie liegt in jenem nicht bestrittenen bedingungslosen Identifikationsstreben. Die einzig durchgreifende Maßnahme bestünde mithin in der *Zurücknahme der Lizenz zur Totalidentifikation*, also in der Zurücknahme der Duldung, ja der Aufforderung, sich als Fan „mit Haut und Haaren", buchstäblich mit allen Mitteln für „seine" Seite im Wettbewerb einsetzen zu dürfen und diesem Engagement Vorrang vor allen anderen Referenzen einzuräumen.

Ein derart radikaler, ja „revolutionärer" Eingriff jedoch würde die ökonomischen und sportlichen Erfolgsaussichten der Klubs schmälern. Folglich scheut man vor dieser Konsequenz zurück, erklärt das Gewaltproblem unzutreffend zu einer von der übrigen Fanwelt isolierbaren, anonym aus den unergründbaren Untiefen „der Gesellschaft" aufsteigenden Sonderentwicklung. Durch diese Präferenz für nation-, kommunal- und klubegoistische Interessen versäumt eine solche Sportpolitik ihre Kernaufgabe: das Werben in der Sportanhängerschaft für die *Präferenz des kulturellen Eigensinns der*

---

12 Strukturell – natürlich nicht von der realen Bedeutung her – ähnelt die in befremdlicher Einmütigkeit erteilte Lizenz zu solcher Einschüchterung militärischen Strategien einer „Kriegführung mit Hilfe der Akustik"; siehe LANGENAU, Lars (2023): Bummmmm! Von Trompeten und Dudelsäcken bis zu ‚Shock and Awe': Seit der Antike setzen Armeen auf Lärm, um Feinde zu täuschen und zu verängstigen. Über Kriegführung mit Hilfe der Akustik. In: SZ vom 24.4.2023

Sportidee und ihrer Faszinationskraft *vor* der Identifikation mit der je „eigenen" Mannschaft als Repräsentant einer Sozialgemeinschaft.

Die Fangewalt also komme nicht aus dem *Sport*, sondern aus der *Gesellschaft*? *Jein*. Sie kommt in der Tat nicht aus der Sport-*Idee*. Das ist schon daraus ablesbar, dass eine große Zahl von Sportarten mit diesem Problem so gut wie nichts zu tun hat. Profi-Golf- und Billardsport könnten hier als Beispiele angeführt werden, in denen eine tatsächlich *sport*-typische Publikumskultur vorherrschend ist. Sie kommt vielmehr aus der *Interpretation* der Sportidee durch *Institutionen* wie Klubs, Verbände, Medien und keineswegs zuletzt Staaten, die als Relaisstationen oder gar Verstärker von Stimmungen in der Gesellschaft in den Sport hinein wirken und dort mit dem Sportsinn unverträgliche Entwicklungen auslösen. Dass es nach dem Gewinn des italienischen Fußballtitels 2023 durch den SSC Napoli zu „Exzessen bei Meisterfeier" kommen konnte, war nur möglich durch solche Überdetermination eines sportlichen Erfolgs durch seine vermeintlich überirdische Bedeutung in der Nachfolge der mythischen Heldengestalt eines Diego Maradona, unter dessen Führerschaft vor 33 Jahren der letzte Titel der *Squadra Napolitana* errungen worden war. Der Bürgermeister der Stadt hingegen verlieh dem mit der Sportidee unvereinbaren Ausnahmezustand seinen Segen und rühmte die „außergewöhnliche Feier – nicht nur für Neapel, sondern für alle, die an den Fußball glauben. Neapel hat dieses Glück ganz Italien geschenkt, ich bin stolz auf meine Mitbürger."[13] Der Bürgermeister, stellvertretend für viele, fabulierte hier nicht von einer Realität, sondern eine Phantasiegeschichte: Der Stolz auf seine Mitbürger nämlich galt gar nicht der kleinen Minderheit derer, „die an den Fußball glauben", sondern der übergroßen Mehrheit derer, die nur dann an einen „Fußballgott" glauben, wenn er „uns" einen Sieg durch „Unsere" einbringt. Und ein Pro- und Contra-Disput in der *Süddeutschen* kreiste um die Frage, ob der deutsche Branchenführer über „treue" oder lediglich „Erfolgs-Fans" verfüge.[14] Dass man als Fußballfans ausschließlich Anhänger „seines" Klubs, nicht aber der Sportidee sein müsse, gilt demnach als selbstverständliche, nicht diskussionsbedürftige Prämisse.

Über diese Spezialfrage der Fangewalt hinaus sind hier zwei Grundsatzfragen berührt. (1) Die *kulturtheoretische* Frage: Inwieweit ist die soziale Referenz von Identifikations-Bedürfnissen im Sport mit dessen *kulturellem Eigensinn* verträglich? (2) Die *politiktheoretische* Frage: Ist nicht jedes bedingungslose und durch keine Vorbehalte begrenzte Identifikationsstreben mit der eigenen Gemeinschaft als eine Form von *Tribalismus*, wie der US-

---

13 Zitiert bei N.N. (2023): Gewaltexzesse bei Meisterfeier. Ein Toter und viele Verletzte bei Neapel-Sieg. Die Randale beschmutzte die Napoli-Titelparty. In: tz München vom 6.5.2023
14 STADLER, Rainer/HASELSTEINER, Felix (2023): Hat der FC Bayern die Fans, die er verdient? In: SZ vom 27.5.2023

amerikanische Politikwissenschaftler Joseph S. Nye das nennt[15], nach den Erfahrungen des 19. bis 21. Jahrhunderts sowie in einer heute globalisierten und unter dem Regulativ von allgemeinen Menschenrechten stehenden Welt nicht völlig aus der Zeit gefallen?

Zur Frage (1): Das im Sport noch immer ungemein verbreitete und weiter zunehmende identifikatorische Bedürfnis nach dem Aufgehen in der anonymen *Masse* eines Kampf-Kollektivs „für die eigene Sache" auf der *Zuschauer*-Seite steht in einem paradoxen Kontrast zu dem von der Sportidee vorgegebenen Streben nach *individueller* Höchstleistung in Einzel- wie in Mannschaftssportarten auf der *Athleten*-Seite. Ein Spannungsverhältnis, das oft, zumindest bei den Nachdenklicheren und ihres Tuns Bewussteren unter den Athlet*innen, erkennbar mitten durch ihr eigenes Empfinden und Handeln hindurchschneidet und in ihren öffentlichen Verlautbarungen nur mühsam durch nichtssagende Allerwelts-Statements überbrückt oder durch opportunistischen Kotau vor der das Spiel beeinflussenden Macht der Fans aufgehoben wird. Es erscheint nicht abwegig, dieses Syndrom als „Fan-Doping" neben Pharma-, Techno- und künftig Gen-Doping zu stellen. Denn es ist wie sie sportsinn-widrig, weil die *exklusive Eigenleistung* des den Sport betreibenden Individuums oder Kollektivs eines der konstitutiven Kriterien des Sports als Kulturgut ist.

Wenn hingegen *Spieler*innen* im Spiel mit vollem Recht einseitig parteinehmen für ihr Team, so erfüllen sie gleichzeitig eine Doppelaufgabe: Indem sie sich starkmachen für ihr Team unter Aufbietung aller Kräfte im Rahmen des Regelwerks, machen sie zugleich die Sportidee *stark*. Denn genau diese einseitige Parteinahme ohne Wenn und Aber macht die Kernaufgabe aller direkt Beteiligten für ein Gelingen des Spiels aus. Indem aber *Fans* scheinbar dasselbe tun, nämlich sich für „ihr" Team und *nur* für ihr Team, nicht jedoch für ein im Sportsinne gelingendes Spiel lautstark einsetzen und dabei sogar solche Mittel gegen die andere Partei einsetzen, die den Sportlern selbst aus guten, in einem gewalteinhegenden Regelwerk kodifizierten Gründen verwehrt sind, *schwächen* sie dadurch die Sportidee.

Zwar sozialpsychologisch verständlich – und in den Erscheinungsbildern die Tribünen zum Beben bringender, für „ihre" Teams brennender Massen von Fans oder ihrer auf den Straßen inszenierten Feier- respektive Trauerritualen von fast unwiderstehlich faszinierender Macht –, ist diese Identifikations-Haltung ohne Wenn und Aber Ausdruck einer befremdlichen Respektlosigkeit nicht nur gegenüber der sportlichen Gegenseite[16], sondern auch

---

15 Siehe NYE, Joseph (2017): Gute Absichten reichen nicht. Was zeichnet überragende Führungsfiguren aus? Interview. In: DZ vom 2.3.2017
16 Als Beleg nur ein einziges Beispiel: die zur Standardfloskel der Gegner-Beschimpfung gewordenen „Hurensöhne": „Es gehört zum guten schlechten Ton der Fankurve. An fast jedem Wochenende singen es Fans in den großen Stadien, um ihre Gegner zu verun-

gegenüber dem kulturellen Anspruch und strukturellen Kern der Sportidee, nach der *alle* Akteure auf dem Platz unter Einsatz ihres ganzen Könnens in ihrem gemeinsamen Gegeneinander an der Schaffung und Aufführung des Sportwerkes arbeiten. Diesen Zusammenhang weder zu kennen noch anzuerkennen – und dies in einer weltweiten Einmütigkeit zwischen sportlicher, medialer und politischer Öffentlichkeit, welche die Befremdlichkeit des Befundes noch weiter steigert –, zeugt von einer innerhalb einer Kulturgesellschaft erstaunlichen *Kulturferne*, ja von einer *Infantilität* und Unreife im Feld vieler, freilich keineswegs aller Sportarten.

Oder sollte man eine solche vorgeblich sporttypische Haltung ernstnehmen als das, was sie in Wirklichkeit ist? Nämlich eine *missbräuchliche Aneignung* der universalen Botschaft eines der Weltgemeinschaft gehörenden Kulturgutes durch das narzisstische Selbstbestätigungs- und Unterhaltungsinteresse partikularer Sozialgemeinschaften, die gerade dadurch, dass sie ihre durch die Hoffnung auf den Erfolg der „Eigenen" gespeiste Inszenierung von „Stimmung" die „Seele des Sports" zum Leben zu erwecken meinen, in Wirklichkeit ebendieser Seele den Garaus machen. Es bedeutet die Verstümmelung des *Gesamtwerks Spiel* durch seine Reduzierung auf den Erfolg der je „eigenen" Seite als einen nur *sekundären Teil des Spiels*.

Viele Menschen haben sich ausgerechnet dieses Feld ausgesucht, um auf ihm die ohnehin schon künstlich gezogenen Grenzgräben der Wir-Gemeinschaften noch weiter zu vertiefen, indem sie in das sportliche Parteienspiel soziale Parteibildung hineindeuten. Die Einbeziehung der Sportbegeisterung in diese abgrenzungsverstärkende Form der ethnologischen Gemeinschaftsbildung ist nicht nur deshalb problematisch, weil sie ein *soziopolitisches Verfeindungs-Potential* in sich birgt, sondern besonders auch deshalb, weil es ein *kulturpolitisches Entfremdungs-Potential* verstärkt. Solange solche ethnozentrischen Attitüden folkloristisch-karnevalesken Charakter wahren wie im Fall der rheinischen „Feindschaften" Köln – Düsseldorf oder Mainz – Wiesbaden, mag das für sich genommen hingehen. Aber bekanntlich belassen es viele Fan-Gruppen nicht dabei, sondern „kultivieren", mobilisieren und dramatisieren bewusst solches Verfeindungspotential bis hin zur Überschreitung der Gewaltgrenze.

Tribalismus? Sicher. Gleichwohl spricht manches dafür, dass wir hier eine Ausgeburt weniger des *Nationalismus* vor uns haben. Das im Nationalismus gebundene und leicht zu entfesselnde destruktive Potential ist zwar seit dem 19. Jahrhundert bis in die Gegenwart offenkundig geworden. Gleichwohl darf dabei mit dem Kulturhistoriker Jost Hermand das „Janushafte" dieser

---

glimpfen – nicht nur in Deutschland, sondern überall in Europa", so Lɪʟʟ, Felix (2023): Der gute schlechte Ton der Fankurve. Seit Jahren bemüht sich der Fußball um einen Imagewandel: Rassismus und Sexismus sollen in Stadien keinen Platz mehr haben. In: Ostsee-Zeitung Rostock vom 29.4.2023

Ideologie nicht übersehen werden: zum einen ihr Changieren zwischen einer imperialistisch nach außen gerichteten Überheblichkeit und einem nach innen gerichteten Streben nach einer verantwortungsbewussten Form des staatlichen Zusammenlebens; zum anderen die ihr immanente historische Vielfalt in Gestalt von antifranzösischem Nationalismus der Befreiungskriege gegen Napoleon, von liberalem Einigungs-, Kultur- und Wirtschaftsnationalismus bis hin zu den völkisch-nationalistischen Exzessen des Faschismus. (Siehe HERMAND 2012)

Insofern haben wir es bei dem „sporttypischen" Tribalismus eher mit einer kulturbanausischen Form des *Narzissmus* zu tun. Das wäre zwar politisch weniger brisant. Für die Dignität der Sportidee würde es die Lage kaum bessermachen. Denn in seiner Extremform tritt dieser Narzissmus auf als eine krude Mischung aus Stolz auf die eigene Ignoranz gegenüber einem Kulturgut und Arroganz aus eingebildeter Macht. Das aber ist eine Haltung, die dann doch breite Berührungsflächen mit dem politischen Rechtsradikalismus aufweist.

Wie auch immer: Kaum jemand scheint jedenfalls die *Kluft* innerhalb des Gesamtgeschehens zu erkennen, die sich auftut zwischen (1) dem *Verhalten der gegnerischen Athlet*innen*, die sich nach dem Schlusspfiff umarmen und damit ihre gegenseitige Anerkennung des Gegners als Partner der gemeinsamen Anstrengung demonstrieren, ja nicht selten regelrecht zelebrieren, und (2) *Beobachtern des Spiels*, die das Team der Gegenseite nur als Gefährder des Erfolgs der „eigenen" Seite wahrnehmen und allein schon deshalb im schlechtesten Fall schmähen oder bestenfalls ignorieren. Dokumentiert und verstärkt wird diese sportsinn-widrige bedingungslose Parteilichkeit durch Reaktionen der Ränge auf das Geschehen auf dem Platz: Sie lassen analog zu dem politischen Schlachtruf „right or wrong – my country" jedes Foul der „eigenen" Seite unkommentiert durchgehen, während entsprechende Aktionen der gegnerischen Seite in aufgebrachten Proteststürmen befehdet werden. Harmloses Geplänkel nach dem Motto „So ist nun mal der Sport", und „es ist ja nur Sport"? Eher nicht. Denn mit dieser Haltung wird nicht nur „lustvoll" das vorpolitische Rechtsbewusstsein außerkraftgesetzt, sondern gleichermaßen der kulturelle Sinn des Sports ad absurdum geführt. Und beides wird gemeinhin als so „normal" angesehen, dass es in aller Regel auch durch den das Spiel begleitenden Kommentar der sonst so auf ihre kritische Distanz bedachten und unter dem Dach eines öffentlichen Bildungsauftrages arbeitenden Medien keine Korrektur erfährt.

Einen vergleichbar banausischen Umgang mit einem Kulturgut wird man schwerlich in Feldern der anderen Künste finden. Wie stets in kulturellen respektive sozialmoralischen Fragen, gewinnt eine solche Haltung keineswegs allein dadurch Legitimität, dass sie weltweit verbreitet ist und nach dem Motto „così fan tutte" in der öffentlichen Meinung nicht als anstößig gilt, sondern weithin sogar gutgeheißen und gefeiert wird. So viele Menschen können sich nicht irren? Doch, das können sie. Denn die Politik- wie die Kulturgeschichte sind bekanntlich voller Beispiele für spektakuläre Irrwege von situativen Mehrheits- und Massen-„Meinungen", genauer gesagt: Massenstimmungen.

Zur Frage (2): Jene Diskussion um Identifikation mit Sportteams als vermeintlichen Repräsentanten der eigenen sozialen Gruppe gehört in den allgemeinen Kontext der Auseinandersetzung um das in der menschlichen Welt unaufhebbare Spannungsverhältnis zwischen dem, was Nye als *„Tribalismus"* bezeichnet, und Prinzipien eines *Universalismus* bzw. *Kosmopolitismus*. Es ist ein Spannungsverhältnis, das z.b. auf der großen Bühne der Flüchtlingspolitik seit dem „Wir schaffen das" der deutschen Bundeskanzlerin 2015 virulent ist: „Viele Politiker verfolgen, im Gegensatz zu Merkel, eine Politik, die ich *tribal* nenne, die also lediglich auf ihre unmittelbare Gruppe bezogen ist: Wer nicht zu meinem Stamm gehört, dem helfe ich auch nicht. (...) Menschen sind paradoxerweise oft sowohl für Samaritertum empfänglich als auch für Tribalismus."[17]

Der potentiell destruktive Sprengsatz, der in der Verabsolutierung des *„großen Wir"* liegen kann, wenn sie von illegitimen politischen Mächten okkupiert, manipuliert, gegen unliebsame Sozialgruppen gerichtet und propagandistisch angeheizt wird, ist historisch sattsam bekannt. Befremdlich ist folglich, dass sie in einem Feld wie dem Sport ohne plausiblen Grund von der Teilhabe an diesem Gefährdungspotential freigesprochen wird. Diese Haltung wird nicht allein schon deshalb harmlos, weil ihr auf einem scheinbar abseits der großen politischen Bühnen gelegenen Feld ein Freifahrtschein ausgestellt wird.

Gleichwohl ist selbst zu diesem Monitum auch eine noch weiter reichende Einschränkung geboten: Obwohl der Tribalismus in seiner extremen Form zurückzuweisen ist, ist auch die entgegengesetzte Haltung namens *Internationalismus* kein genuines *Ziel* des Sports. Aus seiner Sicht ist er nur ein *Mittel*, eine erst politisch durch mächtigere gesellschaftliche Kräfte als er selbst zu schaffende Voraussetzung für die Verwirklichung seiner kulturellen Ziele. *Nationalismus* aber ist nicht einmal ein *Mittel*, also kein legitimes Stimulans, insofern auch keine Voraussetzung, sondern ein *Hindernis* für die Verwirklichung der Ziele des Sports. Denn sportgerechte Herausforderung erfolgt primär nicht durch einen nationalen, sondern durch einen sportlichen Gegner. Mit der Fixierung grenzüberschreitender Sportereignisse auf *Nationalmannschaften* haben die internationalen Sportverbände, beginnend mit dem IOC, lediglich eine *Not-* und damit *Verlegenheitslösung* aus ihrer Abhängigkeit von der Zustimmung staatlicher Institutionen zum Grenzübertritt der Athlet*innen in den zwischenstaatlichen sportlichen Raum gewählt.

---

17 NYE (2017), a.a.O.

Es ist eine Verlegenheitslösung, die sich verselbstständigt hat mit der fatalen Kehrseite, dass damit ein Einfallstor für sportsinn-widrige außersportlich-politische Interventionen errichtet wurde.

Im Sportdiskurs wird außersportlichen sozialen, moralischen, pädagogischen oder politischen Zielen ein unangemessen hoher, *offensiver* Rang zugeschrieben. Tatsächlich aber handelt es sich bei solchen Zielen *im Sport-Kontext* durchweg nicht um *Gebote*, sondern nur um *defensive*, abwehrende, ausschließende *Verbote*: Außersportliche Kräfte und Kriterien, die den universalen Zugang zum Sportereignis behindern, sollen neutralisiert werden. Das ist hier, auf diesem partikularen Feld, auch schon alles. All dies gilt für das sportbezogene Verbot rassischer, religiöser, geschlechtlicher und politischer Diskriminierung ebenso wie für das Verbot allgemeinpolitischer Intervention in das Handeln von Sportinstitutionen sowie für das Verbot gewaltsamer Störung des „Olympic Truce", des olympischen Waffenstillstands oder „kleinen olympischen Friedens". Die Idee des Sports erteilt diesen Imperativen kein *missionarisches* Mandat über die Gewährleistung seines eigenen kulturellen Eigensinns hinaus. Seine scheinbar über den Sport hinausweisenden allgemeinen Ziele dienen tatsächlich nur weitaus bescheidener dem *Selbstschutz*. Seine scheinbaren Leistungen hier bedeuten nur ein *Nutznießen der Vorleistungen*, die im allgemeinpolitischen Raum geschaffen sein müssen, bevor der Sport überhaupt beginnen kann.

Im Rahmen dieses Plädoyers für Zurücknahme seiner „politischen Mission" freilich kann der Sport bei sinngerechtem Umgang tatsächlich glaubhaft zu einem Feld der *Entfeindung* werden. Dies ist freilich nicht gleichzusetzen mit *politischer Friedensstiftung*. Erstere meint ein konstitutives Moment *innerhalb* der Sinnstruktur sportlichen Handelns, Letztere ein politisches Handeln staatlicher Institutionen, das *außerhalb* der Reichweite sportlichen Handelns liegt. Das Zusammenspiel von kultureller Entfeindung und politischer Friedensstiftung freilich bildet *die* Voraussetzung für das Zustandekommen sportlicher Ereignisse.

Weltweit allgegenwärtige Versuche, den Sport in den Dienst nationaler Identifikation zu stellen, bedeuten nicht in erster Linie deshalb ein Sakrileg, weil sie dem nach den zerstörerischen Exzessen des 20. Jahrhunderts kaum mehr zu rechtfertigenden *Nationalismus* als politischem Irrweg Vorschub leisten. Die Problematik dieses Phänomens ist zwar in *allgemein*-politischer Hinsicht gravierend. Der Haupteinwand in *sport*-politischer Hinsicht aber richtet sich dagegen, dass mit dieser Art von Indienstnahme die vor zwei Jahrhunderten, im „Gleichschritt" mit seiner Verwandtschaft unter den anderen Künsten, eingeleitete *Emanzipation* des Sports aus der Vormund- und Leibeigenschaft außerkultureller Mächte zugunsten eines alt-neuen Dienstverhältnisses wieder *zurückgenommen* wird. *Dieser* Eingriff – nicht primär der von Fußballfans skandalisierte Übergriff des großen Geldes auf „ihren"

Sport – ist der logische Ort, an dem tatsächlich „*dem Sport seine Seele gestohlen wird*". Denn es war jener mit dem Beginn der Neuzeit vor zwei Jahrhunderten eingeleitete Emanzipationsprozess, der dem Sport der Gegenwart seinen Sinn, sein sinngerechtes Leben und sein Existenzrecht verliehen, ihm also gleichsam seine Seele eingehaucht hat.

6. Sport braucht, aber bringt keinen Frieden[18]

Diskursive Ausgangslage: Ein weiteres Mantra, das den Diskurs über den modernen Sport sogar von seinem Beginn an begleitet, ist die Wunschvorstellung, der Sport möge dem Frieden dienen und leiste dies auch. Auch dieses Argumentationsmuster geht zurück auf Coubertin. Bei seinem zunächst tollkühnen Vorhaben, in einer Zeit des weltweit grassierenden Imperialismus, Nationalismus und Militarismus im Vorfeld des Ersten Weltkrieges Olympische Spiele als ein nationenüberspannendes Kulturereignis in die Welt zu setzen, benötigte er ein ideelles Rechtfertigungsmuster sowie einen Hoffnungs- und Motivationsanker.

Dabei konnte er im Zuge der Integration von Versatzstücken der antiken Olympischen Spiele in sein modernes Projekt auch auf die Idee der *ekecheiria*, des Olympischen Friedens, zurückgreifen. Mit ihr gewährleisteten die Griechen angesichts der Dauerfehden zwischen ihren Stadtstaaten die Sicherheit auf den Verkehrswegen nach und auf dem Veranstaltungsort in Olympia. Weiterreichende allgemeine Friedensstiftung war dabei klugerweise nicht intendiert.

Diese Selbstbeschränkung jedoch wird im sportpolitischen Diskurs der Gegenwart notorisch ignoriert, stattdedssen sportlich-kulturellen Großprojekten die Fähigkeit und Verpflichtung zu einer allgemeinen Friedensstiftung unterstellt. Eine solche unbegrenzte Ausweitung des Anspruchs stürzt den institutionalisierten Sport in Dilemmata, die er kaum unbeschadet zu überstehen vermag, ohne dass die damit verbundenen Hoffnungen eingelöst werden.

Weiterführende Antwort: Der Sport ist keineswegs als Schöpfer des Friedens in der Welt anzusprechen. Er kann am Spiel des Weltgeschehens nur in der Rolle als machtarmer und abhängiger Nutznießer hinreichend friedlicher allgemeiner, regionaler oder zwischenstaatlicher Gegebenheiten beteiligt sein. Fehlen diese Gegebenheiten, zählt der Sport mit seinen internationalen Ereignissen zu den ersten Opfern solchen Unfriedens, weit entfernt davon, auf diese sportfeindlichen Gegebenheiten in seinem Umfeld verändernd einwirken zu können.

---

18 Siehe DELHOM, Pascal (2021): Stichwort *Frieden*. In: SANDKÜHLER (2021), 749–755

Kapitel 7 Sozial- und politikphilosophische Deutung des Sports

Um dieser Realität ungeschönt ins Auge zu sehen, reicht es hin, an harte historische Fakten zu erinnern: Die Olympischen Spiele von 1916, 1940 und 1944 fielen den Weltkriegen zum Opfer, ohne das Geringste gegen sie ausrichten zu können. Japan übrigens hatte das 1936 vom IOC für Tokio vergebene Ausrichtungsrecht für die Spiele von 1940 selbst zurückgegeben, um alle Ressourcen auf seinen 1937 gegen China angezettelten brutalen Angriffskrieg konzentrieren zu können. Zahllose weitere Beispiele dieser Art über den Terroranschlag gegen München 1972 bis hin zu der Skrupellosigkeit, mit der das Olympiastadion von Sarajewo in den jugoslawischen Sezessionskriegen der 1990er Jahre behandelt wurde, ließen sich hier als Beleg für die friedenspolitische Ohnmacht des Sports aufführen. Auch die mehrfache situative Annäherung zwischen Nord- und Südkorea bei Olympischen Spielen kann nicht als Erfolg auf das Konto der Sportpolitik verbucht werden. Sie war bloßes Nebenprodukt der zwischen den beiden Staaten jeweils gerade herrschenden „Sonnenschein-" oder „Eiszeitpolitik".

Statt der vermeintlichen Macht, die dem Sport und seinen Institutionen zugeschrieben wird, verfügen sie über kein aus dem kulturellen Eigensinn der Sportidee oder durch die Mitgliedsorganisationen legitimiertes Mandat und über keinerlei machtgestützte Instrumente für entsprechendes Eingreifen. Es ist deshalb ein Gebot der Demut, der politischen Vernunft, ja einer Art von Dankbarkeit und Anstand, sich diese friedenspolitische Ohnmacht offen einzugestehen und Schlussfolgerungen sportpolitischer Klugheit daraus zu ziehen.

Demut? In der Tat! Denn es ist hybride Anmaßung, wenn der Sport die unabdingbaren friedenspolitischen Vorleistungen, die von staatlichen und anderen gesellschaftlichen Mächten für das Stattfinden von Sportereignissen erbracht werden (müssen), für *sich* reklamiert. Es ist sogar schlicht unanständig oder gar zynisch, wenn wiederholt IOC und UNO-Generalversammlung einen wohlfeilen gemeinsamen Aufruf zur weltweiten Waffenruhe während Olympischer Spiele verkünden, während die Vereinten Nationen ansonsten sich schon mit jeder politisch ja allein relevanten Resolution des Weltsicherheitsrates zur Entschärfung von weltpolitischen Konflikten schwertun und kaum eine ihrer schließlich doch beschlossenen Friedensmissionen erfolgreich zuendezubringen vermögen.

Dieser Befund ist ernüchternd, aber eine gesundheitsförderliche Form der Ausnüchterung. Das Selbsteingeständnis der eng begrenzten eigenen Möglichkeiten ist sportpolitische Hygiene. Um sich die Größenordnung eines solchen Umdenkens gegenüber der bisherigen Sportrhetorik vor Augen zu führen, muss man einen genauen Blick auf die *Basisebene des sportlichen Geschehens* richten: Damit Spieler*innen überhaupt den Platz betreten und ein Spiel beginnen können, müssen sie *neben ihrer rein sportpraktischen Kompetenz eine sportmoralische Mindestvoraussetzung* mitbringen. Ohne sie bleibt jedes Reden über Friedensleistungen des Sports buchstäblich boden- und damit auch substanzlos.

Diese Mindestbedingung fundiert jede weiterreichende Friedensleistung des Sports: Alle am Spiel Beteiligten müssen bereit sein, in ihren Mit- und Gegenspielern während des Spiels *nichts als Sportler* zu sehen. Dies ist eine Abstraktionsleistung, die sich nicht von selbst versteht, also rechtfertigungsbedürftig ist. Die Beteiligten müssen, sobald die in das Spiel eintreten, vorsätzlich ignorieren, welche Hautfarbe, welchen Charakter, welches Aussehen, welches religiöse Bekenntnis, welche Volkszugehörigkeit, welche sexuelle Orientierung und welche politische Weltanschauung die Anderen *als Menschen* mit auf den Platz bringen. Alle müssen bereit sein, während der Dauer des Spiels eine Mutation vom ganzheitlichen *Menschen* zu der von allen seinen Eigenschaften außer dem Sportler-Sein absehenden *Figur der Athletin* bzw. *des Athleten* vorzunehmen.

Als 2023 im Finale des Tennisturniers von Stuttgart mit der Polin Iga Swiatek und der Belarussin Aryna Sabalenka Athletinnen aus Ländern, die „im Auge des Taifuns" der allgemeinpolitisch geführten Boykott-Debatte im Umfeld der russisch-belarussischen Aggression standen, ohne politisches Wenn und Aber gegeneinander antraten, haben sie bewiesen, dass sie diese sportethische Lektion gelernt hatten. Sie habe persönlich „der Ukraine keinen Schaden zugefügt (…). Ich habe nichts mit Politik zu tun, und ich versuche, im Sport mein Bestes zu geben (…). Wenn ich den Krieg stoppen könnte, würde ich das machen, aber leider liegt das nicht in meiner Hand", so Sabalenka.[19] Die Ukrainerin Lessia Tsurenko hingegen brachte diese sportethisch gebotene Abstraktionsleistung nicht auf, als sie sich im vorangegangenen Turnier von Indian Wells geweigert hatte, gegen Sabalenka anzutreten – was sie bei dem folgenden Turnier in Madrid korrigierte, als sie gegen die Russin Darja Kassatkina antrat.

Diese Abstraktionsleistung ist insofern eine Friedensleistung, als sie die in allen über die Gemeinsamkeit als Sportler*in hinausgehenden menschlichen Unterschieden der Beteiligten schlummernden, ja lauernden Konfliktpotentiale bewusst aus dem Sportgeschehen ausschließt und so nicht zu einem Hindernis für das Zusammenwirken am sportlichen Ereignis aufbauscht. Sie neutralisiert solche Konfliktpotentiale auf dem Feld des Sports, lässt sie hier nicht virulent werden, statt sie zu exponieren, zu dramatisieren und damit explosiv werden zu lassen, wie dies im außersportlichen Leben allzuoft der Fall ist. Dass es sich – so bescheiden diese Bedingung *prima vista* auch anmuten mag – tatsächlich um eine *Friedensleistung* handelt, ist an den zahllosen Gegenbildern ablesbar, in denen diese Bedingung *nicht* erfüllt werden. Die Weigerung z.B. arabischer bzw. muslimischer Sportler*innen, gegen

---

19 Zitiert bei Klimke, Barbara (2023): Schwierige Koexistenz. Im Krieg sind Sportler auch im Wettkampf betroffen. In: SZ vom 22.4.2023

israelische Gegner anzutreten – meist unter fadenscheinigen Vorwänden, um dem Diskriminierungsverbot der verbandlichen Regelwerke vordergründig gerecht zu werden (siehe Lämmer 2018) –, belegt das Konfliktpotential, das in diesem Problem gebunden ist. Zahllose sportpolitische Konflikte gehen auf ebendiese Art von Verweigerungshaltung gegenüber der hier diskutierten Mindestbedingung zurück.

Erst wenn sie erfüllt ist, kann der Sport beginnen. Dies ist die *elementare* Vorleistung, die von allen auf der *sportpraktischen* Basisebene beteiligten Athlet*innen erbracht werden muss. Aber auch sie allein reicht noch nicht hin. Darüber hinaus müssen *elaboriertere* Vorleistungen von allen auf der *sportpolitischen* Führungsebene beteiligten institutionellen Verantwortungsträgern erbracht werden. Diese beiden Ebenen *korrespondieren* miteinander. Erst wenn *beide* Leistungen erbracht sind, kann das Spiel beginnen – und durch sein *Stattfinden* die wichtigste friedenspolitische Leistung vollbringen, zu welcher der Sport in der Lage ist. Und erst dann kann es – und auch dies dann nur im Falle des tatsächlich sinngerechten Gelingens des Spiels und seiner sinngerechten Begleitung durch Publikum und Öffentlichkeit – seine möglichen weiterreichenden Friedenspotentiale ausschöpfen und voll zur Geltung bringen.

UEFA und FIFA arbeiten mit Werbekampagnen unter dem Motto „Respect", um dem zwar kaum auf, aber umso heftiger neben dem Platz grassierenden Rassismus Paroli zu bieten. Auch die hier vorgetragene Argumentation hat mit *Respekt* zu tun. Sie spricht jedoch weniger die Ebene des *humanen* Respekts für am Spiel beteiligte *Personen* an. Hier geht es, so wichtig der andere Aspekt ist, mehr um die Ebene des *kulturellen* Respekts für das *Spiel* selbst.

Der Sport ist in einer strukturell (nicht bedeutungsmäßig) ähnlichen Weise bedroht wie das, was man in jedem Krieg erleben kann: Respektsverweigerung gegenüber dem menschen- und völkerrechtlich geschützten Autonomieanspruch von Gütern des Weltkulturerbes. Ohne Respekt vor der Autonomie außersportlicher wie auch sportlicher Kulturgüter können sie das in ihnen gebundene Friedenspotential nicht freisetzen. Es wurde sogar der Ruf nach einer internationalen schnellen Eingreiftruppe zur Rettung von Kulturschätzen laut, weil sie einen Teil des Welterbes der ganzen Menschheit repräsentieren.

Eine wohlbegründete friedenspolitische Haltung des Sports und seiner politisch verantwortlichen Institutionen kann mithin allein darin bestehen, jene unaufhebbare Spannung auszuhalten, dass er innerhalb einer weithin unfriedlichen Welt – die er (zumeist) ja nicht selbst zu verantworten hat – leben und sich behaupten muss und unter diesen weithin nicht förderlichen Bedingungen an der Verwirklichung von Eigensinn, Eigenwert und

Eigenrecht eines fragilen Kulturgutes wie der Sportidee und ihrer Ereignisse festhalten und arbeiten soll.

Dies *Aushalten* des moralischen Dilemmas, allgemeinpolitischen Verletzungen universaler Werte nicht mit eigenen Mitteln abhelfen zu können und trotzdem am eigenen partikularen Projekt aufgrund von dessen eigenständiger Bedeutsamkeit festzuhalten, ist nicht als moralisches Versagen zu werten. Es bedeutet seinerseits *eine moralische Leistung*, die Respekt, Anerkennung und Förderung gebietet. Genau *hier* ist der Ort, an dem sich entscheidet, ob die Verantwortungsträger*innen des Sports politische *Haltung* beweisen oder nicht.

In Abwandlung einer aus der Friedensbewegung bekannten Maxime ist festzuhalten: Der Frieden ist ein zu hohes Gut, als dass man ihn dem politisch schwachen Sport überlassen könnte. Selbst bei Olympischen Spielen geht es, und dies schon seit den antiken Spielen, nicht um Olympic *peace*, sondern um Olympic *truce*. Also um einen Waffenstillstand im *Dienste* der Spiele, nicht um einen allgemeinen Frieden als *Leistung* der Spiele. Von welcher romantischen Utopie, ja, von welch leichtfertiger Verantwortungslosigkeit muss man beseelt sein, um einem Kulturfeld wie dem Sport friedenspolitische Pflichten dort aufzuerlegen, wo selbst ökonomische, politisch-diplomatische, rechtliche und sogar militärische Macht keine verlässlichen Erfolgsaussichten bietet? Weder aus imaginär usurpierter Macht noch aus bloßer Demonstration einer „Haltung" kann grundsätzlich etwas Nachhaltiges erwachsen. Die *primäre*, zentrale *Message* der Sportidee an sich selbst besteht nicht in einem „Du sollst Frieden schaffen!" Die wirkliche Herausforderung für sie und alle ihre Verantwortungsträger lautet vielmehr: „Du sollst dich vom endemischen Unfrieden nicht daran hindern lassen, auf deinem Feld das Menschengerechte zu tun!" Und das Menschengerechte, das ist auf unserem Feld das Sportsinngerechte.

Die Hauptaufgabe des Sports, die alle seine schwache Macht in Anspruch nimmt, besteht darin, Sport in einer weithin und dauerhaft widrigen und unfriedlichen Umwelt zu ermöglichen. Er vermag dem *„großen"* Frieden kaum zu helfen. Er kann nur gleichsam als „Kollateralnutzen" seine sinnimmanenten, seine sporteigenen Beitragsmöglichkeiten zum *„kleinen"* Frieden zur Geltung und Entfaltung bringen. Er kann mit seinen sportlichen Ereignissen ein Modell gewaltfreien friedlichen Wettbewerbs aufführen; zwischenmenschliche Begegnungen über die Grenzen von Nationen, Religionen und Kulturen hinweg initiieren; faszinierende kulturelle Großereignisse *trotz* weiterbestehender politischer Spannungen und über deren gewaltträchtige Konfliktpotentiale hinweg ermöglichen; das Friedenspotential wohlverstandener sportlicher Fairness ausschöpfen; jungen Menschen aus oft aussichts- und hoffnungslos anmutenden Lagen sozialer Verwahrlosung und Verelendung und dem dort lauernden Gewaltpotential heraushelfen durch Teilhabe an einem herausfordernden Projekt, das der Sport neben vielen anderen Möglichkeiten kulturellen Engagements bedeuten kann.

Der Sport tut gut daran, sich egoistisch auf die Erfüllung seiner eigenen kulturellen Mission zu fokussieren. Dies ist nur unter hinreichend friedlichen allgemeinen Prämissen möglich. *Deshalb*, nicht weil er über ein mächtiges eigenes Potential verfügte, wird er zum natürlichen Verbündeten friedenspolitischen Handelns. Er ist diesem moralisch tributpflichtig, ohne eigene politische „Truppen" stellen zu können. Und er ist gehalten, das „Waffenarsenal" seines eigenen Störpotentials abzurüsten. Er muss sich auch Einflüsterungen verweigern, die ihn drängen, politische Konflikte durch Parteinahme noch zu verschärfen.

Aus diesen Betrachtungen kann man eine allgemeine Lehre ziehen: Sobald eine kulturelle Idee wie die des Sports sich an ein soziales Kollektiv bindet oder sich in den Dienst anderer Sinnfelder – seien es Politik, Religion, Ökonomie, Pädagogik oder andere – stellt, droht sie in den Sog von deren partikularer Geltung zu geraten und die universale Geltung ihres Eigensinns einzubüßen. Es gehört daher zu den elementarsten Voraussetzungen auch für die Friedensfähigkeit kultureller Ideen, sich im Falle ihrer Verbindung mit solchen außerkulturellen Sinnfeldern ihre Autonomie zu bewahren und sich nicht von deren partikularen Interessen absorbieren, instrumentalisieren und marginalisieren zu lassen.

Eine gründliche Diskussion dieser Einsicht steht dem Sportdiskurs noch bevor. Sie muss auf allen Kommunikationsebenen geführt werden: in Wissenschaft, Medien, bei praxisverantwortlichen Entscheidungsträgern und im alltäglichen Sportdiskurs überall. Auch hier gilt die Maxime: Um das Notwendige und Richtige zu tun, ist es nie zu spät. Ein öffentliches Umdenken und Umsteuern in diesen Grundfragen der Sportpolitik sind unverzichtbar und unvermeidlich, wenn dem Sport eine nachhaltige Zukunftsfähigkeit gewährleistet werden soll.

7. Typen des Boykotts und ihre unterschiedliche Legitimität

Diskursive Ausgangslage: Die Zeitgeschichte des internationalen Sports ist mit geprägt von politisch unterschiedlich motivierten Boykotten. Sie sind das schärfste Sanktionsmittel, eine sportpolitische Ultima ratio, über das Sportorganisationen bzw. Staaten verfügen. Man erinnert sich an die gescheiterte US-amerikanische Boykottbewegung gegen die Spiele von Berlin 1936, die afrikanische Boykottbewegung der 1970er Jahre gegen die Beteiligung des südafrikanischen Apartheid-Staates, den Boykott westlicher Staaten gegen Moskau 1980 und den östlichen Gegenboykott zu Los Angeles 1984 und kleinere Ereignisse.

Eine ähnliche Rhetorik und angedeutete Praxis reichen bis in die Gegenwart des Jahres 2022, in dem die innenpolitischen Verhältnisse in der Volksrepublik China als Ausrichter der Winterspiele von Peking, der Überfall von Putins Russland auf die Ukraine sowie die Kritik an der innenpolitischen Lage in Qatar als Ausrichter des Fußball-WM-Endrundenturniers die „Boykott!"-Posaune wieder zum Klingen gebracht haben, intoniert von Medien, Politik und auch von Stimmen aus der Sportwissenschaft.

Alle haben das Potential, die Weltsportbewegung bis an den Rand des Exitus zu bringen. Diese Probleme bleiben als latente Drohung stets lauernd im Hintergrund, auf dem Sprung, jederzeit wieder virulent zu werden, auch wenn sie zwischenzeitlich als überwunden, zumindest stark entschärft erschienen – nicht zuletzt sicherlich auch aus einer gewissen Resignation heraus, weil sie sich vor allem als Selbstschädigung der Boykotteure erwiesen haben. Man weiß heute z.b., dass der DDR-Sportchef Manfred Ewald schon prophylaktisch seinen energischen Protest bei Erich Honecker angemeldet hatte, falls der DDR-Sport wie 1984 wieder in einen für die eigene Sportentwicklung schädlichen Boykott gegen Seoul 1988 aus Loyalität mit der UdSSR hätte gezwungen werden sollen.

Weiterführende Antwort: Boykotte als sportpolitisches Sanktionsmittel werden dann zum Einsatz gebracht, wenn das in der *allgemeinen* internationalen Politik bestehende Konfliktpotential, der Grad der zwischenstaatlichen Unfriedlichkeit eine so hohe Intensität erreicht haben, dass sie allein mit dem konfliktregulierenden (und in der Regel eher konflikt-*dämpfenden*) Instrumentarium der *sportpolitischen* Institutionen nicht mehr bewältigt und zu einem Kompromiss, zu einem *Modus vivendi* geführt werden können, der die Ansprüche der beteiligten Seiten zu einem akzeptablen Ausgleich bringt. Boykotte kommen in *diesen*, aber nicht einmal *immer* in diesen Konstellationen zum Tragen.

Olympische Spiele haben fast durchweg im Umfeld vielfältiger inter- oder intranationaler Konflikte hohen Intensitätsgrades stattgefunden. Gleichwohl ist die Zahl der vollzogenen Boykotte relativ gering geblieben. Zwischen allgemeinpolitischem Konflikt und sportpolitischer Sanktion herrscht also *kein Automatismus*. Für alle Konfliktbeteiligten bestehen *Ermessens- und Entscheidungsspielräume*. Sie werden je nach strategischer Beurteilung der Beteiligten genutzt. Und die gewählten Optionen geben Auskunft über den Stil, den Zivilisationsgrad in der *„politische Kultur"* der Entscheidungsträger. Zugleich ist aber auch vor einer unzulässigen Vereinfachung zu warnen: Der Boykotteur *muss* keineswegs immer der Friedensstörer in einer Konfliktkonstellation sein.

Denn es gibt *unterschiedliche Typen* von sportbezogenem Boykott. Den Anlass für dessen Einsatz als Sanktionsmittel haben typischerweise *vier Konflikt-Konstellationen* geliefert:

Kapitel 7 Sozial- und politikphilosophische Deutung des Sports

(1) *Boykott wegen Nichtanerkennung nationalstaatlicher bzw. sportpolitischer Einheiten*: Diese Fälle liegen zumeist in der Frühzeit der olympischen Geschichte. Das IOC hat sich durch sein Regelwerk grundsätzlich in eine politische und völkerrechtliche *Zwitterstellung* begeben. Es suchte einerseits in allgemeinen zwischenstaatlichen Konflikten eine *neutrale* Position einzunehmen, um damit die Universalität seiner Bewegung zu erleichtern oder überhaupt erst zu ermöglichen. Zugleich hat es sich zu einer gewissen *Parteinahme* selbst verpflichtet, insofern es das Teilnahmerecht an seinen Spielen an die Anerkennung von Nationalen Olympischen Komitees bindet, diese Anerkennung aber auf nur ein NOK für *eine* nationale (in der Regel eine national-*staatliche*) Einheit beschränkt. In Fällen der staatlichen Teilung früherer größerer nationaler oder dynastischer Einheiten oder der Separation einzelner Teileinheiten sowie der Emanzipation ehemaliger Kolonien von ihren „Mutterländern" musste das IOC – gleichsam gegen seine eigene innere Überzeugung – selbst ein *politisches* Urteil über den neuen Zustand treffen. Die Spiele von Stockholm 1912 sahen eine österreichisch-ungarische Boykottdrohung um den Fall Böhmen und die Spiele von London 1948 eine arabische Boykottdrohung um den Fall Israel, die 1950er und frühen 1960er Jahre waren permanent bedroht durch die „Querelles allemandes" im Zuge des Umgangs mit der deutschen Teilung.

Gleichwohl hat das IOC insoweit seine politische Autonomie bewahrt, als es sich bewusst nicht an durch regierungsamtliche, parlamentarische oder UN-Beschlüsse beglaubigte staatliche oder quasi-staatliche Entscheidungen etwa über den völkerrechtlichen Status von nationalen Einheiten angelehnt hat. Es entscheidet *selbst*, um eindeutig seine Autonomie als *Kultur*-Organisation zu bewahren und zu demonstrieren. Die Kehrseite dieser Haltung ist, wenn auch oft verkannt, dass es durch solche Entscheidungen seinerseits *keine* „Zeichen" für die allgemeine Politik setzen kann, sondern zunächst Zeichen stets *nur für sich selbst* in Nutzung der gerade gegebenen Spielräume.

(2) *Boykott wegen innerstaatlicher Verletzung des olympischen Regelwerks*: Zu diesem Typ gibt es zwei markante Beispielfälle: (1) die Spiele von Berlin 1936, bei denen das IOC gefordert gewesen wäre, zur Verteidigung seines Regelwerkes gegen die Nürnberger Rassengesetze von 1935 das Deutsche Reich als Ausrichter in Frage zu stellen, und wegen seines Nichttätigwerdens eine (erfolglose) Boykottbewegung in der USA auf sich gezogen hat – erfolglos auch wegen der doppelten Moral, mit der die Boykottinitiative die Entrechtung der jüdischen Minderheit in Deutschland, nicht aber die der afroamerikanischen Minderheit (und erst recht die der Indigenen) im eigenen Land anprangerte; (2) die Boykottbewegung der afrikanischen Staaten in den 1960er und 1970er Jahren wegen der olympischen Duldung der Apartheid-Staaten Südafrika und Rhodesien, die wegen ihrer verfassungsmäßig kodifizierten Verletzung des olympischen Regelwerks erst spät und auf diesen Boykottdruck hin vom IOC suspendiert wurden. Dies sind Fälle, in denen

der Boykotteur *sportpolitische Legitimität* für sich reklamieren kann, weil er die Sportbewegung an die strikte Geltung ihres selbstgesetzten Regelwerkes erinnert und zu dessen Einhaltung zwingt.

(3) *Boykott wegen Nicht-Gewährleistung des Olympischen Friedens im engeren Sinne*: Der dramatischste Fall in der olympischen Geschichte ist hier zweifellos der – hier spontan nachvollziehbare – weitere Teilnahmeverzicht der überlebenden israelischen Mannschaft nach dem palästinensischen Anschlag von München 1972. Aber auch generell fallen in diesen Typ die permanenten Entscheidungs-Schwierigkeiten von internationalen Sportverbänden bei der Zulassung besonders gewaltbedrohter Teilnehmerländer aus besonders gespannten Krisengebieten der Welt zu sportlichen Großereignissen.

(4) *Boykott ohne jede Legitimation aus den Imperativen der Sportidee heraus*: Hier geht es um Fälle, wo der Boykott als bloßes Mittel der Ächtung des politischen Gegners verhängt wurde. Auf der politisch-moralischen Ebene handelt es sich hier um *besonders flagrante Verletzungen* der in der Sportbewegung angestrebten politischen Kultur. Den Anfang in der sportpolitischen Geschichte setzte hier die Deutsche Turnerschaft 1896 mit ihrer nationalistischen Frontstellung gegen den internationalistischen Charakter der Olympischen Spiele. Hierher gehören auch die Ausschlüsse der Verliererstaaten des Ersten und Zweiten Weltkrieges von den unmittelbar anschließenden Spielen. Den bis dahin wichtigsten realisierten Fall bildete der durch die USA initiierte Boykott einer Reihe von westlichen Ländern – darunter auch die Bundesrepublik Deutschland – gegen die Spiele von Moskau 1980.

2022/23 gab es einen weiteren Fall dieses Typs: Der völkerrechtswidrige Überfall Russlands auf sein als „nationales Eigentum" reklamiertes Nachbarland Ukraine veranlasste das IOC, das IPC sowie weitere Verbände zum pauschalen Ausschluss russischer und weißrussischer Athlet*innen aus dem internationalen Sportverkehr, befeuert durch den Boykott ukrainischer Athlet*innen gegen die Zumutung, gegen „Sportrepräsentanten des Aggressors" antreten zu müssen. IOC und IPC haben ihre Ausschluss-Entscheidung im direkten Kontext der Olympischen und Paralympischen Spiele von Peking 2022 schein-begründet mit dem Verweis auf „Störung des olympischen Friedens" durch Russland. Den tatsächlichen Hintergrund bildeten Gewaltandrohungen seitens einiger Verbände im Fall einer Aufrechterhaltung des Startrechts für russische Aktive.

Als das IOC den olympischen Fachverbänden ein Jahr später deren Wiederzulassung unter Auflagen empfahl, behauptete die westliche Presse kampagnenartig, das IOC habe damit ein „olympisches Chaos" ausgelöst.[20] Das

---

20 Siehe AUMÜLLER, Johannes/KNUTH, Johannes (2023): Olympisches Chaos. Athleten aus Russland und Weißrussland in den Weltsport zurückzuführen: Das ist das hochumstrittene Projekt des IOC, das die Szene entzweit. In: SZ vom 15.4.2023

IOC für die entstandene Lage verantwortlich zu machen, war gleichermaßen berechtigt wie unberechtigt. *Berechtigt* war dies, insofern das IOC mit dem Pauschalausschluss selbst sein eigenes Regelwerk verletzt hat unter der unzutreffenden Begründung einer Verletzung des olympischen Friedens. Der russische Überfall war zwar eine flagrante Verletzung des Völkerrechts, aber nicht zugleich des olympischen Friedens, wie dies tatsächlich durch den direkt gegen die Spiele von 1972 gerichteten Terrorangriff der Fall gewesen war. *Unberechtigt* war die Kritik an der Wiederzulassungs-Empfehlung, weil das von der Presse inkriminierte Chaos nicht durch das IOC ausgelöst wurde, das mit einer IOC-typischen Kompromisslösung seinen ursprünglichen Irrtum zu korrigieren versuchte, sondern durch jene, die den Boykott ohne sportpolitische Legitimation, sondern allein aus allgemeinpolitisch motivierter Empörung provoziert hatten.

Die ursprünglichen Ausschluss-Entscheidungen von IOC und IPC vom Februar 2022 waren eine Art von verzweifelter Notwehrreaktion auf die Pressionen einiger Verbände. Eine Variante der unendlichen Menschheitsgeschichte vom Selbstmord aus Angst vor dem Tod. Denn die Tatsache, dass Sportverbände das Regelwerk, zu dessen Treuhändern sie berufen sind, selbst außerkraftsetzen, bedeutete einen sportpolitisch hochriskanten *Systembruch*, der die Büchse der Pandora der Scheinrechtfertigung für beliebige weitere allgemeinpolitische Pressionen zu öffnen droht. Im Gegensatz dazu hatte sich das IOC den mit Gewalt und Boykottandrohungen gegen seine Spiele 1972 und 1980 gerichteten Pressionen aus guten Gründen *nicht* gebeugt und an der Durchführung festgehalten unter dem olympiagerechten Motto „The Games must go on!"

Selbstgerecht auftretende Befürwortern der Ausschluss-Entscheidung war offenbar unwichtig, dass sie mit ihrer im Interesse der drangsalierten Ukraine gutgemeinten Haltung die Chancen für eine Fortführung der *Autonomie des Sports als eines kulturellen Freiheits- und Friedensprojekts* aufs Spiel setzen. Die Dimension dessen, was hier auf dem Spiel steht – des Weltdramas, in dessen großen Kontext auch dieses kleine, „nur" sportpolitische Ereignis steht –, umreißt eine Rezension zu dem jüngsten Roman des Autors Salman Rushdie, der gerade ein fast „erfolgreiches", religionspolitisch motiviertes Mordattentat überlebt hatte: „Rushdie begründet in diesem Buch die Weltmacht der Literatur. Alle sind hilflos ohne Geschichten. Darum ist die Kultur kein Subsystem wie Wirtschaft, Verwaltung oder Politik, sondern die Macht, die allem Sinn verleiht."[21]

Warum wird hier so strikt auf die Geltung und Einhaltung von Regeln im Sport und in der Sportpolitik gepocht? Was hiermit begründet wird, ist

---

21 MINKMAR, Nils (2023): Wir überleben durch Geschichten. Salman Rushdies neuer Roman *Victory City* ist von einem Hindu-Reich inspiriert, erzählt aber virtuos von heute: Warum läuft es schief? In: SZ vom 20.4.2023

selbstverständlich *kein blinder Regelfetischismus* nach dem unterkomplexen Motto „Regel ist Regel". Es gibt moralische, rechtliche und pragmatische Regeln – Beispiel: die in den Nürnberger Gesetzen des NS-Staates von 1935 und in der Verfassung des Apartheid-Staates Südafrika kodifizierte Rassendiskriminierung –, die jeder Rechtfertigung entbehren und deshalb keinerlei Geltung und Folgeverpflichtung beanspruchen, sondern sich nur auf die illegitime Macht der Gewalt berufen können.

(5) Zu folgern wäre aus diesem Abriss eine strikt geltende *Maxime*: Wenn die allgemeine Weltlage es zulässt, dass ein internationales sportliches Großereignis stattfinden kann, darf es *keinerlei Boykott* geben, sondern nur die *allseitige Teilnahme*, ggf. *verbunden mit Aufklärung und Kritik* an unzuträglichen allgemeinpolitischen Zuständen am Austragungsort oder bei beteiligten Ländern. Dieser Maxime entspricht die in der Olympischen Charta kodifizierte Teilnahme-*Pflicht* aller NOKs, deren Nicht-Beachtung mit Sanktionen bedroht ist.

Unter diesen Prämissen wären *alle Institutionen der Sportbewegung* gut beraten, als *äußere* Voraussetzung für ihre gedeihliche Entwicklung auf eine *liberale politische Ordnung*, eine *„politische Bürgergesellschaft"* zu setzen, die

- nach dem *Rechtsstaatsprinzip* Grund- und Bürgerrechte garantiert und eine Gemeinschaft von zugleich Rechtsetzenden und Rechtsunterworfenen bildet;
- nach dem *Kulturstaatsprinzip* die Entfaltung der autonomen Kulturbereiche nicht vordemokratisch-paternalistisch „gewährt", sondern gewährleistet;
- nach dem *Sozialstaats- und Subsidiaritätsprinzip* die Entwicklungschancen aller Kulturbereiche fördert und dabei personen- oder bereichsbezogene Benachteiligungen kompensatorisch ausgleicht;
- nach dem *Nationalstaatsprinzip* die kulturellen und sportlichen Belange des je eigenen Landes insoweit fördert, als diese noch nicht in überstaatlichen Institutionen aufgegangen sind. Dabei darf dieser *Anspruch* des Sports auf nationale Förderung nicht umgedeutet werden in eine *Verpflichtung* des Sports, sich als „nationaler Repräsentant" der internationalen Wettbewerbsfähigkeit oder gar Überlegenheit des Landes instrumentalisieren zu lassen.

Angesichts der Pluralität, der Gleichzeitigkeit des Ungleichzeitigen in den Gegebenheiten der Welt und der geringen politischen Durchsetzungsmacht der Sportbewegung kann die *garantierte Durchsetzung dieser Grundsätze* einer liberalen politischen Ordnung in anderen Ländern nicht zur *Voraussetzung* einer Beteiligung am internationalen Sportverkehr gemacht werden. Als Voraussetzung kann allein der bescheidenere, aber unabdingbare Anspruch auf Geltung und Anerkennung der in der IOC-Charta kodifizierten Prinzipien politischer und religiöser Neutralität des internationalen Sportverkehrs durch alle Beteiligten gelten. Legitimer Boykott kann nur als *Ultima ratio* zur Durchsetzung der Regeln, welche die Sportbewegung sich selbst gegeben hat, in Betracht kommen.

Im Rahmen dieses *Konzepts pragmatischer politischer Mäßigung* sind alle Entwicklungen zu begrüßen und zu unterstützen, die zu einer weltweiten Durchsetzung dieser Prinzipien einer liberalen politischen Ordnung beitragen. Denn sie helfen ja zugleich, die Entfaltungschancen der Sportbewegung zu verbessern.

8. Begründen – Rühmen – Kritisieren – Verantworten: Der Aufklärungs-Vierkampf des Sports[22]

Diskursive Ausgangslage: Der öffentliche wie der wissenschaftliche Sportdiskurs sind gespickt, oft dominiert von Kritik an fast allem, was in diesem Feld anzutreffen ist, insbesondere an den tatsächlichen oder unterstellten politischen Referenzen dieses Feldes. Das ist gut so. *Wohlbegründete Kritik ist gleichsam das Hochamt des Diskurses.* Ohne kritische Beobachtung und Korrektur würde auch das Feld des Sports wie jedes andere ersticken und zugrundegehen an seinen Unzulänglichkeiten, Fehlentwicklungen und an den Vernichtungsfeldzügen destruktiver Mächte, die in Wirtschaft, Politik, Militär, Recht, Religion, Wissenschaft, Moral, Kultur und darin auch im Sport ihr Unwesen treiben. Kritik verfügt über keine exekutiven Durchgriffsrechte und -mittel. Sie ist deshalb nicht mehr als eine Form von „*Soft power*". Aber wie man täglich beobachten kann, kann auch Soft power eine wirksame – eben – Macht sein.

Kritik hat ein zwar selbst machtarmes, gleichwohl ungemein wichtiges, unverzichtbares Wächteramt über alle privaten und öffentlichen Angelegenheiten. Sie fungiert gleichsam als Hygiene-Institut mit dem Auftrag der Selbstkontrolle, die uns Menschen mit unseren eigenen notorischen Schwächen konfrontiert und im Fall des Versagens nicht ungeschoren davonkommen lässt.

Damit sie dieses Wächteramt kompetent und mit nachhaltiger Wirksamkeit wahrnehmen kann, ist sie angewiesen auf elementare Voraussetzungen. Es reicht nicht aus, mit dem Finger auf tatsächliche oder vermeintliche Missstände zu zeigen und wie ein Revolverheld im einstigen Wilden Westen am schnellsten und treffsichersten aus der Hüfte schießen zu können. Es bedarf einer Legitimation für dieses Handeln. Diese Legitimation besteht auch im

---

22 Siehe LUMER, Christoph (2021): Stichwort *Begründung*. In: SANDKÜHLER (2021), 255–262; RÖTTGERS, Kurt (2021): Stichwort *Kritik*. In: ebd, 1317–1323; BAYERTZ, Kurt (2021): Stichwort *Verantwortung*. In: ebd., 2860–2863; KREß, Hartmut (2021): Stichwort *Verantwortungsethik/Gesinnungsethik*. In: ebd., 2863–2867

Fall von sporteigenen Missständen zum einen in der Benennung der Gründe für Kritik aus einer umfassenden Würdigung der gegebenen Umstände bei dem kritisierten Gegenstand heraus, zum anderen in der Benennung des erstrebenswerten Gegenbildes, an dem der gegebene und kritikwürdige Gegenstand gemessen wird und in dessen Richtung er durch die Kritik gedrängt werden soll.

Genau an diesen Prämissen jedoch gebricht es oft in dem, was als Kritik den Sportdiskurs bestimmt. Sie tritt im vollen Bewusstsein ihrer verfassungsmäßig garantierten Meinungsfreiheit und ihres daraus legitimierten Mandats auf, ermittelt und skandalisiert Fehlentwicklungen. Dabei verfährt sie jedoch oft sehr selektiv und ohne die genannten Prämissen zu beherzigen. Dadurch verkleinert sie ihren hohen Anspruch selbst auf einen fadenscheinigen Kritizismus und bleibt unter ihren Möglichkeiten. Auch gutgemeinte aufklärerische Absicht und Leistung können so in ihre Gegenteil umschlagen: in Anti-Aufklärung.

Durch solche Defizite schafft sie oft ein öffentliches Klima und einen Handlungsdruck in Richtung auf Konsequenzen, die ihrerseits für die Zukunftsfähigkeit des Sports problematisch sein können. Dieser Stil ist umso bedenklicher, wenn er das bestreitbare subjektive Urteil der Kritiker*innen in einer apodiktischen Manier herausposaunt, als werde eine unbestreitbare Wahrheit verkündet.

Weiterführende Antwort: Um durch dieses argumentative Minenfeld hindurch Orientierung und einen begehbaren Pfad zu finden, ist es wichtig, zwischen subjektiver *Meinungsbildung* und objektiver *Urteilsbildung* zu unterscheiden.

Unzureichend begründete, zu kurz greifende und dadurch oft irreführende Kritik fordert *Metakritik* heraus. Sie beginnt mit Anerkennung der Einsicht, dass selbst Unabhängigkeit der Urteilsbildung nicht gleichbedeutend sein kann mit Willkürlichkeit, Beliebigkeit und Voraussetzungslosigkeit. Das müssen manche selbsternannte Kritikbeauftragte im öffentlichen und wissenschaftlichen Diskurs erst lernen. In Bezug auf den Sport wird der kritische Blick oft *von außen*, aus nichtsportlicher Perspektive auf das Sportgeschehen gerichtet und dieses an außersportlichen Kriterien gemessen. Als Maßstab jedoch müsste *von innen* her die kritische Frage nach dessen *Sportsinn*-Gerechtheit angelegt werden.

Dem Vorhaben einer Neubegründung der Sportidee und des in ihrer Pflicht stehenden sportpolitischen Handelns kann man *die Form eines Deutungs- und Handlungs-Vierkampfes* geben. Soll sie in der Praxis fruchtbar werden, muss sie vier Schritte umfassen: Begründen, Rühmen, Kritisieren Verantworten. Anders formuliert: *Räsonieren, Zelebrieren, Distanzieren, Im-*

plementieren. Alle vier gemeinsam, und logisch in dieser Reihenfolge. Der Sport- und besonders der Sportpolitik-Diskurs nehmen Glaubwürdigkeits-Schaden, wenn man sich darauf beschränkt, mit dem dritten Schritt anzufangen und auch gleich wieder aufzuhören. Stattdessen also jener Deutungs- und Handlungs-Vierkampf.

Erster Schritt: Begründen

Die Ausstrahlung des Sportprojekts lebte lange Zeit von einem Nimbus vermeintlicher Unbestreitbarkeit. Er speiste sich aus der evidenten Faszination des sportpraktischen Geschehens sowie aus der scheinbar suggestiven Kraft einer Vielzahl von im Umlauf befindlichen rhetorischen Benediktionen. Das reicht nicht länger hin. Erforderlich ist ein Fundament argumentativer Begründung, für das in dieser Einführung zahlreiche Bausteine zusammengetragen worden sind:

(1) Das Sportprojekt ist überfrachtet mit Zielen, die untereinander nicht kompatibel sind und denen es praktisch oft nicht gewachsen ist. Es muss stattdessen konsequent um die Einsicht zentriert werden, dass es sich um ein *Kultur*-Projekt handelt. Und, weiter einschränkend, dass wir es hier innerhalb der weiten Kulturlandschaft schlicht mit einem *Sport*-Ereignis zu tun haben. Nicht mehr, aber auch nicht weniger. Es verkörpert innerhalb dieser Verwandtschaft etwas ganz Eigenes. Diese Fokussierung, diese Selbstbeschränkung wertet das Ereignis in seinem kulturellen Eigensinn, Eigenwert und Eigenrecht nicht etwa ab, sondern schärft den Blick für die kulturellen Besonderheiten, die zum Leben der kulturellen Großfamilie nur das Mitglied Sport beizutragen vermag.

(2) Permanent zu klären bleibt, welcher Sinnstruktur das sportliche Geschehen folgt, deren Geltung insbesondere die großen Ereignisse bestimmen sollen. Um dessen kulturellen Eigensinn und Eigenwert nicht nur zu behaupten oder durch die Inkorporation außersportlicher kultureller Versatzstücke künstlich heraufzubeschwören, ist *Anstrengung des Begriffs*, aufwendige Arbeit an der umfassenden Begründung eines *gehaltvollen Sport-Begriffes* gefordert.

(3) Das Sportgeschehen ist, wie oben dargestellt, gesteuert durch spezifische Imperative: Selbst- und Fremdherausforderung und -überbietung in schöpferischem Wettbewerb; Versprechen eines Strebens nach Exzellenz im Sinne von außergewöhnlichen Leistungen, das ein Kämpfen um Alles *und* Nichts bedeutet, um ein Nichts so, *als ob* es das Alles wäre; Befolgung selbstgesetzter Regeln; Zusammenwirken der Kontrahenten im Streit um den je eigenen Erfolg im Sinne einer „Kooperenz"; Schöpfung von gemeinsamen Werken, Dramen, die erst in der Aufführung entstehen und mit ihr auch wieder vergehen. Geschaffen werden überaus flüchtige und vergängliche Kulturprodukte, vergleichbar den Werken anderer performativer Künste. Die

hierauf bezogene *Partikularethik* bezieht ihre Geltung ausschließlich aus dem wohlbegründeten kulturellen Eigensinn sportlichen Handelns, nicht aus einer *Universalethik*, die Geltung für das allgemeine gesellschaftliche Leben insgesamt beansprucht.

(4) Moderne Kulturproduktion kann gelesen werden als eine Abwehrreaktion gegen die Zumutungen, die traditionales und transzendental gebundenes Denken durch Säkularisierung, Rationalisierung, De-Sakralisierung und Entzauberung des modernen Lebens erfährt. Solche Antworten können – im Gegensatz zu destruktiven, fundamentalistischen oder gar terroristischen „Lösungsversuchen" – gesucht werden als eine *Hoffnung*: zwar als eine rationale, realistische Anerkennung der Unwiederbringlichkeit des geerbten einstigen Zaubers; aber als die kulturelle Leistung eines Ausgleichs für den Verlust durch die Schaffung von – wenn auch nur punktuellen – Ereignissen einer Rücknahme jener Entzauberung: Es handelt sich um „Widerstands"-Akte der „Selbstverzauberung" durch Feste, Zirkus, Kunst, Musik, Theater, Feuerwerke oder eben auch große Sportereignisse. Es ist *„Wiederverzauberung auf Zeit"* und deren Verteidigung gegen alle Mächte, die sie von innen oder außen bedrohen.

(5) Im Mittelpunkt dieses Konzepts kulturwissenschaftlicher Deutung steht ein anspruchsvoller Begriff des Sports. Was im Sport geschieht, sind *frei erfundene Geschichten*. *Jegliche* Kunst erzählt in *ihrer* gattungsspezifischen Sprache Geschichten: ihre je *eigenen* Geschichten, nicht aber gattungs-*fremde* Geschichten, für die sie nur ihre Sprache, ihr spezifisches Medium zur Verfügung stellen würden. Die Geschichten des Sports werden erzählt in der Sprache von gewaltfrei-körperbestimmten Wettbewerbs- und Kampfsituationen. Die verschiedenen Sprachen muss man *kennen*, will man die unterschiedlichen Arten von Geschichten „lesen" und verstehen. Musisch-ästhetische Erziehung inklusive *Sport*-Erziehung ist maßgeblich ebendiese Sprachenerziehung. Sportliches Handeln erzeugt so eine *hochartifizielle fiktive Realität*. Erzählt werden Geschichten von *selbstgesetzten Herausforderungen*, nicht durch irgendeine Not der äußeren Umstände erfordert oder erzwungen, aber im gewaltfreien Kampf mit Gleichgesinnten angestrebt. Und wie andere gute Kunst erzählt der Sport *spannungshaltige* Geschichten. Die Spannung lebt von der Frage, nicht, wie meist behauptet, *wer gewinnt*, sondern von der Frage, ob die selbstgesetzte Herausforderung und die durch den Gegner gesetzte Fremdherausforderung sowie die durch den Streit ermöglichte gemeinsame Schaffung von Sportwerken *gelingen* oder nicht.

(6) Alle außersportlichen Ziele und Mächte – Allgemeinpolitik, Friedensförderung, Ökonomie, Ökologie, Kommunikations- und Unterhaltungsmedien, Pädagogik, Gendergerechtigkeit und Universalmoral – sind dem Gelingen der kulturellen Botschaft der Sportidee zu- und unterzuordnen. Sie können *ihren* jeweiligen bereichsspezifischen Eigensinn auf diesem partikularen

Feld nur insoweit legitim zur Geltung bringen, als dies mit dem Eigensinn des Sportprojekts verträglich ist und sich ihm „dienend" ein- und unterordnet. Die Hauptaufgabe der Sportpolitik besteht darin, die Umfeldbedingungen so zu gestalten, dass sie die kulturellen Botschaften des Sportereignisses fördern. Sportpolitik muss ausschließen, dass außersportliche Mächte das Ereignis für ihre eigenen Interessen usurpieren und es zum Kampfplatz außersportlicher Konflikte machen.

(7) Die Rechtfertigung dafür, den kulturellen Eigensinn sportlichen Handelns trotz seiner partiellen Unverträglichkeiten mit allgemeinen ethischen Standards voll auszuleben, den Normen und Handlungsimperativen seiner Partikularethik guten Gewissens folgen zu dürfen, steht und fällt damit, dass die Grenzen zwischen Sport und außersportlichem Leben klar definiert und strikt respektiert werden. Von beiden Seiten, vom Sport wie von der Gesellschaft her: Sport ist weder Abbild noch Vorbild des gesellschaftlichen Lebens. Alle Erwartungen, die dem Sport oder der Gesellschaft dadurch aufzuhelfen versuchen, dass sie das Gegenteil behaupten, entziehen dem Sport jene Rechtfertigung. *Zugleich* aber muss man sich innerhalb des partikularen Eigensinns so engagieren, als sei er das Eigentliche. Ein spannungshaltiges Ausleben des jeweiligen partikularen Eigensinns im Als-ob-Modus universaler Eigentlichkeit – gerade dieses Grundmodell verleiht dem Handeln im Sport seine gesellschaftliche Rechtfertigung.

Zweiter Schritt: Rühmen

Dies ist die ungeläufigste unter den Disziplinen dieses Vierkampfs. Sie erscheint in einer aufgeklärten und ernüchterten Zeit sogar anstößig, verpönt. Dem ersten Schritt dieses Vierkampfs, dem Entwurf einer wohlbegründeten ideellen Grundlage des sportlichen Projekts, wird schon eine stiefmütterliche Behandlung zuteil. Vollends out scheint der zweite Schritt: das Rühmen des Sportereignisses. Diese Diskurslage fordert Widerspruch heraus.

Begründen und Beurteilen von Erscheinungen der Lebenswelt sind ganz trivial auf eine *Vorbedingung* angewiesen: dass man sie überhaupt *versteht*. Schon dazu aber gehört gefühlsmäßige Teilhabe, *Affiziertheit*. Rühmen entspricht einem menschlichen *Grundbedürfnis auf Positivität*. Menschen sind bestrebt, sich gegen die Widrigkeiten der *Conditio humana* zu behaupten, erfolgreich zu sein, sich auszuzeichnen, Bemerkenswertes zu schaffen und Anerkennung dafür zu finden. „Klappern gehört zum Handwerk" – so die volkstümliche bzw. geschäftliche Version des hochkulturellen Plädoyers für Rühmen. Zu dem gehört auch rhetorisches Pathos, ein begründetes Groß-Reden, freilich nicht Großsprecherei von Angebern, die nicht die Sache, sondern sich selbst rühmen.

Unbillig ist nicht *Pathos* per se, sondern *hohles*: wenn ideelle Leere übertönt werden soll durch Wortgetöse. Zulässig ist, wohlbegründete, ästhetisch und ethisch gehaltvolle Ideen mit starken Worten zu verstärken, wenn der Inhalt die pathetische Form (ver-)trägt, nicht aber die Form das Fehlen von Gehalt verdecken, ja verheimlichen soll. Die wohlverstandene, weil wohlbegründete Sportidee kann ein wohlverstandenes Pathos tatsächlich tragen, ist mithin durchaus „pathos-, lob-, ruhmtauglich", aufgrund ihrer Fragilität sogar ebenso „ruhmbedürftig": Ausdruck der „Selbstverständlichkeit des Außergewöhnlichen", des Wettkampfs als „Kampf um eine Wette", des Ringens um „Nichts und Alles", die den kulturellen Eigensinn sportlichen Handelns ausmachen.

Man soll sich beim Umgang mit Kulturgütern *auch* – natürlich nicht *nur* – ohne Vorschalten eines intellektuellen Filters von dem Erlebnis der ästhetischen Erfahrung und von der Macht gelungener kultureller Ereignisse überwältigen lassen. So wie für Literatur, Musik, bildende Kunst oder Ballett gilt alles dies uneingeschränkt auch für die „Sportwerke" als Kern des Sportereignisses.

Rühmen? Ja, aber dann doch *eingegrenzt!* Vorbehalt-*loses* Rühmen kann nur legitim sein, insoweit es sich beschränkt auf die Ebenen der *Ideen* oder von einzelnen gelungenen ideellen *Schöpfungen, Werken und Taten,* sofern sie dieses kulturell legitimierte *Sinn*-System rein verkörpern. Allein dort und in bestimmten Kulturgütern, die auf ihnen aufbauen, aus ihnen hervorgehen, kann jener utopische Überschuss verwirklicht sein und *deshalb* gerühmt werden, in dem sich die Ansprüche des Menschen an sich selbst, an sein Menschsein rein ausdrücken. Kaum aber legitim sein kann ein vorbehaltloses Rühmen von komplexen realen *Ereignissen insgesamt* oder von *Institutionen*. Denn diese sind stets nur sinngemischt-„unreine" und zudem mit inneren Widersprüchlichkeiten kontaminierte *Sozial*-Systeme. Sie erfordern ambivalente Beurteilungen, in denen Rühmens- und Beklagenswertes schlecht verträgliche Legierungen miteinander eingehen. Ebensowenig können *Personen* Gegenstand vorbehaltlosen Rühmens sein. Sie tragen stets gebrochene Biographien. Einfaches Rühmen wäre hier gleichbedeutend mit unvertretbarer Heroisierung, Hagiographie und Apologie.

Ideen aber und Werke, kulturelle Schöpfungen können und sollen gerühmt und begeistert gefeiert – und das heißt auch: „geheiligt", durch Tabuisierung geschützt und verteidigt – werden, soweit sie Eigensinn und Eigenwert dessen verkörpern, was den Menschen zum Menschen macht: ethische Normenbindung und ästhetischen Schöpferwillen. Und soweit sie, auf unserem Feld, sportgerechtes praktisches Gelingen in höchster Vollendung aufführen. Im Titel sicherlich nicht zufällig an *Das Lob der Torheit* des Erasmus von Rotterdam erinnernd, das in der scheinbaren Torheit und tatsächlichen Lebensklugheit die Mutter aller Kultur ausmacht, hat Hans Ulrich Gumbrecht einst ein *Lob des Sports* (GUMBRECHT 2005) verfasst. Er wolle, so sein Statement, vorsätzlich und standhaft dem modischen Trend zum

Schlechtreden des Sports trotzen und ein von Kritik ungetrübtes Loblied singen auf die Verklärung, die vielleicht nur der Sport bewirken könne, einen Gegenstand, der unsere Blicke banne und eine ungeheure Anziehungskraft auf uns ausübe, ohne dass wir die Gründe kennen.

Bei aller Reserve und Skepsis gegen hohles Pathos heißt das: Man darf und soll auch im Feld des Sports die frohe Botschaft verkünden. Begeisterung, Faszination finden nicht nur statt. Sie sind auch erlaubt und erwünscht. Umso größer ist zugleich die Verantwortung aller Beteiligten für den kulturellen Wert und die Integrität der Idee, für die sie praktisch durch ihr Handeln einstehen. Dafür, dass über dem Sportgeschehen nicht permanent das Damoklesschwert des Verrats an der Idee schwebt und nicht die Drohung, dass einem die Begeisterung über herausragende Leistungen unversehens im Halse stecken bleiben muss.

Rühmen der Sportidee also, als Gegenteil von Kritik. Was für ein abenteuerlicher Ratschlag! Er klingt für aufgeklärtes Denken anstößig. Aber gemach: In diesem Vierkampf ist es ja schon der *zweite* Schritt nach dem Begründen und *erst* der zweite Schritt vor dem Kritisieren. Natürlich nicht das erste und letzte Wort. Das Plädoyer für eine Rehabilitierung des Rühmens auch auf sportlichem Feld ist doppelt begrenzt und damit gewappnet gegen seine Verzerrung zu hagiographischer und apologetischer Hofberichterstattung vor sportlichen Thronen: durch seine Beschränkung auf die Ebene der *Idee*; und durch die Einbettung in die Schritte Begründen und Kritisieren, mit denen das Unrühmliche und daher Unrühmbare am Sport aus dem Rühmen ausgeschlossen wird.

Zurück auf dem Boden der Realität, ist dann wieder ein durch Erfahrung ernüchterter Blick auf die Tatsachen zu richten. Das ist die Aufgabe der Kritik: Beurteilung der Realität am Maßstab begründeter ideeller Vorgaben.

Dritter Schritt: Kritisieren

Hier wird verzichtet auf jegliche Einzelkritik sportlicher Fehlentwicklungen – von denen es unbestreitbar mehr gibt, als der Glaubwürdigkeit und Zukunftsfähigkeit gut tut, über die man täglich in der Presse lesen und in jedem sport- und kulturkritischen Gerede hören kann. Stattdessen ist nur an das *Grundprinzip* zu erinnern, von dem aus gehaltvolle, auch praxiswirksame Kritik nur möglich ist.

Wohlbegründete Kritik muss in zwei Schritten vorgehen: (1) Sie ist mit Kant und Luhmann darauf verwiesen, „to make a difference" und dadurch einen spezifischen *Sinnraum* gegenüber der Umwelt ab- und eindeutig einzugrenzen, innerhalb dessen ihre Aussagen gelten sollen. (2) Sie muss innerhalb dieses Sinnraums den kritisierten Sachverhalt als *Defizit* beschreiben, indem sie seine empirische Tatsächlichkeit unterscheidet von einer als wünschenswert und möglich anerkannten Idealvorstellung. Wohlbegründete Kritik ist damit a) *Vergleich*, was die Frage nach nichtverwirklichten *Optionen*, b) *Urteil*, was die Frage nach den *Maßstäben* aufwirft, sowie c) ein *gründliches Abwägen* des Für und Wider im Lichte von a) und b). Die übliche Form der Sportkritik hingegen beschränkt sich zumeist auf a) das *bloße Behaupten* einer mutmaßlichen Verwerflichkeit, b) die *Empörung* darüber und c) die Erwartung einer *Evidenz*, also die Annahme, dass Behauptung und Empörung sich von selbst verstünden und keiner weiteren abwägenden Begründung bedürften. Gängige Formen der Sportpolitik-Kritik sind, ungeachtet ihrer punktuellen Berechtigung, in ihrem Gesamtbild enttäuschend defizitär oder gar nur besserwisserische und anmaßende Polemik.

Selbst in gnadenloser Kritik muss noch immer der Rückbezug erkennbar bleiben zum rühmenswerten Kern des Kritisierten – sowie statt eines rechthaberischen Auftrumpfens eher eine *Trauer über die praktische Verfehlung der ideellen Norm*, die zu kritisieren ist, weil sie unter den menschlichen Möglichkeiten bleibt und damit das Kulturgut beschädigt. Kritik, die gehört werden und überzeugen will, sollte sich an die Rolle alttestamentarischer Propheten halten, welche die Gemeinschaft, der sie zugehörten, an ihre eigenen selbstgesetzten Ziele und deren Einhaltung erinnerten. In der Sportkritik hingegen herrscht oft ein triumphierender Ton über die Enthüllungstat – und über das Scheitern hochfliegender und vermeintlich nur als hohle Phrase daherkommender Ambitionen.

Vierter Schritt: Verantworten

Für *alle* im Sportsystem involvierten Akteure geht es um die ersten drei Schritte: nämlich *Begründen* bzw. *Verstehen* des kulturellen Eigensinns sportlichen Handelns; *Rühmen* im Sinne von Respekt, Anerkennung und öffentlicher Förderung gegenüber seiner gesellschaftlichen Bedeutung; sowie sowohl rhetorische wie praktische *kritische Distanzierung* von Verfehlungen bis Verrat gegenüber deren Geltung. Darüber hinaus steht jener Kreis von *Personen und Institutionen*, die durch politisches Handeln das praktische Gelingen des Kulturprojekts Sport und die dafür erforderlichen materiellen und administrativen Rahmenbedingungen zu gewährleisten haben, in einer herausgehobenen entsprechenden *Verantwortung*. Dies ist das ureigene Feld jener sportpolitischen Rolle, die man üblicherweise mit dem Begriff *Funktionär*in* umschreibt.

Aufgabe von sport- wie jeder kulturpolitischer Verantwortung ist es, die Schaffung des von ihr verantworteten Kulturguts möglich zu machen und sein sinn- und regelgerechtes Gelingen zu gewährleisten, für dessen Zustandekommen dann die Athlet*innen und deren direkte Betreuungsteams zuständig sind. Viel weiter reichen weder ihr Mandat noch ihre Macht. Das ist zwar allemal herausfordernd, schwierig und wichtig genug. Aber diese sinn- und sachgerechte Grenzziehung wird im medialen und politischen öffentlichen Diskurs permanent und in zum Teil ultimativer Weise in Zweifel gezogen durch Empfehlungen bis hin zu Forderungen, die Wahrnehmung sportpolitischer Verantwortung könne nur legitim sein, wenn sie sich über ein „Nur-Sport" hinaus Zielen, ja dem Diktat eines Primats der Allgemeinpolitik unterwerfe.

Der Politik kommt allein schon deshalb kein generelles Primat zu, weil sie im Spektrum der arbeitsteilig fungierenden Sinnsysteme in einer differenzierten Gesellschaft nicht mehr ist als ein Dienstleister für die Ziele anderer Sinnsysteme, ein „Hilfsarbeiter im Weinberg anderer", der nur Zubringerleistungen erbringt, damit substantielle Sinnsysteme ihren Aufgaben gerechtwerden können.

Dass sich überhaupt jenes Bild von einem Primat der Politik auch in Feldern der Kultur im öffentlichen Bewusstsein breitmachen und nachhaltig festsetzen konnte, geht darauf zurück, dass ihr Kommunikations- und Handlungs-Medium *Macht* ist und die damit gegebenen Mittel und Wirkungsmöglichkeiten von ihren Protagonist*innen oft rückhalt-, ja sogar skrupellos eingesetzt werden. Ähnliches gilt für den Einfluss der Ökonomie im Bereich des Sports mit ihrem Kommunikations- und Handlungs-Medium *Geld*.

Beiden Sinnsystemen kommt zwar aufgrund der direkten Durchgriffs- und Durchsetzungsmöglichkeiten auf das reale Geschehen, mit denen sie anderen Sinnsystemen überlegen sind und diese Überlegenheit oft rücksichtslos ausspielen, ein zwar faktischer, nicht aber logischer und legitimierter Vorrang zu. Ein liberales und erst wirklich demokratisches Gesellschaftsmodell hingegen unterwirft sich nicht einfach daraus entstehenden quasi-diktatorischen Anmaßungen der Macht- und Geld-Systeme. Sie geht mit Luhmann vielmehr von einer strukturellen Gleichrangigkeit der Sinnsysteme aus und strebt nach ihrer praktischen „Koexistenz", in der ihre je eigenen Ansprüche fair gegeneinander ausbalanciert, begrenzt und dadurch auch gegen deren Tendenzen zur totalisierenden Wucherung und Vorherrschaft über die anderen gewappnet werden.

Sportbezogenes Handeln, das sich an diesem Verständnis orientiert, kann sich darauf berufen, dass es legitimerweise lediglich eine *je situative* und damit situativ wechselnde Führerschaft einzelner Sinnsysteme geben und dass im begrenzten Sinn- und Handlungsraum des Sports ein *Primat der Sportidee* legitime Geltung für sich beanspruchen kann. Bemerkenswert, ja kurios ist, dass die Hauptrichtung der Sportkritik unter Berufung auf den ehrenwerten Anspruch, demokratische Ziele einzufordern, mit ihrer Argumentation beharrlich einem solchen liberalen Denkansatz widerspricht. Die Gebote politischer Klugheit, ja auch aufgeklärter politischer Kultur sprechen eine andere Sprache.

Der Vierkampf aus Begründen, Rühmen, Kritisieren und Verantworten ist *die* Königsdisziplin im Umgang mit dem Sport. Sie fordert der intellektuellen Auseinandersetzung ebenso wie der Kunst sportlichen und sportpolitischen Handelns ähnliche Höchstleistungen ab wie den Athlet*innen selbst. Diese theoretischen und pragmatischen Anstrengungen sollten getragen sein von der Grundeinsicht: Sport ist gefährdet von zwei Seiten – von *innen* her durch eine Überdehnung der Versprechungen, mit denen der Verantwortungsraum des Sports überschritten wird; von *außen* her durch instrumentelle Zumutungen außersportlicher Mächte, mit denen die kulturelle Autonomie des Sports verletzt wird. Die Sportbewegung selbst trägt die Verantwortung für die Abwehr dieser Gefahren. Dieser Verantwortung ist sie bislang nur unzureichend gerecht geworden.

9. Sportjournalismus zwischen sportbezogener Aufklärung, Infotainment und sportpolitischer Missionierung

Diskursive Ausgangslage: Die journalistische Befassung mit dem modernen Sport vollzieht sich fast von Beginn an in einem eigenen Ressort, auch abseits seiner sinngemäßen Verwandtschaft mit dem Kulturleben, das traditionell im Feuilleton der Zeitungen und später der Kulturressorts der elektronischen Medien seinen Niederschlag findet. Diese Lage ist Ausdruck einer hergebrachten sinnwidrigen *Nicht-Beziehung aufgrund gegenseitiger Fremdheit*, innerhalb derer „die Kultur" sich nicht mit dem trivialen Sport gemein machen und „der Sport" mit der esoterischen Kultur kaum etwas zu tun haben wollte.

In seiner ursprünglich abgelegenen, aber längst ins Zentrum des öffentlichen Interesses gerückten und weit ausgebauten Nische zerfällt der Sportjournalismus in zwei sehr disparate Richtungen. Beide unterscheiden sich in problematischer Weise von ihrer Verwandtschaft in den anderen Ressorts unter dem gemeinsamen Dach einer Redaktion: Die eine Abteilung befasst sich mit dem Report über das lokale bis globale *sportpraktische* Geschehen. Sie geriert sich dabei jedoch weniger als kritisch-distanziert neutraler Beobachter und Berichterstatter, sondern eher als parteilicher *Fan* und als Verstärker der Interessen und Präferenzen der jeweiligen soziopolitischen Umgebung.

Die andere Abteilung befasst sich mit den *sportpolitischen* Umfeldbedingungen des praktischen Geschehens auf den Plätzen. Sie geriert sich ebenfalls weniger als kritisch-distanziert neutraler Beobachter und Berichterstatter, sondern eher als willkürlich auf bestimmte Schwachstellen des sportpolitischen Feldes fokussierter, ja fixierter alttestamentarischer *Prophet*, der in einem erstaunlichen Unisono der eigentlich miteinander konkurrierenden Medien mit missionarischem Furor manche (in der Tat beklagenswerten) Missstände und Verantwortungsträger geißelt. Darüber aber wird versäumt, das komplexe und über weite Strecken sinngerecht agierende Gesamtfeld der Sportpolitik von der lokalen bis zur globalen Ebene in den Blick zu nehmen und damit der Öffentlichkeit ein fair abwägendes Gesamtbild zu vermitteln. Manche Spitzenverbände des Weltsports namens FIFA und IOC und ihre führenden Repräsentanten, deren Unarten in diesen Darstellungen als scheinbarer pars pro toto für die gesamte sportpolitische Landschaft stehen, firmieren in dieser polemischen Zeichnung wie ein Heer von Raubrittern, das durch die Lande zieht und diese verheert, indem es nichts anderes tut, als die dort erzeugten Reichtümer an sich zu raffen und unter sich wie die Komplizen einer Mafia aufzuteilen. (Siehe z.b. KISTNER 2014)

Stimmen aus der Sportwissenschaft zu dieser Szene klingen oft wie ein bloßes Echo, statt deren Einseitigkeiten metakritisch unter die Lupe zu nehmen und analytisch zu durchleuchten. Sozialwissenschaftliche Studien zu diesem Tätigkeitsfeld (siehe WEISCHENBERG 1978; HATTIG 1994; BÖLZ 2014) verweisen auf eine Außenseiterstellung innerhalb der Gesamtredaktionen und muten an wie einige Tropfen im Meer der übrigen medienwissenschaftlichen Literatur.

Weiterführende Antwort: Kann man zu diesem Thema noch etwas Neues sagen? Oder ist, mit Karl Valentin gesprochen, schon alles gesagt, nur noch nicht von allen? Tatsächlich besteht nach wie vor erheblicher Klärungsbedarf. Die Diskussion hierzu verläuft zu plakativ in der Form eines Schlagabtauschs mit vordergründig-kulturkritischen Stereotypen.

Wo bleibt bei einer unübersehbaren Dominanz von Tendenzen des Sportainments sowie des Verbände-Bashings die journalistische Verantwortung? Um dem näherzukommen, benötigt es differenzierte Analyse statt pauschaler Medienschelte. Letztere ist ein zugleich zentraler und trivialer Topos jeglicher Gesellschafts- und Kulturkritik. Das gilt auch für die Rolle der Medien gegenüber Sport und Olympismus. Der Diskussion täte es gut, wenn sie wegkäme von dem herrschenden Stil eines wohlfeilen Lamentos. Sie sollte hinkommen zu einer Anerkennung der Gegebenheiten als Ausgangspunkt für eine präzise Analyse der unterschiedlichen Arten von Loyalität und entsprechender Verantwortlichkeit, denen die unterschiedlichen Typen von öffentlichen Medien unterliegen. Als die wichtigsten vier dieser Typen sind zu unterscheiden:

- die schreibende Presse, seit jeher hauptsächlich privatwirtschaftlich verfasst, aber zumindest im Bereich des Qualitätsjournalismus als kritik- und öffentlich verantwortungsfähig anerkannt bis hin zu der euphemistischen Titulierung als „Vierte Gewalt";
- die öffentlich-rechtlich verfassten Rundfunkanstalten;

- in Deutschland seit den 1980er Jahren mit Einführung des dualen Systems die privatwirtschaftlich verfassten Rundfunkunternehmen; sowie
- die immer dominanter werden digitalen bis hin zu den sich „sozial" nennenden Medien.

Das Thema steht mitten in dem, was man beim Sponsoring *das „magische Dreieck" Sport – Medien – Wirtschaft* nennt. Sport ist dabei Gegenstand medialer Beobachtung, Inszenierung und Informationsvermittlung wie auch selbst Akteur, insofern er Rechte über Beobachtung und Informationsvermittlung zu verkaufen hat. Die Wirtschaft sucht den Sport als Markt für den Warenumschlag wie als Feld werblicher Aktivitäten zu nutzen. Der Sport sucht die Wirtschaft zur Sicherung und Ausweitung der ökonomischen Grundlagen und Spielräume seines kulturellen Handelns – möglichst als einseitig fördernde Mäzene, immer stärker aber als Sponsoren im Verfahren des Gütertauschs auf Gegenseitigkeit.

Die vermittelnde, eben mediale Zwischenstellung nehmen die Medien wahr, indem sie primär ihren eigenen journalistischen und medienwirtschaftlichen Zielen folgen: Die grundlegenden Aufgaben des Sportjournalismus lassen sich zusammenfassen in Berichterstattung, Meinungsbildung, Entwurf von öffentlichen Bildern des Sports und Unterhaltung, wobei alle vier zwar grundsätzlich gleichberechtigt sind, aber die Frage aufwerfen, inwieweit die Realität diesem Anspruch gerecht wird. Die drei erstgenannten standen ursprünglich bei der Presse deutlich im Vordergrund gegenüber der letztgenannten, der Unterhaltung. Damit fielen das journalistische und wirtschaftliche Eigeninteresse der Presse und der Eigensinn des Sports insgesamt noch weitgehend in eins.

Bei den privatwirtschaftlichen elektronischen Medien hat sich die Gewichtsverteilung zwischen Marktorientierung und medialem Inhalt und damit zwischen den drei erstgenannten Aufgaben und der Unterhaltung umgekehrt: Zum Inhalt wird nur das, was Gewinn verspricht. Das verschiebt die öffentliche Darstellung des Sports in eine selektive Wahrnehmung nur noch dessen, was vor einem Massengeschmack mit seiner Dominanz von Unterhaltungsbedürfnissen bestehen kann. Mit der Vervielfachung der Fernsehprogrammanbieter ist der Bedarf an konkurrenzfähigen Massenunterhaltungsprogrammen sprunghaft gestiegen und der Sport bei der Suche an vorderste Stelle gerückt. Aber nicht der Sport *insgesamt*, sondern nur eine strenge Auswahl unter dem Kriterium „Quote".

Die entscheidende Frage lautet: Wie können die drei an dem magischen Dreieck Beteiligten ihre *Autonomie* und entsprechende *Prinzipien* des Handelns zugleich wahren und doch auch gegeneinander ausbalancieren:

- die Autonomie des *sportlichen* Sinns (*Erhaltung eines Kulturguts in der ganzen Breite seines Spektrums*);
- die Autonomie des *journalistischen* Sinns (*Erhaltung unabhängiger Berichterstattung und Beurteilung*)
- die Autonomie des *ökonomischen* Sinns (*Behauptung von Unternehmen am Markt*)?

„Wahren" und „ausbalancieren" sind dabei so zu verstehen, dass die drei unterschiedlichen Sinnbezirke mit ihren unterschiedlichen, aber gleichermaßen gesellschaftlich bedeutsamen „Aufträgen" nicht als Sportainment unter der Alleinherrschaft des ökonomischen Codes eingeebnet werden.

Wahrung und Ausbalancierung der drei Autonomien erscheinen angesichts der Macht des Marktes wie die Quadratur des Kreises. Gleichwohl wird dies Unterfangen auch zukünftig die Richtschnur für verantwortliches Handeln bilden und dabei auf Vernunft, Standfestigkeit und Engagementsbereitschaft vieler Beteiligter in allen drei Sphären setzen müssen.

Der kultur- und medienkritische Diskurs wird notorisch verwirrt dadurch, dass *zwei gänzlich unterschiedliche Arten von Kritik* durcheinandergeworfen werden, deren Unterscheidung die Grundlage auch dieser Einführung bildet. Spätestens seit Luhmann, eigentlich schon seit Kant kann man wissen, dass es keinen Sinn macht, Sinnsphären („sozialen Systemen") vorzuwerfen, dass sie die Funktion erfüllen, für die sie gesellschaftlich ausdifferenziert sind. Also z.B. der Unterhaltung vorzuhalten, dass sie vor allem bemüht ist, unterhaltsam zu sein nach dem von dem Filmregisseur Billy Wilder erlassenen elften Gebot: Du sollst nicht langweilen; oder der fiktiven Realität der Welt des Sports als Mangel anzukreiden, dass mit ihr nicht die reale Realität der außersportlichen Welten umgestürzt werden kann. Kritik hat primär die Aufgabe, innerhalb des gesellschaftlichen Ganzen „Welten", Systeme oder Sinnsphären nach dem zu unterscheiden, was tatsächlich ihren Unterschied macht.

Dabei zeigt sich schnell, dass entgegen einer verbreiteten anderslautenden Annahme das Ganze weniger ist als seine Teile, dass also die Gesamtgesellschaft ihren Mitgliedern umso mehr Entfaltungsspielräume eröffnen kann, je mehr unterschiedliche Funktionen sie ausdifferenziert. Hiermit ist also das erfasst, was man wegen des fruchtbaren Effekts solcher Unterscheidungen von Sinnsystemen auch *„positive Kritik"* nennen könnte. Erst auf dieser Grundlage, also sekundär, kann eine zweite Art von Kritik einsetzen, die nicht mehr nach dem Ob, sondern nach dem Wie der Ausdifferenzierung fragt, mit der Kontrastierung zwischen negativen und positiven Urteilen arbeitet. Es könnte daher als *„negative Kritik"* bezeichnet werden. Diese zweite ist jene Kritik-Ebene, auf der die Kluft zwischen den Anforderungen des Eigensinns des Sports und seiner defizienten Realität markiert wird. *Beide*

Ebenen fair zu beschreiben, wäre die Aufgabe eines verantwortungsbewussten (Sport-)Journalismus.

Welche Rolle kommt den Zuschauer*innen für den Umgang der Medien mit dem Sport zu? Medien sind Medien. Mit diesem scheinbar tautologischen Satz ist daran zu erinnern, welches spezifische Geschäft hier betrieben wird: Es wird zwischen Ereignissen und einer (zumeist nicht anwesenden) Öffentlichkeit vermittelt durch Entwurf von verbalen, akustischen oder optischen Bildern von diesen Ereignissen. Bezogen auf den Sport kann man davon ausgehen, dass ein überwiegend nichtanwesendes Publikum informiert und unterhalten, vor allem aber auch indirekt am sportlichen Geschehen beteiligt werden möchte. Zwischen diesen Wünschen, aber auch innerhalb dieser Wünsche kann es bei individuellen Zuschauerinnen, Hörern oder Lesern jedoch völlig unterschiedliche Präferenzen, Gewichtungen, Prioritätensetzungen geben. Und es hängt von der journalistischen „Philosophie" des jeweiligen Mediums bzw. nicht zuletzt auch hier der einzelnen Journalist*innen ab, welche dieser Aspekte bei ihren medialen Inszenierungen in den Vordergrund gestellt werden.

Zu dieser Frage muss sich jeder, der sein Handeln unter dem Kriterium „journalistische Verantwortung" beurteilt sehen möchte, in seiner Arbeit je ganz konkrete Antworten suchen und eigene Entscheidungen treffen. Unbestritten sollte dabei bleiben, dass die Aufgabe eines ernstzunehmenden Sportjournalismus stets auch eine kulturpädagogische bleiben oder werden muss: „Sportkritik" also als Urteilsbildung im analogen Sinne zu Kunst-, Theater-, Musikkritik und deren elaborierten Ansprüchen. Das heißt Sport sehen und beurteilen, die Dramaturgien verstehen lernen: die Dramaturgie einzelner Wettkämpfe und Spielsysteme, die Dramaturgie des festlichen Gesamtereignisses Olympische Spiele, die Dramaturgie der politisch-ökonomisch-rechtlichen Entscheidungsprozesse, durch welche die anderen Dramaturgien ermöglicht oder beeinträchtigt werden.

Dabei geht es um einen „schonenden Umgang mit Sport" als Maxime und Pflicht aller gesellschaftlichen Akteure. Diese Forderung mag angesichts der aktuellen Robustheit und des verbreiteten Zynismus innerhalb des professionellen Sports leicht als abwegig, bestenfalls als nostalgisch erscheinen. Die gegenwärtige „überhitzte Konjunktur" von Teilen des Sports überspielt und überdeckt jedoch die Tatsachen,

- dass der Sport in seinem engeren Sinnkern und auf der Ebene der sportlichen Akteure weiterhin ein Minderheiten-Projekt darstellt und
- dass er zudem eine voraussetzungsreiche, hoch artifizielle, evolutionär „unwahrscheinliche" und damit fragile kulturelle Errungenschaft ist, deren Zukunftsfähigkeit von einem nachhaltigen Engagement starker und „kultivierter" gesellschaftlicher Kräfte abhängt.

Die jüngste Zeitgeschichte ist voll von Beispielen plötzlicher nur scheinbar überraschender Zusammenbrüche von Sozial- und Kulturmustern, die für die Ewigkeit gemacht schienen, tatsächlich aber von evolutionär unwahrscheinlichen Bedingungen abhängen, bei deren Ausbleiben sie spontan ihr Leben aushauchen. Auch der Sport ist in genau diesem Sinne nichts Natürliches, sondern etwas Künstliches, ein Vorhaben von historischen Dimensionen, das man *wollen*, für das man *kämpfen* muss. Bei aller berechtigten Süffisanz gegenüber aktuellen Fehlentwicklungen wäre deshalb auch nichts verfehlter als ein allfälliger Zynismus, der Einfallslosigkeit für „Realismus" erklärt und allen Ernstes weismachen möchte, beim Spitzensport mit seinem derzeit z.T. in der Tat desolaten Erscheinungsbild und beim Umgang der Medien mit diesem Sport seien Hopfen und Malz bereits endgültig verloren. Denn weder vom professionellen Sport noch vom professionellen Journalismus könne im Gegensatz zu allen anderen Berufszweigen je (wieder) eine seriöse Art von „Berufsethik" erwartet werden.

Kann also ein legitimer Anspruch an die Medien begründet werden, trotz des Respekts vor ihrer verfassungsmäßig garantierten Autonomie gerade *durch* „bereichsegoistische" Wahrnehmung ihrer eigenen Interessen und systemischen Funktionen auch *Mitverantwortung* für die Erhaltung, Anerkennung und Verbreitung der kulturellen Ziele der Sportidee und ihrer Ereignisse zu übernehmen? Also ein „Mitträger" des Sports als Kultur- und Sozialgut zu sein?

Zur Verwirklichung ihrer humanistisch-erzieherischen Ziele und Möglichkeiten ist die Sportidee auf entsprechendes Handeln von personellen und institutionellen Trägern angewiesen. Dies sind vor allem die *Athlet*innen* selbst, ferner die *Trainer* und die *Veranstalter*. Zu wünschen wäre, dass darüber hinaus auch die *Zuschauer*innen* und die *professionellen Berichterstatter*innen* zu diesem Kreis hinzukämen. Sie alle gemeinsam bringen erst das Sportereignis hervor. Oder jagte man hiermit einer Chimäre, einem Phantom nach? Die Suche nach einer überzeugenden Antwort wird, was die Zuschauer und die Medien anbetrifft, mindestens zwei *einschränkende Faktoren* berücksichtigen müssen:

(1) *Das sport-zuschauende Volk*, mit Heinrich Heines Worten „der große Lümmel", ist *nur sehr begrenzt für elaborierte sportlich-pädagogische Botschaften ansprechbar*. Es wird zum Sportfan mehrheitlich durch sportexterne, oft sportfremde, ja bisweilen sogar direkt sportwidrige Erwartungen. Daraus ergeben sich leicht Einstellungen und Handlungsweisen, die das Publikum nicht gut zum Mitträger von sportsinn-eigenen Botschaften qualifizieren. Es kann sich zudem durch die Wahlfreiheit innerhalb der Vielfalt des Medienangebots jederzeit unliebsamen pädagogischen Einwirkungen durch Wegzappen entziehen.

(2) *Die Medien* registrieren die Sportbewegung oft nur noch als *kritikbedürftiges Eigentum von umstrittenen Institutionen*, nicht aber als *schützens-*

und förderungswürdiges "gesellschaftliches Eigentum" und Kulturgut, für dessen Zukunft alle, und damit jede(r) Einzelne und auch jeder einzelne gesellschaftliche Bereich verantwortlich sind. Sie beschränken sich folglich in sport-*politischen* Fragen meist strikt auf die Rolle des unabhängigen investigativen Aufklärers von Fehlentwicklungen, der sich nicht mit seinem kontaminierten Beobachtungsfeld gemeinmachen und mit dessen Keimen anstecken lassen darf.

Verantwortung für das, was im Feld des Sports künftig geschieht: Ob dabei zusammen mit der Marktgesellschaft auch ein vernünftiger Sinn von Informations- und von Kulturgesellschaft erhalten werden kann, liegt bei allen Beteiligten, allen voran beim Sport selbst, der kein Opfer oder bloßes Objekt des Handelns von mächtigeren Anderen ist. Sondern ein eigenverantwortlicher – ja der *ausschlaggebende* – Akteur in jener Dreiecksbeziehung.

"Was nicht in den Medien erscheint, hat nicht stattgefunden" (Karl Adam)? Das ist natürlich unzutreffend. Wie konnte es denn sonst in die Welt gekommen sein zu einer Zeit, als es noch keine zeigenden und zahlenden Medien gab? Und wie hat es sich weiter behaupten und entwickeln können? Nur eine verschwindend geringe Menge dessen, was im Sport weltweit geschieht, hat überhaupt eine Chance, ins Fernsehen zu kommen. Und für den Sport ist dabei das Was und Wie alles andere als unbedeutend. Auch der große Rest, der keine TV-Resonanz findet, "geschieht" trotzdem, hat und behält für Millionen von Menschen Bedeutung. Es geschieht nur nicht zur gleichen Zeit für alle, vor weltweiten medialen, sondern vor begrenzteren Öffentlichkeiten. Von diesem unvermeidlichen Selektionsmechanismus darf sich der Sport nicht irritieren und davon abbringen lassen, dafür zu sorgen, dass es weiterhin stattfinden und sich in seiner ganzen gesellschaftlich wünschenswerten Vielfalt entfalten kann. Weise und verantwortliche Politik – das hieße dann sportintern-solidarische Umverteilung der Mittel, die dort und dann durch den Sport mobilisiert werden, wo und wenn etwas vom Sport ins Fernsehen kommt.

Schließlich doch eine pädagogische Anmerkung: Es gehört auch sportbezogen zur Allgemeinbildung, mediale *Kritik metakritisch lesen* und erkennen zu lernen, wo und wie auch sie oft interessengesteuert operiert und damit die öffentliche Meinungsbildung unter dem Label journalistischer Neutralität und Objektivität in eine von ihr favorisierte, aber bestreitbare Richtung lenken kann.

C Schluss

Kapitel 8 Lob der Torheit eines gedanklichen Purismus

Abschließend ist ein Aspekt anzusprechen, der keine direkte Korrespondenz im hergebrachten Sportdiskurs findet. Eine notwendige Antwort auf eine Frage, die dort zu Unrecht bislang gar nicht aufgeworfen wurde. Es ist die Frage, wie wissenschaftliche Erkenntnis sich der von ihr beobachteten Realität nähern und auf welcher Grundlage sie diese beurteilen soll. Der Sportdiskurs ist pragmatisch orientiert. Er schert sich wenig bis gar nicht um eine solche Vorab-Bestimmung der Ausgangsposition, aus der heraus man seine Urteile spricht. Er kommt lieber direkt zur Sache und ist entsprechend irrtumsanfällig. Sowohl in seiner eher rhetorischen Meinungsbildung zu sportpraktischen oder sportpolitischen Fragen wie in der Empfehlung von handlungspraktischen Konsequenzen.

Diese intellektuelle Selbstgenügsamkeit und ihre Folgen für das sportbezogene Handeln fordern eine kritische Prüfung und korrigierende Antwort heraus. Die erste Seite im Titel dieses Kapitels, in dem der Antwortversuch dieser Einführung wiedergegeben ist, referiert auf die ironisch-satirisch verklausulierte Feier einer *aufgeklärten* Haltung gegenüber allfälligen Vorurteilen, die Erasmus in sein *Lob der Torheit* oder *Narrheit* (ERASMUS VON ROTTERDAM 1534) gefasst hat, dieses „Stück ironische Panegyrik auf Selbsttäuschung, Eigenliebe und Irrtum (...), eine Hymne auf den Zweifel und ein Lob des Wissens um das Nichtwissen" (ROECK 2018, 701). Die zweite Seite verteidigt eine – weithin als töricht, weil weltfremd verworfene – *puristische* Haltung. Sie plädiert für den heuristischen Wert, der entstehen kann, wenn man die Existenz eines Kulturguts wie des Sports und die Entwicklungen in diesem Feld in einem ersten Zugriff unter vorläufiger Absehung von seinen „Verunreinigungen" durch die schmuddelige Realität zu betrachten und zu begutachten versucht.

Ein utopischer Überschuss erst ist es, was ein nur *gelebtes* menschliches Leben zu einem von Menschen *geführten* Leben macht. Von dieser Grundhaltung her gewinnt ein Purismus im Umgang mit dem Sport, für den diese Einführung plädiert, seine Rechtfertigung. Purismus? Ja. Aber natürlich nicht mit den abwehrenden Konnotationen, die man landläufig damit verbindet: wirklichkeitsfremd, blauäugig, akademisch, moralisierend, nicht menschengerecht, idealistisch, eben ein utopisch reines hessesches Glasperlenspiel. (Siehe HESSE 1943). Für nicht wenige haftet dem Bild des Puristen sogar der Ruch selbstgerechter Besserwisserei an, von Eifertum und Fanatismus, die im schlimmsten Fall, wenn diese Haltung sich mit Macht verbindet, bis hin zum Verdacht des Fundamentalismus oder Tugendterrors reichen können. Entgegen solchen stereotypen Vorbehalten wird der Rekurs auf

C Schluss

einen wohlverstandenen Purismus hier – *theoretisch* – als ein Verfahren der *Selbstaufklärung* gesehen, sowie – *pragmatisch* – als ein *Entmachtungsinstrument*, mit dem unbegründeten und illegitimen Übermächtigungsversuchen entgegengetreten werden kann. Vor allem aber ist er ein *Kontrollinstrument*: eine Vergleichsebene, an der die Distanz der Realität zu einem allgemein für wünschenswert erachteten Ziel „gemessen" werden kann.

Nach dem systemtheoretischen doppelseitigen Modell, in dem reine und deshalb außerreale Sinnsysteme in einer spannungshaltigen Beziehung zu sinngemischten realen Sozialsystemen gesehen werden, stünde der Purismus für die Seite des reinen und nur mittelbar realitätswirksamen Sinnsystems.

Die hier gemeinte Art von Purismus schrumpft mithin nicht zusammen auf das klägliche Format steriler Prinzipienreiterei oder der zu Recht verpönten Moralkeule. Sie erweist und bewährt sich vielmehr als ein ungemein fruchtbarer Nährboden für gehaltvolle Deutungen, Urteilsbildungen und Korrekturansätze für das Sportgeschehen auf allen seinen Ebenen. Erst dieser beharrliche Rekurs auf ein puristisches Verständnis der Sportidee versetzt den Sport in die Lage, ein Potential *vorpolitischer* Widerständigkeit gegen das direkte, an die Eigenbedarfe dieses Kulturfeldes nicht angepasste Durchschlagen gesellschaftlicher Tendenzen freizusetzen und damit *sportpolitisch* seine Autonomie zu verteidigen.

Diese Sicht ist ferner verwandt mit dem positiv wertenden Begriff *Wertkonservatismus*, den Erhard Eppler zur Abgrenzung gegen den negativ wertenden Begriff *Strukturkonservatismus* eingeführt hat. (Siehe EPPLER 2009) Angemessene gesellschaftliche Verankerung des modernen Sports ist eine Gratwanderung und Ausbalancierung zwischen diesen beiden Arten von Konservatismus. Genauer: das Beharren auf wertkonservativer Verteidigung des wohlbegründeten Eigensinns der Sportidee bei gleichzeitigem permanenten Ringen um die Überwindung von strukturkonservativen Entwicklungsbarrieren im Innenraum wie in den Außenbeziehungen des Sports. Es geht im Sport wie in anderen Kulturbereichen darum, verteidigungswürdige universale humane *Werte* als nachhaltig beständige Leitorientierungen durch die sich permanent beschleunigt verändernden institutionellen, rechtlichen, politischen, sozialen und ökonomischen *Strukturen* hindurchzulotsen und trotz des ständigen Strukturwandels der Umfeldbedingungen in ihrer Geltung zu erhalten.

Wohlverstandener Purismus meint ein Hinausgehen über die unterkomplexen Bilder der Wirklichkeit einer menschlichen Welt, in denen alles *in ungeschiedener Einheit* irgendwie mit allem zusammenhängt. Statt solchen holistischen Denkens, das nichts zu erklären, sondern alles nur zu verrätseln vermag, gilt es Bilder einer *arbeitsteiligen Einheit des Unterschiedlichen* zu entwerfen. Ein solcher Ansatz geht insofern auch über Luhmann hinaus, als dessen Systemtheorie *nur das Prinzip der Unterscheidung* kennt, aber kaum plausibel zu machen vermag, wie das Unterschiedene innerhalb des menschlichen Handelns wieder zueinander findet, was ja faktisch offensichtlich allgegenwärtig geschieht.

Arbeitsteilige Einheit kann man sich so vorstellen: In der Tat vollzieht sich, *zeitlich* gesehen, alles *gleichzeitig* in einer menschlichen Handlung. *Logisch* gesehen aber, folgt es einem *Nacheinander*: *erst* die Bestimmung des *Sinnsystems*, innerhalb dessen man situativ sich bewegt und kommuniziert, sowie der Regeln und Imperative, die dort gelten; *dann* die Entscheidung, ob und inwieweit andere Sinnsysteme hier Zutritt und modifizierenden Einfluss erhalten und damit die jeweilige Handlungssituation zu einem (konkreten) sinngemischten *Sozialsystem* machen. Das Etikett „puristisch" bezeichnet jenes Primat des logisch ersten vor dem logisch zweiten Schritt. Sobald man diese Rangfolge umkehrt, *klingt* zwar alles ganzheitlich und damit menschengerecht, *ist* es aber nicht.

Eine solche Umkehr ist ungemein beliebt, verdankt sich jedoch einem Paradox, das man „*holistische Einfalt*" nennen könnte: Sie kritisiert hochmütig, die Fokussierung auf arbeitsteilige Leistungsfähigkeit von partikularen Sinnsystemen vereinseitige die Menschen und sei einem ganzheitlichen Handeln strikt unterlegen. Diese Kritik setzt auf das Mantra vom Ganzen, das *mehr* sei als die Summe seiner Teile, verkennt jedoch die unbeliebte umgekehrte Einsicht, dass das Ganze *weniger* sein kann als die Summe des Reichtums seiner Teile.

Ein solcher Purismus gibt jedoch keinen Anlass, den Sport insgesamt auf einem Platz *außerhalb der gesellschaftlichen Welt* und abgeschirmt von deren Ressourcen und Risiken gleichsam in einem Reich des Autismus und der totalen Autarkie anzusiedeln. Er ist den Unwägbarkeiten und Schwankungen der realen Welt ausgesetzt und in sie einbezogen wie alle anderen auch. Aber er *selbst* bestimmt die Art, *wie* er in diese Welt eingelassen ist – und wie er sich einlassen will – nach seinen eigenen, nur für ihn geltenden Regeln. Zu zeigen, wie dies geschieht, wie man es beschreiben, deuten und beurteilen kann, wenn man es aus der besonderen Perspektive des *Sports* und nicht irgendeines anderen gesellschaftlichen Akteurs betrachtet – das muss das Ziel sein für jede philosophische, wissenschaftliche und journalistische Auseinandersetzung mit dem Sport. Für sie bieten sich zahllose *Anlässe zum Umdenken*. Das erscheint geboten, wenn die Protagonist*innen des Sports ihr Handlungsfeld sowie ihre eigene Rolle darin verstehen und ihrer *Verantwortung* für dessen Zukunftsfähigkeit in einer immer komplexer und unübersichtlicher werdenden Welt der äußeren Globalisierung und der inneren Ausdifferenzierung gerecht werden wollen.

Also eine *utopische* Perspektive? Vielleicht. Aber bei aller gebotenen Skepsis und bei aller Langwierigkeit der Suche nach geeigneten strukturellen Lösungen, gilt die nüchtern-realistische Einsicht: Es gibt jedenfalls nur die-

C Schluss

sen Weg – oder überhaupt keinen. Es ist der einzige Weg, auf dem wir als einzelne Menschen und die menschliche Welt als Ganzes unsere *Würde* wahren oder wiedergewinnen können. Eine solche Einschätzung kann sich auf starke Trends in der aktuellen sozial- und moralphilosophischen Diskussion berufen und abstützen.

Kapitel 9 Fazit

Die in dieser Einführung vorgetragenen Argumente und Denkvorschläge lösen kein einziges reales, in sportpraktischen Kontexten auftretendes Problem. Sie helfen kein Spiel zu gewinnen. Sie können nicht Dopingsünder enttarnen oder gar dem Dopingsyndrom im Sport insgesamt den Garaus machen. Sie schlichten keinen sportpolitischen Konflikt. Sie können der im Sport wie überall Unheil stiftenden Korruptionsanfälligkeit nicht das Wasser abgraben. Sie können nicht das Aufmerksamkeits- und Förderungsgefälle zwischen dem Sport im engen und dem im weiten Sinne aufheben. Und sie können noch vieles andere, das notwendig wäre, nicht leisten. All diese Desiderate sind Geburtsfehler, denen der philosophische Blick auf die Realität der menschlichen Welt grundsätzlich nicht entkommen kann. Aber die Argumentation lebt von der Überzeugung, dass *ohne* solche Grundlagenarbeit die Probleme ebenfalls nicht lösbar sind.

Was sie in aller Bescheidenheit anstrebt, ist also, die *gedanklichen Voraussetzungen* dafür hoffentlich ein Stück weit zu verbessern, dass alle, die hier Verantwortung tragen, sich im Sinne der der Sportidee immanenten kulturellen Imperative besser gerüstet auf aussichtsreiche und gangbare Wege zu solchen sportsinn- und menschengerechten Lösungen machen können. In Wissenschaft, Medien, Sportpolitik und vor allem anderen in der Sportpraxis selbst.

Die hier zusammengetragene Auswahl von Themenfeldern und Antwortversuchen auf dem jeweils vorgefundenen Stand der Diskussion hat eine Vielzahl von unzureichend beantwortet im sportlichen Raum stehenden Fragen sichtbar gemacht. Es sind wissenschaftliche und argumentative Baustellen, die innerhalb des Sportdiskurses kaum, wie im Straßenverkehr, als die freie Fahrt des Denkens beeinträchtigende Hindernisse wahrgenommen werden, die mit Nachdruck auf Beseitigung durch weiterführende Bauarbeiten drängen.

Stattdessen begnügt man sich weithin mit dem als gesichert angenommenen Bestand von durch permanente Wiederholung „bewährten" Denk- und Interpretationsmustern über das, was man vom Sport schon immer gewusst, gesagt, geschrieben und gelehrt hat. Die offen zutageliegenden Desiderate und Denkblockaden, die in diesem selbstzufriedenen Muster angelegt sind, sollten Anlass dafür sein, jene sich aufdrängenden Fragen ernstzunehmen und ihnen mit bislang übersehenen Antwortversuchen nachzugehen, getragen von der Überzeugung und Erwartung, dass man auf den vorgeschlagenen Wegen Eigensinn, Eigenwert und Eigenrecht des Sports eher treffen kann als auf den eingetretenen Pfaden hergebrachter Stereotype.

Das Resümee der jeweiligen Diskurslage, auf die diese Einführung weiterführend zu antworten versucht, ist sicherlich nicht selten zu holzschnittartig geraten und wird vielleicht manchen Diskursbeteiligten, die ohne Namensnennung adressiert worden sind, durch zu starke Verkürzung nicht ganz gerecht. Zudem stehen sich dabei meist keine *eindeutigen* Gegenpositionen einander gegenüber. Vielmehr haben die hier vorgetragenen Vorschläge zur Positionsfindung vielfach Anregungen aus diesem vorliegenden Diskurs schöpfen können. Sie sind also alles andere als allein auf dem eigenen Mist dieser Einführung selbst gewachsen. Allerdings ist sie mehr als bei diesem bereichspartikularen Diskurs bei Quellen aus dem allgemeinen philosophischen, kultur- und sozialwissenschaftlichen und historischen Kontext fündig geworden. Sie wurden in die Sportsprache übersetzt, an den sportspezifischen Kontext adaptiert und für einen möglichst konsistenten Deutungsansatz fruchtbar zu machen versucht.

Der erhoffte Ertrag besteht in einem Instrumentarium,

- mit dem man besser *verstehen* können sollte, womit wir es eigentlich beim Sport zu tun haben (*interpretative* Funktion);
- mit dem man genauer *beurteilen* können sollte, inwieweit das, was im Sport geschieht, tatsächlich mit dem übereinstimmt, was man billigerweise von seinem begründeten Eigensinn her erwarten kann (*kritische* Funktion);
- und mit dem man verantwortungsbewusster *abwägen und entscheiden* können sollte, wie hier zu handeln ist (*pragmatische* Funktion).

Der erhoffte Ertrag der Bemühungen besteht mithin in der Gewinnung eines *besser begründeten Maßstabs*, an dem das, was im Sport geschieht, genauer gemessen und beurteilt werden kann, als dies bislang weithin der Fall ist.

Dabei wurden Grundfragen zu den *erkenntnis- und wissenschaftstheoretischen Prämissen*, auf denen die den vorgetragenen Arbeitsansätzen zugrundegelegten Erkenntnisverfahren aufbauen, kaum selbst zum Gegenstand oder auch nur zu Voraussetzungen der Argumentation gemacht. Diesem Unternehmen fehlt mithin ein mit Hilfe von Verfahren der *allgemeinen* Philosophie stützendes, ja „sicherndes" Fundament, eine Art von erkenntnistheoretischem Unterbau, mit dem zu klären wäre, nach welcher Logik man überhaupt zu validen wissenschaftlichen Aussagen gelangen kann, und der natürlich alles andere als bloße unnütze logische Haarspaltereien umfasst. Es handelt sich um ein Desiderat, dessen Bearbeitung in künftiger, auf dem hier vorgetragenen Erkenntnisstand aufbauender und ihn weiterentwickelnder Forschung nachgeholt werden sollte und zu manchen Korrekturen führen könnte.

Diese Einführung umfasst einen vorläufigen Stand der Erkenntnis zum Sport, der sich weitgehend mit der erhofften vordergründigen *Evidenz von Sachaussagen und Urteilen* zu diesem gesellschaftlichen Feld begnügt, aber der hintergründigen *verfahrensmäßigen Verlässlichkeit* der dabei eingeschlagenen Wege zur Erkenntnisgewinnung nicht gewiss sein kann. Diese Entscheidung, enger bei der *konkreteren Sachebene* des Kultur- und Sozialguts Sport zu bleiben, nicht aber die *abstraktere Methodenebene* für deren wissenschaftliche Beobachtung anzusteuern, ist eine bewusste und gewollte Prioritätensetzung.

Nach einer Tagung der UNESCO-Welterbe-Konferenz in Bonn waren ermutigende Töne zu hören: „Im Wesentlichen besteht die Unesco-Konferenz daraus, dass sich Nationen, die sich nicht unbedingt mögen müssen, gegenseitig zu ihren genialen kulturellen Leistungen und Hinterlassenschaften gratulieren. In einer Reihe sitzen Iran, Irak und Israel. Da sitzen Menschen aus allen Ländern und Systemen, bei den einen ist Homosexualität strafbar, bei den anderen gibt es die Todesstrafe für dies und bei den anderen die Prügelstrafe für das. Aber verdammt nochmal, die sitzen hier zusammen und freuen sich, dass die Champagne zum Welterbe erklärt werden soll. (...) Weil man an das Gute glaubt, an die Menschheit nämlich, ihre größten Werke. Alle sind happy."[1]

Das ist die Haltung, von der auch wir uns im Feld der Kultur vor allem anderen inspirieren lassen sollten: dieser Fokus auf das Wesentliche und Verbindende, das dieses Feld ausmacht, unter (schmerzhaftem) Absehen von dem Trennenden und dem, was mit den Eigenmitteln dieses Feldes nicht überwunden werden kann. Der Weltsport in seiner Stellung in der Weltpolitik ist nicht zu verstehen und sinngerecht zu verantworten, wollten wir seine historische Genealogie abschneiden, wollten wir einfach hinnehmen, dass er zum Opfer unzivilisierter Gewalt wird, oder wollten wir fordern, dass er sich von sich aus in deren Dienst stellt, statt selbstbewusst die Herrschaft seines Eigensinns, seines Eigenwerts und seines Eigenrechts als seinen originären Beitrag zum Reichtum der Gesellschaft zu verteidigen.

Der Ertrag der hier resümierten Argumentation lassen sich in drei kurzen Empfehlungen zusammenfassen: Wir täten gut daran, (1) die Erwartungen an die über ihn selbst hinausweisenden Leistungen des Sports *nach außen* niedriger zu hängen, (2) sein sinngerecht gelingendes *Innenleben* in seiner ganzen Faszination höher zu schätzen, und (3) das hauptsächliche Interesse beim auf den Sport bezogenen *politischen Handeln* der Verteidigung seines kulturellen Eigensinns, Eigenwerts und Eigenrechts sowie der Gewährleistung seiner gesellschaftlichen Stellung und der Handlungsfähigkeit darin zuzuwenden.

Als theoretische Zugänge wurde hier eine *Trinität* von nach üblichem Verständnis äußerst disparaten Quellen zugrundegelegt: Mit Bezug auf einen

---

1 SCHWILDEN, Frédéric (2015): „Now we come to Champagne, France". 2000 Menschen aus 130 Ländern sind elf Tage lang in Bonn, um das kulturelle Welterbe zu bestimmen. In: DW vom 7.7.2015

systemischen Zugang wurde berücksichtigt, dass es in der menschlichen Welt keinen Gegenstand, damit auch den Sport nicht außerhalb der Gesellschaft gibt, er damit seinen Anspruch auf Eigensinn, Selbstreferenz und Autonomie stets nur mit dem Seitenblick auf seine gesellschaftliche Umwelt durchsetzen kann. Der Bezug auf einen *materialistischen* Zugang sollte gewährleisten, dass die Bedeutung insbesondere auch der ökonomisch-politischen und natürlichen Basis, ohne die selbst kulturelle Güter nicht existenz- und handlungsfähig wären, nicht aus dem Blick gerät. Der Bezug schließlich auf einen *idealistischen* Zugang geht von der Überzeugung aus, dass Ideen über mehr zumindest langfristige Machtpotentiale verfügen, als ihnen ein kurzsichtiger „Realismus" zuzutrauen bereit ist.[2]

Auch der Sport bewegt sich im ewigen Zwiespalt zwischen *den Höhen des Olymp* und *den Mühen der Ebene*. Einst ging der Sport im Himmel der Ideen ein und aus. Und zwar *nur* dort. Das einzige, was er dort verrichtete, war das Streben nach dem Guten, Schönen und Wahren. Bis eines Tages ein Bruder des Kindes aus Andersens Märchen *Des Kaisers neue Kleider* daherkam und ausrief: Der da oben schwebende Sport sei ja nur ein Wolkengemälde, eine Fata morgana aus *Tausendundeiner Nacht*, eine bloß eingebildete und oft täuschende Spiegelung dessen, was man hier unten alltäglich mitten in den *Mühen der Ebene*, also in der Realität des sportlichen und sportpolitischen Geschehens sehen und erleben könne.

Das war die Geburtsstunde des soziologischen ebenso wie des soziopolitischen Blicks auf den Sport. Das Kind hatte der Welt des Sports die Augen geöffnet. Begeistert von der neuen Entdeckung, bemerkte diese Welt nun gar nicht, dass sie zuvor nicht gänzlich, sondern nur auf *einem* Auge blind gewesen war. Enttäuscht von der eigenen Verblendung, blendete man sich nun selbst auch noch auf dem zuvor *sehenden* Auge. Man war überwältigt von dem neuen realistischen Durchblick. Und so kam es, dass seither niemand wahrhaben wollte, wie das Kind den Sport und die ihn tragende Idee, ohne die er gar nicht er selbst sein konnte, mit dem Bade ausgeschüttet hatte. Der glaubte von nun an glücklich in den Niederungen des Alltags zu leben und verrichtete dort beflissen seine Frondienste für immer neue Wünsche von immer wieder neuen und kaum zufriedenzustellenden, nimmersatten Herren. Die aber, denen das nie reichte und die notorisch unzufrieden waren mit seinen Leistungen, schlugen ihn dafür und suchten ihm die Leichtsinnigkeit, die Ichsucht und die Widerspenstigkeit auszutreiben, mit der er noch immer unbelehrbar an sich selbst dachte und seine Ziele entsprechend begrenzte. Je ähnlicher sich so die beiden Seiten wurden, desto fremder wurden sie

---

2 Die Darstellung bezieht sich als eine Hauptquelle auch auf *eigenen Arbeiten* des Autors dieser Einführung. Aus ihnen werden im Text selbst keine Belege aufgeführt. Die wichtigsten sind im Gesamt-Inhaltsverzeichnis dieses Buches summarisch zusammengestellt, ebenso wie die in dieser Einführung zitierten *weiteren Quellen*.

einander. Es nahte der Tag, von dem an sie nicht mehr ein noch aus wissen würden. Aber wenn sie trotzdem nicht gestorben sind, ...

So etwa ließe sich die Geschichte von der einst revolutionären Entdeckung erzählen, dass der Sport *Teil der Gesellschaft* ist. Wie viele Revolutionen hat auch diese die Menschen ein gutes Stück vorangebracht. Aber wie stets sind auch hier auf der Kehrseite Opfer zu beklagen. Das Opfer besteht in unserem Fall darin, dass die Entdeckung der *Gesellschaftlichkeit* des Sports schlagartig umgemünzt wurde in die Forderung nach seiner *Unterwerfung* unter deren Forderungen: Wer von der Gesellschaft lebe, stehe ihr gegenüber in der Dankespflicht und habe ihr stets mit Vorrang dort mit seinen Diensten beizuspringen, wo es in ihrem allgemeinen Betriebsablauf hakt und klemmt. Seither wird der Sport, und zwar keineswegs zuletzt auch aus den eigenen Reihen, notorisch unter Rechtfertigungszwang gesetzt mit der Frage, was er für die Gesellschaft leiste. Und da „die Gesellschaft" unersättlich ist, mithin das, was er auf den zahlreichen Feldern der allgemeinen Gesellschaftspolitik *vielleicht* einbringen könnte, nie und nimmer genug sein kann, müssen all seine Bemühungen notorischer Anlass für Unzufriedenheit und Kritik, ja kleingeistige Mäkelei bleiben.

An jener Weggabelung, die in dem oben erzählten Märchen angesprochen wird, müsste zunächst einmal ein neuer Wegweiser aufgestellt werden. Dort müsste draufstehen: *Was der Sport für die Gesellschaft leistet, besteht darin, dass er sein eigenes sinngerechtes Zustandekommen gewährleistet.* Eine solche Kurskorrektur weist genau in die Gegenrichtung zu der seit jeher gängigen Unterstellung, „*nur Sport*" könne nie und nimmer hinreichen. Denn das Gegenteil ist richtig. Vor allem dadurch, dass der Sport seinem Eigensinn folgt und der Gesellschaft sein von keinem anderen Bereich zu gewährleistendes Handlungsfeld anbietet und sinngerecht gestaltet, kommt er seiner gesellschaftlichen Verantwortung nach. Nicht dadurch, dass er in den Revieren anderer gesellschaftlicher Handlungsfelder wildert, in denen diese sich jeweils weitaus besser auskennen und folglich wirkungsvoller einzusetzen vermögen. Sich hier zu übernehmen oder ihn mit Diktaten von außen zu überfordern, *stärkt* nicht die gesellschaftliche Stellung des Sports, sondern *schwächt* sie. Um aber dem Kern des sportlichen Eigensinns auf die Spur kommen zu können, kann es nicht hinreichen, sich allein mit den pragmatischen Mühen in der Ebene alltäglicher Erwartungen an den Sport herumzuplagen. Es muss zugleich oder sogar vorweg auch wieder der Blick geöffnet werden für die Höhen des Olymp, in denen jene Ideen gezeugt werden, ohne deren Stimmigkeit das pragmatische Machen ebenso wie dessen Kritik orientierungslos herumtappen müssen.

Es geht also – in einer allgemeinsten Formel zusammengefasst – um den Zusammenhang zwischen der Legitimation des Handlungsfeldes Sport, die nur „im Himmel" der Ideen geleistet werden kann, und der Machbarkeit seiner Einzelziele und -vorhaben, die nur „auf Erden" des praktischen Handelns geleistet werden kann und dort die Begründetheit der ideellen Grundlagen und Ziele nachweisen muss.

Es gilt, einem Credo sowohl in der praktischen Gestaltung wie in der wissenschaftlichen und publizistischen Beobachtung des Sports stärkere Geltung zu verschaffen als bisher. Dieses *Credo* könnte lauten, frei nach Goethes *Faust*: *Ich bin's, bin Sport, bin keinesgleichen*. Oder, frei nach dem Satz, die Schule der Nation sei die Schule, in einer von Willy Brandts Regierungserklärungen: *Ziel des Sports ist der Sport*. Der Sinn dieses Credos läuft hinaus auf eine Rehabilitation des seit langem in Verruf stehenden sogenannten *Nur-Sportlertums*. Maßgeblich is auf'm Platz. Alles andere ist – sinnvolles oder abwegiges – Beiwerk. Natürlich nicht gesellschaftlich, aber eben auf dem Feld des Sports. Wer anders redet oder handelt, beweist damit sein Desinteresse oder seine Respektlosigkeit gegenüber dieser kulturellen Errungenschaft. Selbstverständlich steht jedem frei, desinteressiert am Sport zu sein. Aber er verwirkt dann auch das Recht, in dessen Namen zu sprechen.

Das heißt: Alles, was der Sport – vielleicht, hoffentlich – noch über sich selbst hinaus können könnte, kann er nur dann und nur dadurch, wenn und dass er wirklicher, sinngerechter Sport ist. Alles andere existiert nur auf der „falschen" Seite des geteilten Himmels der Ideen: nämlich auf jener Seite, auf der nur realitätsungerechte Utopien und Einbildungen gezeugt werden, während auf der anderen, der „richtigen" Seite solche Schöpfungen der Einbildungskraft entstehen, die als Realutopien dem Leben in der menschlichen Welt zukunftsfähige Orientierungen zu vermitteln vermögen. *Rechtfertigung* entscheidet darüber, was im Feld des Sports aus guten Gründen angestrebt werden kann. Dessen *Machbarkeit* hängt ab von den *Machtressourcen*, welche die Träger der Sportidee zu mobilisieren vermögen.

Alle entsprechenden Antworten auf diese Fragen müssen sich vor dem Anspruch rechtfertigen, die Zukunftsfähigkeit des Kulturgutes Sport im engen Sinne und des Sozialgutes Sport im weiten Sinne zu gewährleisten.

Der ebenso vielstimmige wie kakophone Chor aus schlecht begründeten Stereotypen, auf die diese Einführung antwortet, variiert eine schlichte Botschaft über den Umgang mit dem Sport: „Denke, rede und mache, was du willst! Es kommt ja nicht drauf an." Philosophische Reflexion kann dem entgegenhalten: Es kommt sehr wohl darauf an!

Nur dann, wenn man sinngerecht denkt, spricht und handelt, können die Möglichkeiten, die der Sport als Kulturgut und als Sozialgut bietet, wirklich zur Geltung gebracht und können Fehlentwicklungen, sofern kritische Beobachtung sie zutreffend diagnostiziert hat, durch angemessene und wirksame Reformen korrigiert werden. Auf diese Weise kann auch ein bescheidenes Gut wie der Sport – gegen den vielstimmigen Chor derer, die sein Existenzrecht unter die Knute politisch-moralisch korrekter Verhältnisse zwingen wollen – verteidigt werden als *eines der Felder ermutigender Erzählungen in stets schweren Zeiten*, wie es Peter Sloterdijk am Beispiel von Boccaccios *Decamerone* im von der Pest geschlagenen Florenz in der Geburtsphase der Renaissance gewürdigt hat:

> In den dortigen literarischen Erzählungen „artikuliert sich eine für unseren Kontinent bezeichnende zweite Gläubigkeit, für die man in der Philosophie des 20. Jahrhunderts den Namen ‚Hoffnung' vorgeschlagen hat. Man könnte sie auch den Willen zur Kultur nennen. Sie drückt sich aus in einem Vernunftvertrauen, das auf Gottesbeweise verzichtet, solange Geschichten und Nachrichten geboten werden, die beweisen, daß Menschen, wenn man sie nur in der richtigen Weise ermutigt, aufhören können, rechtlos, ohnmächtig und töricht zu sein. Jede Geschichte, die in diesem Geist erzählt wird, ist ein Evangelium *en miniature*, eine gute Nachricht aus einer offenen Welt, in der die Menschen mit Klugheit, List und Geistesgegenwart an ihrem Glücksverlangen festhalten" – diese Haltung bedeutet nicht weniger als Auflehnung „gegen Entmutigung überhaupt, die zu jeder Zeit schon mehr als die Hälfte der Niederlage ist": „Renaissance ist ihrem Grundzug gemäß ein Unternehmen zur Sabotage der Resignation. Was sie im Auge hat, ist immer Zivilisation nach der Pest. Worauf sie zielt, ist Regeneration im allgemeinen. Was sie bewirkt, ist, ist die Sammlung des Könnens gegen die Formlosigkeit und des Wissens gegen die Verwirrung. Sie umfaßt einen kulturrevolutionären Wandel, der nicht weniger bedeutet als eine durch die Jahrhunderte laufende Verschwörung, deren erklärtes Ziel es ist, der Dummheit zu schaden und der Verzweiflung den Wind aus den Segeln zu nehmen – insbesondere der Verzweiflung, die sich mit der devoten Sympathie für das Unheil verbindet. Was die Renaissance bedeutete, ist freilich erst zu ermessen, seit die Aufklärung des 18. Jahrhunderts ein zweites Licht entzündet hat (…).
>
> Die Aufklärung ihrerseits ist ihrem Gehalt nach erst zu würdigen, seit uns ein drittes Licht zu einer Abklärung verhilft, dank welcher wir erkennen, was von ihren Plänen in haltbare Zivilisationsprojekte übernommen werden kann und was auch an ihr bloß Träume der Vernunft und ideologische Strohfeuer gewesen sind."[3] Was Sloterdijk hier in ein seine stets ans Poetische grenzende kreative Sprache kleidet, ist das emphatische Manifest einer Art von *Pflicht zum Optimismus trotz alledem und alledem* in der Nachfolge des vormärzlichen Aufbruchs im Gedicht von Ferdinand Freiligrath. In jenen breiten Strom ermutigend aufgeklärter kultureller Erzählungen kann auch der schmale Bach namens Sport, unter nahezu allen noch so widrigen natürlichen und gesellschaftlichen Umweltbedingungen, seinen eigensinnigen Willen zur Kultur hineinmischen.

---

3 Sloterdijk, Peter (2016c): Die permanente Renaissance. Die italienische Novelle und die Nachrichten der Moderne. In: Ders. (2016a), 192–194

All jene, die den Sport als nicht nur assoziiertes Mitglied einer aufgeklärten Kulturgemeinschaft sehen, erleben und behandeln möchten, kann die Philosophie Mittel an die Hand geben, mit deren Hilfe sie denjenigen, die im Brustton der Überzeugung schlecht begründete Vorurteile über den Sport verbreiten, die Leviten lesen können und damit die kulturelle Würde der Sportidee verteidigen. Die Philosophie kann allerdings auch ein einsamer Rufer in der Wüste bleiben, wenn die in ihrem Namen erhobenen Stimmen auf keine offenen Ohren und Bereitschaft zum *Auf-Hören* treffen, für das diese Einführung plädiert.

Die Kunst der Kritik bezeichnet der Historiker Bernd Roeck in seiner *Geschichte der Renaissance*, des „Morgens der Welt", als „ein Signum der abendländischen Geistesgeschichte": „Der sokratische Dialog ist die mächtigste Waffe aller Aufklärung", „eine für alle Konvention und Tradition gefährliche Technik", „Rede und Gegenrede treffen aufeinander, Argumente werden ins Feld geführt, das stichhaltigere siegt. Der Zweifel bleibt beharrlich bis zuletzt." (ROECK 2018, 52–53) An diesen Prinzipien orientiert sich auch diese Einführung. Sie präsentiert Rede und Gegenrede. *Was nun ansteht, ist die Einladung zu erneut weiterführenden Gegenreden.*

Am Ende steht folglich noch einmal *ein großes Fragezeichen*: Wenn diese Einführung im Widerspruch steht zu vielen hergebrachten und ansonsten kaum bestrittenen Sicht- und Handlungsweisen in Bezug auf den Sport – handelt es sich bei den hier referierten Positionsbestimmungen und Thesen vielleicht nur um eine jener zahlreichen ebenso wichtigtuerischen wie realitätsfernen *intellektuellen Kopfgeburten*, die unsere geistige Welt bevölkern und die praxisnahe Welt verwirren? Die Antwort auf diese Frage muss letztlich durch den Realitätstest gefunden werden, den diese Thesen bei dem stets aufs Neue zu unternehmenden Versuch zu bestehen haben, das Sportgeschehen so zu verstehen, dass sinngerechte Lösungen in der Praxis des Sports und der Sportpolitik daraus abgeleitet werden können. Der Vermutung, es handele sich um bloße Kopfgeburten, kann allerdings auch allein schon mit dem Hinweis begegnet werden, dass das hier vom Sport entworfene Bild weitaus stärker tatsächlich *seiner Realität abgelesen* worden ist als vieles, das sonst über den Sport verbreitet wird. Die Zukunft wird der Sport nur gewinnen, wenn und soweit seine tragende Idee, seine institutionell verlautbarten Begründungen, seine wissenschaftliche und mediale Beobachtung und seine Praxis in einer *genaueren Sprache* gefasst werden, als dies üblicherweise der Fall ist. Das ist das Kerngeschäft einer Philosophie des Sports. Und es ist weitaus aufwendiger, als allgemein angenommen.

Die Einführung hätte ihre Aufgabe erfüllt, würde sie angenommen als Startrampe zum eigenen *Weiter*-Denken und hinreichend Material dafür angeboten hätte, um deren Annahmen ihrerseits kritisch zu *hinter*-fragen. „Denn dieses ist die rechte Galanterie der Gelehrten, dass sie einander beständig widersprechen." (PREISENDÖRFER 2021, 347) „Größe ist stets gefährlich', dozierte Pangloß, ,alle Philosophen bezeugen das. (...) Sie wissen ...' – ,Ich weiß auch', fiel ihm Candide ins Wort, ,daß wir unseren Garten bestellen müssen.' – ,Sie haben recht', meint Pangloß; ,denn als der Mensch in den Garten Eden gesetzt wurde, geschah es *ut apararetur eum* – auf daß er ihn bebaue. Das beweist also, daß der Mensch nicht geschaffen wurde, um sich auszuruhen.'" (VOLTAIRE 1992, 131)

Philosophieren hat das Zeug zur Totengräberin von intellektueller Selbstgenügsamkeit. Mit Ernsthaftigkeit, Unvoreingenommenheit und Differenziertheit unternommen, kann es auch den Sport zum Teilhaber von „*Europas großem Gespräch*" machen, das die eminente *Geschichte der Renaissance* mit guten Gründen zum Zentralgestirn und Motor der neuzeitlichen Vernunft und Aufklärung erhoben hat: „Die Pflege der Kunst der Konversation und mit ihr das ,Prinzip Streit' zählen zu den bedeutenden Errungenschaften der Renaissance", und: „Das große Gespräch, das den Weg des ,Westens' vorbereitete und ihn begleitete, war nicht nur von Natur und Geographie begünstigt. Schon die Denker des 12. Jahrhunderts erkannten sich, mit dem geflügelten Wort Bernhards von Chartres', als Zwerge auf den Schultern von Riesen" (ROECK 2018, 18 und 1149). Eine gehaltvolle Philosophie des Sports steht auf den Schultern weniger von längst *vergangenen*, vielmehr von in *anderen* Soziotopen wirkenden Riesen. Deren Erkenntnisimpulse muss sie freilich nicht nur einfach trans-*ferieren*, sondern trans-*formieren*, um zu sportsinn-gerechten Einsichten zu gelangen.

Wenn hier auf Roecks wohlbegründetes Bild vom großen *europäischen* Gespräch referiert wird, so ist dies kein Kotau vor eurozentrischer Arroganz, der auch dieser Autor nicht das Wort redet (siehe ebd., 1152–1155). Es trägt vielmehr der Tatsache Rechnung, dass gerade die Entstehung des modernen *Sports* und sein Aufstieg zum Teilhaber der Weltkultur wie kaum ein anderes Kulturgut ohne *diesen* allgemeinen Möglichkeits- und Resonanzraum undenkbar gewesen wären. „Der Aufklärer Denis Diderot beobachtete erstaunt, daß sich die arroganteste aller Zivilisationen zugleich am radikalsten der Selbstkritik hingebe. Darin liegt vielleicht die größte Stärke des ,Westens', bis heute", einschließlich des Wissens „um die Ambivalenzen der Neuerungen, die Europa in seine Moderne tragen sollten" (ebd., 1173 und 1171). Dass diese kulturhistorische *Genese* nicht zugleich eine fortgesetzte *Geltung* angemaßter westlicher Hegemonie in einer inzwischen multipolaren Welt bedeutet[4], bleibt dabei unbenommen.

Diese Einführung kreist um die Grundidee von nicht-utilitaristischer *Selbstzweckhaftigkeit* des Sports und der mit ihm befassten Wissenschaft und Philosophie. Sie ist kein idyllisches, realitätsfernes und letztlich illusorisches

---
4 Siehe z.B. KHANNA, Parag (2023): Mehr Asien wagen! Mehr Macht für regionale Bündnisse. Interview. In: DZ vom 17.5.2023

Refugium für „fromme Wünsche". Sie bildet vielmehr die unabdingbare Voraussetzung dafür, dass beide den nur von ihnen zu erbringenden spezifischen *Dienst an der Gesellschaft* tatsächlich sinngerecht leisten können. Es geht nicht *entweder* um Autonomie und Autotelie *oder* um Dienst an einer außersportlichen und außerwissenschaftlichen Sache, sondern um *das eine durch das andere*. Damit ist eine scheinbar paradoxe Spannung umschrieben, die von allen, die sinngerecht in diesen Feldern tätig sind, aufrechterhalten und ausgehalten werden muss, wenn sie zu einem gehaltvoll-realistischen Bild vom Sport sowie von der auf ihn bezogenen Wissenschaft und Philosophie gelangen wollen.

Literatur

ADORNO, Theodor W. (1964): Jargon der Eigentlichkeit. Zur deutschen Ideologie. Frankfurt am Main: Suhrkamp

ALKEMEYER, Thomas (1997): Sport als Mimesis von Gesellschaft Zur Aufführung des Sozialen im symbolischen Raum des Sports. In: Zeitschrift für Semiotik, H. 4, 1997

ARENDT, Hannah (1981): Vita activa. München: Piper

ARENDT, Hannah (2007): Über das Böse. Eine Vorlesung zu Fragen der Ethik. München: Piper

BARCK, Karlheinz/U.A. (Hrsg.) (2010): Ästhetische Grundbegriffe. 7 Bände. Stuttgart/Weimar: Metzler

BARTHES, Roland (2008): Die Vorbereitung des Romans. Frankfurt am Main: Suhrkamp

BASSHAM, Gregory (2016): The Philosophy Book. New York: Sterling Publishing

BECKER, Sabina (2018): Experiment Weimar. Eine Kulturgeschichte Deutschlands 1918–1933. Darmstadt: Wissenschaftliche Buchgesellschaft

BERTRAM, Georg W. (2007): Kunst. Eine philosophische Einführung. Stuttgart: Reclam

BETTE, Karl-Heinrich (2019): Sporthelden. Spitzensport in postheroischen Zeiten. Bielefeld: transcript

BETTE, Karl-Heinrich/SCHIMANK, Uwe (1995): Doping im Hochleistungssport. Frankfurt am Main: Suhrkamp

BIRNBACHER, Dieter (1995): Tun und Unterlassen. Stuttgart: Reclam

BÖLZ, Marcus (2014): Fußballjournalismus. Eine medienethnographische Analyse redaktioneller Arbeitsprozesse. Wiesbaden: Springer VS

BOTHE, Henning (1994): Hölderlin zur Einführung. Hamburg: Junius

BREDEKAMP, Horst (1993): Florentiner Fußball: Die Renaissance der Spiele. Calcio als Fest der Medici. Frankfurt am Main: Campus

BREGMAN, Rutger (2020): Im Grunde gut. Eine neue Geschichte der Menschheit. Hamburg: Rowohlt

CAMUS, Albert (1959): Der Mythos des Sisyphos. Ein Versuch über das Absurde. Reinbek bei Hamburg: Rowohlt

CASSIRER, Ernst (1964): Philosophie der symbolischen Formen. Darmstadt: Wissenschaftliche Buchgesellschaft

CAYSA, Volker (1997): Sportphilosophie. Leipzig: Reclam

DEGEN Rolf (2007): Das Ende des Bösen. Die Naturwissenschaft entdeckt das Gute im Menschen. München: Piper

DEUTSCHER TURNERBUND/U.A. (Hrsg.) (2019): Flegel, Sonderling und Turnvater. Vom Umgang mit Friedrich Ludwig Jahn. Hildesheim: Arete

DICKHOFF, Wilfried (2001): Für eine Kunst des Unmöglichen. Köln: Kiepenheuer & Witsch

DOI (Deutsches Olympisches Institut) (Hrsg.) (1999): DOI-Jahrbuch 1998. Sankt Augustin: Academia

DOI (Deutsches Olympisches Institut) (2002): DOI-Jahrbuch 2021. Berlin: Selbstverlag DOI

DOSTOJEWSKIJ, Fjodor (2021): Aufzeichnungen aus dem Untergrund. Roman. Zürich: Manesse (Erstveröff. 1864)

DREXEL, Gunnar (2002): Paradigmen in Sport und Sportwissenschaft. Schorndorf: Hofmann

DRUMMOND, Phillip (2000): Zwölf Uhr mittags. Mythos und Geschichte eines Filmklassikers. Hamburg/Wien: Europa Verlag

EHLERS, Eckart (2008): Das Anthropozän. Die Erde im Zeitalter des Menschen. Darmstadt: Wissenschaftliche Buchgesellschaft
EISENBERG, Christiane (1999): „English Sports" und deutsche Bürger. Eine Gesellschaftsgeschichte 1800–1939. Paderborn u.a.: Schöningh
ELIAS, Norbert (1991): Mozart. Zur Soziologie eines Genies. Frankfurt am Main: Suhrkamp
EMPOLI, Guiliano de (2023): Der Magier im Kreml. Roman. München: Beck
EPPLER, Erhard (2009): Der Politik aufs Maul geschaut. Kleines Wörterbuch zum öffentlichen Sprachgebrauch. Bonn: Dietz
ERASMUS VON ROTTERDAM (1534): Lob der Torheit. Erste Übersetzung aus dem Lateinischen ins Deutsche von Sebastian Franck. Ulm
FIS (Fédération Internationale de Ski) (Hrsg.) (2000): 1924–1999. 75 Years of Skiing History in Stamps. Bern: Selbstverlag FIS
FLASCH, Kurt (2014): Warum ich kein Christ bin. Bericht und Argumentation. München: Beck
FORST, Rainer (1994): Kontexte der Gerechtigkeit. Frankfurt am Main: Suhrkamp
FRANCK, Georg (1998): Ökonomie der Aufmerksamkeit. Ein Entwurf. München: Hanser
FRANKE, Elk (1978): Theorie und Bedeutung sportlicher Handlungen. Schorndorf: Hofmann
FRANKL, Viktor E. (2007): Der Mensch vor der Frage nach dem Sinn. München: Piper
FRIEDRICH, Jasper A. (2010): Politische Instrumentalisierung von Sport in den Massenmedien. Eine strukturationstheoretische Analyse der Sportberichterstattung im DDR-Fernsehen. Köln: Herbert von Halem Verlag
FUKUYAMA, Francis (1992): Das Ende der Geschichte. Wo stehen wir? München: Kindler
GAY, Peter (2008): Die Moderne. Eine Geschichte des Aufbruchs. Frankfurt am Main: Fischer
GEBAUER, Gunter (1972): Leistung als Aktion und Präsentation. In: Zs. Sportwissenschaft, H. 2, 1972
GEBAUER, Gunter (Hrsg.) (1996): Olympische Spiele – die andere Utopie der Moderne. Olympia zwischen Kult und Droge. Frankfurt am Main: Suhrkamp
GEBHARDT, Volker (2004): Das Deutsche in der deutschen Kunst. Köln: Dumont
GERHARDT, Volker (2002): Immanuel Kant. Vernunft und Leben. Stuttgart: Reclam
GERHARDT, Volker (2014): Der Sinn des Sinns. Versuch über das Göttliche. München: Beck
GERHARDT, Volker (2019): Humanität. Über den Geist der Menschheit. München: Beck
GLOY, Karen (1996): Die Geschichte des ganzheitlichen Denkens. Das Verständnis der Natur. München: Beck
GOODMAN, Nelson (1993): Weisen der Welterzeugung. Frankfurt am Main: Suhrkamp
GORDIMER, Nadine (1998): Schreiben und Sein. Essays. Frankfurt am Main: Suhrkamp
GOSEPATH, Stefan (1992): Aufgeklärtes Eigeninteresse. Eine Theorie theoretischer und praktischer Rationalität. Frankfurt am Main: Suhrkamp
GREENBLATT, Stephen (2018): Die Geschichte von Adam und Eva. Der mächtigste Mythos der Menschheit. München: Siedler
GROSS, Peter (1994): Die Multioptionsgesellschaft. Frankfurt am Main: Suhrkamp
GRUPE, Ommo (1987): Sport als Kultur. Osnabrück: Fromm
GRUPE, Ommo (Hrsg.) (1997): Olympischer Sport. Rückblick und Perspektiven. Schorndorf: Hofmann
GÜLDENPFENNIG, Sven (1980): Texte zur Sporttheorie und Sportpolitik. Köln.

GÜLDENPFENNIG, Sven (1981): Internationale Sportbeziehungen zwischen Entspannung und Konfrontation. Der Testfall 1980. Köln
GÜLDENPFENNIG, Sven (1989): Frieden – Herausforderungen an den Sport. Ansätze sportbezogener Friedensforschung. Köln: Pahl-Rugenstein
GÜLDENPFENNIG, Sven (1992): Der politische Diskurs des Sports. Zeitgeschichtliche Beobachtungen und theoretische Grundlagen. Aachen: Meyer & Meyer
GÜLDENPFENNIG, Sven (1996a): Sport: Autonomie und Krise. Soziologie der Texte und Kontexte des Sports. Sankt Augustin: Academia
GÜLDENPFENNIG, Sven (1996b): Sport: Kunst oder Leben? Sportsoziologie als Kulturwissenschaft. Sankt Augustin: Academia
GÜLDENPFENNIG, Sven (2000): Sport: Kritik und Eigensinn. Der Sport der Gesellschaft. Sankt Augustin: Academia
GÜLDENPFENNIG, Sven (2004): Olympische Spiele als Weltkulturerbe. Zur Neubegründung der Olympischen Idee. Sankt Augustin: Academia
GÜLDENPFENNIG, Sven (2006): Denkwege nach Olympia. Kulturtheoretische Zugänge zu großen Sportereignissen. Sankt Augustin: Academia
GÜLDENPFENNIG, Sven (2007): Sport verstehen und verantworten. Sportsinn als Herausforderung für Wissenschaft und Politik. Sankt Augustin: Academia
GÜLDENPFENNIG, Sven (2009): Wohlbegründete olympische Politik? Lernort Peking 2008. Sankt Augustin: Academia
GÜLDENPFENNIG, Sven (2010): Die Würde des Sports ist unantastbar. Zur Auseinandersetzung mit Mythen des Sports. Sankt Augustin: Academia
GÜLDENPFENNIG, Sven (2011): Auf'm Platz – und daneben. Das sportliche Kunstwerk im Ringen mit seinen Umwelten. Sankt Augustin: Academia
GÜLDENPFENNIG, Sven (2012): Macht und Ohnmacht der Sportidee. Sport im Spannungsfeld von Machbarkeit und Rechtfertigung. Hildesheim: Arete
GÜLDENPFENNIG, Sven (2013): Rückbesinnung auf ein puristisches Sportverständnis. Neun Anlässe zum Umdenken. Hildesheim: Arete
GÜLDENPFENNIG, Sven (2014): Vom Missbrauch des Sports. Eine unendliche Geschichte erfolgreichen Scheiterns. Hildesheim: Arete
GÜLDENPFENNIG, Sven (2015): Weltsport in der Weltpolitik. Über die Autonomie und Abhängigkeit des Sports. Hildesheim: Arete
GÜLDENPFENNIG, Sven (2016): Politik für oder gegen den Sport. Das ewige Verwirrspiel um das Politische im Sport. Hildesheim: Arete
GÜLDENPFENNIG, Sven (2017): Fundamentalismen bedrohen den Sport. Spot als Spielball mächtiger außersportlicher Interessen. Hildesheim: Arete
GÜLDENPFENNIG, Sven (2018): Im Fokus sportpolitischer Aufklärung. Spurensuche von 1968 bis 2018. Hildesheim: Arete
GÜLDENPFENNIG, Sven (2020): Krisen: Herausforderungen für die Autonomie des Sports. Auf der Suche nach begründeten Antworten. Hildesheim: Arete
GÜLDENPFENNIG, Sven (2021): Was wir dem Sport schulden. Vom Umgang mit einem verletzlichen Kulturgut. Hildesheim: Arete
GÜLDENPFENNIG, Sven (2022): Sportpolitik ist Politik für den Sport. Begründen – Rühmen – Kritisieren: Impressionen zum angemessenen Umgang mit dem Sport. Hildesheim: Arete
GÜLDENPFENNIG, Sven (2023): Verteidigung des Sports – Trotz alledem und alledem. Zur Selbstbehauptung gegen Gefährdungen seiner Idee von innen und außen. Hildesheim: Arete

GÜLLICH, Arne/KRÜGER, Michael (Hrsg.) (2022): Grundlagen von Sport und Sportwissenschaft. Handbuch. Heidelberg
GUTTMANN, Allen (1979): Vom Ritual zum Rekord. Das Wesen des modernen Sports. Schorndorf: Hofmann
HAAG, Herbert (Hrsg.) (1996): Sportphilosophie – Ein Handbuch. Schorndorf: Hofmann
HABERMAS, Jürgen (1992): Faktizität und Geltung. Frankfurt am Main: Suhrkamp
HARRISON, Charles/WOOD, Paul (Hrsg.) (1998): Kunsttheorien im 20. Jahrhundert. 2 Bände. Ostfildern-Ruit: Hatje
HATTIG, Fritz (1994): Fernsehsport: Im Spannungsfeld von Information und Unterhaltung. Butzbach-Griedel: Afra
HEINEMANN, Klaus (2007): Einführung in die Soziologie des Sports. Schorndorf: Hofmann
HERMAND, Jost (2012): Verlorene Illusionen. Eine Geschichte des deutschen Nationalismus. Köln/Weimar/Wien: Böhlau
HESSE, Hermann (1943): Das Glasperlenspiel. Versuch einer Lebensbeschreibung des Magisters Ludi Josef Knecht samt Knechts hinterlassenen Schriften. Zürich: Fretz & Wasmuth
HOERSTER, Norbert (Hrsg.) (1991): Recht und Moral. Texte zur Rechtsphilosophie. Stuttgart: Reclam
HOFMAN, Werner (1999): Wie deutsch ist die deutsche Kunst? Eine Streitschrift. Leipzig: Seemann
HONDRICH, Karl Otto (2001): Der Neue Mensch. Frankfurt am Main: Suhrkamp
HONNETH, Axel (1992): Kampf um Anerkennung. Zur moralischen Grammatik sozialer Konflikte. Frankfurt am Main: Suhrkamp
HORN, Eva/BERGTHALLER, Hannes (2019): Anthropozän zur Einführung. Hamburg: Junius
HÜSER, Dietmar (Hrsg.) (2022): Frauen am Ball. Geschichten des Frauenfußballs in Deutschland, Frankreich und Europa. Bielefeld: transcript
JASPERS, Karl (1957): Die großen Philosophen. Zwei Bände. München: Piper
JOYCE, James (1996): Ulysses. Roman. Frankfurt am Main: Suhrkamp
KANT, Immanuel (2005): Werke in 6 Bänden. Hrsg. von Wilhelm Weischedel. Darmstadt: Wissenschaftliche Buchgesellschaft
KAUBE, Jürgen (2020): Hegels Welt. Berlin: Rowohlt Berlin
KAYSER, Wolfgang (1948): Das sprachliche Kunstwerk. Bern/München: Francke
KENNY, Anthony (2016): Geschichte der abendländischen Philosophie. 4 Bände. Darmstadt: Wissenschaftliche Buchgesellschaft
KISTNER, Thomas (2014): Fifa-Mafia. Die schmutzigen Geschäfte mit dem Weltfußball. München: Droemer-Knaur
KONDYLIS, Panajotis (Hrsg.) (1992): Der Philosoph und die Macht. Eine Anthologie von Thukydides bis Michel Foucault. Hamburg: Junius
KRAUSS, Lawrence M. (2019): Ein Universum aus Nichts ... Und warum da trotzdem etwas ist. München: Knaus
KRÜGER, Michael/ULFKOTTE, Josef (Hrsg.) (2012): Impulse für die Sportgeschichte. Zum 80. Geburtstag von Hans Langenfeld. Hildesheim: Arete
KÜHNST, Peter (1982): Der missbrauchte Sport. Die politische Instrumentalisierung des Sports in der SBZ und DDR 1945-1957. Köln: Verlag Wissenschaft und Politik
KUHN, Thomas S. (1967): Die Struktur wissenschaftlicher Revolutionen. Frankfurt am Main: Suhrkamp

LÄMMER, Manfred (2018): Deutsch-israelische Fußballfreundschaft. Göttingen: Die Werkstatt
LÄMMERT, Eberhard (1955): Bauformen des Erzählens. Stuttgart: Metzler
LENK, Hans (1972a): Leistungssport: Ideologie oder Mythos? Stuttgart u.a.: Kohlhammer
LENK, Hans (1972b): Werte, Ziele, Wirklichkeit der modernen olympischen Spiele. Schorndorf: Hofmann
LENK, Hans (1983): Eigenleistung. Plädoyer für eine positive Leistungskultur. Zürich
LENK, Hans (1985): Die achte Kunst: Leistungssport – Breitensport. Osnabrück: Fromm
LESCH, Harald/KAMPHAUSEN, Klaus (2018): Wenn nicht jetzt, wann dann? Handeln für eine Welt, in der wir leben wollen. München: Penguin
LEUSING, Reinhard Bodo (1987): Die Erstarrung des Sports in der Soziologie. Kritik der materialistischen Sportsoziologie. Frankfurt am Main u.a.: Lang
LOEWENSTEIN, Bedrich (2015): Der Fortschrittsglaube. Europäisches Geschichtsdenken zwischen Utopie und Ideologie. Darmstadt: Wissenschaftliche Buchgesellschaft
LORENZ, Konrad (1963): Das sogenannte Böse. Zur Naturgeschichte der Aggression. Wien: Borotha-Schoeler
LÜSCHEN, Günther/RÜTTEN, Alfred (Hrsg.) (1996): Sportpolitik. Sozialwissenschaftliche Analysen. Stuttgart: Naglschmid
LÜTKEHAUS, Ludger (1999): Nichts. Abschied vom Sein, Ende der Angst. Zürich: Haffmanns
LUHMANN, Niklas (1984): Soziale Systeme. Grundriss einer allgemeinen Theorie. Frankfurt am Main: Suhrkamp
LUHMANN, Niklas (1992): Die Wissenschaft der Gesellschaft. Frankfurt am Main: Suhrkamp
LUHMANN, Niklas (1997): Die Gesellschaft der Gesellschaft. Frankfurt am Main: Suhrkamp
LUHMANN, Niklas (2000): Die Politik der Gesellschaft. Frankfurt am Main: Suhrkamp
LUHMANN, Niklas (2002): Die Kunst der Gesellschaft. Frankfurt am Main: Suhrkamp
MÄRTIN, Ralf-Peter (2002): Nanga Parbat. Wahrheit und Wahn des Alpinismus. Berlin: Berlin Verlag
MARQUARD, Odo (1982): Schwierigkeiten mit der Geschichtsphilosophie. Frankfurt am Main: Suhrkamp
MARTIN, Guillaume (2021): Sokrates auf dem Rennrad. Eine Tour de France der Philosophen. Bielefeld: Covadonga
MARTIN, Guillaume (2022): Die Gesellschaft des Pelotons. Eine Philosophie des Einzelnen in der Gruppe. Bielefeld: Covadonga
MESSNER, Reinhold (2001): Mallorys zweiter Tod. Das Everest-Rätsel und die Antwort. München: Beck
MEYER, Ursula I./BENNENT-VAHLE, Heidemarie (Hrsg.) (1997): Philosophinnen-Lexikon. Leipzig: Reclam
MÜNKLER, Herfried (2013): Der Große Krieg. Die Welt 1914–1918. Berlin: Rowohlt Berlin MÜNKLER, Herfried (2015): Kriegssplitter. Die Evolution der Gewalt im 20. und 21. Jahrhundert. Berlin: Rowohlt Berlin
MÜNKLER, Herfried (2022): Die Zukunft der Demokratie. Wien: Brandstätter
NØRRETRANDERS, Tor (2004): Homo generosus. Warum wir Schönes lieben und Gutes tun. Reinbek bei Hamburg: Rowohlt
OSTEN, Manfred (2003): „Alles velociferisch" oder Goethes Entdeckung der Langsamkeit. Frankfurt am Main/Leipzig: Insel

PAWLENKA, Claudia (2002): Utilitarismus und Sportethik. Paderborn: Mentis
PAWLENKA, Claudia (2004): Sportethik. Regeln – Fairneß – Doping.Paderborn: Mentis
POLLER, Horst (2007): Die Philosophen und ihre Kerngedanken. Ein geschichtlicher Überblick. München: Olzog
POWELL, John (2010): Was Sie schon immer über Musik wissen wollten. Alles über Harmonien, Rhythmus und das Geheimnis einer guten Melodie. Berlin: Rogner & Bernhard
PREISENDÖRFER, Bruno (2020): Als Deutschland noch nicht Deutschland war. Reise in die Goethezeit. Köln: Kiepenheuer & Witsch
PREISENDÖRFER, Bruno (2021): Als die Musik in Deutschland spielte. Reise in die Bachzeit. Köln: Kiepenheuer und Witsch
PREUSSLER, Otfried (2020): Bei uns in Schilda. Stuttgart: Thienemann
RAWLS, John (1979): Eine Theorie der Gerechtigkeit. Frankfurt am Main: Suhrkamp
RAWLS, John (2003): Gerechtigkeit als Fairness. Frankfurt am Main: Suhrkamp
REEMSTMA, Jan Philipp (1995): Mehr als ein Champion. Über den Stil des Boxers Muhammad Ali. Stuttgart: Klett-Cotta
REHBERG, Karl-Siegbert (Hrsg.) (1996): Norbert Elias und die Menschenwissenschaften. Frankfurt am Main: Suhrkamp
REICHHOLF, Josef H. (2001): Warum wir siegen wollen. Der sportliche Ehrgeiz als Triebkraft in der Evolution des Menschen. München: dtv
ROECK, Bernd (2018): Der Morgen der Welt. Geschichte der Renaissance. München: Beck
RÖHRICH, Wilfried (1991): Eliten und das Ethos der Demokratie. München: Beck
RÖTHIG, Peter/U.A. (Hrsg.) (1992): Sportwissenschaftliches Lexikon. Schorndorf: Hofmann
ROSA, Hartmut (2005): Beschleunigung. Die Veränderung der Zeitstrukturen in der Moderne. Frankfurt am Main: Suhrkamp
SAFRANSKI, Rüdiger (2000): Nietzsche. München/Wien: Hanser
SANDKÜHLER, Hans Jörg (Hrsg.) (2021): Enzyklopädie Philosophie in drei Bänden. Hamburg: Meiner; erarbeitet in redaktioneller Zusammenarbeit mit Sandkühlers Bremer Kollegin Dagmar Borchers, Arnim Regenbogen (Osnabrück) und Volker Schürmann (Deutsche Sporthochschule Köln)
SARKOWICZ, Hans (Hrsg.) (1999): Schneller, höher, weiter. Eine Geschichte des Sports. Frankfurt am Main: Suhrkamp
SARTRE, Jean Paul (1993): Das Sein und das Nichts. Versuch einer phänomenologischen Ontologie. Reinbek bei Hamburg: Rowohlt (Erstveröff. 1943 unter dem Titel *L'être et le néant*)
SCHEUB, Ute (2010): Heldendämmerung. Die Krise der Männer und warum sie auch für Frauen gefährlich ist. München: Pantheon
SCHMIDINGER, Heinrich/SEDMAK, Clemens (Hrsg.) (2009): Der Mensch – ein Mängelwesen? Endlichkeit – Kompensation – Entwicklung. Darmstadt: Wissenschaftliche Buchgesellschaft
SCHNÄDELBACH, Herbert (2012): Was Philosophen wissen – und was man von ihnen lernen kann. München: Beck
SCHNEIDER, Frank (Hrsg.) (2001): Populär? Elitär? Fragen zu einem klingenden Widerspruch. München/London/New York: Prestel
SCHÜMER, Dirk (1998): Gott ist rund. Die Kultur des Fußballs. Frankfurt am Main: Suhrkamp

SCHWEBEL, Horst (2002): Die Kunst und das Christentum. Geschichte eines Konflikts. München: Beck
SEEL, Martin (1996): Ethisch-ästhetische Studien. Frankfurt am Main: Suhrkamp
SEEL, Martin (1997): Die Kunst der Entzweiung. Zum Begriff der ästhetischen Rationalität. Frankfurt am Main: Suhrkamp
SEPPELT, Hans-Joachim/SCHÜCK, Holger (Hrsg.) (1999): Anklage: Kinderdoping. Erbe des DDR-Sports. Berlin: Tenea
SINN, Ulrich (2004): Das antike Olympia. München: Beck
SLOTERDIJK, Peter (1989): Eurotaoismus. Zur Kritik der politischen Kinetik. Frankfurt am Main: Suhrkamp
SLOTERDIJK, Peter (2009): Du musst dein Leben ändern. Über Anthropotechnik. Frankfurt am Main: Suhrkamp
SLOTERDIJK, Peter (2016): Was geschah im 20. Jahrhundert? Berlin: Suhrkamp
SPIVEY, Nigel (2006): Wie Kunst die Welt erschuf. Stuttgart: Reclam
STAMMEN, Theo/RIESCHER, Gisela/HOFMANN, Wilhelm (Hrsg.) (2007): Hauptwerke der politischen Theorie. Stuttgart: Kröner
STEINER, Wendy (1995): The Scandal of Pleasure. Art in an Age of Fundamentalism. Chicago: The University of Chicago Press
TOKARSKY, Walter/PETRY, Karen (Hrsg.) (2010): Handbuch Sportpolitik. Schorndorf: Hofmann
VOLKAMER, Meinhart (1984): Zur Definition des Begriffs „Sport". In: Zs. Sportwissenschaft, Heft 2, 1984
VOLKAMER, Meinhart (1987): Von der Last mit der Lust im Schulsport. Probleme der Pädagogisierung des Sports. Schorndorf: Hofmann
VOLTAIRE (1992): Candide oder Der Optimismus. Roman. Augsburg: Weltbild (Weltbild Klassiker der Weltliteratur)
WALZER, Michael (1992): Sphären der Gerechtigkeit. Frankfurt/New York: Campus
WATSON, Peter (2016): Das Zeitalter des Nichts. Eine Ideen- und Kulturgeschichte von Friedrich Nietzsche bis Richard Dawkins. München: Bertelsmann
WEISCHENBERG, Siegfried (1978): Die Außenseiter der Redaktion: Struktur, Funktionen und Bedingungen des Sportjournalismus. Bochum: Studienverlag Brockmeyer
WEISS, Paul (1969): Sport: A Philosophical Inquiry. Carbondale: Southern Illinois University Press
WELSCH, Wolfgang (2004): Sport: Ästhetisch betrachtet – und sogar als Kunst? In: Zs. Kunstforum International, Heft 169, 2004
WOPP, Christian (2006): Handbuch zur Trendforschung im Sport. Welchen Sport treiben wir morgen? Aachen: Meyer & Meyer
ZEH, Juli (2009): Corpus Delicti. Ein Prozess. Frankfurt am Main: Schöffling
ZIMMERMANN, Rolf (2005): Philosophie nach Auschwitz. Eine Neubestimmung von Moral in Politik und Gesellschaft. Frankfurt am Main: Suhrkamp

Abkürzungen für Presseorgane

BZ Berliner Zeitung
DS Der Spiegel
DW Die Welt
DZ Die Zeit
FAS Frankfurter Allgemeine Sonntagszeitung
FAZ Frankfurter Allgemeine Zeitung
SZ Süddeutsche Zeitung